中国石油HSE信息系统培训教程

中国石油天然气集团公司安全环保与节能部
中国石油安全环保技术研究院　编

石油工业出版社

内 容 提 要

本书针对中国石油 HSE 系统的应用，详细介绍了系统功能、操作步骤、关键字段及常见问题说明。书中主要以系统操作界面为基础，以图文并茂形式进行了系统介绍，贴近用户应用系统实际场景，有利于帮助系统各级用户快速了解和掌握系统各项功能，以便更好地为 HSE 管理工作提供有效支持。

本书适用于中国石油 HSE 系统的各级管理人员和广大用户，也适用于从事石油石化健康安全环保管理或健康安全环保系统开发的相关人员，希望能为广大读者学习、了解、掌握中国石油 HSE 系统功能和应用提供参考。

图书在版编目(CIP)数据

中国石油 HSE 信息系统培训教程/中国石油天然气集团公司安全环保与节能部，中国石油安全环保技术研究院编.—北京：石油工业出版社，2012.6
ISBN 978-7-5021-9038-5

Ⅰ.中…
Ⅱ.①中…②中…
Ⅲ.①石油企业-工业企业管理：安全管理-管理信息系统-中国-技术培训-教材
Ⅳ.F426.22

中国版本图书馆 CIP 数据核字(2012)第 079128 号

出版发行：石油工业出版社
(北京安定门外安华里 2 区 1 号　100011)
网　址：www.petropub.com.cn
编辑部：(010)64523582　发行部：(010)64523620
经　销：全国新华书店
印　刷：北京中石油彩色印刷有限责任公司

2012 年 6 月第 1 版　2012 年 6 月第 1 次印刷
787×1092 毫米　开本：1/16　印张：18.25
字数：438 千字

定价：60.00 元
(如出现印装质量问题，我社发行部负责调换)

编 委 会

前　言

HSE 管理体系是国际石油石化行业普遍采用的现代化健康安全环保管理模式,20 世纪 90 年代初正式登陆中国。HSE 管理体系体现了现代安全科学理论中的系统安全思想,通过系统化的预防管理机制,彻底消除各种事故隐患,严格控制各种健康、安全与环境风险,以便最大限度地预防生产事故、疾病、污染的发生,为有效控制风险,实现安全生产、清洁生产提供系统化的管理方法,营造一种安全、健康、清洁、文明、和谐的企业文化氛围,创造一种先进的 HSE 企业文化。

建立和实施 HSE 管理体系是中国石油天然气集团公司建立现代企业制度,强化健康、安全与环境管理,实现安全发展、清洁发展、节约发展、和谐发展,建设综合性国际能源公司的重要举措。随着 HSE 管理体系持续推进,管理所涉及的信息量不断增大,传统的管理方式已经不能满足 HSE 管理的需要,如何将职业健康、安全与环境管理制度固化、落实管理要求;如何及时了解业务开展情况,进行合规性管理;如何将业务信息有效地保存、处理,使之为 HSE 管理决策提供有效支撑,成为管理者亟待解决的问题。

中国石油 HSE 信息系统正是实践现代 HSE 管理模式与现代信息化技术结合的有益尝试,是探索提高职业健康、安全与环境综合管理水平的可行之路。中国石油天然气集团公司"十一五"信息技术总体规划将中国石油 HSE 信息系统列为重要项目之一并于 2005 年正式启动,由集团公司信息管理部以及安全环保与节能部共同组织,经过试点实施、一期推广和全面推广,在 2008 年年底完成了系统在中国石油的全面上线工作。自 2009 年以来,在安全环保与节能部及各专业分公司的高度重视下,各企业通过加强管理,促进深化应用,系统在为集团公司提供"快、准、全"的信息服务方面发挥的作用凸显,HSE 信息系统已经成为集团公司 HSE 业务管理的重要工具和载体。

为使用户真正掌握系统功能,发挥系统对业务的帮助作用,集团公司安全环保与节能部以及安全环保技术研究院组织有关人员共同编写了这本培训教程,旨在为 HSE 业务管理人员利用 HSE 信息系统开展日常管理工作提供简单、适用的参考。

本书共有十九章内容。1 ~ 2 章侧重介绍 HSE 系统的框架及统计查询功能,适用于各级 HSE 管理人员;3 ~ 19 章分别从安全管理、环境管理和健康管理的业务管理角度出发,结合相关管理要求,详细讲解系统功能、功能实现步骤、关键字段及常见问题,适用于对 HSE 系统有初步了解的各级 HSE 业务人员和管理人员,也可为了解 HSE 信息系统的人员提供参考。书中选取了大量图片,希望能为广大读者学习、了解、掌握 HSE 系统功能提供积极的参考。

由于作者水平有限,书中存在的纰漏之处,敬请读者不吝指正。

我们的联系方式如下:

电子邮件:hsesupport@ petrochina. com. cn

编者

2011 年 12 月

目　　录

1　HSE 系统概述 ………………………………………………………… (1)

1.1　运行环境及基本设置 ……………………………………………… (2)

1.2　系统页面操作说明 ………………………………………………… (2)

1.3　系统运行维护体系介绍 …………………………………………… (6)

2　系统门户介绍 ……………………………………………………… (8)

2.1　开放式系统门户 …………………………………………………… (8)

2.2　业务数据统计查询门户 …………………………………………… (9)

3　安全管理子系统概述 ……………………………………………… (31)

3.1　安全管理业务 ……………………………………………………… (31)

3.2　安全管理子系统框架 ……………………………………………… (32)

3.3　安全管理子系统流程 ……………………………………………… (33)

4　安全相关人员管理 ………………………………………………… (34)

4.1　HSE 人员基本信息 ………………………………………………… (34)

4.2　HSE 相关人员 ……………………………………………………… (38)

4.3　注册安全工程师 …………………………………………………… (49)

4.4　教育与培训 ………………………………………………………… (54)

5　设备物料管理 ……………………………………………………… (60)

5.1　设备管理 …………………………………………………………… (60)

5.2　危险品管理 ………………………………………………………… (70)

6　风险管理 …………………………………………………………… (77)

6.1　HSE 目标管理 ……………………………………………………… (77)

6.2　危害因素管理 ……………………………………………………… (82)

6.3　作业风险库管理 …………………………………………………… (89)

6.4　危险源 ……………………………………………………………… (92)

6.5　隐患管理 …………………………………………………………… (95)

6.6　作业许可 …………………………………………………………… (103)

6.7　监督检查 …………………………………………………………… (106)

6.8　安全观察与沟通 …………………………………………………… (113)

6.9　内审管理 …………………………………………………………… (124)

6.10　安全经验分享 …………………………………………………… (129)

7　应急事故管理 ……………………………………………………… (132)

7.1　应急管理 …………………………………………………………… (132)

7.2　事故事件 …………………………………………………………… (147)

8　评价与第三方 …………………………………………………………（162）
8.1　安全评价 …………………………………………………………（162）
8.2　第三方管理 ………………………………………………………（166）
9　环境管理子系统概述 ……………………………………………（170）
9.1　环境管理业务 ……………………………………………………（170）
9.2　环境管理子系统框架 ……………………………………………（170）
9.3　环境管理子系统流程 ……………………………………………（172）
10　环境排放统计 ……………………………………………………（175）
10.1　环境排放—废水管理 …………………………………………（175）
10.2　环境排放—废气管理 …………………………………………（178）
10.3　环境排放—固废管理 …………………………………………（180）
10.4　环境排放—噪声管理 …………………………………………（184）
10.5　环境排放—月度排放计算 ……………………………………（185）
10.6　环境统计报表 …………………………………………………（185）
11　环境日常业务管理 ………………………………………………（201）
11.1　环保设施管理 …………………………………………………（201）
11.2　环境因素管理 …………………………………………………（205）
11.3　放射源及射线装置管理 ………………………………………（205）
11.4　环境隐患管理 …………………………………………………（209）
11.5　建设项目环保三同时管理 ……………………………………（210）
11.6　清洁生产管理 …………………………………………………（210）
12　职业健康管理子系统概述 ………………………………………（214）
12.1　职业健康管理业务 ……………………………………………（214）
12.2　职业健康管理子系统框架 ……………………………………（214）
12.3　职业健康管理子系统流程 ……………………………………（214）
13　职业健康人员管理 ………………………………………………（217）
13.1　接害人员 ………………………………………………………（217）
13.2　接害岗位 ………………………………………………………（221）
14　职业危害防护 ……………………………………………………（227）
14.1　职业危害防护设备设施类型 …………………………………（227）
14.2　个人防护用品管理 ……………………………………………（228）
14.3　防护设施管理 …………………………………………………（230）
14.4　采样检测设备管理 ……………………………………………（231）
15　职业病危害因素检测 ……………………………………………（232）
15.1　检测点 …………………………………………………………（232）
15.2　检测计划 ………………………………………………………（235）
15.3　检测结果 ………………………………………………………（239）

15.4　检测档案 …………………………………………………………………（243）
15.5　检测计划和结果下载 ……………………………………………………（243）
16　职业健康体检 ………………………………………………………………（244）
16.1　体检计划 …………………………………………………………………（244）
16.2　体检结果 …………………………………………………………………（246）
16.3　体检档案 …………………………………………………………………（254）
16.4　体检计划和结果下载 ……………………………………………………（256）
17　职业卫生档案 ………………………………………………………………（257）
17.1　基层单位职业卫生档案 …………………………………………………（257）
17.2　单位职业卫生档案 ………………………………………………………（259）
17.3　企业职业卫生档案 ………………………………………………………（262）
18　职业健康其他业务 …………………………………………………………（264）
18.1　建设项目“三同时” ………………………………………………………（264）
18.2　野外作业管理 ……………………………………………………………（264）
19　批量上传工具 ………………………………………………………………（267）
19.1　功能概述 …………………………………………………………………（267）
19.2　操作方法 …………………………………………………………………（267）

1 HSE 系统概述

中国石油 HSE 信息系统(以下简称系统)是基于中国石油健康、安全、环境管理业务,利用计算机、网络、应用软件、数据库等资源为中国石油各级单位用户搭建的一个统一、标准的信息管理平台。通过一定的信息安全授权,在企业内部搭建起一张横向到边、纵向到底的信息网络,简化和优化业务流程,达到健康、安全、环境业务管理的规范化、科学化,并为战略层进行 HSE 管理决策提供数据支持。

中国石油 HSE 系统项目是《中国石油天然气集团公司“十一五”信息技术总体规划》(2007 版)中一个重要的业务管理系统,是中国石油首次在全集团范围内推广的业务管理系统。通过该项目的实施,实现了业务数据的统一和共享,从而高效地完成中国石油在生产运行过程中的 HSE 业务监督、管理、控制及考核功能(图 1.1)。系统的应用不仅提高了企业战略层与安全环保部门的业务管理水平,而且加强了企业其他专业部门与安全环保部门的业务协同能力及信息共享能力,并可以通过数据分析与数据挖掘为企业决策者提供数据支持,从而进一步提升企业的决策能力。

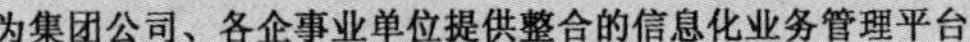

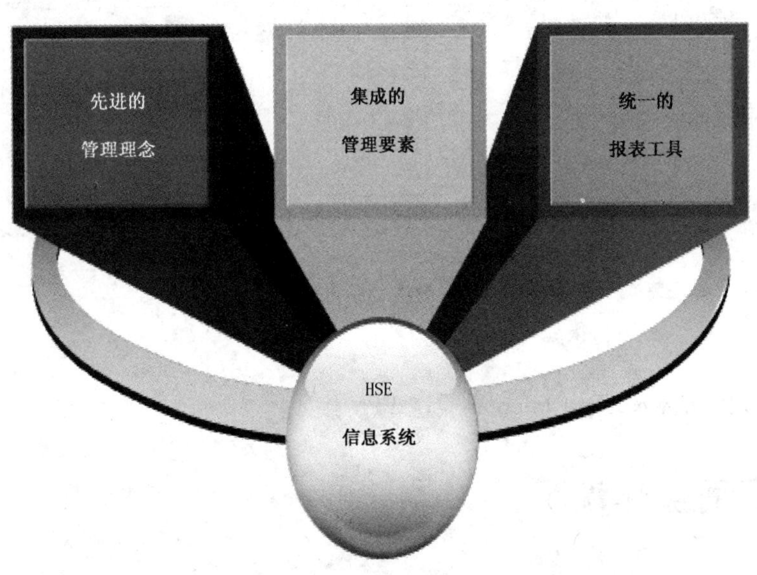

图 1.1 HSE 信息系统平台

1.1　运行环境及基本设置

系统的正常运行对于用户的硬件环境、软件环境和网络环境有如下要求。

1.1.1　硬件环境及配置

CPU:P4 1.0G 以上;

内存:512M 以上;

硬盘:40G 以上;

显示系统:支持 800＊600 以上。

1.1.2　软件环境及配置

操作系统:Windows 2000 以上操作系统。

浏览器:IE6.0 及以上,并将系统设置为受信站点。操作方法:IE 浏览器选择工具—Internet 选项—隐私—站点,输入:http://hse.petrochina,点击“允许”、“确定”即可(详见图 1.2)。

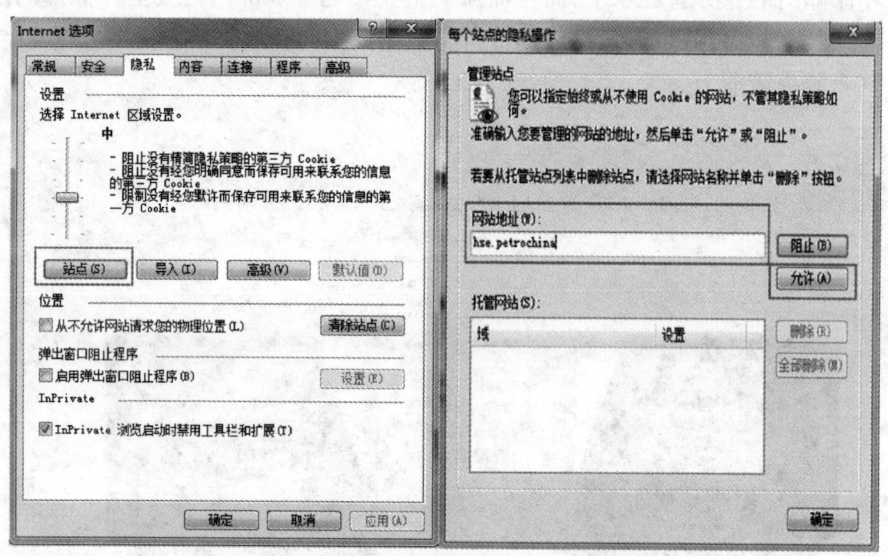

图 1.2　设置受信站点

1.1.3　网络环境

中国石油企业内网接入,或由 Internet 通过 VPN 接入。

1.2　系统页面操作说明

1.2.1　系统登录

用户登录系统前,需首先确保电脑已安装 USBKey 驱动并绑定系统账号。

用户插入 USBKey，通过浏览器登录 https://iam.cnpc 地址或双击桌面"中国石油集中身份管理与统一认证服务平台"快捷方式图标，输入个人 USBKey 设备的 PIN 口令，点击"确定"。进入集中身份管理与统一认证服务平台后，再点击"健康安全环保系统"图标，即可进入系统，如图 1.3 所示，也或者通过系统访问地址 HSE. petrochina 以 U－Key 用户方式登录。

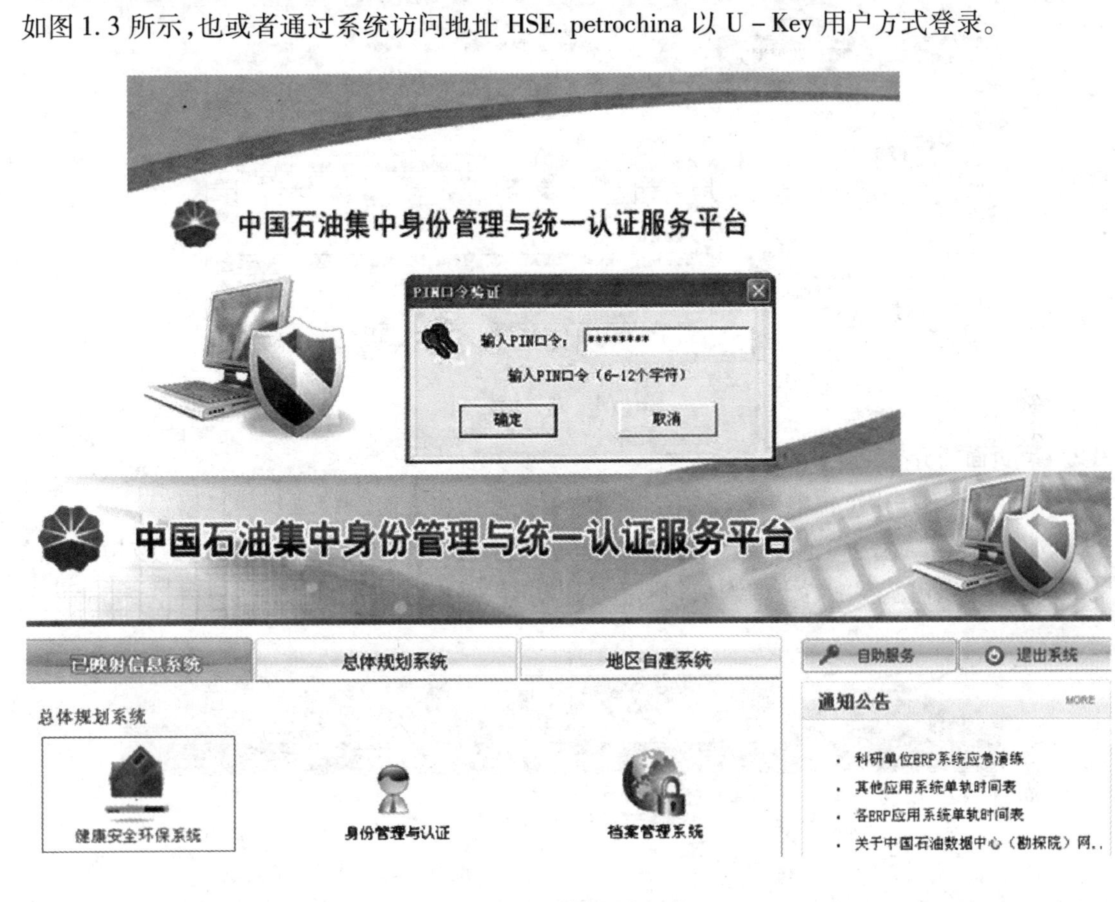

图 1.3　系统登录方式

1.2.2　权限说明

系统实行分级管理，用户级别不同，设置的权限就不同，各级用户根据权限查询和编辑本单位的数据。权限设置原则是服从实际管理要求。

对用户权限的横向控制，是通过配置管理模块的多少来实现的；纵向上则是通过用户授权的组织机构级别来控制。每个管理模块分编辑和查询两类，权限控制最小单元到页面，不区分用户数据，即同一管理模块，权限相同的两个用户，其查询或编辑的数据相同。

1.2.3　系统结构

系统由统计查询模块和业务管理模块两部分构成，如图 1.4 所示。其中，统计查询模块（图中"1、数据浏览"部分）主要是为二级单位级别（包括单位级）以上的管理人员、领导提供 HSE 业务概要信息查询的功能，便于快速了解本单位 HSE 业务动态和静态信息；业务管理模块（图中"2、数据录入"部分）是各级业务人员录入数据、生成报表的入口，是统计查询模块各种图表的数据来源。

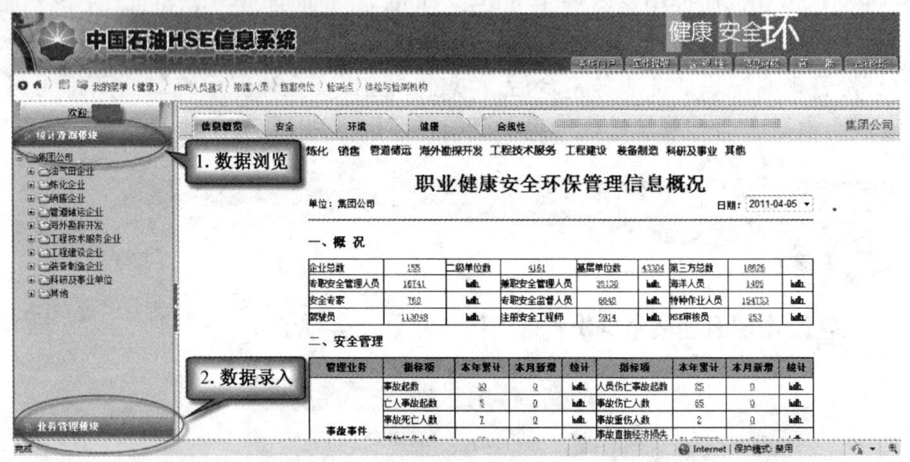

图 1.4　系统结构

1.2.4　页面简介

系统用户在使用过程中最常碰到的是浏览页面和编辑页面。

浏览页面用于查询已经录入系统的数据。一般来说，点击功能点名称会进入该功能点的浏览页面，如点击基本配置下的人员，则会出现人员浏览页面，如图 1.5 所示。

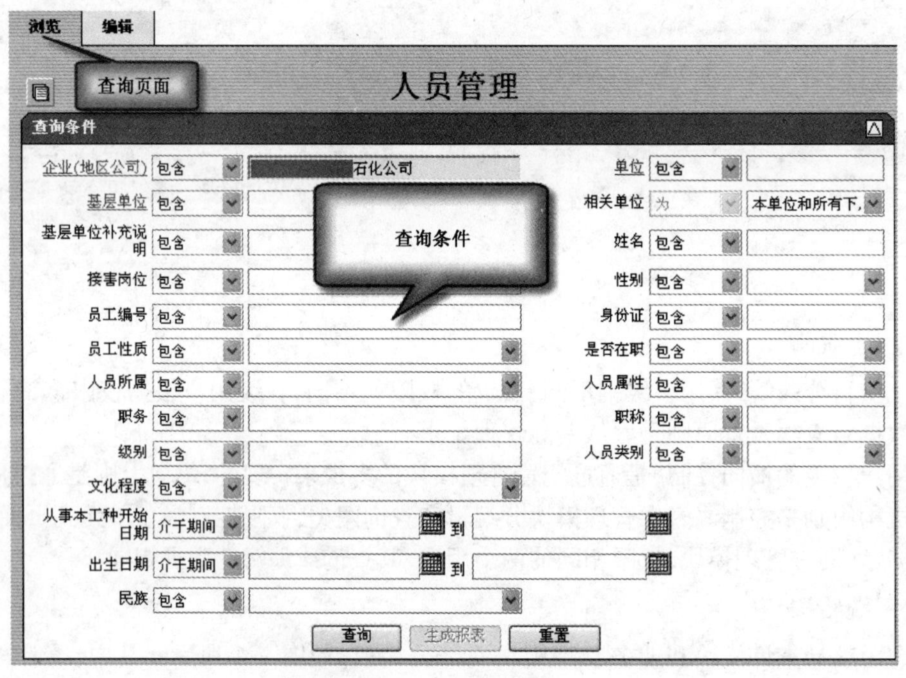

图 1.5　查询页面

查询条件可以自由组合。查询选项包括“包含”、“为”、“为空”、“开头带有”和“不包含”。

包含：指查询出某字段含有用户录入关键字/词的数据；

为:指查询出某字段与用户录入关键字/词完全一致的数据;

为空:指查询出某字段未录入信息的数据;

开头带有:指查询出某字段是以用户录入关键字/词开头的数据;

不包含:即排除,指查询出不含有用户录入关键字/词的数据。

生成报表是指将查询出来的数据以 Excel 报表形式下载到用户本机。

编辑页面用于录入、修改和删除数据。点击浏览页面左上角的编辑按钮,即进入相应的编辑页面,如图 1.6 所示。

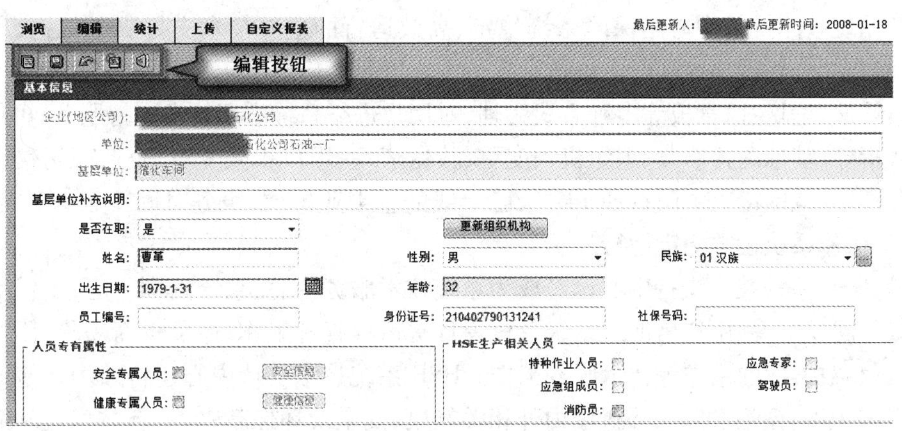

图 1.6 编辑页面

各种系统操作按钮的详细功能见表 1.1。

表 1.1 系统操作按钮说明

按钮	使用说明	备注
	新建按钮,用于数据记录的新建	
	保存按钮,用于整条数据的保存	
	返回按钮,数据在保存之前的回退,返回到原始数据	
	删除按钮,用于删除整条记录	
	复制按钮,对相似信息的复制	
	放大镜按钮,选择信息的查询,用于从系统其他模块中选取数据	
	日期控件,用于选择日期	
	行编辑、行删除按钮,用于区域内对行数据记录的编辑和删除	对区域内行数据记录操作后一定要点击页面保存
	行保存、行返回按钮,用于区域内对行数据记录的保存和返回	

用户可以通过页面左上角的“浏览/编辑”标签来识别当前所处的页面。

1.3 系统运行维护体系介绍

为保障系统高效、稳定运行，集团公司在安全环保技术研究院 HSE 信息中心设立了 HSE 系统技术支持中心，并在各企业设有一名系统管理员和若干名业务管理员，组成企业内部支持队伍。

HSE 系统技术支持中心是保障系统稳定、高效运行的主要技术支持服务机构，下设业务部、技术部和综合管理部等部门。该技术支持中心以 800 热线电话为主，值班手机、电子邮箱、即时通信软件、论坛、留言板等多种方式为辅，对用户进行系统应用技术支持服务；可提供系统操作在线指导、基础配置修改、组织机构变更、数据清理、用户权限变更、企业现场培训等技术支持服务；服务范围覆盖中国石油 142 家已上线的企事业单位，服务时间 7 天 ×24 小时全时制，全方位保障系统正常稳定运行。

目前，HSE 系统技术支持中心已经成为系统技术服务中心、系统培训中心，不仅承担着用户系统操作问题解答、用户培训及系统考核等日常运维管理工作，还负责新需求开发、功能完善、服务器和数据库的维护等技术服务工作。HSE 系统技术支持中心还将致力于建设和完善 HSE 信息知识库，搜集、整理、分析国内外相关健康、安全及环保新趋势、新技术、新知识、新信息，为各级用户业务管理提供服务，为管理层的决策提供科学依据。该技术支持中心组织结构如图 1.7 所示。

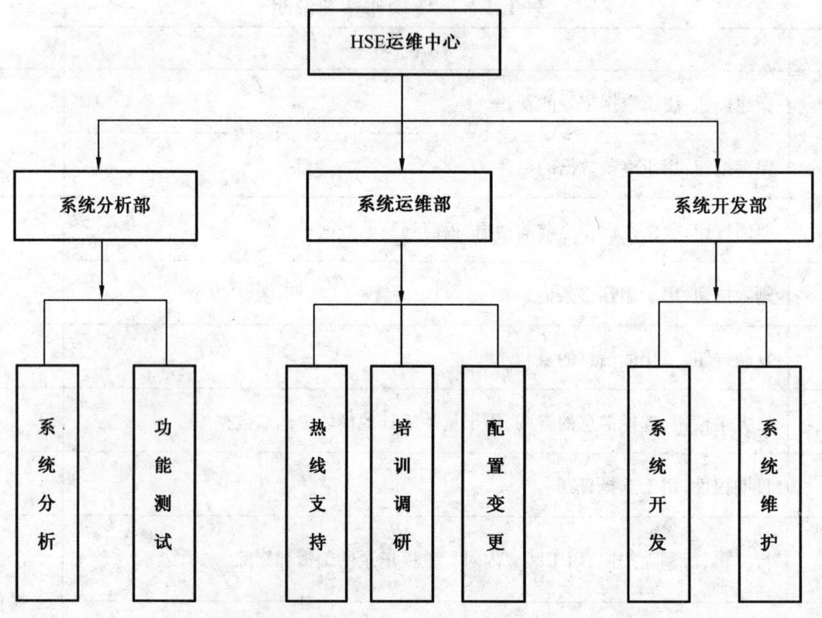

图 1.7　HSE 系统技术支持中心组织结构图

各企业支持队伍主要负责解决该企业范围内的简单问题，如权限配置、用户问题解答与指导，对不能独立解决的问题，联系 HSE 系统技术支持中心解决。

技术支持中心联系方式如下：

支持热线：800－810－0550，400－880－0114；

信息系统网址：hse. petrochina；

电子邮箱：hsesupport@ petrochina. com. cn；

24 小时值班手机：18600440969。

2 系统门户介绍

目前HSE系统中已经录入了大量的业务数据,如何将这些数据以直观、快捷的方式展现出来,从而为业务管理者提供数据参考,一直是HSE系统技术支持中心努力提高的重点。目前已经开发的有开放式系统门户和业务数据统计查询门户。

2.1 开放式系统门户

为了改善全员参与HSE管理的氛围,HSE系统建立了无须用户登录的开放式系统门户,为所有中国石油员工提供HSE相关业务知识和业务动态的共享查询。

页面主要由法律法规标准规章、集团会议交流材料、管理工具包、培训资料、事故资源、集团领导讲话、系统应用管理、安全经验分享、光荣榜、信息查询、系统论坛、安全经验分享周排名、HSE科技项目13个部分组成。

(1)法律法规标准规章:直接在门户列出了国家及行业的标准列表,可以通过"更多"进行全面的查询。目前系统共收录了8000多部HSE管理相关的法律、法规、标准和规章。

(2)集团会议交流材料:包括集团公司组织的各种HSE管理经验交流会可共享的资料,在该栏目可以搜索并下载,资料全面、内容丰富,如历次HSE体系推进工作交流材料。

(3)管理工具包:包括名词解释、管理理念、基本理论、适用工具和典型经验五个部分,用于提供HSE管理相关基础知识的共享与查询,便于基层员工全面了解HSE管理的基本概念。

(4)集团培训资料:包括集团公司组织的HSE相关培训的资料。

(5)事故:包括集团公司发生的亡人事故信息、事故调查报告、案例视频和外部事故。

(6)集团领导讲话:包括集团公司领导在公开会议上的所有讲话内容。

(7)系统应用管理:包括系统考核通报与重要文件、运维通知以及企业应用经验三部分。系统考核通报与重要文件包括HSE系统考核情况的通报和集团公司安全环保部的重要通知文件等;运维通知包括HSE系统运维管理方面的通知和要求;企业应用经验包括各板块公司系统应用情况通报和先进企业管理经验分享材料。

(8)安全经验分享:包括各企业录入的优秀安全经验分享资料,技术支持中心每日进行筛选,及时更新。

(9)光荣榜:包括HSE系统应用先进单位和个人、集团公司HSE优秀论文、各单位连续安全生产记录、国家注册安全工程师名录和集团公司体系审核员名录。

(10)信息查询:包括各单位安全环保部门通讯录、HSE专业人员分类统计、国家危险化学品名录、化学品安全技术说明书、体检项目的分类和明细、HSE系统销售分公司门户、高毒物品目录和集团公司 HSE 体系审核。

(11)系统论坛:包括 HSE 系统论坛的热门话题。

(12)安全经验分享周排名:按从高到低的顺序对录入安全经验分享材料的企业进行排序。

(13)生产安全事件填报周排名:按从高到低的顺序对录入生产安全事件的企业进行排序。

开放式系统门户的栏目设置会根据系统升级的需要进行调整,具体内容以实际页面为准。

2.2　业务数据统计查询门户

为了保证业务数据的安全性,防止泄密事件发生,对涉及 HSE 业务的具体数据需要用户登录系统后才能查看,系统会根据登录用户的身份展现用户所在单位的 HSE 业务数据。

业务数据统计查询门户包括业务信息概览、安全管理、环境管理、健康管理四个子门户。各子门户按照业务分类将数据以表格、趋势图的形式全面、直观、实时呈现出来,便于集团公司安全环保部、各专业公司、企业及单位的领导更加直观、及时地了解并掌握本单位及下属各单位环保管理的业务现状。

业务数据统计查询门户有以下几个方面的特点:

(1)业务分类明晰、全面。各级领导能在同一页面查看 HSE 业务管理的关键指标和主要业务,通过鼠标移动即可查询不同的统计指标。

(2)实时数据跟踪和分析。根据数据填报情况,实现了企业间数据横向对比和纵向趋势分析,并可追踪数据异常原因。

(3)业务数据层次分明。统计数据以集团公司、专业公司、企业三级全面呈现,按照月度、年度实现数据的环比和同比分析。

(4)支持领导决策。统计数据异常情况提示醒目,跟踪便捷,为各级领导和管理人员提供决策依据。

另外,优化后的管理信息门户还增加了个性化设计,用户可根据个人喜好设置界面的颜色,充分满足了用户的个性需求。

2.2.1　业务信息概览

二级单位及以上级别的用户登录系统后,系统会根据登录用户所在的单位自动显示该单位的职业健康、安全、环保信息概况,便于用户迅速了解本单位的 HSE 管理情况。

业务信息概览由概况、安全管理、健康管理和环境管理四部分组成,选取系统中主要的业务指标,以数字方式展示,如图 2.1 所示。

【操作方法】

(1)将鼠标指针放在指标项上,系统会弹出提示说明该指标项的统计方式或者名词解释(图 2.2)。

(2)点击指标后面的数字,弹出页面查询具体数据(图 2.3)。

(3)点击数字后面的图形标志,弹出图形数据显示,形象地表达数据内容。用户可根据需要选择显示的形式,包括柱状图、线形图、饼图等(图 2.4)。

职业健康、安全、环境管理信息概况

单位：[redacted] 日期：2011-04-28

一、概况

企业总数	33	二级单位数	700	基层单位数	4480	第三方总数	5920	
专职安全管理人员	2396		兼职安全管理人员	3689		海洋人员	0	
安全专家	169		专职安全监督人员	1037		特种作业人员	42690	
驾驶员	8845		注册安全工程师	2504		HSE审核员	56	

二、安全管理

管理业务	指标项	本年累计	本月新增	统计	指标项	本年累计	本月新增	统计
事故事件	事故起数	12	1		人员伤亡事故起数	8	1	
	亡人事故起数	2	0		事故伤亡人数	13	2	
	事故死亡人数	2	0		事故重伤人数	1	0	
	事故轻伤人数	10	2		事故直接经济损失(万元)	53	2	
	结案事故数	6	0		事件起数	469	66	
	未遂事件起数	366	52		事件受伤害人数	12	0	
监督检查	监督检查次数	23873	4409		监督检查发现问题数	6545	682	
	开具隐患整改通知单数	408	74		完成整改的不合格项	336	65	
	已验证整改的不合格项	334	63		未完成整改的不合格项	10	4	
风险与隐患（截至目前）	现存识别危害因素数	152885	-		本年评价危害因素数	28840	1742	
	现存危险源数	6013	-		现存重大危险源数	2625	-	
	未消除事故隐患	175	24		未完成治理的隐患数	159	18	
	事故隐患治理率	60.74%	67.27%		已立项的事故隐患数	7	0	
	重、特大事故隐患数	6	0		未完成治理的重特大隐患数	5	0	
	重、特大隐患治理率	16.67%	0%	-	实施中的隐患治理项目	10	2	
设备	现存可用特种设备数量	198785	0		现存可用车辆数量	8249	1	
	现存可用安全消防设备数量	492478	2667		现存可用在役装置数量	2914	0	

三、环境管理

管理业务	指标项	年度累计	上月新增	统计	指标项	年度累计	上月新增	统计
排放统计	废水外排口	535	-		废水排放总量(万吨)	12163.718	3668.096	
	废水排放达标率	100%	100%		COD排放量(吨)	4886.939	1587.213	
	石油类排放量(吨)	152.882	46.097		氨氮排放量(吨)	466.388	140.005	
	废气排放总量(万标立方米)	12855265.763	4108191.023		工业废气排放量(万标立方米)	12855265.763	4108191.023	
	废气排放达标率	98.55%	97.65%		二氧化硫排放量(吨)	33577.138	11354.656	
	氮氧化物排放量(吨)	50280.942	16241.119		二氧化碳排放量(吨)	13483276.762	4998167.880	
	固废产生量(吨)	2600622.647	845308.668		危险固废产生量(吨)	696100.555	237814.150	
	固废综合利用量(吨)	1382745.748	512206.628		固废处置量(吨)	1123961.579	463153.140	
管理业务	**指标项**	**当前数**	**本月新增**	**统计**	**指标项**	**当前数**	**本月新增**	**统计**
日常管理（截至目前）	现存环境因素数	131271	-		本年已评价环境因素数	26536	2895	
	环保设施数	2949	0		环保设施数正常运行数	2824	0	
	未消除环保隐患	328	0		完成治理环保隐患	263	0	
	放射源及射线装置	1304	0		完成清洁生产审核单位	202	-	-

四、职业健康管理

管理业务	指标项	当前数	统计	指标项	当前数	统计
职业健康体检	目前接害岗位数	21115		目前接害员工总数	125248	
	年计划体检人数	62412		截至目前体检人数	3888	
	年体检率	6.23%		年体检正常率	-	
	职业禁[illegible]	[illegible]	[illegible]	[illegible]对象人数(累计/本年)	3881/23	
	其它疾[illegible]	[illegible]	[illegible]	[illegible]病患者数	35	-
职业危害检测	检测点[illegible]	[illegible]	[illegible]	[illegible]病危害因素数	1706	
	年计划检测数	[illegible]		截至目前检测数	5631	
	年检测合格数	5478		年检测不合格数	107	
职业危害防护	职业卫生防护设施有效配备数量	48467		应急救护设施有效配备数量	21583	
	个人防护用品有效配备数量	343782		采样检测设备有效配备数量	2391	
其他	职业卫生技术服务机构总数	93		野外作业队数量	0	

提示

本年度目前参加职业健康体检人数与年计划参加职业健康体检人数的比率。

图 2.1 业务信息概览

二、安全管理

管理业务	指标项					本年累计	本月新增	统计
事故事件	事故起数					8	0	
	亡人事故起数					13	0	
	事故死亡人数	2	0		事故重伤人数	1	0	
	事故轻伤				直接经济损失	13	0	
	结案事故				起数	495	0	
	未遂事件				受伤害人数	12	0	
监督检查	监督检查次数	24421	8		监督检查发现问题数	6681	1	
	开具隐患整改通知单数	434	1		完成整改的不合格项	354	0	
	已验证整改的不合格项	351	0		未完成整改的不合格项	10	0	

将指针放在指标名称上即显示指标的统计方式或名词解释

提示

按照发生日期，获取本年、本月发生的生产安全事故中有人员死亡的事故合计。亡人事故指事故造成后果有人员死亡的生产安全事故。

图 2.2 指标解释

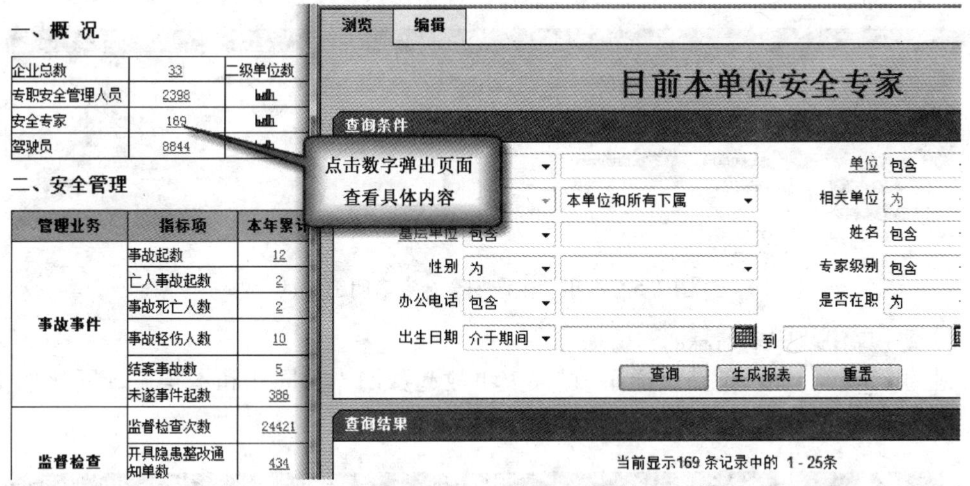

图 2.3 具体数据

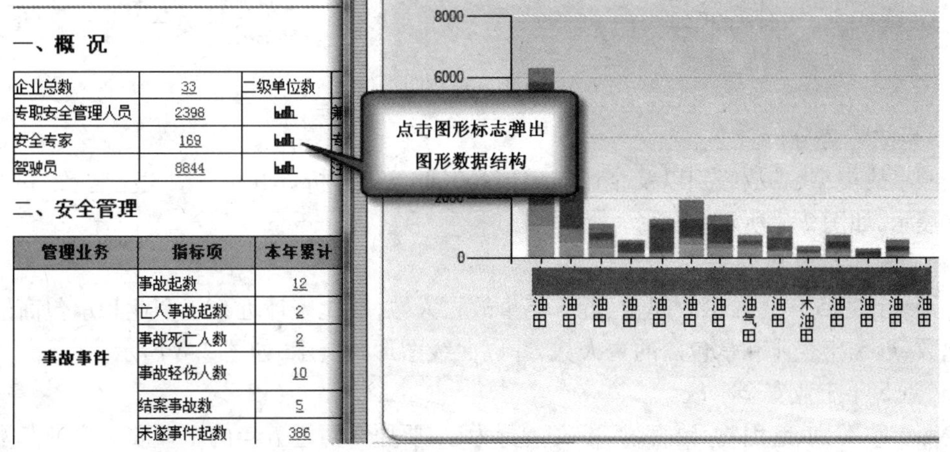

图 2.4 图形显示

2.2.2 安全管理信息门户

安全管理信息门户主要展示的是企业事故方面的信息,包括事故发生起数、伤亡情况、直接经济损失、事故发生趋势分析、事故原因分析等。

安全管理信息门户共包括 11 个栏目,分别是:本年度生产安全金字塔明细信息,本年度事故明细信息,事故趋势分析,亡人事故趋势分析,近 5 年工业安全事故,本年工业安全事故,近 5 年交通、火灾事故,本年交通、火灾事故,最近 5 起事故滚动播报,本年度事故总体趋势,安全主要报表。

【页面路径】

统计查询模块—安全

(1)本年度生产安全金字塔明细信息。

分别以金字塔和数字的方式统计本年度发生的死亡事故、损工事故、限工和医疗事件、急救箱和未遂事件、不安全行为及状态的数据,如图 2.5 所示。

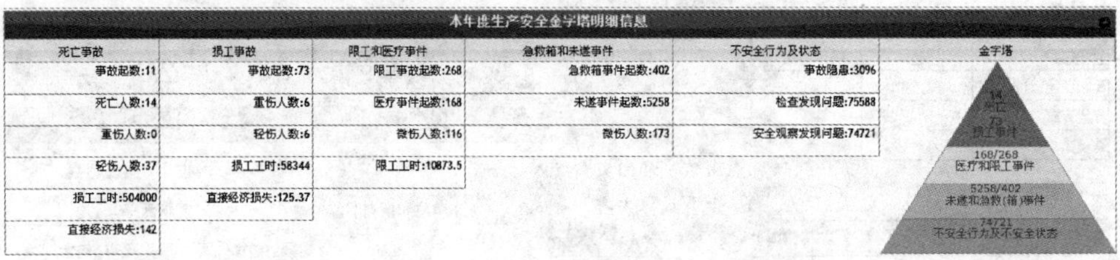

本年度生产安全金字塔明细信息

死亡事故	损工事故	限工和医疗事件	急救箱和未遂事件	不安全行为及状态	金字塔
事故起数:11	事故起数:73	限工事故起数:268	急救箱事件起数:402	事故隐患:3096	
死亡人数:14	重伤人数:6	医疗事件起数:168	未遂事件起数:5258	检查发现问题:75588	
重伤人数:0	轻伤人数:6	微伤人数:116	微伤人数:173	安全观察发现问题:74721	
轻伤人数:37	损工工时:58344	限工工时:10873.5			
损工工时:504000	直接经济损失:125.37				
直接经济损失:142					

图 2.5 本年度生产安全金字塔明细信息

(2)本年度事故明细信息。

工业生产安全事故、道路交通事故、火灾事故起数的当月同比和本年累计同比如图 2.6 所示。

本年度事故明细信息

统计区间	工业生产安全事故					道路交通事故					火灾事故					三类事故合计				
	起数	死亡	重伤	轻伤	直接经济损失(万元)	起数	死亡	重伤	轻伤	直接经济损失(万元)	起数	死亡	重伤	轻伤	直接经济损失(万元)	起数	死亡	重伤	轻伤	直接经济损失(万元)
2011-08	2	0	0	2	0	0	0	0	0	0	0	0	0	0	0	2	0	0	2	0
2010-08	6	3	0	3	17.5	1	0	1	0	0.5	0	0	0	0	0	7	3	1	3	18
同期对比%	-66.67	0	0	-33.33	0	0	0	0	0	0	0	0	0	0	0	-71.43	0	0	-33.33	0
11年1月-08月	72	10	6	89	207.558982	7	3	0	1	42.7867	5	1	0	6	17.026	84	14	6	96	267.371682
10年1月-08月	56	37	7	47	1987.16396	8	6	1	2	53.18	2	0	0	0	669.349	66	43	8	49	2709.69296
同期对比%	28.57	-72.97	-14.29	89.36	-89.56	-12.5	-50	0	-50	-19.54	150	0	0	0	-97.46	27.27	-67.44	-25	95.92	-90.13

图 2.6 本年度事故明细信息

(3)事故趋势分析。

按照事故类型、事故级别以及企业与承包商三种条件分析近五年事故发生起数,并以曲线图形式展示,如图 2.7 所示。

(4)亡人事故趋势分析。

分别统计近 5 年亡人事故起数、近 5 年事故亡人数,对比统计近 5 年企业和承包商的亡人事故起数、近 5 年企业和承包商的亡人数,并以曲线图形式展示,如图 2.8 所示。

(5)近 5 年工业安全事故。

按照事故类别、起因物、致害物、不安全行为、主要原因对近五年的工业安全事故起数进行分类展示,如图 2.9 所示。

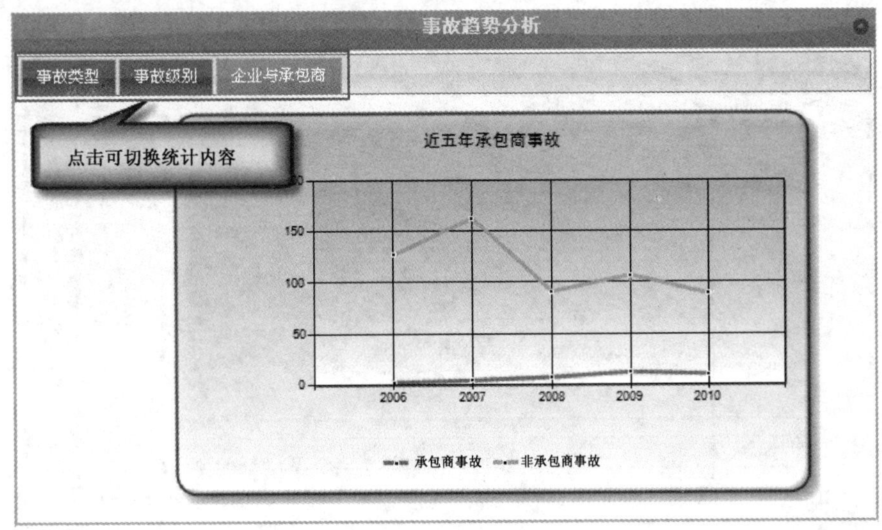

图 2.7 事故趋势分析

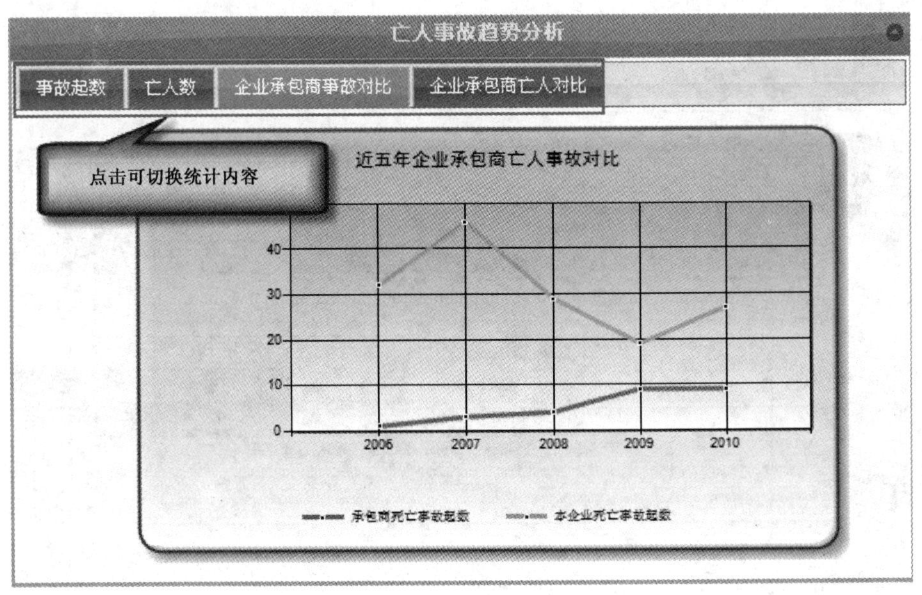

图 2.8 亡人事故趋势分析

(6)本年工业安全事故。

按照事故类别、起因物、致害物、不安全行为、主要原因对本年工业安全事故起数进行分类展示,如图 2.10 所示。

(7)近 5 年交通、火灾事故。

按照交通事故责任对比、车辆类型对比、交通事故主要原因、火灾事故主要原因对近 5 年交通、火灾事故起数进行分类展示,如图 2.11 所示。

(8)本年交通、火灾事故。

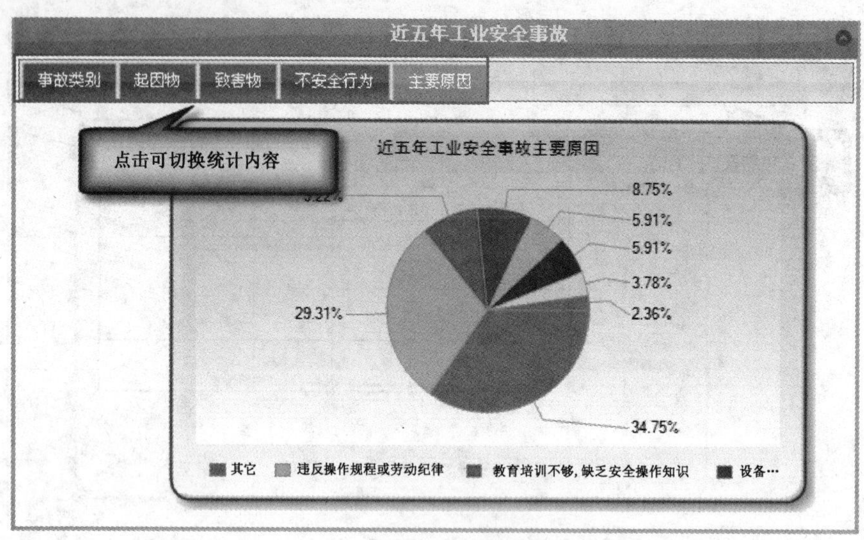

图 2.9　近 5 年工业安全事故

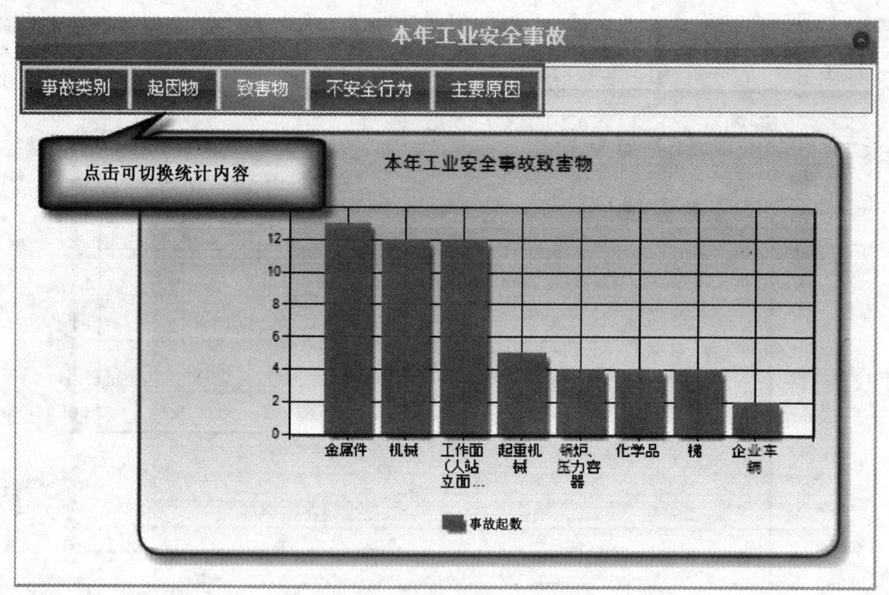

图 2.10　本年工业安全事故

按照交通事故责任对比、车辆类型对比、交通事故主要原因、火灾事故主要原因对本年交通、火灾事故进行分类展示，如图 2. 12 所示。

(9)最近 5 起事故滚动播报。

滚动显示最近发生的 5 起事故名称，点击可查看事故详细信息，如图 2. 13 所示。

(10)本年度事故总体趋势。

统计本年度各等级事故发生起数，如图 2. 14 所示。

(11)安全主要报表。

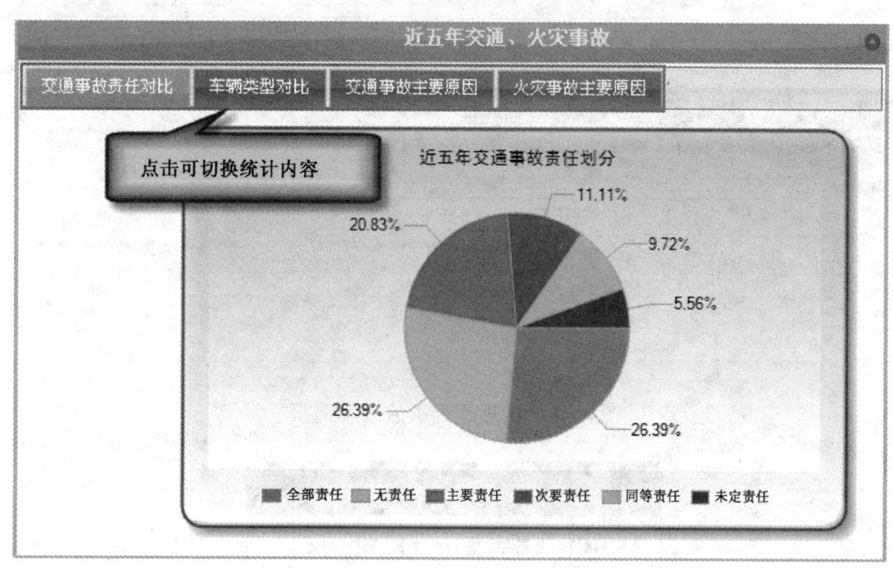

图 2.11　近 5 年交通、火灾事故

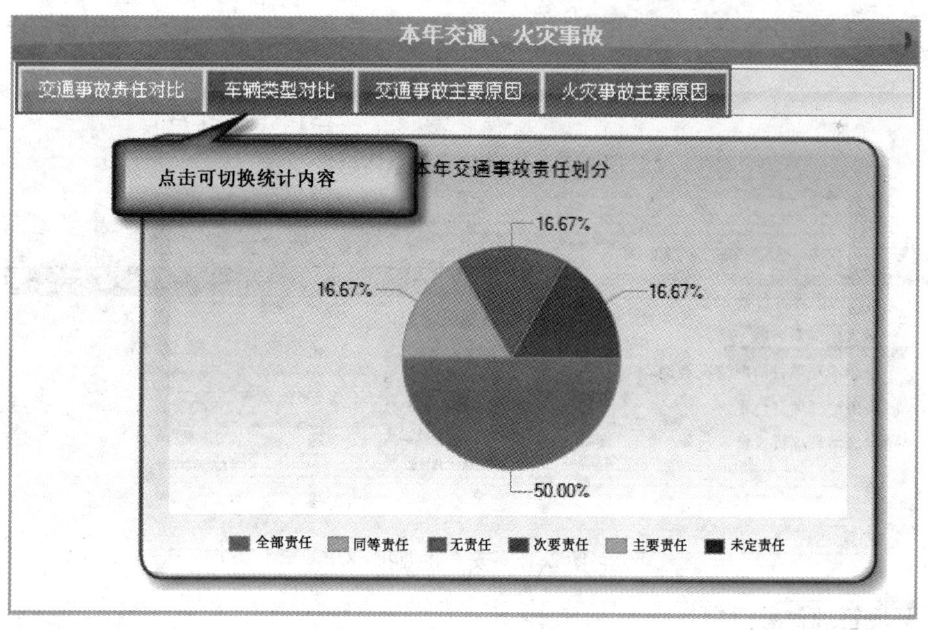

图 2.12　本年交通、火灾事故

展示安全管理中涉及的相关报表，包括危害因素台账、重大危险源台账、隐患治理项目相关台账、特种设备综合查询、消防设备查询、车辆信息查询等。点击可直接进入相关查询页面，设置查询后可查询下载所需信息，如图 2.15 所示。

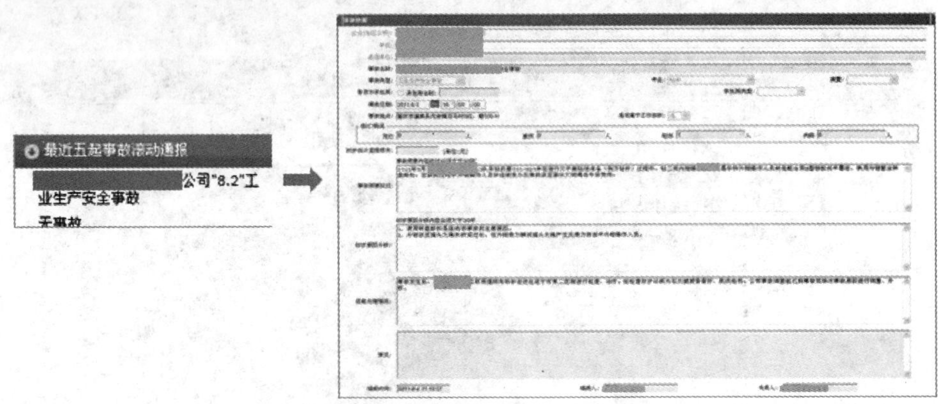

图 2.13　最近五起事故滚动播报

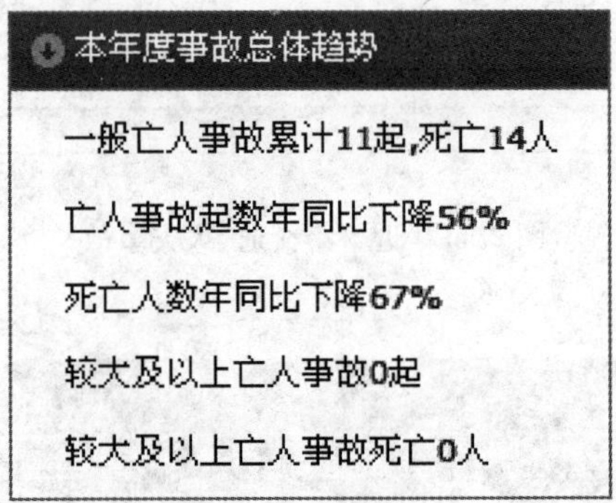

图 2.14　本年度事故总体趋势

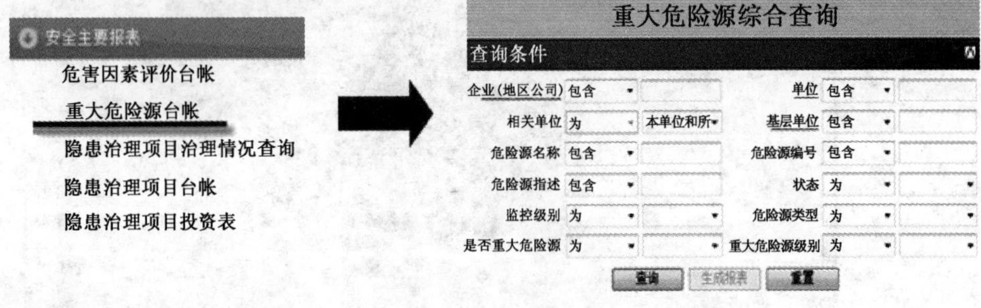

图 2.15　安全主要报表

2.2.3　环境管理信息门户

环境管理信息门户的主要功能包括以下几个方面：

(1)按照年度、月度统计环境主要污染指标反映的排放情况对比和排放趋势；

(2)按照板块、企业对比分析环境"三废"排放情况；

(3)统计各板块和企业月度工业废水、废气排放达标率；

(4)汇总分析集团公司、各板块和企业环境月报、季报、年报报表；

(5)汇总统计集团公司、各板块和企业环保设施以及环境隐患治理项目。

环境管理统计查询页面共包括 10 个栏目,分别是:环境排放年度对比,废水月度排放情况,废气月度排放计算,工业废水排放情况同比分析,工业废气排放情况同比分析,工业固废产生、处置及综合利用情况同比分析,上月工业废水、废气排放达标率,环保设施分类统计,环境隐患治理项目分类统计,环境统计月报、季报、年报。

【页面路径】

统计查询模块—环境

(1)环境排放年度对比。

提供单位最近 3 年的工业废水、废气以及固废的环境排放情况的年度对比和横向分析。对比分析的指标包括工业废水排放量及其排放达标率、工业废水中化学需氧量及石油类排放量,工业废气排放量及其排放达标率、工业废气中二氧化硫和氮氧化物排放量,工业固废产生量、处置量、综合利用量、储存量和倾倒丢弃量。点击"年度",可显示下属单位具体数据的呈现,如图 2.16 所示。

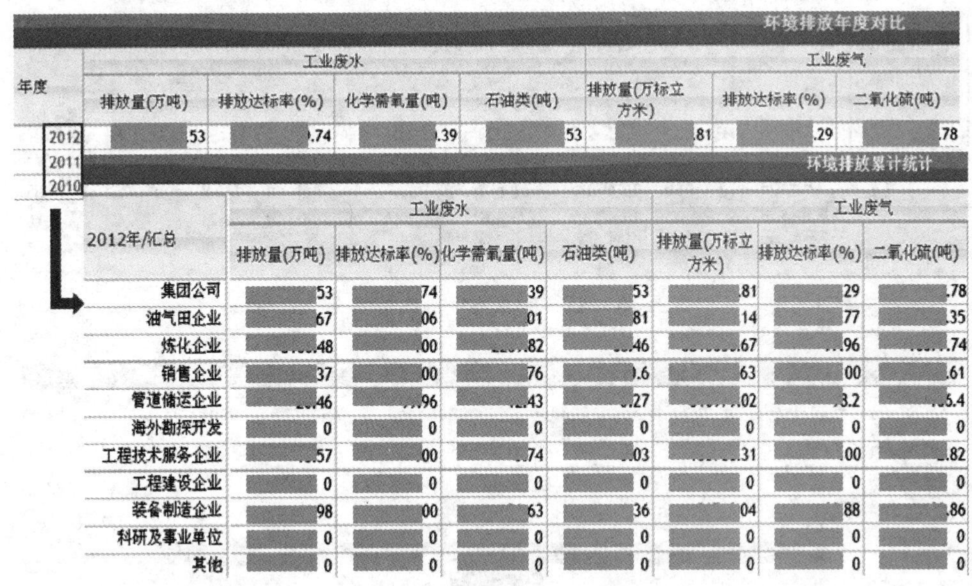

环境排放年度对比

年度	工业废水				工业废气		
	排放量(万吨)	排放达标率(%)	化学需氧量(吨)	石油类(吨)	排放量(万标立方米)	排放达标率(%)	二氧化硫(吨)
2012	.53	.74	.39	53	.81	.29	.78
2011							
2010							

环境排放累计统计

2012年/汇总	工业废水				工业废气		
	排放量(万吨)	排放达标率(%)	化学需氧量(吨)	石油类(吨)	排放量(万标立方米)	排放达标率(%)	二氧化硫(吨)
集团公司	53	74	39	53	.81	29	.78
油气田企业	67	06	01	81	14	77	.35
炼化企业	.48	.00	.82	.46	.67	.96	.74
销售企业	37	00	76	.6	63	00	.61
管道储运企业	.46	.96	.43	.27	.02	3.2	5.4
海外勘探开发	0	0	0	0	0	0	0
工程技术服务企业	.57	.00	.74	.03	.31	.00	.82
工程建设企业	0	0	0	0	0	0	0
装备制造企业	98	00	63	36	04	88	.86
科研及事业单位	0	0	0	0	0	0	0
其他	0	0	0	0	0	0	0

图 2.16　环境排放年度对比

(2)废水月度排放情况。

统计单位最近 12 个月的废水排放情况。废水月度排放情况统计的指标包括废水排放量和达标量,工业废水排放量,工业废水中化学需氧量、石油类和废水中氨氮的排放量。

点击"趋势图",可以查看本单位及其下属单位明细数据表。在数据表中,若工业废水排放量、工业废水中化学需氧量、工业废水中石油类与上月相比变化幅度超出了 10%,对数据自动用不同颜色标示异常,点击"异常数字",可以查看异常原因。集团公司用户还可以继续点击明细数据表中的专业板块名称,查看各企业的详细信息,如图 2.17 所示。

点击企业明细数据表中的带不同颜色数字,可显示该月废水排放异常的原因,如图 2.18 所示。

(3)废气月度排放情况。

统计单位最近 12 个月的废气排放情况。统计的指标包括废气排放量和达标量,工业废气

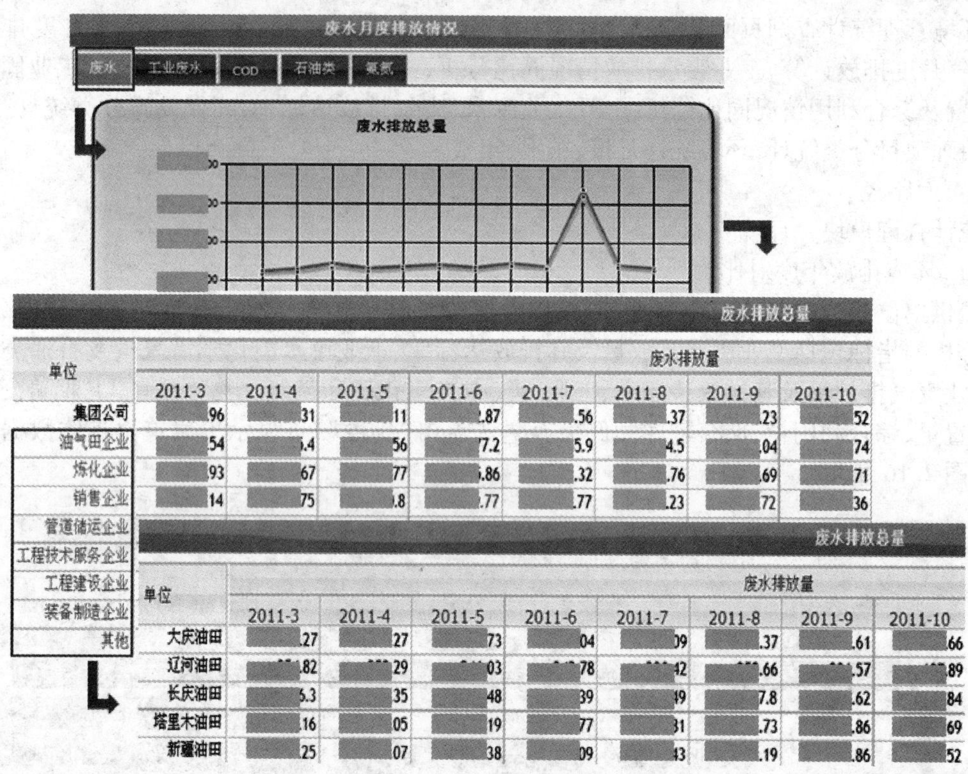

废水排放总量

单位	废水排放量							
	2011-3	2011-4	2011-5	2011-6	2011-7	2011-8	2011-9	2011-10
集团公司	.96	31	11	.87	.56	.37	.23	52
油气田企业	54	.4	56	7.2	5.9	4.5	.04	74
炼化企业	93	67	77	.86	.32	.76	.69	71
销售企业	14	75	.8	.77	.77	.23	72	36
管道储运企业								
工程技术服务企业								
工程建设企业								
装备制造企业								
其他								

废水排放总量

单位	废水排放量							
	2011-3	2011-4	2011-5	2011-6	2011-7	2011-8	2011-9	2011-10
大庆油田	.27	27	73	04	09	.37	.61	.66
辽河油田	.82	29	03	78	42	.66	.57	.89
长庆油田	.3	35	48	39	49	7.8	.62	84
塔里木油田	.16	05	19	77	31	.73	.86	69
新疆油田	.25	07	38	09	43	.19	.86	52

图 2.17　废水月度排放情况

工业废水排放量

单位	2011-3	2011-4	2011-5	2011-6	2011-7	2011-8	2011-9
销售	0	0	0	0	0	0	0
销售	0	0	1.15	1.06	4	0	0
料油	3.67	4.06	3.31	3.47	3.84	4.06	3.92
公司	0	0	0	1.21	0	0	0

环比异常原因

企业：

日期：2011-7

1. 工业废水排放量增加10.71%

原因分析：原油加工量增加,污水排放量增加,同时进入雨季,降水量增加

2. 工业废水中化学需氧量排放量增加11.30%

原因分析：原油加工量增加

3. 工业废水中石油类排放量增加10.45%

原因分析：原油加工量增加

图 2.18　废水月度排放异常原因显示

排放量,工业废气中二氧化硫、氮氧化物和二氧化碳排放量。

点击“趋势图”,可以查看本单位及其下属单位明细数据表。在数据表中,若各指标与上月相比变化幅度超出了10%,会用特殊颜色、字体标示,对数据自动用不同颜色标示异常。其中,红色表示环比增加超过10%,绿色表示环比减少10%。集团公司用户还可以继续点击明细数据表中的专业板块名称,查看各企业的详细信息,如图2.19所示。

图 2.19 废气月度排放情况

若工业废气排放量、工业废气中二氧化硫排放量环比超出10%，点击企业明细数据表中的不同颜色表示的数字，可显示该月废气排放异常的原因，如图2.20所示。

工业废气排放量

单位	2011-3	2011-4	2011-5	2011-6	2011-7	2011-8
油田	586639.75	449203.56	368343.74	259703.17	254170.02	238493.46
油田	251954.18	264167.73	271992.26	300235	215679.96	205880.35
油田	113853.97	81521.29	64335.56	60012.31	60853.53	60410.62
油田	152408.23	148894.42	155988.49	144402.12	151099.68	152964.35

环比异常原因

企业：油田

日期：2011-6

1. 工业废气排放量减少29.49%

原因分析：燃油锅炉取消

2. 工业废气中二氧化硫排放量减少27.26%

原因分析：燃油锅炉取消

3. 工业废水中石油类排放量减少10.72%

原因分析：燃油锅炉取消

图 2.20 废气月度排放异常原因显示

（4）工业废水排放情况同比分析。

主要是对集团公司、各板块、各企业上月和本年度的工业废水排放情况的同比和累计同比分析。对比分析的指标包括工业废水排放量与排放达标量、化学需氧量、石油类排放量及废水中氨氮排放量。其中,列指标是相关工业废水排放指标,行指标包括上月、上月与去年同期的对比、本年累计、本年累计与去年同期累计的对比。在对比表格中,"+"表示同比增加,"-"表示同比减少,用不同颜色标示。点击左侧指标区间的月度,如 2009-12,可弹出本单位及下属单位工业废水累计汇总表,如图 2.21 所示。

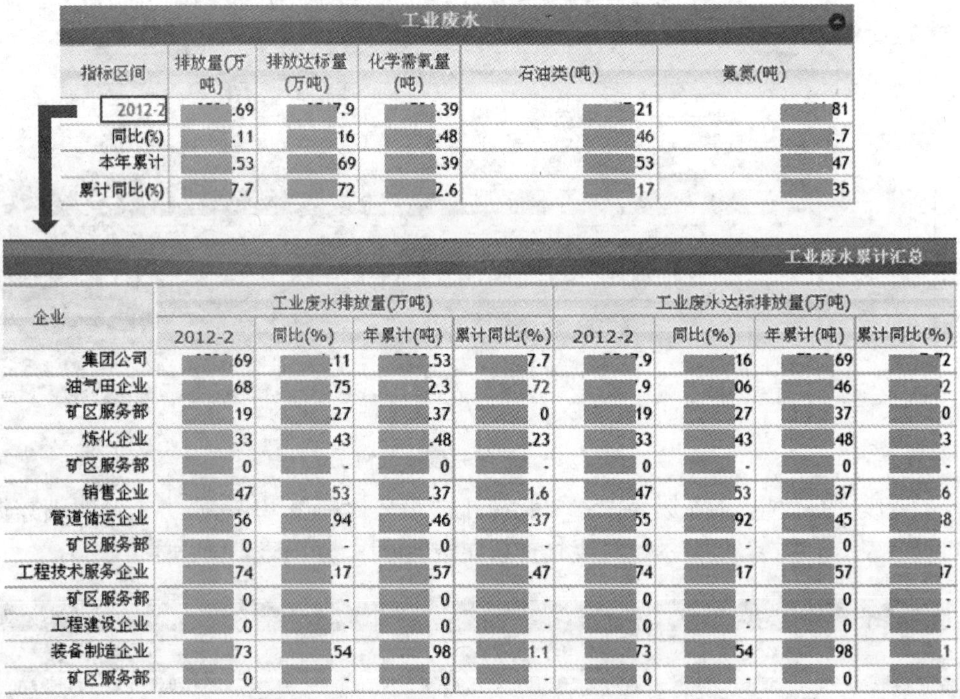

工业废水

指标区间	排放量(万吨)	排放达标量(万吨)	化学需氧量(吨)	石油类(吨)	氨氮(吨)
2012-2	.69	7.9	.39	21	81
同比(%)	.11	16	.48	46	.7
本年累计	.53	69	.39	53	47
累计同比(%)	7.7	72	2.6	17	35

工业废水累计汇总

企业	工业废水排放量(万吨)				工业废水达标排放量(万吨)			
	2012-2	同比(%)	年累计(吨)	累计同比(%)	2012-2	同比(%)	年累计(吨)	累计同比(%)
集团公司	69	.11	.53	7.7	7.9	16	69	72
油气田企业	68	.75	2.3	.72	.9	06	46	2
矿区服务部	19	.27	.37	0	19	27	37	0
炼化企业	33	.43	.48	.23	33	43	48	3
矿区服务部	0	-	0	-	0	-	0	-
销售企业	47	53	.37	1.6	47	53	37	6
管道储运企业	56	.94	.46	.37	55	92	45	8
矿区服务部	0	-	0	-	0	-	0	-
工程技术服务企业	74	.17	.57	.47	74	17	57	7
矿区服务部	0	-	0	-	0	-	0	-
工程建设企业	0	-	0	-	0	-	0	-
装备制造企业	73	.54	.98	1.1	73	54	98	1
矿区服务部	0	-	0	-	0	-	0	-

图 2.21　工业废水排放情况同比分析

(5)工业废气排放情况同比分析。

主要是对集团公司、各板块、各企业上月和本年度的工业废气排放情况的同比和累计同比分析。对比分析的指标包括工业废气排放量与排放达标量、工业废气中二氧化硫排放量、废气中氮氧化物排放量与二氧化碳排放量。在对比表格中,"+"表示同比增加,"-"表示同比减少,用不同颜色标示。点击左侧指标区间的月度,如 2009-12,可弹出本单位及下属工业废气累计汇总表,如图 2.22 所示。

(6)工业固废产生、处置及综合利用情况同比分析。

主要是对集团公司、各板块、各企业上月和本年度工业固废的产生、处置、利用情况的同比和累计同比分析。对比分析的指标包括工业固废产生量、处置量、综合利用量、储存量及倾倒丢弃量。在对比表格中,"+"表示同比增加,"-"表示同比减少,用不同颜色标示。点击左侧指标区间的月度,如 2009-12,即可弹出本单位及下属单位工业固废累计汇总表,如图 2.23 所示。

(7)上月工业废水、废气排放达标率。

工业废气

指标区间	排放量(万标方)	排放达标量(万标方)	二氧化硫(吨)	氮氧化物(吨)	二氧化碳(吨)
2012-2	.89	19	29	97	0
同比(%)	92	74	47	76	00
本年累计	.81	0.7	.78	.85	0
累计同比(%)	.88	.41	.56	.41	00

工业废气累计汇总

企业	工业废气排放量(万吨)				工业废气排放达标量(万吨)			
	2012-2	同比(%)	年累计(吨)	累计同比(%)	2012-2	同比(%)	年累计(吨)	累计同比(%)
集团公司	.89	92	.81	88	19	74	0.7	.41
油气田企业	.92	.19	.14	04	39	83	.37	04
矿区服务部	96	33	223	.1	96	33	223	0.1
炼化企业	.44	.03	.67	88	59	02	.09	.18
矿区服务部	0	-	0	-	0	-	0	-
销售企业	.44	.42	.63	.23	0.2	42	.14	.23
管道储运企业	.84	16	.02	45	77	18	.37	1.9
矿区服务部	0	-	0	-	0	-	0	-
工程技术服务企业	.61	74	.31	55	61	74	.31	.55
矿区服务部	0	-	0	-	0	-	0	-
工程建设企业	0	-	0	-	0	-	0	-
装备制造企业	.64	.55	.04	.92	.02	.24	.42	.79
矿区服务部	0	-	0	-	0	-	0	-

图 2.22　工业废气排放情况同比分析

工业固废产生、处置及综合利用情况同比分析

指标区间	产生量(吨)	处置量(吨)	综合利用量(吨)	贮存量(吨)	倾倒丢弃量(吨)
2012-2	54	63	73	.02	0.5
同比(%)	94	.3	1	09	0
本年累计	75	75	54	.45	0.5
累计同比(%)	35	47	9	30	50

工业固废累计汇总

企业	工业固废产生量(万吨)				工业固废处置量(万吨)			
	2012-2	同比(%)	年累计(吨)	累计同比(%)	2012-2	同比(%)	年累计(吨)	累计同比(%)
集团公司	54	94	.75	35	63	.3	75	7
油气田企业	33	65	.34	61	07	36	02	6
矿区服务部	41	31	.85	8	96	93	3	7
炼化企业	64	76	.88	09	61	95	09	4
矿区服务部	.1	15	.39	55	35	28	4	6
销售企业	.88	.15	.44	.7	38	.35	.4	.8
管道储运企业	15	.7	.61	99	96	83	2	9
矿区服务部	.6	28	.48	69	79	97	2	5
工程技术服务企业	92	97	.91	3	.4	91	8	9
矿区服务部	0	-	0	-	0	-	0	-
工程建设企业	0	00	0	00	0	-	0	-
装备制造企业	.32	.68	.34	.44	.6	.36	.1	.7
矿区服务部	.2	.54	2.5	.48	0	-	0	-

图 2.23　工业固废产生、处置及综合利用情况同比分析

分析集团公司、各板块、各企业上月工业废水排放达标率和工业废气排放达标率。

移动鼠标选择“工业废水排放达标率”或“工业废气排放达标率”按钮,即可切换查看工业废水排放达标率和工业废气排放达标率,如图 2.24 所示。

上月工业废水废气排放达标率

工业废水排放达标率　工业废气排放达标率

序号	单位	废水排放量(万吨)	废水达标率(%)
0	集团公司	69	.47
1	油气田企业	58	.29
2	矿区服务部	19	00
3	炼化企业	33	00
4	矿区服务部	0	0
5	销售企业	.47	.00
6	管道储运企业	56	.91
7	矿区服务部	0	0
8	工程技术服务企业	74	00
9	矿区服务部	0	0
10	工程建设企业	0	0
11	装备制造企业	.73	.00
12	矿区服务部	0	0

图 2.24　上月工业废水、废气排放达标率

(8)环保设施分类统计。

分析本级单位及下属各单位的环保设施分类统计情况。

通过统计图可以直接查看本级单位各种类型环保设施所占的比例,如图 2.25 所示。

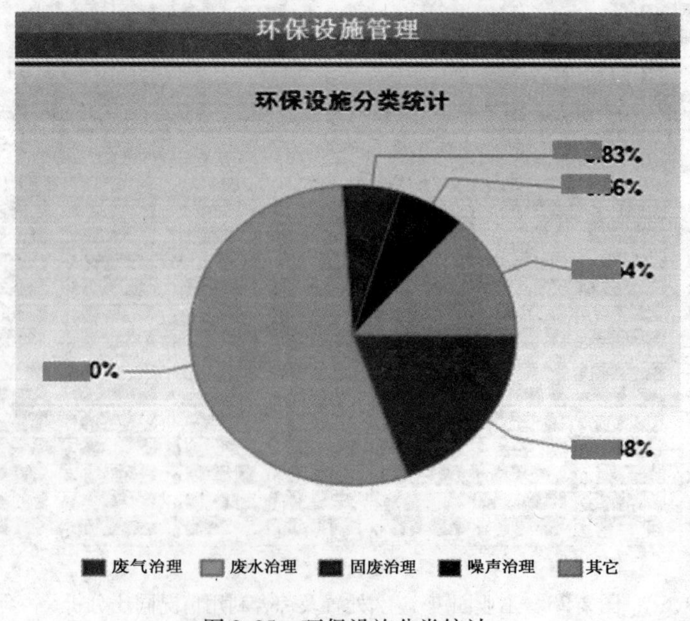

图 2.25　环保设施分类统计

点击统计图，即可弹出环保设施类型统计表。该表是按照环保设施的类型统计下属单位环保设施数据，如图 2.26 所示。

环保设施类型

单位	废气治理	废水治理	固废治理	噪声治理	其它
油气田企业	52	34	1	0	20
炼化企业	42	01	1	6	70
销售企业	36	09	2	5	29
管道储运企业	74	55	6	4	14
海外勘探开发	0	1	0	0	0
工程技术服务企业	51	10	5	5	60
工程建设企业	27	2	2	4	39
装备制造企业	09	27	1	3	19
其他	17	0	3	1	6

图 2.26　环保设施类型统计

(9)环境隐患治理项目分类统计。

分类统计本级单位及下属各单位的集团公司级和企业级环境隐患治理项目。

通过统计图可以直接查看本单位各类集团公司级和企业级环境隐患治理项目的数量分布，如图 2.27 所示。

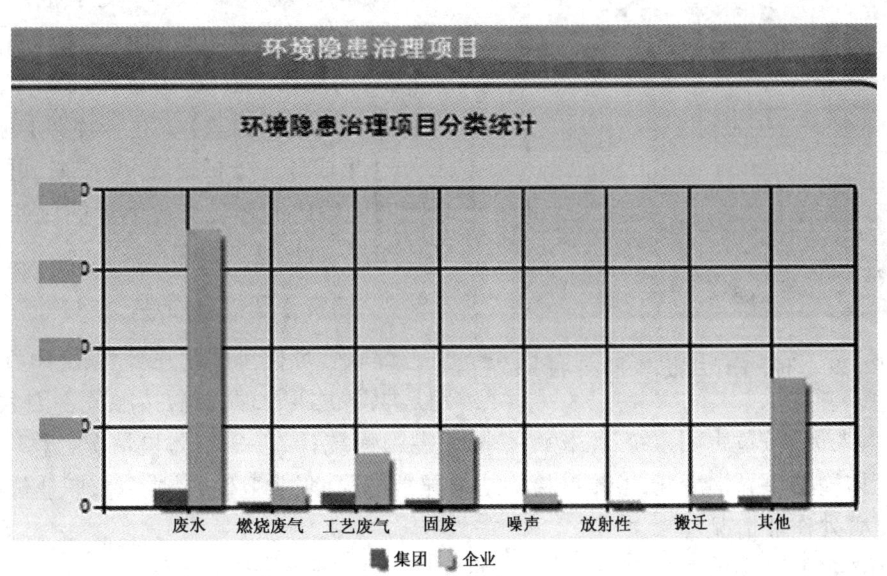

图 2.27　环境隐患治理项目分类统计

点击统计图，即可弹出环境隐患治理项目类型表。该表统计了下级单位集团公司级和企业级环境隐患治理项目的数据，如图 2.28 所示。

(10)环境统计月报、季报、年报。

下载查看集团公司、各板块及各企业的环境统计月报、季报和年报报表的汇总情况。

环境隐患治理项目类型

单位	工业废水		燃料燃烧废气		工艺废气		工业固体废弃物		噪声(含震动)	
	集团	企业	集团	企业	集团	企业	集团	企业	集团	企业
油气田企业	5	41	0	0	5	4	2	7	0	4
炼化企业	3	29	[illegible]	1	1	4	1	0	0	3
销售企业	0	1	0	0	0	0	0	0	0	0
管道储运企业	0	2	0	0	0	0	0	0	0	0
工程技术服务企业	0	0	0	0	0	0	0	0	0	0
工程建设企业	0	0	0	0	0	0	0	0	0	0
装备制造企业	1	2	0	0	2	4	0	0	0	0

图 2.28　环境隐患治理项目分类统计

图 2.29　环境统计月报、季报、年报

点击页面右侧的“环境月报”栏目按钮，页面显示最近 5 个月的月报统计汇总链接。点击需要下载月份的链接，即可下载相关报表，如图 2.29 所示。

“环境季报”、“环境年报”操作方法与“环境月报”相同。

点击“环境月报”、“环境季报”、“环境年报”右侧的“更多”按钮，在弹出的页面中选择企业、统计时间段、统计类型等查询条件，点击“生成累计同比分析报表”、“生成本期同比分析报表”或“生成环比分析报表”等按钮，可汇总统计任意时间段内的环境排放累计同比、本期同比、环比情况，如图 2.30 所示。

2.2.4　健康管理信息门户

健康管理信息门户主要包括 10 个栏目，分别是职业健康管理概况，接触危害因素人员（以下简称接害人员）按危害因素统计，检测点按危害因素统计，近 3 年体检情况，近 3 年检测情况，上年度体检结果异常情况，上年度检测结果异常情况，职业卫生数据统计，职业健康主要报表，本年度野外作业情况。

【页面路径】

统计查询模块—健康

（1）职业健康管理概况。

提供各级单位目前职业健康管理的基本概况，职业健康管理相关单位（包括涉及职业健康管理业务的企业、单位和基层单位），人员构成（包括员工男女比例、接害员工比例），接触危害因素的岗位（以下简称接害岗位）、检测点以及检测与体检机构信息，如图 2.31 所示。

（2）接害人员按危害因素统计。

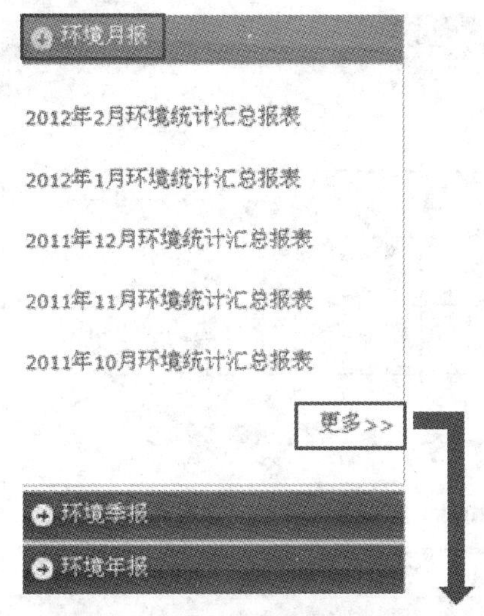

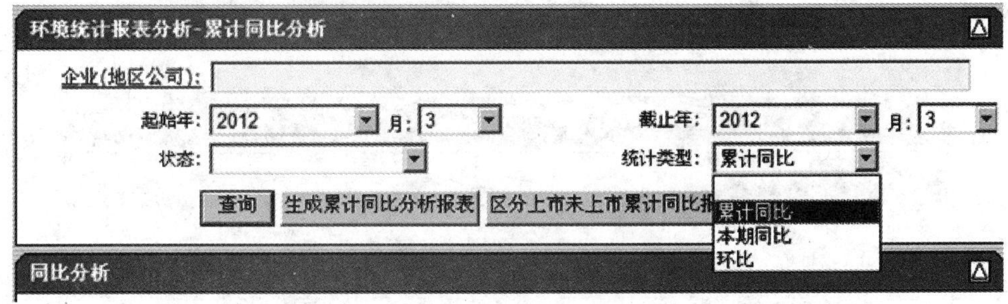

图 2.30　环境排放累计同比、本期同比、环比

职业健康管理概况										
职业健康管理相关单位			人员构成				接害岗位	检测点	相关机构	
企业数	二级单位数	基层单位数	男员工	女员工	接害员工	非接害员工	总数	总数	检测机构	体检机构
80	1234	8589	845846(67%)	413424(33%)	352425(28%)	906848(72%)	56510	48711	424	546

图 2.31　职业健康管理概况

提供各级单位目前接害人员中接触各种危害因素的人员分布情况，可通过柱状图（图 2.32）和统计表（图 2.33）的方式直观了解本单位接触各种危害因素的接害人员人数及其在下属单位的分布情况。

（3）检测点按危害因素统计。

提供各级单位目前各种危害因素检测点的分类统计信息，通过图表方式（图 2.34）和列表方式（图 2.35）直观了解各种检测点的个数及其在下属单位的分布情况。

（4）近 3 年体检情况。

提供集团公司、各板块、各企业近 3 年的体检情况。通过图表显示可以查看本单位近 3 年的体检率、体检合格率，如图 2.36 所示。

移动鼠标到“年份”按钮，如“2010 年”，可以查看该企业下属单位 2010 年的体检情况，包括计划体检人数、实际体检人数、体检合格率及体检异常的分布情况，如图 2.37 所示。

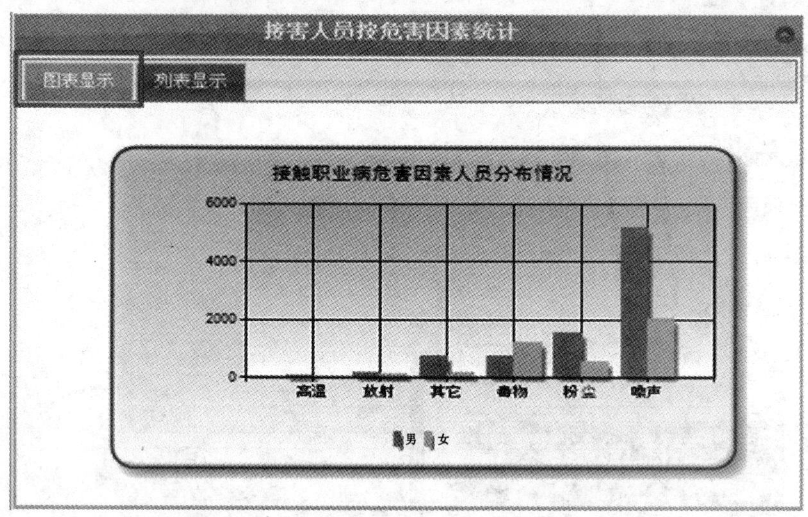

图 2.32　接害人员按危害因素统计——图表显示

接害人员按危害因素统计

图表显示　列表显示

机构	毒物		粉尘		噪声		高温		放射		其它	
	男	女	男	女	男	女	男	女	男	女	男	女
事业处	0	0	0	0	19	0	0	0	0	0	0	0
采油厂	29	55	0	0	29	13	0	0	0	0	21	8
技术处	0	0	32	9	317	0	1	0	1	0	4	3
工医院	6	2	0	0	0	0	0	0	15	12	0	0
团公司	0	2	129	29	162	55	0	0	6	9	0	0
事业部	8	5	2	0	24	6	0	0	0	0	0	0
采油厂	23	51	21	1	196	98	0	0	0	0	111	12
技术处	0	0	10	1	140	0	0	0	1	0	28	12
水公司	8	28	12	0	210	232	0	0	0	0	15	0
业公司	52	30	59	6	507	281	7	0	0	0	4	0
采油厂	2	80	43	0	306	282	0	0	0	0	0	0
技术处	0	4	83	16	172	0	0	0	0	0	0	0
事业处	5	7	38	23	0	0	0	0	0	0	15	0

图 2.33　接害人员按危害因素统计——列表显示

点击“更多”，可以查看近 3 年职业健康体检统计情况，包括应检人数、实检人数以及每种危害因素下的体检人员分布情况及体检的具体情况，如图 2.38 所示。

（5）近 3 年检测情况。

提供集团公司、各板块、各企业近 3 年的检测情况。操作方法与查看近 3 年体检情况相同，这里不再赘述。

图 2.34 检测点按危害因素统计——图表显示

检测点按危害因素统计

图表显示 列表显示

事业部	52	0	308	0	0	0
事务部	0	0	0	0	15	0
理中心	0	0	0	0	0	0
办事处	0	0	0	0	0	0
务中心	6	1	38	1	4	0
事业部	10	3	1	0	1	0
齐办事	0	0	0	0	0	0
事业部	13	0	41	0	0	0
防支队	0	0	0	0	0	0
管理部	0	0	0	0	0	0
事务部	0	0	0	0	0	0
护工程	0	0	0	0	0	0
建公司	28	16	15	0	1	0
研究院	0	0	0	0	0	0
技术部	4	0	40	0	0	0
建设项	0	0	0	0	0	0

图 2.35 检测点按危害因素统计——列表显示

(6)上年度体检结果异常情况。

提供集团公司、各板块、各企业上年度体检异常情况的统计。

“接害类型”统计本单位体检结果异常中接触毒物、粉尘、噪声、高温、放射、其他等类型危

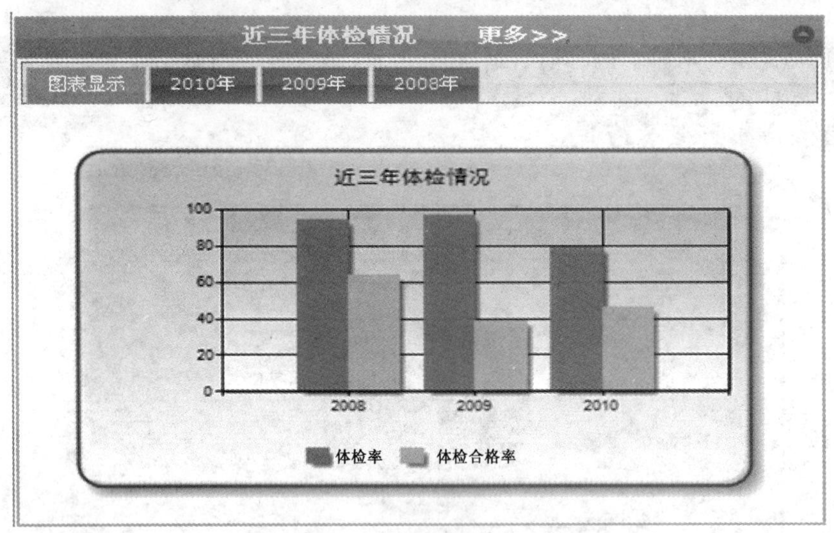

图 2.36　近三年体检情况——图表显示

近三年体检情况　　更多>>

图表显示　2010年　2009年　2008年

2010年职业健康体检情况

机构	计划体检人数	实际体检人数	体检合格人数	体检率	体检合格率	体检异常		
						观察对象人数	职业禁忌人数	其它疾病人数
卫部	0	0	0	0%	0%	0	0	0
究院	139	127	63	91%	50%	0	0	64
油厂	80	0	0	0%	0%	0	0	0
公司	185	0	0	0%	0%	0	0	0
油厂	414	402	167	97%	42%	11	3	221
公司	145	145	63	100%	43%	3	10	69
公司	34	31	9	91%	29%	4	0	18
公司	0	0	0	0%	0%	0	0	0
公司	452	0	0	0%	0%	0	0	0
油厂	323	323	153	100%	47%	4	11	155
公司	12	10	7	83%	70%	0	0	3

图 2.37　近三年体检情况——列表显示

害因素的人数。点击统计柱状图，显示下属单位的具体情况，如图 2.39 所示。

“主要危害因素”是指按照体检异常人数统计本单位的主要危害因素。点击统计柱状图，可以统计对应的五大危害因素，如图 2.40 所示。

年度职业健康体检统计分析

		毒物	粉尘	噪声	高温	放射	其它	合计
2010年	应检人数	1434	448	3197	27	146	3	5255
	实检人数	1023	406	2655	26	53	3	4166
	非正常人数	560	214	1430	20	32	3	2259
	体检率	71%	91%	83%	96%	36%	100%	79%
	合格率	45%	47%	46%	23%	40%	0%	46%
2009年	应检人数	1495	1278	3059	159	135	96	6222
	实检人数	1530	1304	3021	27	135	12	6029
	非正常人数	846	881	1862	20	65	8	3682
	体检率	100%	100%	99%	17%	100%	13%	97%
	合格率	45%	32%	38%	26%	52%	33%	39%
2008年	应检人数	1295	553	2031	33	109	11	4032
	实检人数	1181	478	2000	13	110	0	3782
	非正常人数	409	170	733	3	35	0	1350
	体检率	91%	86%	98%	39%	100%	0%	94%
	合格率	65%	64%	63%	77%	68%	0%	64%

其中：毒物前十名
　　　粉尘前五名

图 2.38　年度职业健康体检统计分析

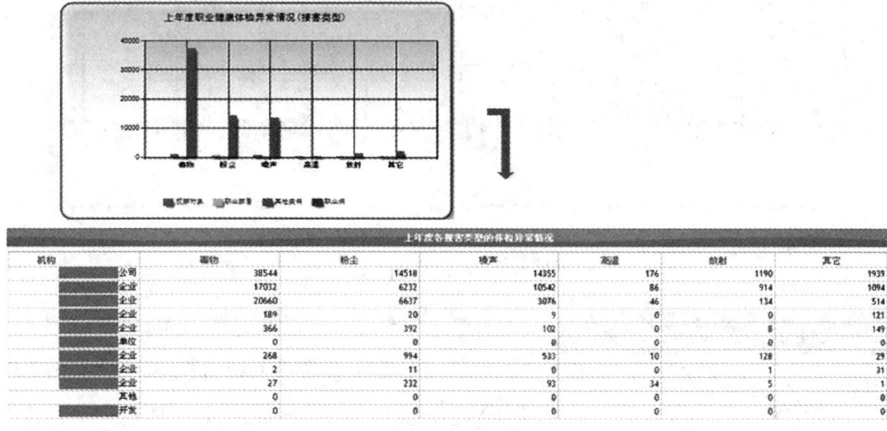

上年度各接害类型的体检异常情况

机构	毒物	粉尘	噪声	高温	放射	其它
公司	38544	14518	14355	176	1190	1939
企业	17032	6232	10542	86	914	1094
企业	20660	6637	3076	46	134	514
企业	189	20	9	0	0	121
企业	366	392	102	0	8	149
单位	0	0	0	0	0	0
企业	268	994	533	10	128	29
企业	2	11	0	0	1	31
企业	27	232	93	34	5	1
其他	0	0	0	0	0	0
开发	0	0	0	0	0	0

图 2.39　上年度体检结果异常情况——接害类型

“主要接害岗位”是指按照体检异常人数统计本单位的主要接害岗位，如图 2.41 所示。

(7)上年度检测结果异常情况。

提供集团公司、各板块、各企业上年度检测异常的情况统计。操作方法与查看上年度体检结果异常情况相同，这里不再赘述。

(8)职业卫生数据统计。

用于下载查看单位职业卫生数据统计年报信息。

点击页面右侧的“职业卫生数据统计”栏目按钮，页面显示最近 3 年统计汇总链接。点击需要下载年份的链接，即可下载相关报表。

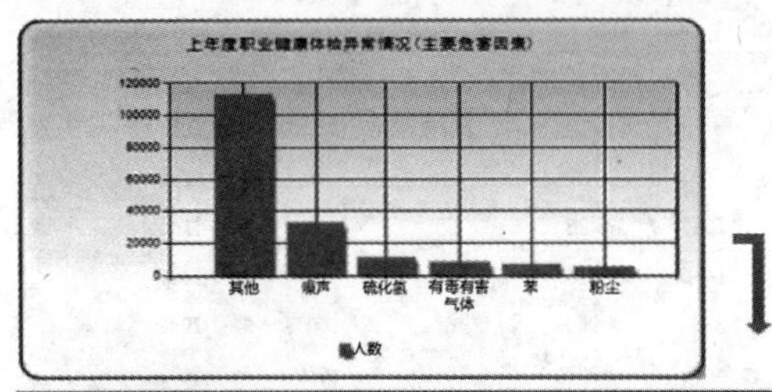

上年度体检异常对应五大危害因素

机构	上年度异常的五大有害因素									
■公司	其它	112742	噪声	32876	硫化氢	11250	有毒有害气体	7984	苯	6756
■企业	电焊粉尘	2070	粉尘	2225	硫化氢	2829	有毒有害气体	7903	噪声	16430
■企业	汽油	3134	氨气（氨）	4167	苯	5135	硫化氢	7483	噪声	14461
■企业	总锰(锰化物、二氧化锰)	61	火灾爆炸	62	非甲烷总烃	74	交通伤害事故	88	噪声	92
■企业	二氧化氮	457	噪声	533	甲烷	545	硫化氢	548	一氧化碳	551
■企业	粉尘	286	一氧化碳	356	水泥粉尘	380	硫化氢	390	其它	1073
■企业	其它	7	电焊锰	11	高温	11	电焊粉尘	11	噪声	11
■企业	物体打击	30	粉尘	69	高温	111	电焊粉尘	153	其它	187

机构	（续）	
■公司	粉尘	5259
■企业	其它	27991
■企业	其它	68582
■企业	其它	597
■企业	其它	6386
■企业	噪声	1141
■企业	高空坠落	28
■企业	噪声	208

图 2.40　上年度体检结果异常情况——主要危害因素

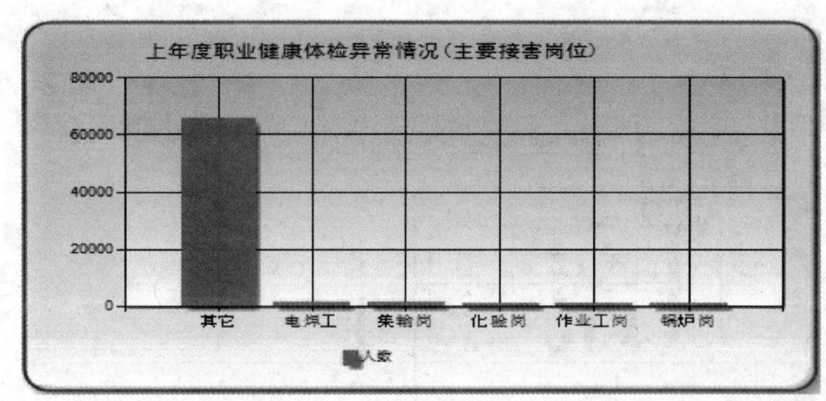

图 2.41　上年度体检结果异常情况——主要接害岗位

本年度野外作业情况

作业性质	省份	数量
采油	青海省	1
测井	甘肃省	1
测井	河北省	2
测井	天津市	1
测井	新疆维吾尔自治区	5
电力	天津市	1
辅助	新疆维吾尔自治区	4
基建	河北省	2
基建	湖南省	1
基建	辽宁省	1
基建	内蒙古自治区	2
基建	宁夏回族自治区	1
基建	山西省	2
基建	陕西省	1
基建	四川省	32

图 2.42　本年度野外作业情况

点击“更多”，在弹出的页面中选择起始年度、截止年度、完成状态等查询条件，点击“生成职业卫生数据统计报表”，可汇总统计选择时间段内的职业卫生数据统计数据。

(9)职业健康主要报表。

展示职业健康管理中涉及的相关报表，包括近三年检测计划综合统计表、近三年检测结果综合统计表、近三年体检计划综合统计表、近三年防护用品综合统计表和近三年防护设施综合统计表。

(10)本年度野外作业情况。

显示单位本年度的野外作业性质、作业省份与作业数量，如图 2.42 所示。

3 安全管理子系统概述

3.1 安全管理业务

安全管理是针对人们在生产过程中的安全问题，运用有效的资源，发挥人们的智慧，通过人们的努力，进行有关决策、计划、组织和控制等活动，实现生产过程中人与机器设备、物料、环境的和谐，达到安全生产的目标[1]。安全管理包括安全生产法制管理、行政管理、监督检查、工艺技术管理、设备设施管理、作业环境管理和条件管理等，因此涉及企业中的所有人员、设备、物料、环境、财务、信息等方面。安全管理的目标是减少和控制危害，减少和控制事故，尽量避免生产过程中由于事故造成的人身伤害、财产损失、环境污染以及其他损失。安全管理的核心是风险管理，主要包括危险源辨识、风险评价、危险预警与监测管理、事故预防与风险控制管理及应急管理等。

为加强安全生产工作，防止和减少安全生产事故，切实保障员工在生产经营活动中的安全与健康，集团公司针对安全管理下发了《中国石油天然气集团公司安全生产管理规定》（中油质安字〔2004〕672 号）、《中国石油天然气集团公司安全生产责任制通则》（中油质安字〔2004〕672 号）、《中国石油天然气集团公司交通安全管理办法》（中油质安字〔2004〕672 号）、《中国石油天然气集团公司应对突发重大事件（事故）管理办法》（中油质安字〔2004〕672 号）和《中国石油天然气集团公司生产安全事故管理办法》（中油安字〔2007〕571 号）、《中国石油天然气集团公司生产安全事故隐患报告特别奖励》（中油安字〔2007〕571 号）等一系列管理规定，针对各种安全管理对象作出了明确管理要求和考核、奖惩规定。

各企业也都根据集团公司的要求制订了一系列的企业规章制度，包括安全生产责任制、事故管理、事故隐患治理、违章处罚、重大危险源监控、事故应急救援、消防安全、交通安全、危险化学品管理、安全防护、监督检查、安全生产奖惩等方面的内容。各企业均设置有安全管理部门，在管理模式上采取集中控制、分级管理的模式，建立了健全完整的安全组织体系，形成了动态的、系统的、制度化的、以预防为主的安全组织模式。

根据安全生产管理的要求及集团公司和下属各企业安全管理的现状，目前系统中通过对人员管理、设备物料、风险管理、应急事故、评价与第三方和安全其他业务等六大部分进行管理，实现了对 HSE 目标、人员、教育培训、消防、设备、监督检查、安全观察沟通、隐患、项目、危险源、风险识别、应急、事故等业务的管理，并且体现了集团公司管理体系要求的“两书一表”，加强了上下级之间的沟通管理。

---

[1] 中国安全生产协会注册安全工程师委员会．安全生产管理知识．北京：中国大百科全书出版社，2008。

3.2 安全管理子系统框架

安全管理是 HSE 管理业务的核心,涉及面广,业务内容多,专业性强。HSE 系统的安全管理子系统是根据中国石油安全管理业务的实际需求设计开发的,以 HSE 目标为管理纲领,遵从性、法律法规为基础,按照业务之间的逻辑关系将其主要管理内容划分为六个部分,每个部分由多项业务内容组成,通过日常的监督检查、安全观察沟通和治理措施开展管理工作,具体划分如图 3.1 所示。

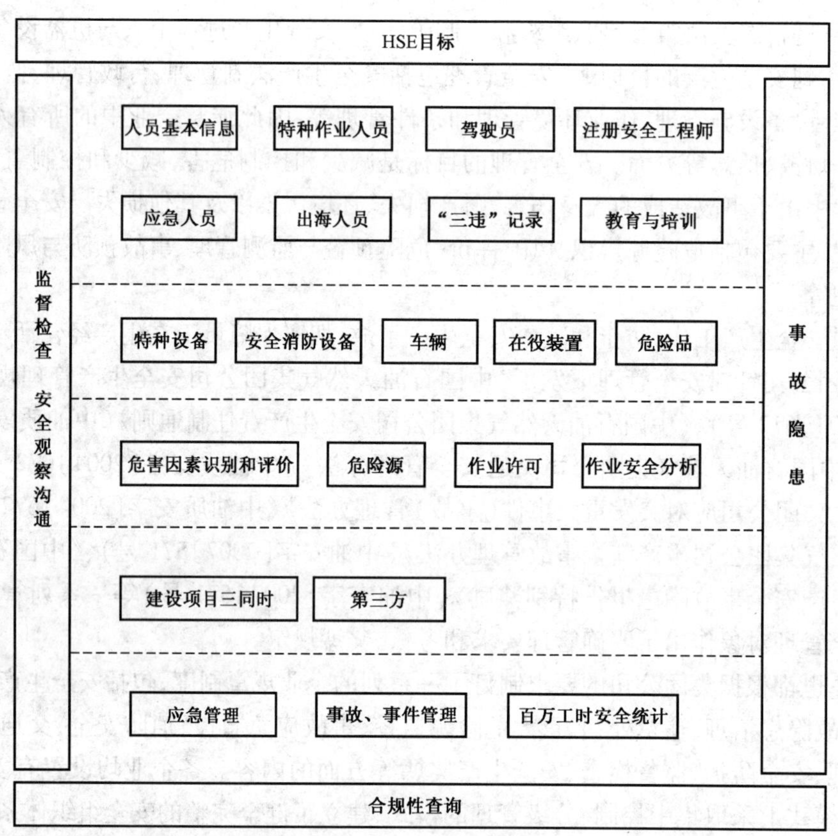

图 3.1　安全管理内容概况

人员管理部分主要包括人员基本信息、特种作业人员、交通管理中的驾驶员、注册安全工程师、应急人员和专家、出海人员、相关人员的"三违"记录以及教育与培训;设备物料管理部分主要包括特种设备、安全消防设备、车辆、在役装置和危险品管理;风险管理部分主要包括危害因素识别和评价、危险源管理、作业许可管理、作业安全分析;应急事故管理部分主要包括应急管理、事故管理、事件管理和百万工时安全统计;评价与第三方管理部分主要包括建设项目三同时评价和第三方管理;其他业务模块主要包括宣传管理、HSE 科技管理、HSE 认证管理、荣誉管理和遵从性管理等。

3.3 安全管理子系统流程

安全管理子系统将安全日常管理业务作为一个闭环，统一集成管理，实现安全管理的信息化，体现在如下几个方面：以安全目标为总纲，将日常的管理业务信息汇集到一起，形成集中的信息管理；以安全生产作业为目的，将作业操作步骤、危害因素、存在风险以及需要的防范措施集成管理，形成作业风险指导库；以监督检查、隐患为主线，将人员信息、设备信息、项目信息贯穿成体，及时跟踪日常检查中发现的问题及隐患，便于及时治理和消除。具体实现流程如图3.2所示。

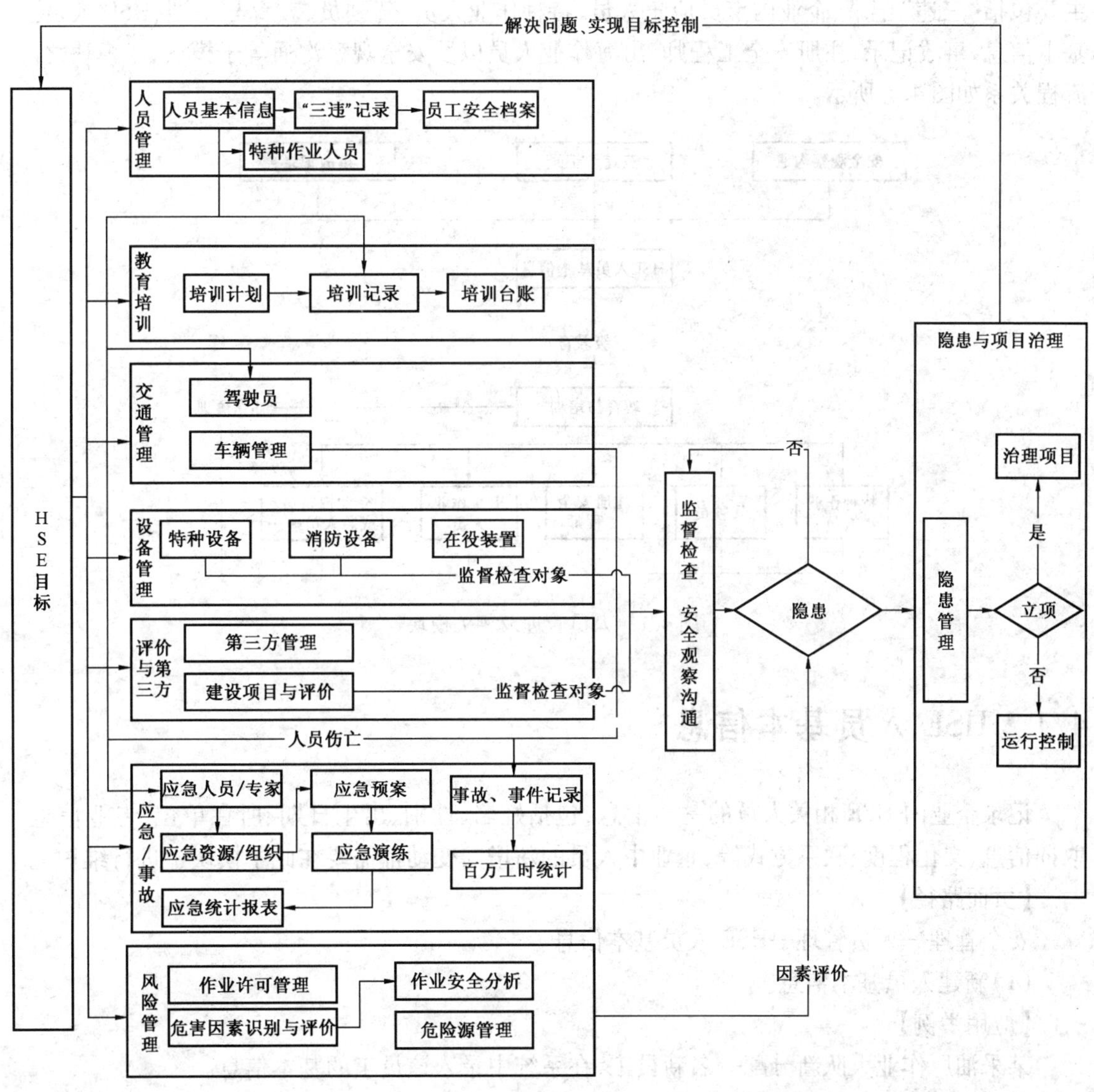

图3.2 安全管理子系统流程

4 安全相关人员管理

系统管理的人员有九类，包括特种作业人员、驾驶员、应急专家、应急人员、消防人员、海洋人员、安全专属人员、健康专属人员和环境专属人员。其中，安全专属人员包括安全员、安全监督、安全管理与安全专家；环境专属人员包括环境管理人员、环境监测人员、环保统计人员、环保设施操作人员、污染物产生部位的操作人员与其他；健康专属人员包括健康管理人员、职业病危害检测和评价人员、职业健康体检和诊断检测人员。与人员基本信息关联的子模块较多，主要包括“三违”记录、企业内审员应急人员、特种作业人员、驾驶员、教育与培训、HSE 人员工基本信息、事故记录、注册安全工程师、出海作业人员以及安全观察沟通等子模块，子模块之间流程关系如图 4.1 所示。

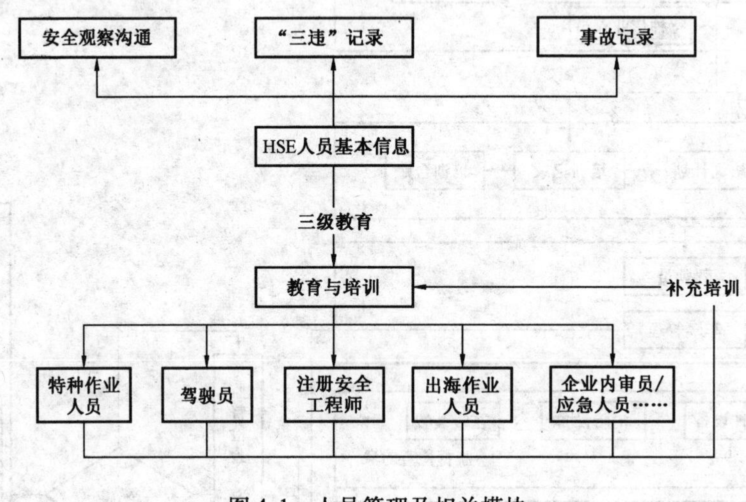

图 4.1 人员管理及相关模块

4.1 HSE 人员基本信息

记录企业内 HSE 相关人员的基本信息，包括姓名、性别、出生日期、所在单位、专业信息、取证信息、文化程度、联系方式等，企业中人员的新增与变动都需要在此子模块中进行维护。

【页面路径】

安全管理—人员管理—HSE 人员基本信息

(1)新建人员基本信息。

【应用举例】

某采油厂作业大队新分配一名新员工，在系统中录入该员工的基本信息。

① 按照路径【安全管理—人员管理—HSE 人员基本信息】进入人员基本信息浏览界面，点击“新建”按钮进入编辑页面，如图 4.2 所示。

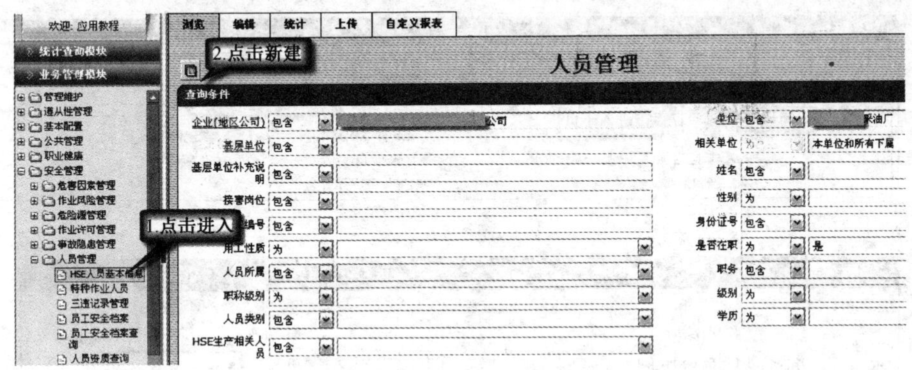

图 4.2 人员基本信息浏览界面

② 填写“基本信息”栏目。其中姓名、性别、出生日期为必填项,民族、员工编号、身份证号、社保号为选填项,可根据单位管理要求选择性填写。点击左上角的“保存”按钮,如图 4.3 所示;保存后系统根据出生日期自动计算年龄,不需要填写。“基本信息”栏目只显示 HSE 生产相关人员(特种作业人员、应急人员/应急专家、驾驶员、出海作业人员、接害人员)的属性,在【安全管理—人员管理—特种作业人员】、【综合管理—应急管理—应急人员】、【安全管理—交通管理—驾驶员】、【海洋 HSE 管理—海洋人员管理—出海作业人员】、【职业健康—职业健康基础配置—接害人员】中录入相关信息后,属性信息自动更新,无需人工操作。

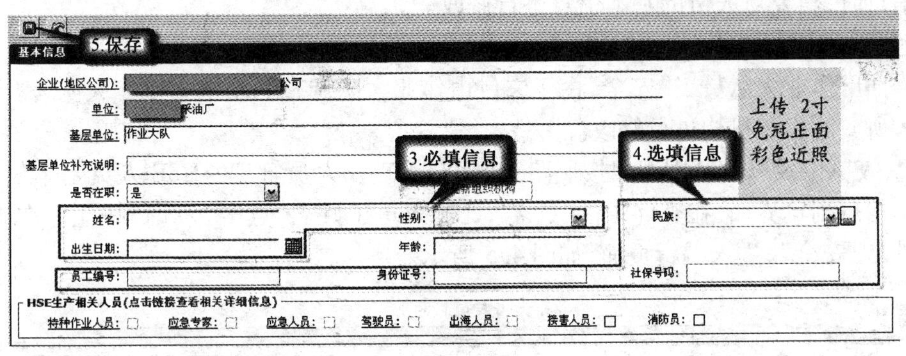

图 4.3 人员基本信息新增页面

③ 填写“HSE 人员属性”栏目。健康、安全、环境专属人员应在该栏目设置其专有属性。以安全专有属性为例:勾选人员属性类别,“安全信息”按钮自动被激活,点击该按钮,进入安全信息子页面,勾选相应的人员类别,如图 4.4 所示;保存子页面并关闭,回到主编辑页面。人员专有属性勾选框只有在“基本信息”保存后才被激活。当人员为安全专属人员时,参加工作时间、职称级别、学历为必填项。

说明:在具有 HSE 相关执业资格时,应在相应的执业资格后面进行勾选。其中,当执业资格为注册安全工程师时,身份证号、参加工作时间、职务、从事安全生产相关年限、合同开始时间、是否为无固定期限合同、毕业院校、所学专业、学位、学历、毕业时间为必填项。

部分人员的身份证号录入时提示校验错误,一般是由于填写的出生日期与身份证中的出

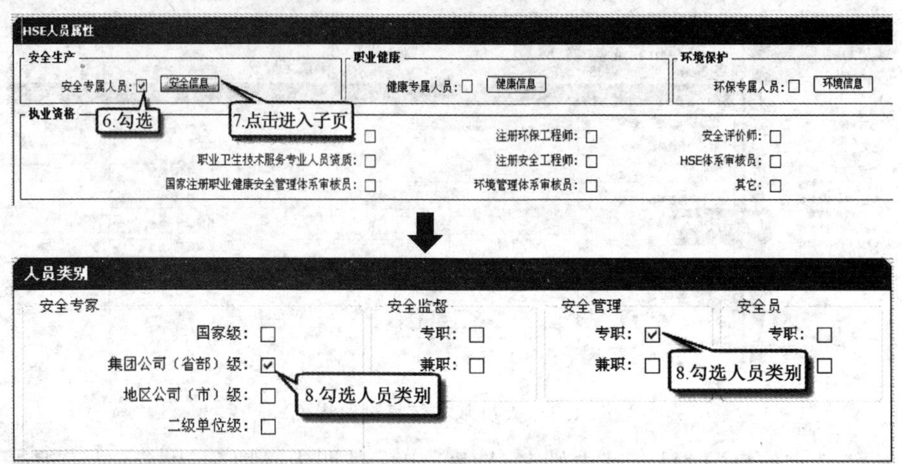

图 4.4　安全专属人员设置页面

生日期不匹配，这时需要将出生日期修改为与身份证中的出生日期一致即可。另外，目前我国现行使用的公民身份证号有两种国家标准，即 GB 11643—1989 和 GB 11643—1999，有些身份证号不满足这两个国家标准中的身份证校验算法，若确实是身份证号有误，可以不用输入。

(2)修改人员基本信息。

在系统中已存在人员的组织机构、人员属性、地址、联系方式等信息发生变更，或者需要补充相关信息时，需要对人员的基本信息进行修改。

【应用举例】

某采油厂作业大队员工“安全”由于岗位由作业大队调整到了电力维修大队，需要在系统中将此人所属的组织机构进行修改。

① 二级单位及以上级别用户按照路径【安全管理—人员管理—HSE 人员基本信息】进入人员基本信息浏览界面，在查询条件“姓名”处输入员工姓名，点击“查询”按钮。在查询结果中点击姓名“安全”，进入编辑页面，如图 4.5 所示。

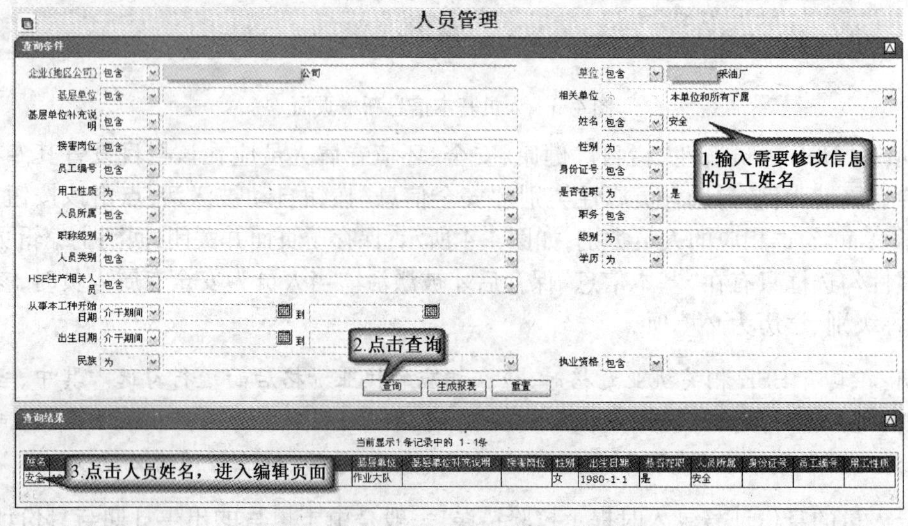

图 4.5　HSE 人员基本信息查询页面

② 按照如图 4.6 所示流程修改人员组织机构,最后点击编辑页面“保存”按钮保存修改结果。

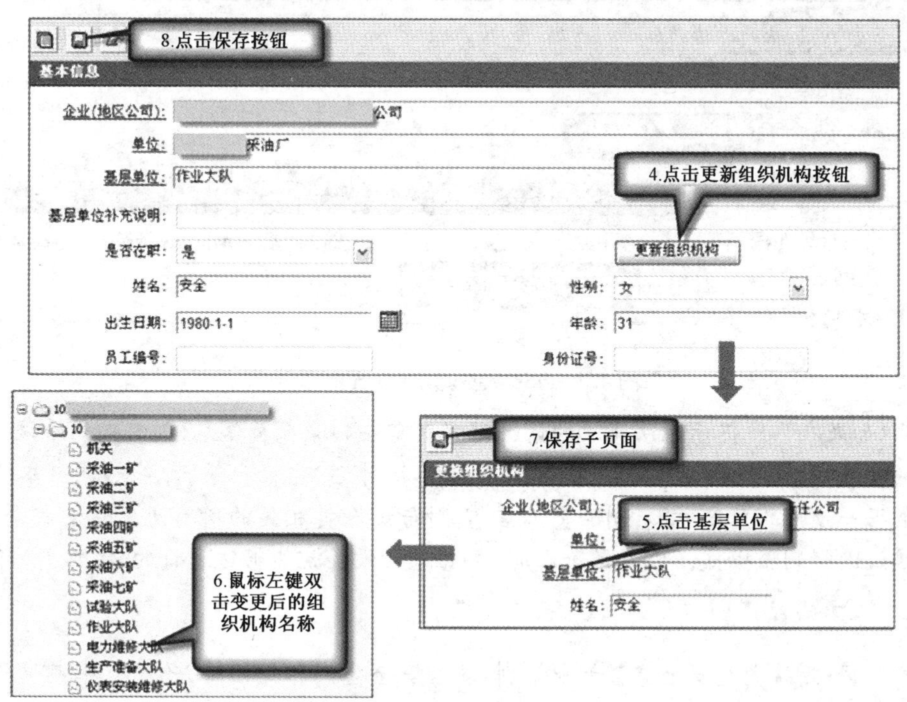

图 4.6　HSE 人员基本信息修改页面

③ 其他信息的修改与组织机构调整相同,先在浏览页面查询到该员工信息进入编辑页面,在编辑页面要修改的字段中直接修改,然后保存整条记录即可,详细过程不再赘述。

说明:基层单位级用户没有权限调整组织机构,二级单位级用户可以对本单位内部的组织机构进行调整,企业级用户可以对本企业内部的组织机构进行调整,跨企业的组织机构调整由 HSE 系统技术支持中心进行操作。

(3)删除人员基本信息。

若员工退休或者因其他原因已经不在岗,则可以直接在浏览界面找到该人员,点击进入编辑页面进行删除或者修改。

【应用举例】

某采油厂作业大队员工“安全”已经辞职不在中国石油就职,需要在系统中将此人的基本信息进行删除。

① 按照路径【安全管理—人员管理—HSE 人员基本信息】进入人员基本信息浏览界面,在查询条件“姓名”处输入员工姓名,点击“查询”按钮。在查询结果中点击姓名“安全”,进入编辑页面,如图 4.5 所示。

② 点击“删除”按钮直接删除人员,如果提示有相关记录不能删除,则可以将是否在职修改为“否”并进行保存,如图 4.7 所示。

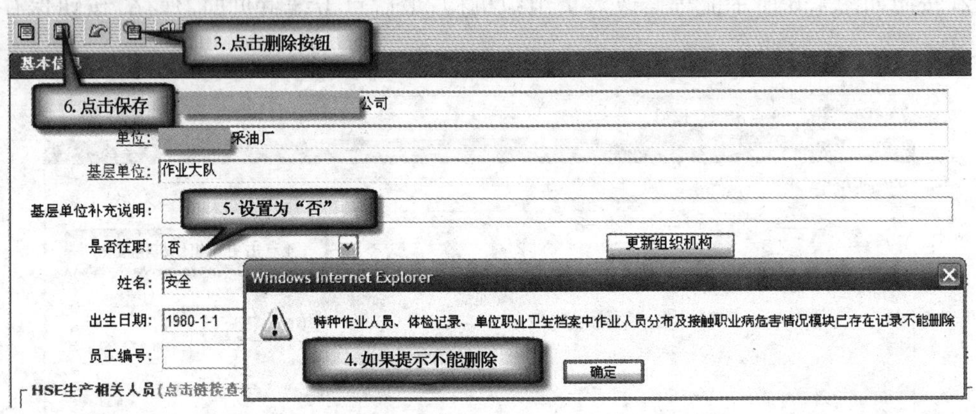

图 4.7　HSE 人员基本信息删除页面

说明:如果在系统提示无法删除的情况下确实需要删除人员信息,则需先删除该人员所有被引用的关联项,例如教育培训记录,职业健康体检计划、体检记录,才能够删除本条人员信息。从数据一致性的角度考虑,删除员工信息,则与该人员相关的所有历史信息都会被删除,所以不建议进行删除操作,利用“是否在职”按钮进行设置就能够达到目的,操作更为简单。

【关键字段解释】

安全监督:指接受过安全监督专业培训,掌握安全生产相关法律法规、规章制度和标准规范,并取得安全监督资格证书的人员。

安全生产管理人员:指经有关部门安全生产考核合格并取得安全生产考核合格证书,从事安全生产管理工作的专职人员。

接害人员:专指岗位上接触职业病危害因素的人员。

4.2　HSE 相关人员

《中华人民共和国安全生产法》和《中国石油天然气集团公司安全生产管理规定》(中油质安字[2004]672 号)均对特种作业人员、驾驶员、从事接触职业病危害因素作业人员、应急人员、注册安全工程师等人员的管理有明确要求。系统中针对这几类人员的取证、考核和教育培训情况进行了重点管理。

4.2.1　特种作业人员

《中华人民共和国安全生产法》规定生产经营单位的特种作业人员必须按照国家有关规定经专门的安全作业培训,取得特种作业操作资格证书,方可上岗作业。依据《特种作业人员安全技术培训考核管理规定》(国家安全生产监督管理总局令第 30 号)和《特种设备作业人员监督管理办法》(国家质量监督检验检疫总局令第 70 号),对特种作业操作资格证书 2 年或者 3 年复审 1 次。

系统中对特种作业人员主要从取证情况、复审记录、安全培训记录和检查考核四个部分进行了全面管理。

【页面路径】

安全管理—人员管理—特种作业人员

(1)新建特种作业人员。

【应用举例】

某采油厂作业大队员工“安全”于2008年3月15日取得特种作业操作资格证书,在系统中录入该员工的特种作业操作证信息。

① 按照路径【安全管理—人员管理—特种作业人员】进入特种作业人员浏览界面,点击“新建”按钮进入编辑页面,如图4.8所示。

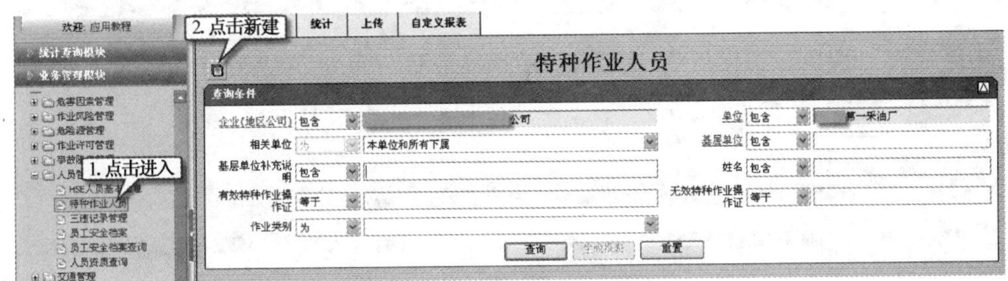

图4.8　特种作业人员信息查询页面

② 点击“姓名”后的“放大镜”,弹出人员列表框,输入该员工姓名并点击“查询”,然后点击“查询结果”,系统会将该员工的基本信息自动调用过来。如果在“放大镜”中查询不到此人员姓名,需要到【安全管理—人员管理—HSE人员基本信息】页面确认是否存在及在职状态。

③ 根据此员工的操作证信息依次输入作业类别、准操项目、操作证号、初领证日期、证书有效截止日期、发证机关、审核周期、是否失效等信息,如图4.9所示。

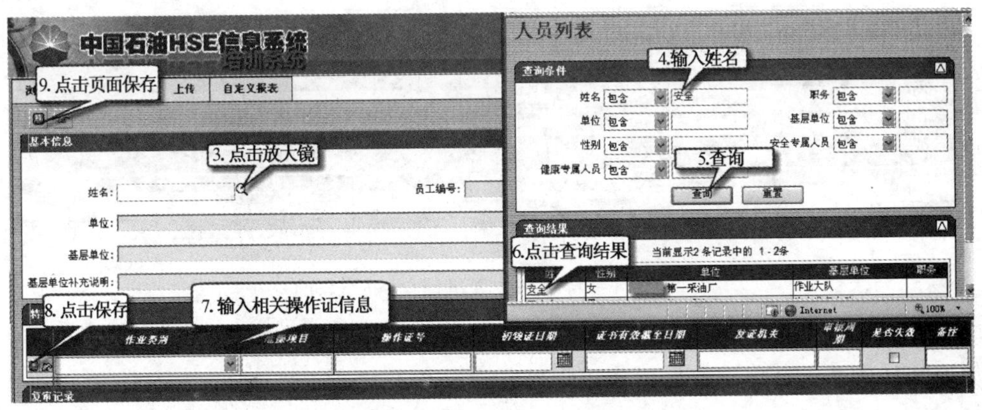

图4.9　特种作业人员信息新建页面

④ 点击页面左上角“保存”按钮,完成新建。

(2)修改特种作业人员信息。

如果特种作业人员基本信息发生变化或者发生新的复审信息,直接在浏览页面找到该特种作业人员,点击进入编辑页面即可进行修改。

【应用举例】

某采油厂作业大队员工“安全”于 2008 年 3 月 15 日取得特种作业操作资格证书,2010 年 3 月 15 日第一次复审,在系统中录入该员工的复审信息。同时,2010 年 4 月 10 日该员工取得第二个特种作业操作资格证书。

① 按照路径【安全管理—人员管理—特种作业人员】进入特种作业人员浏览界面,在查询条件“姓名”处输入“安全”,如图 4. 10 所示。

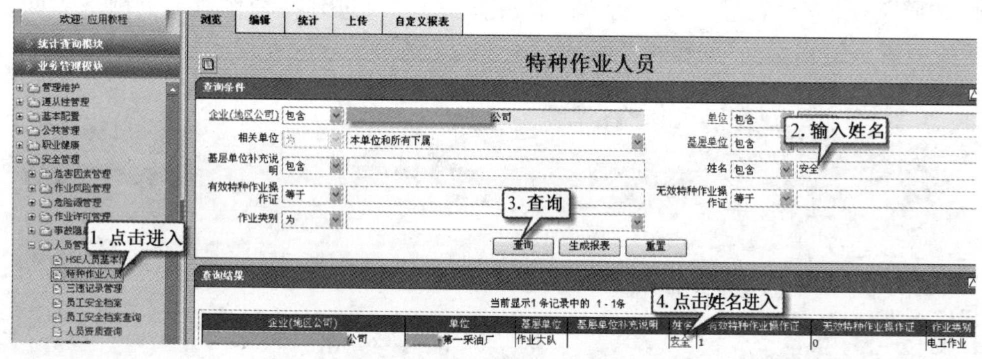

图 4. 10　特种作业人员信息修改查询页面

② 录入需要更新的操作证信息和复审信息,最后进行页面保存即可,如图 4. 11 所示。

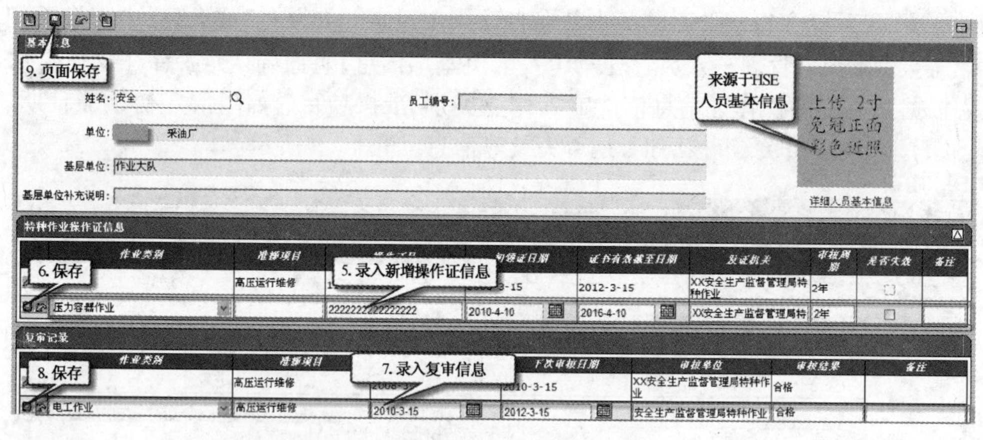

图 4. 11　特种作业人员信息修改页面

(3)删除特种作业人员信息。

如果特种作业人员换岗或者退休不再进行特种作业操作,直接在浏览界面找到该特种作业人员,点击进入编辑页面即可进行删除或者修改。

【应用举例】

某采油厂作业大队员工“安全”不再从事特种作业,可以直接到系统中将此特种作业人员信息删除或者将操作证设置为失效。

① 按照路径【安全管理—人员管理—特种作业人员】进入特种作业人员浏览界面,在查询

条件“姓名”处输入“安全”，如图 4.8 所示。

② 直接删除特种作业人员或者是将特种作业操作证设置为失效，如图 4.12 所示。

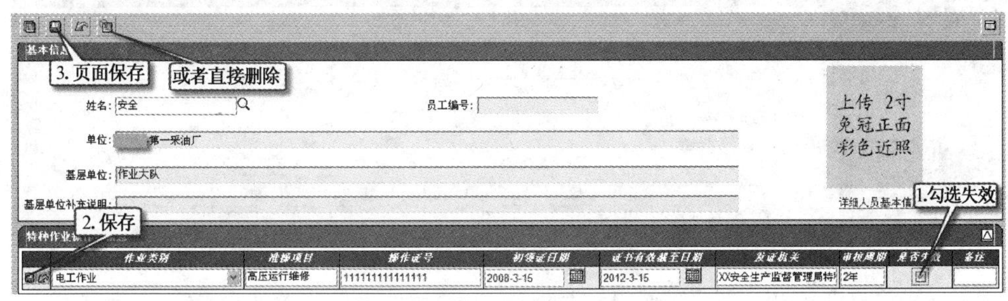

图 4.12　特种作业人员信息删除页面

【关键字段解释】

特种作业人员：是指直接从事特种作业的从业人员（特种作业，是指容易发生事故，对操作者本人、他人的安全健康及设备、设施的安全可能造成重大危害的作业）；或者锅炉、压力容器（含气瓶）、压力管道、电梯、起重机械、客运索道、大型游乐设施、场（厂）内机动车辆等特种设备的作业人员及其相关管理人员（统称特种设备作业人员）。

说明：在特种作业人员浏览界面只显示特种作业人员多个操作证中的其中一条，如果想查询统计所有的取证信息，可以到【安全管理—安全报表—特种作业人员综合查询】中进行查询。

4.2.2　驾驶员

《中国石油天然气集团公司交通安全管理办法》（中油质安字〔2004〕672 号）规定，企业应建立和执行驾驶员企业内部准驾证管理制度，并对驾驶员建立完整的安全行车档案，主要内容包括安全行驶公里数、培训考核、违章积分记录以及安全奖惩等。企业应加强对驾驶人的管理，实行内部“准驾证”制度，强化驾驶人行车安全和职业道德教育，不断提高驾驶人员安全意识。

系统中主要记录驾驶员的基本信息、驾驶证、准驾证、驾驶员考核等几个方面的内容，如果驾驶员为交通事故记录中的肇事人员，系统将在页面自动显示事故记录。

【页面路径】

安全管理—交通管理—驾驶员管理

（1）新建驾驶员的信息。

【应用举例】

某采油厂作业大队员工“安全”驾驶单位车辆，为专职驾驶员，在系统中录入该员工的驾驶员相关信息。

① 按照路径【安全管理—交通管理—驾驶员管理】进入驾驶员浏览界面，点击“新建”按钮进入编辑页面，如图 4.13 所示。

② 通过“姓名”后的“放大镜”找到“安全”的基本信息，点击选中。如果“放大镜”中查询不到此人员姓名，需要到【安全管理—人员管理—HSE 人员基本信息】页面确认是否存在与在

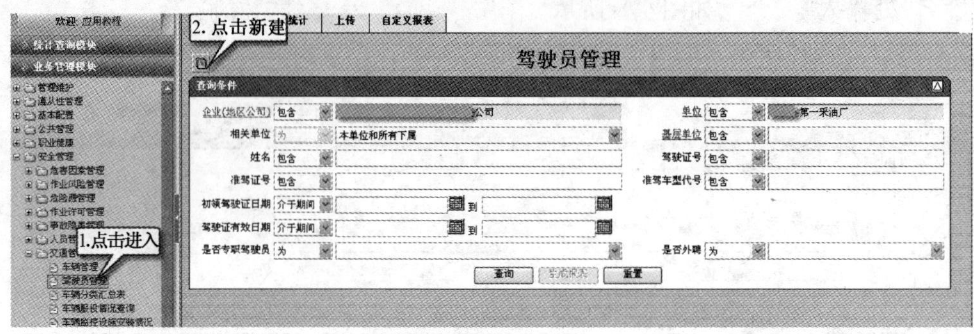

图 4.13　驾驶员信息查询页面

职状态。

③ 根据此员工的驾驶证依次录入驾驶证号、准驾车型代码、初领驾驶证日期、驾驶证有效日期、驾驶证有效起始日期及是否为专职驾驶员、是否外聘等信息，如图 4.14 所示。

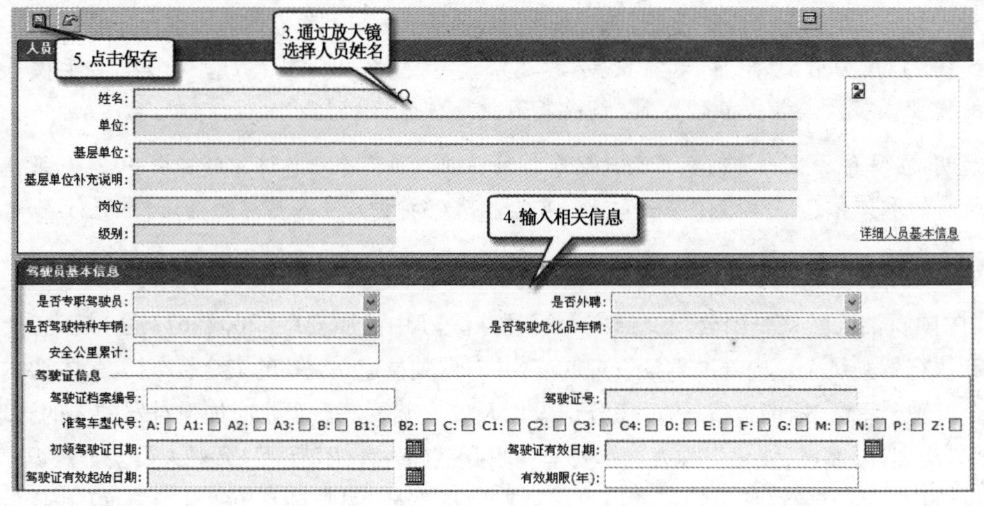

图 4.14　驾驶员信息新建页面

④ 点击页面左上角的“保存”按钮，完成新建。

(2) 修改驾驶员信息。

如果驾驶员信息发生变化或者有发生违章的信息，则应直接在浏览界面找到该驾驶员，点击进入编辑页面进行修改并保存。

(3) 删除驾驶员信息。

如果驾驶员换岗或者退休不再作为驾驶员进行管理，则应直接在浏览界面找到该驾驶员，点击进入编辑页面进行删除。

【关键字段解释】

驾驶员：指集团公司各企事业单位中持有中华人民共和国机动车辆有效驾驶证件，驾驶本企业所管理车辆的从业人员。

4.2.3　应急人员

应急管理是将应急管理中主要涉及的人员、资源、组织、应急预案和应急演练作为整体管理的子模块，提供较为完善的信息管理。应急人员信息来源于 HSE 人员基本信息，是应急组织的基础，也是应急管理的核心。

在应急人员基本信息中需要明确应急人员的分类，是否为应急专家等信息，并与应急人员所属的应急组织信息和参加的教育培训信息相关联。本功能用来记录应急人员、应急专家的详细信息。

【页面路径】

综合管理—应急管理—应急人员

(1)新建应急人员信息。

【应用举例】

某炼化企业炼油一厂安全为应急工作人员，在系统中录入其相关信息。

① 按照路径【综合管理—应急管理—应急人员】进入应急人员管理浏览界面，点击页面左上角“新建”按钮，进入应急人员编辑页面，如图 4.15 所示。

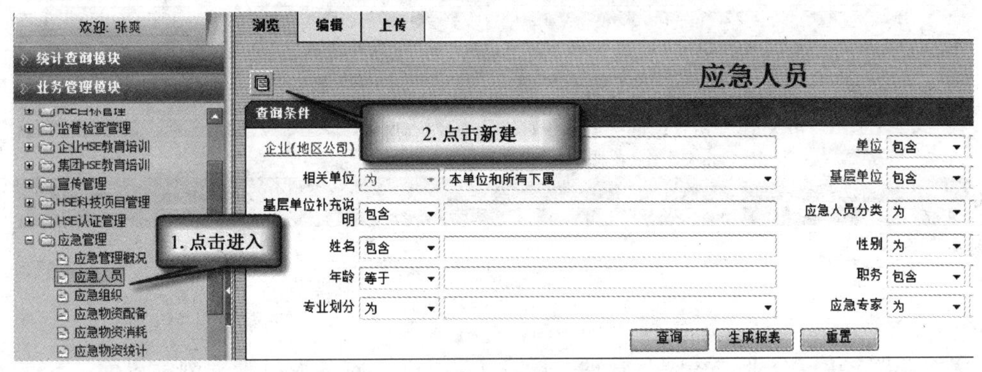

图 4.15　应急人员信息新建页面

② 点击“姓名”字段后面的“放大镜”按钮，弹出人员列表页面，通过查询条件找到应急人员的姓名，点击姓名链接后，其人员基本信息被关联到主页面相关字段中，维护应急人员的联系方式和地址信息等详细信息，最后保存页面，如图 4.16 所示。

③ 地址信息下面的应急组织、教育与培训分别来源于系统中的应急组织和培训记录等子模块。用户可以将与应急作业相关的证书和附件上传到系统中，如图 4.17 所示。

说明：应急人员模块与 HSE 人员基本信息模块相关联，联系方式、地址信息等交叉信息共享，一个模块更改后，另一个模块会相应更改。

(2)修改应急人员信息。

【应用举例】

某炼化企业炼油一厂的应急工作人员安某的联系方式需要更改，在系统中修改其相关信息。

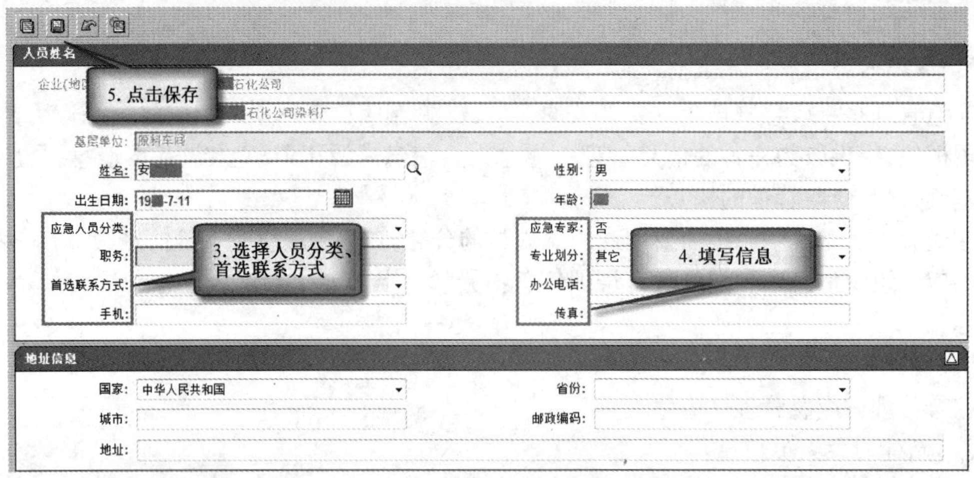

图 4.16　填写应急人员信息

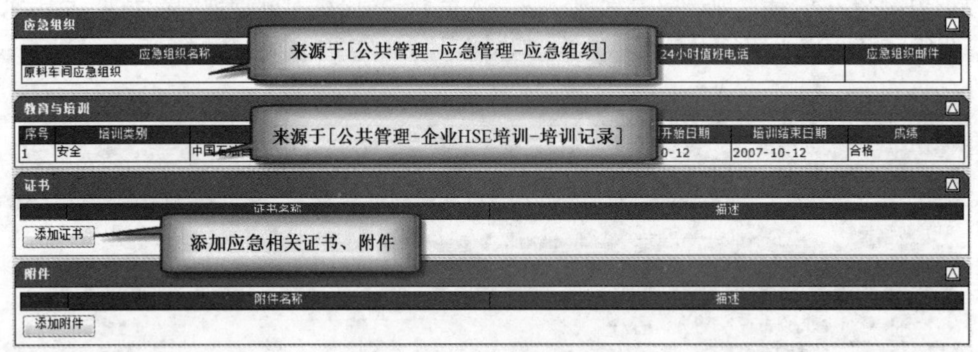

图 4.17　其他信息

① 按照路径【综合管理—应急管理—应急人员】进入应急人员管理浏览界面。

② 在查询条件“姓名”处输入安某的姓名,点击查询找到安某的人员信息,点击人员姓名进入应急人员编辑页面。

③ 修改相关数据,点击页面左上角的“保存”按钮,完成应急人员信息的修改。

(3)删除应急人员信息。

【应用举例】

某炼化企业炼油一厂的原应急人员安某由于工作变动不再承担应急工作,在系统中删除其相关信息。

① 按照路径【综合管理—应急管理—应急人员】进入应急人员管理页面。

② 通过查询条件找到需要删除安某的信息,点击“删除”按钮,即可完成应急人员信息的删除。

4.2.4　企业内审员备案

企业内审员备案模块用于记录企业内审员名录,从而形成集团公司统一的内审人员档案库，方便查阅企业的内审员相关信息。

企业内审员备案应由企业级相关负责人进行操作。

【页面路径】

综合管理—HSE 体系内审管理—企业内审员备案

(1)新建某年度企业内审员备案信息。

【应用举例】

填写并提交企业 2010 年度内审员备案信息。

① 按照路径【综合管理—HSE 体系内审管理—企业内审员备案】进入企业内审员浏览界面，点击“新建”按钮进入编辑页面，如图 4.18 所示。

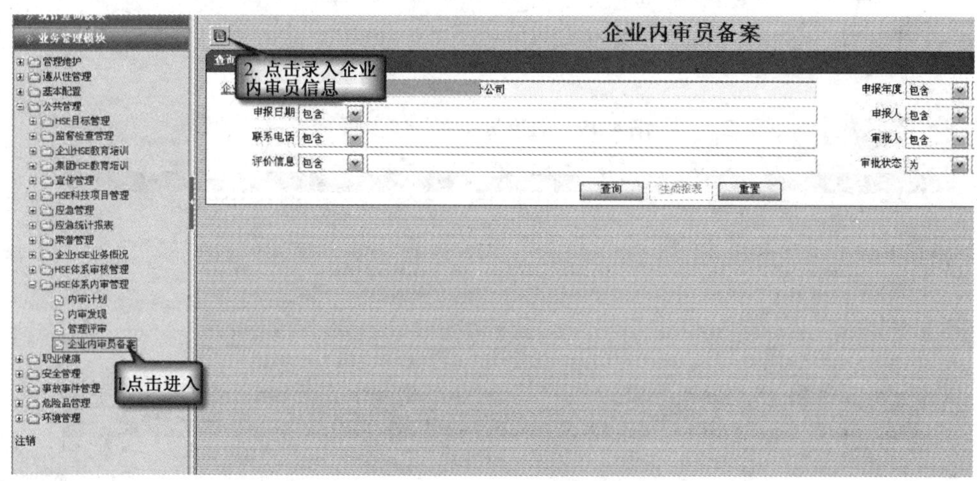

图 4.18 内审员备案页面

② 填写“基本信息”栏目。系统默认登录用户所在组织机构，输入申报年度、联系电话、申报人等信息。此时，“报表状态”为“未提交”。

③ 填写“内审员备案”栏目。逐行填写内审员相关信息。其中，对“姓名”需点击“放大镜”按钮进行选择。所有内审员信息录入完毕后检查确认无误后勾选“提交上报”点击“保存”按钮，提交内审员的相关信息。此时，“报表状态”为“已提交”，如图 4.19 所示。报表一旦提交，将不能修改，只有审批人员将该张报表退回时才可以进行更改。内审员备案举例如图 4.20 所示。

(2)修改某年度企业内审员备案信息。

【应用举例】

某企业于 2010 年度在内审员备案信息提交后，发现其中一人的内审员证书号填写错误，另外还漏填了一名内审员。

① 向集团公司安全环保技术研究院认证中心负责人申请退回 2010 年度内审员备案信息表。

② 按照路径【综合管理—HSE 体系内审管理—企业内审员备案】进入企业内审员浏览界面，点击“查询”按钮，在查询结果中点击要修改记录的申报人姓名，进入编辑页面。

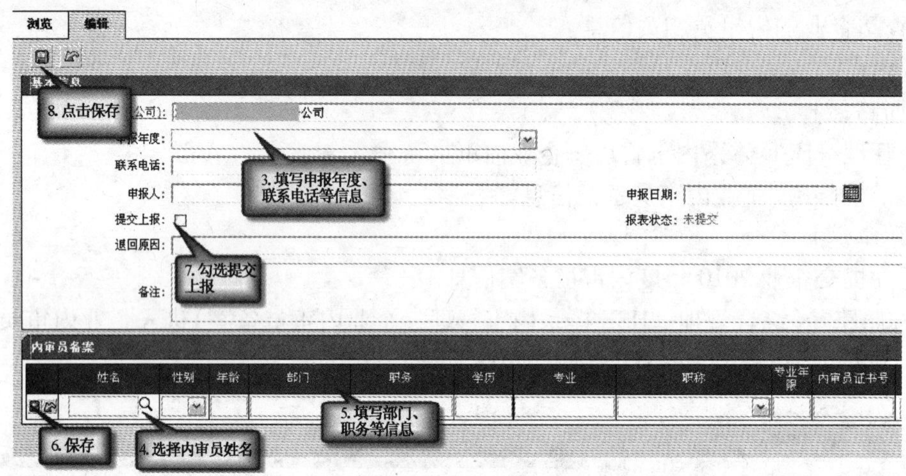

图 4.19　内审员备案新建步骤

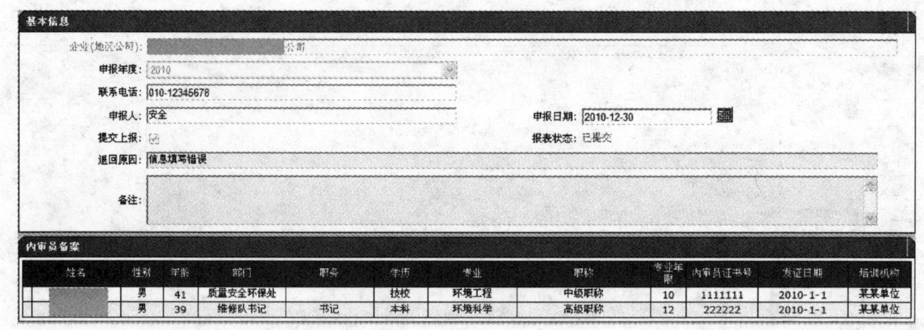

图 4.20　内审员备案举例

③ 点击证书号填写错误人员行记录前的“编辑”按钮,修改证书号,点击行“保存”按钮。

④ 在行记录的最后一行空记录处直接录入漏填人员信息,点击行“保存”按钮。

⑤ 勾选“提交上报”,点击“保存”按钮即可重新提交修改后的内审员备案信息表。

(3)审批企业内审员备案信息。

【应用举例】

审批某企业 2010 年度企业内审员备案信息表。

① 按照路径【综合管理—HSE 体系内审管理—企业内审员备案审批】进入企业内审员备案审批页面。

② 按照查询条件查询到要审批的信息。

③ 在“审批”意见中点击“同意”或“退回”按钮。其中,若审批不通过,应先填写退回原因,然后再点击“退回”按钮。

4.2.5　集团公司 HSE 体系审核员

集团公司 HSE 体系审核员实行电子化注册,单位通过系统填写并提交注册信息和材料,集团公司安全环保技术研究院认证中心进行网上审批,最终可形成集团公司统一的 HSE 体系审核员档案库。

集团公司HSE体系审核员注册级别包括实习审核员、审核员、高级审核员，均可通过系统申请注册与审批。

HSE体系审核员电子注册流程如图4.21所示。

步骤1：申请人依据《集团公司HSE审核员管理规定》（安全〔2008〕660号）自我评价。

步骤2：申请人致电认证中心，说明本人申请要求。

步骤3：受理岗口头确认申请人是否符合申请条件。

步骤4：由HSE信息员进入HSE系统输入申请资料。

步骤5：评价岗对注册信息进行评价。

步骤6：申请人打印注册资料并在打印件上盖单位公章，邮寄至认证中心评定部。

步骤7：评价岗评价书面材料与网上申请材料的一致性。

步骤8：认证中心授予申请人注册号码，并建立审核员注册档案。

【页面路径】

综合管理—HSE体系审核管理—集团HSE审核员注册

（1）注册HSE体系实习审核员。

【应用举例】

某单位员工通过系统填写集团公司HSE体系实习审核员信息，并申请注册。

① 按照路径【综合管理—HSE体系审核管理—集团HSE审核员注册】进入集团HSE体系审核员浏览界面，点击“新建”按钮进入编辑页面，如图4.22所示。

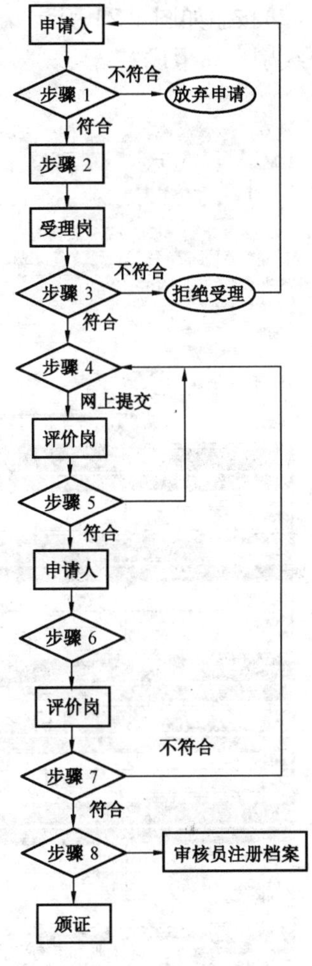

图4.21　HSE体系审核员电子注册流程

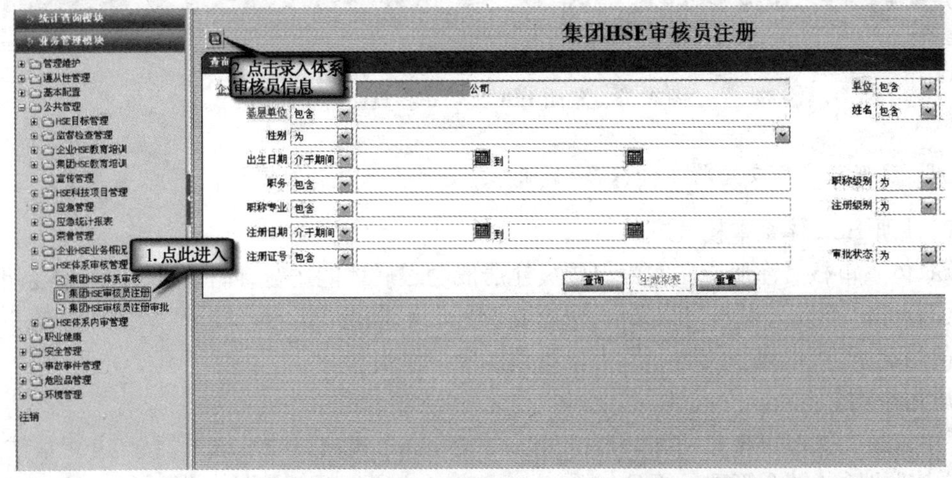

图4.22　集团HSE审核员注册浏览界面

(2)按照如图 4.23 所示步骤填写注册信息并提交保存,“申请级别”不需填写,系统根据用户级别自动生成。

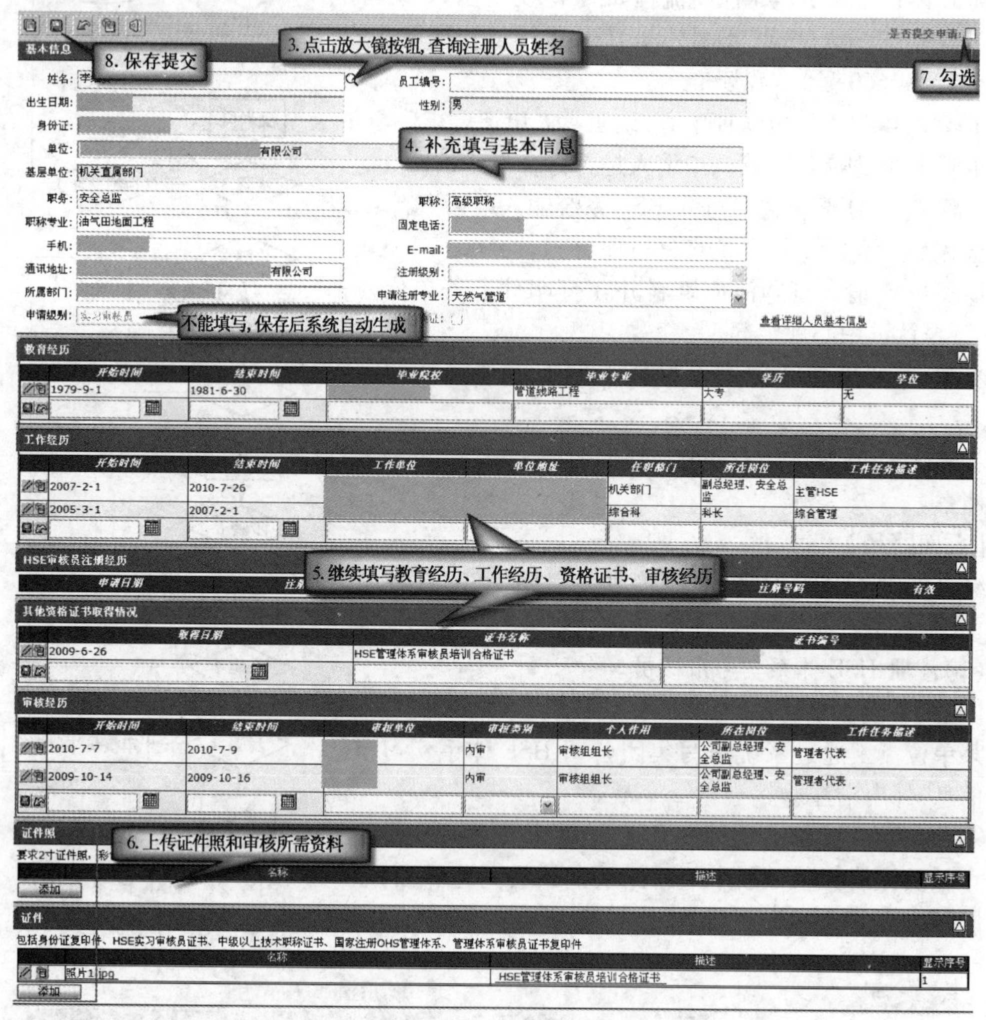

图 4.23 集团 HSE 实习审核员注册页面

说明:注册信息提交后将不能修改,因此,提交前应确认信息是否填写正确完整。

(2)注册 HSE 体系审核员。

HSE 体系审核员注册应在实习审核员注册成功之后才能进行,即在集团 HSE 体系审核员浏览页面点击“查询”,在查询结果中,只有在“注册级别”为“实习审核员”,“审批状态”为“已注册”的情况下,可以在系统内填写审核员信息申请注册。

【应用举例】

某单位员工实习审核员期满,符合审核员要求,在系统内填写审核员信息,并申请注册。

① 按照路径【综合管理—HSE 体系审核管理—集团 HSE 审核员注册】进入集团 HSE 体

系审核员浏览界面,在查询条件中输入“姓名”点击“查询”,在查询结果中点击人员姓名进入编辑页面。

② 在编辑页面填写审核员申请信息,上传审核员注册申请材料。然后勾选“是否提交申请”,保存即可。“注册级别”和“申请级别”不需填写,系统自动生成。

(3)注册 HSE 体系高级审核员。

HSE 体系高级审核员注册操作与审核员注册步骤相同,不同的是 HSE 体系高级审核员注册信息填写的前提条件是应在审核员注册成功之后才能进行,即在集团 HSE 体系审核员浏览页面点击“查询”,在查询结果中,只有在“注册级别”为“审核员”,“审批状态”为“已注册”的情况下,才可以在系统内填写高级审核员信息申请注册。

(4)修改 HSE 体系实习审核员(审核员、高级审核员)注册信息。

若注册信息未提交,则可以直接在浏览页面找到该审核员,点击进入编辑页面进行修改并保存。

若注册信息已提交,需要集团公司安全环保技术研究院认证中心负责人先将该员工的注册信息退回,审批状态为“已退回”时,再点击进入编辑页面进行修改并保存。

(5)受理与审批 HSE 体系实习审核员(审核员、高级审核员)注册信息。

【页面路径】

综合管理—HSE 体系审核管理—集团 HSE 审核员注册审批

【应用举例】

认证中心定期受理各企业申请的 HSE 体系实习审核员(审核员、高级审核员)注册信息。

① 按照路径【综合管理—HSE 体系审核管理—集团 HSE 审核员注册审批】进入集团 HSE 体系审核员注册审批页面,按照审批内容设置相应的查询条件,点击“查询”按钮。

② 若已受理某员工注册信息,则在“审批”中点击“同意”按钮。

③ 资料审核完毕,同意该员工注册,则按步骤① 查到该员工信息,录入注册证号、注册日期,然后点击“审批”中的“注册”按钮即可完成审批。

若资料审核完毕,不同意该员工注册,则应在“退回原因”中填写理由,然后点击“退回”按钮。

4.3　注册安全工程师

《中华人民共和国安全生产法》、《注册安全工程师执业资格制度暂行规定》(人发〔2002〕87 号)、《注册安全工程师执业资格认定办法》(人发〔2002〕87 号)、《注册安全工程师注册管理办法》(国家安全生产监督管理总局令第 11 号)、《注册安全工程师执业资格考试实施办法》(国人部〔2003〕13 号)和《中国石油天然气集团公司关于开展注册安全工程师注册工作的通知》(人事函〔2009〕70 号)对注册安全工程师的初始注册、延续注册、变更注册和继续教育均有明确规定,对企业应该配备的注册安全工程师人数也有明确要求。

2009 年 4 月 30 日集团公司人事部下发的《中国石油天然气集团公司关于开展注册安全工程师注册工作的通知》对注册申请的程序进行了明确要求:

(1)申请人向聘用单位提出申请。

(2)聘用单位同意后,通过集团公司 HSE 系统统一申报。

(3)集团公司注册安全工程师办公室对各单位通过 HSE 系统上报的资料审查合格后,再请各单位统一提交纸质申请材料。

系统实现了注册安全工程师的初始注册、延续注册、变更注册的网上注册和审批,并对继续教育信息进行了管理。

4.3.1 初始注册

通过国家注册安全工程师考试的人员第一次注册时使用初始注册程序。通过全国注册安全工程师执业资格统一考试或经考核认定合格的人员,可以在取得执业资格证书后 6 个月内在系统中填写注册信息,注册有效期为 3 年,自准予注册之日起计算。

【页面路径】

安全管理—注册安全工程师管理—初始注册

(1)新建初始注册信息。

【应用举例】

某采油厂作业大队员工“安全”2010 年通过注册安全工程师资格考核,取得执业资格证书,在系统中录入该员工的初始注册信息。

① 按照路径【安全管理—人员管理—HSE 人员基本信息】进入 HSE 人员基本信息页面,查询需要注册的人名,进入编辑页面,将执业资格选项中的“注册安全工程师”选中,完善其余信息,包括学历、身份证号等,具体字段详见系统提示。

② 按路径【安全管理—注册安全工程师—初始注册】进入初始注册页面,点击“新建”按钮,进入编辑页面,如图 4.24 所示。

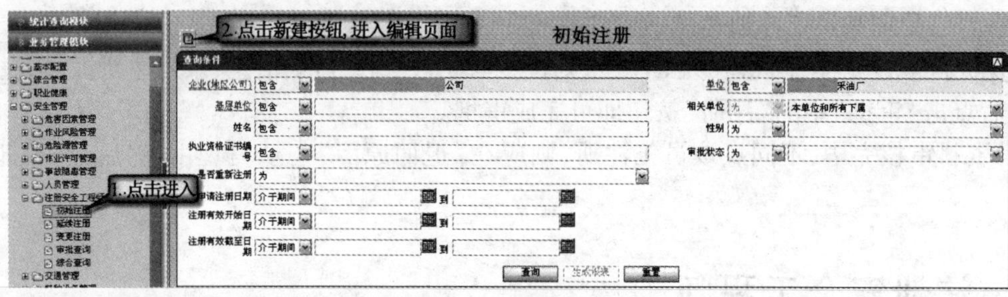

图 4.24 注册安全工程师信息查询页面

③ 点击“放大镜”按钮,选择注册人员姓名,待人员基本信息关联到该页面后,继续填写初始注册相关信息,并通过附件上传彩色近照和其他扫描版的申请材料。附件内容为申请人资格证书(扫描件)、申请人与聘用单位签订的劳动合同或者聘用文件(扫描件)以及申请人有效身份证件或者身份证明(身份证为正反两面,扫描件)。

④ 所有信息完善之后,若要提交,则应选中页面右上角“是否提交申请”后面的复选框,点击“保存”,完成新建和提交,如图 4.25 所示。

说明:一旦提交申请,便不能修改相关内容,因此需要在提交之前认真核对相关信息。如果提交后发现问题,则应向审批人申请退回。

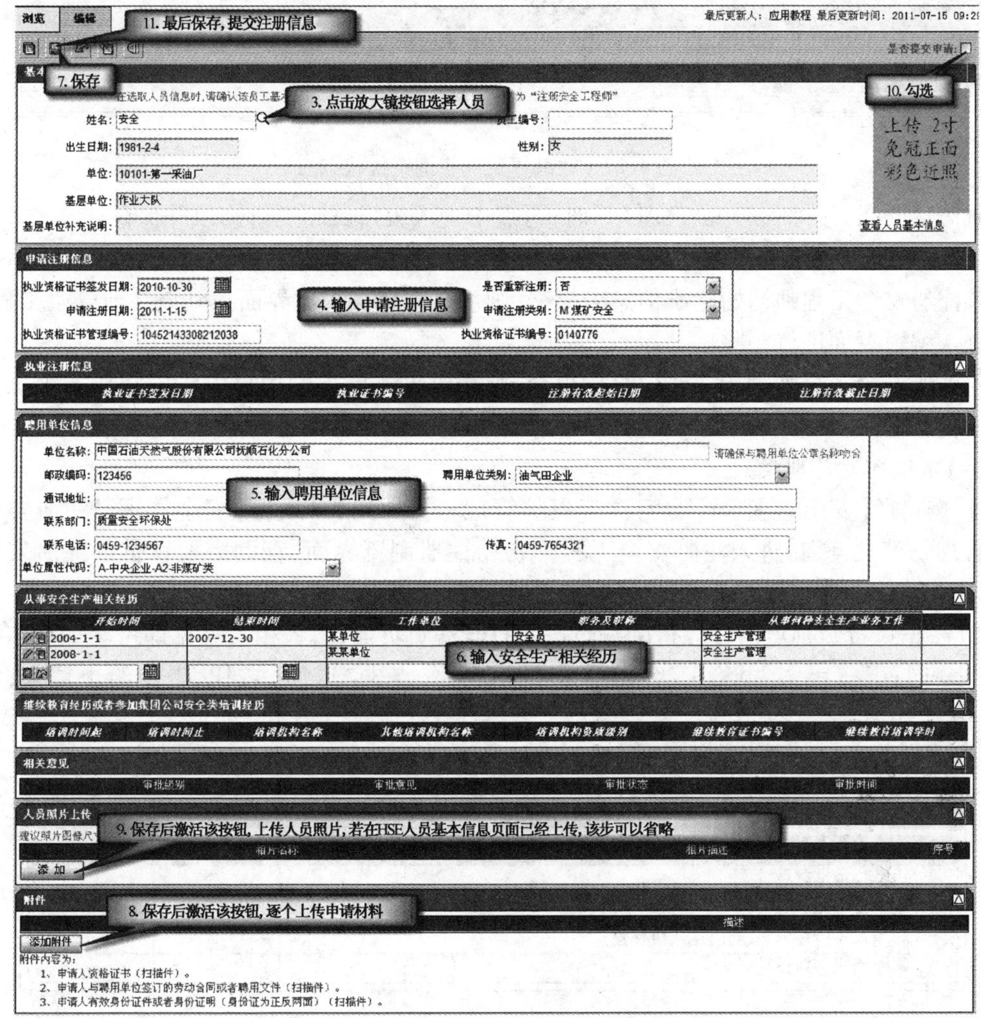

图 4.25　注册安全工程师初始注册页面

提交后，可在初始注册浏览界面的查询结果中，或者编辑页面的“相关意见”栏目查看审批状态，如图 4.26、图 4.27 所示。

查询结果

当前显示7条记录中的 1-7条

姓名	企业(地区公司)	单位	基层单位	执业资格证书编号	申请注册日期	有效开始日期	有效截至日期	审批状态
			作业大队		2011-1-15			未提交
			采油一矿		2010-11-11			退回
			机关		2009-6-22	2010-1-13	2013-1-12	国家级通过

图 4.26　在浏览界面查询审批状态

(2)修改初始注册信息。

若注册安全工程师初始注册信息未提交，则可以直接在浏览界面找到该注册安全工程师，点击进入编辑页面进行修改并保存。

若注册安全工程师初始注册信息已提交，则需要负责审批的用户先将该注册安全工程师

相关意见

审批级别	审批意见	审批状态	审批时间
处级单位审批意见	同意。	同意	2011-7-13
聘用单位意见	同意。	同意	2011-7-13
现聘用单位所在省级,部门注册机构意见			
国家注册机构意见			

图 4.27　在编辑页面查询审批状态

的注册信息退回,审批状态为“已退回”时,再点击进入编辑页面进行修改并保存。

(3)删除初始注册信息。

若注册安全工程师初始注册信息未提交,则可以直接在浏览界面找到该注册安全工程师,点击进入编辑页面进行删除。

若注册安全工程师初始注册信息已提交,则需要负责审批的用户先将该注册安全工程师的注册信息退回,审批状态为“已退回”时,再点击进入编辑页面进行删除。

(4)审批初始注册信息。

① 按路径【安全管理—注册安全工程师管理—初始注册】或者【安全管理—注册安全工程师管理—审批查询】进入注册安全工程师初始注册浏览界面,查询需要审批的注册安全工程师,点击查询结果进入初始注册页面,在相关意见栏中可以看到四级审批。

② 根据审批级别点击相应行的编辑按钮打开编辑页面,填入相关意见即可。如果审批通过,点击“同意”按钮,上报给上级;如果审批不合格,点击“退回”按钮,退回给申请人,如图 4.28、图 4.29 所示。

相关意见

审批级别	审批意见	审批状态	审批时间
处级单位审批意见			
聘用单位意见			
现聘用单位所在省级,部门注册机构意见			
国家注册机构意见			

图 4.28　初始注册审批意见

直线审批意见(处级审批)

审批人:　　　　批准时间:

意见:

同意　退回

附件

附件名称	附件描述

添加

图 4.29　审批意见页面

说明:审批分为四级审批,分别为:

处级单位审批意见,二级单位领导进行审批(选择性审批,非强制);

聘用单位意见,所在地区公司级相关负责人进行审批;

现聘用单位所在省级、部门注册机构意见,由中国石油天然气集团公司注册安全工程师办公室相关负责人进行审批;

国家注册机构意见,由国家相关部门审批相关材料后,由中国石油天然气集团公司相关负责人代为录入相关审批意见。

4.3.2 延续注册

按照国家相关规定,注册安全工程师初始注册,注册有效期为3年。有效期满需要延续注册的,申请人应当在有效期满30日前提出申请。

【页面路径】

安全管理—注册安全工程师管理—延续注册

(1)新建延续注册信息。

【应用举例】

某采油厂作业大队员工"安全"2007年通过注册安全工程师初始注册,经过3年之后,按照国家相关规定,在2010年需要延续注册。

① 按照路径【安全管理—注册安全工程师管理—延续注册】进入注册安全工程师延续注册浏览界面,点击"新建"按钮,进入注册信息编辑页面。

② 添加相关信息并上传相关申请材料,确保无误后,选中"是否提交申请"框,然后点击"保存"按钮,提交延续注册申请。

说明:该页面增加了"继续教育"相关信息。在注册有效期内,参加的继续教育记录于HSE系统集团HSE教育培训或企业HSE教育培训模块录入以后会在此页面自动生成。

(2)延续注册审批。

同4.3.1中的注册安全工程师初始注册审批。

4.3.3 变更注册

根据《注册安全工程师注册管理办法》(国家安全生产监督管理总局令第11号),在注册有效期内,注册安全工程师变更工作单位的,应当在变更工作单位后2个月内向省级或部门注册管理机构办理变更注册,变更注册后仍延续原注册有效期。注册安全工程师办理变更注册后1年内再次申请变更的,不予办理。

【页面路径】

安全管理—注册安全工程师管理—变更注册

(1)新建变更注册信息。

【应用举例】

某采油厂作业大队员工"安全"2007年通过注册安全工程师注册,2011年聘用单位变更,需要在系统中进行变更注册。

① 按照路径【安全管理—注册安全工程师管理—变更注册】进入注册安全工程师变更注册浏览界面,点击"新建"按钮,进入变更注册信息编辑页面。新建之前应确保此人在HSE人

员基本信息中存在并且执业资格选择为注册安全工程师。

② 完善相关信息,并上传相关申请材料,确认无误后,选中"是否提交申请"框,然后点击"保存"按钮,提交变更注册信息。"原聘用单位信息"栏里添加原注册单位的相关信息;"聘用单位信息"栏添加要注册的新单位的相关信息。

(2)变更注册审批。

同 4.3.1 中的注册安全工程师初始注册审批。

【关键字段解释】

注册安全工程师:是指取得中华人民共和国注册安全工程师执业资格证书(以下简称资格证书),在生产经营单位从事安全生产管理、安全技术工作或者在安全生产中介机构从事安全生产专业服务工作,并按照本规定注册取得中华人民共和国注册安全工程师执业证(以下简称执业证)和执业印章的人员。

执业证书编号:是指经国家安全生产监督管理总局注册安全工程师注册管理中心审查合格的,颁发《中华人民共和国注册安全工程师注册证》(以下简称注册证)的编号,为 11 位。

执业资格证书管理编号:是指通过国家统一组织的考试成绩合格,取得中华人民共和国人事部和国家安全生产监督管理总局批准印发的《中华人民共和国注册安全工程师执业资格证书》的管理号,为 17 位。

执业资格证书编号:是指通过国家统一组织的考试成绩合格,取得中华人民共和国人事部和国家安全生产监督管理总局批准印发的《中华人民共和国注册安全工程师执业资格证书》的编号,为 7 位。

4.4 教育与培训

《中华人民共和国安全生产法》对安全生产教育培训有明确规定:生产经营单位的主要负责人和安全生产管理人员必须具备与本单位所从事的生产经营活动相应的安全生产知识和管理能力;生产经营单位应当对从业人员进行安全生产教育和培训,保证从业人员具备必要的安全生产知识,熟悉有关的安全生产规章制度和安全操作规程,掌握本岗位的安全操作技能。未经安全生产教育和培训考核合格的从业人员,不得上岗作业。

《中国石油天然气集团公司安全生产管理规定》(中油质安字〔2004〕672 号)要求企业采取各种途径,定期对员工进行安全生产教育和培训,提高员工安全技术素质,保证员工具备必要的安全生产技能和防范事故的能力。未经安全生产培训考核合格的员工,不得上岗作业。企业和生产经营单位的主要负责人、分管领导和安全生产管理人员必须具备与本单位所从事的生产经营活动相适应的安全生产知识和管理能力。应坚持新入厂员工的"三级安全教育"和转岗工人的二级或三级安全教育,建立健全安全教育档案,做到"一人一卡"。"三级安全教育"时间不得少于 40 学时。要加强对临时雇用人员的安全培训、考核工作,以及对外来施工人员的安全教育,并记录备案。特种作业人员必须参加有关部门组织的培训,经考核合格取得操作证后方可上岗作业,并按规定对操作证进行复审。企业采用新工艺、新技术、新材料和使用新设备前,要组织对相关人员进行专门的技术培训和安全教育,考核合格后方可使用和操作。企业要加强安全继续教育,不断提高员工的操作技能和防范事故的能力。

《中国石油天然气集团公司 HSE 培训管理办法》(人事〔2009〕35 号)要求企业制订年度 HSE 培训计划,同时对生产经营单位主要负责人,生产经营单位安全管理人员,特种作业人员,安全处长,HSE 专职管理干部(HSE 监督),赴国外工程技术服务人员,HSE 体系审核员,新入厂员工,工种调换、转岗、脱岗 6 个月以后重新上岗的员工,临时劳务工,实习员工,外来人员以及其他临时进入企业工作的人员,新聘用(任)的管理人员,领导干部等人员的 HSE 培训均有明确要求。

系统教育与培训模块分为培训计划和培训记录两个子模块,分别用于记录单位 HSE 教育培训计划和实际开展的培训记录。同时,系统提供了人员培训情况查询、培训记录汇总和培训资料共享查询等统计分析功能。该模块与 HSE 人员基本信息关联,所有人员的 HSE 教育培训记录均可在人员基本信息页面显示,具体关系如图 4. 30 所示。

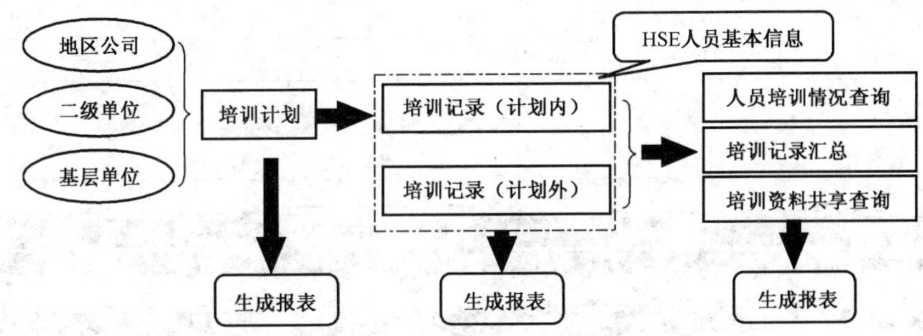

图 4. 30 企业 HSE 教育培训模块关系图

4. 4. 1 培训计划

每年年初,各级单位根据实际制订的 HSE 相关培训计划,在系统中录入。

【页面路径】

综合管理—企业 HSE 教育培训—培训计划

(1) 新建培训计划。

【应用举例】

某采油厂 2011 年计划开展一期安全监督培训班,培训对象为安全总监和安全监督。

① 按照路径【综合管理—企业 HSE 教育培训—培训计划】进入培训计划浏览界面,点击“新建”按钮进入编辑页面,如图 4. 31 所示。

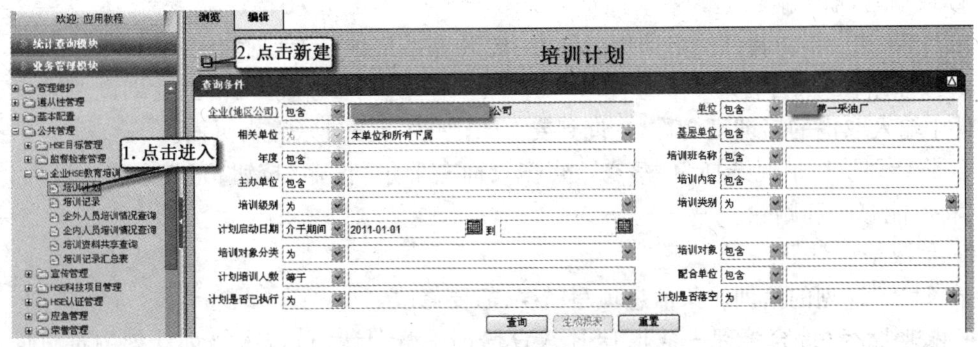

图 4. 31 培训计划新建页面

② 依次录入培训班名称、培训类别、计划培训期次、计划每期学时、主办单位、培训机构、培训形式、是否有证书、计划启动日期、培训内容与培训对象信息,如图 4.32 所示。

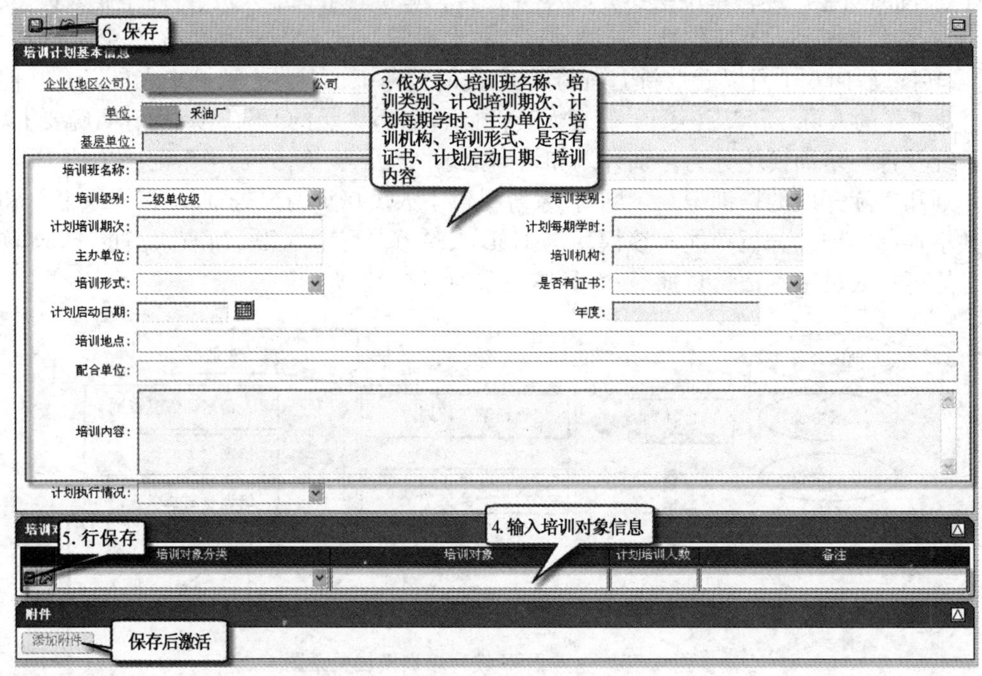

图 4.32　培训计划录入页面

③ 点击页面左上角“保存”按钮,完成新建。

说明:对浏览界面的“计划是否已执行”不能进行手动修改,当计划被培训记录引用以后会自动变为“已执行”。

培训记录中“期次”的下拉选择会根据培训计划中的“计划培训期次”自动生成可选择项。

(2)修改培训计划。

当培训计划取消,或者录入系统的计划需要变更时,应到培训计划模块中进行修改。

【应用举例】

① 取消培训计划。

因人事变更,年初制订的培训班名称为“HSE 体系培训”的计划取消。

a. 按照路径【综合管理—企业 HSE 教育培训—培训计划】进入培训计划浏览页面,在查询条件中输入取消的培训班名称,查询到要该条记录,点击进入编辑页面。

b. 将计划执行情况选择为“落空”,点击页面左上角“保存”按钮,完成修改。培训计划落空后,将不能修改和删除。

② 修改培训计划。

某条培训计划的培训对象信息填写错误,需要修改。

a. 按照路径【综合管理—企业 HSE 教育培训—培训计划】进入培训计划浏览页面,在查询条件中输入要修改的培训班名称,查询到要该条记录,点击进入编辑页面。

b. 直接在“培训对象信息”栏目中修改相关信息。

c. 点击页面左上角“保存”按钮，完成修改。若该培训计划已经执行，则培训对象信息部分不能修改。

③ 删除培训计划。

按照路径【综合管理—企业 HSE 教育培训—培训计划】进入培训计划浏览页面，查询到要删除的培训计划进入编辑页面，点击页面左上角“删除”按钮直接删除；如果培训计划被培训记录引用（即已执行）或者已经设置为落空，则不能删除。

4.4.2　培训记录

培训记录分为计划内培训记录和计划外培训记录。对按照年初制订的培训计划开展的培训，应记录为计划内培训记录；对年初没有制订计划，而是根据工作需要临时开展的培训，应记录为计划外培训记录。

【页面路径】

综合管理—企业 HSE 教育培训—培训记录

（1）新建计划内培训记录。

【应用举例】

某采油厂对年初制订的安全监督培训班进行培训，培训结束以后需要到 HSE 系统中录入培训记录信息。

① 按照路径【综合管理—企业 HSE 教育培训—培训记录】进入培训记录浏览界面，点击“新建”按钮进入编辑页面。

② 点击培训班名称后面的“放大镜”按钮，选择开展的培训班名称。

③ 依次输入培训期次、实际培训学时、培训开始时间、培训结束时间等内容并保存，如图 4.33 所示。

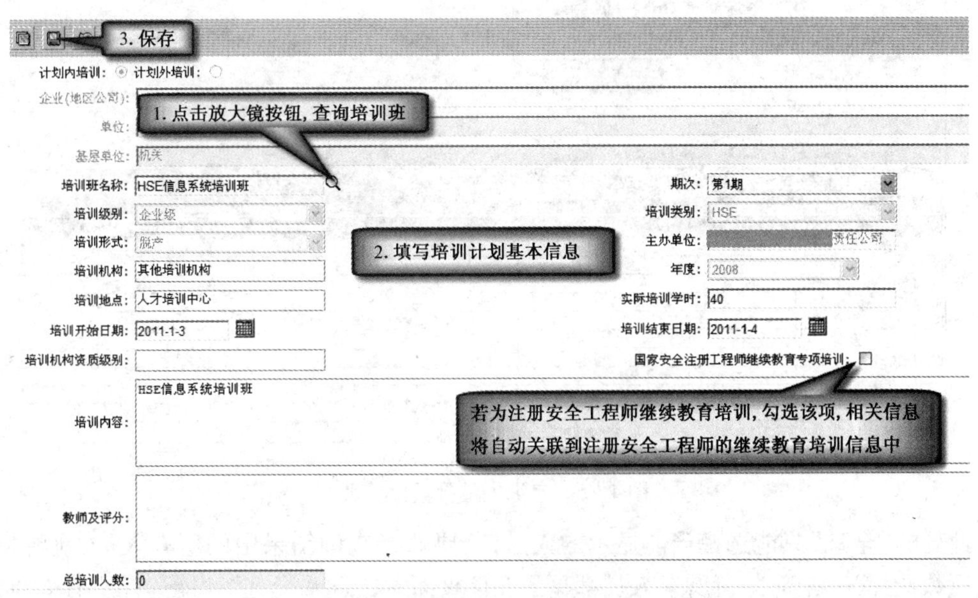

图 4.33　计划内培训记录录入页面

④ 保存后自动激活企内参训人员的"添加培训人员"按钮,点击该按钮,在弹出页面中查询到参训人员,勾选并录入其基本信息和培训结果,如图 4.34 所示。

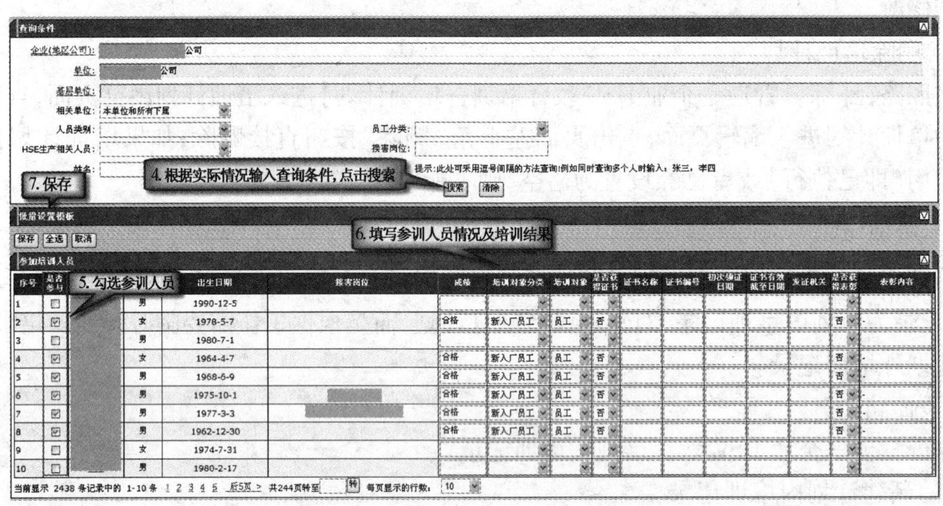

图 4.34　企内参训人员录入页面

若参训人员较多,且其情况及培训结果基本一致,可采用批量设置模板批量添加参训人员,具体步骤如图 4.35 所示。

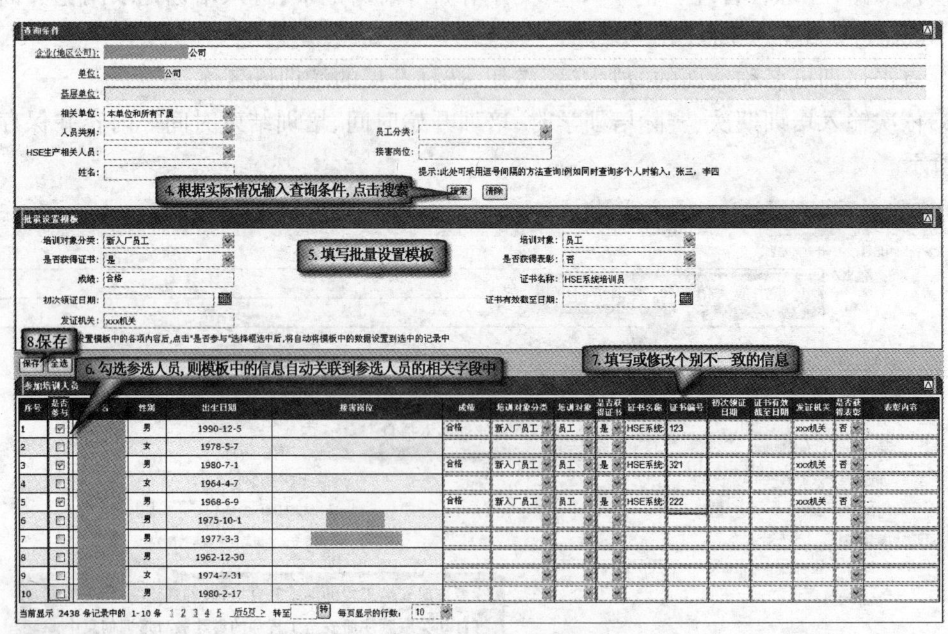

图 4.35　参训人员批量设置页面

此处的"全选"只能选择当前显示的人员,若要选择查询结果中的所有人员,应将每页显示的行数选择为"全部",待所有人员都显示在该页面时,点击"全选"才能选择所有人员,如图 4.36 所示。

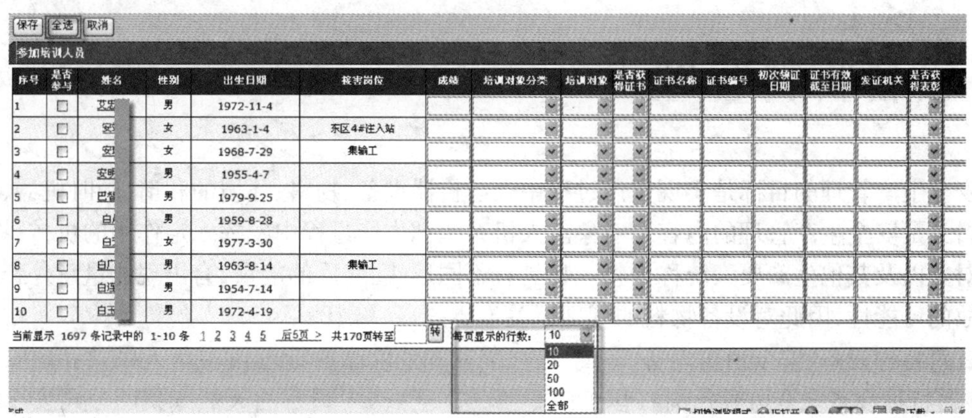

图 4.36　全选设置页面

⑤ 若要添加企外参训人员,直接在“参加培训企外人员”栏目中逐行填写即可。所有信息填好之后,保存。总培训人数由添加的企内参训人员和企外参训人员之和自动生成。

(2)新建计划外培训记录。

① 按照路径【综合管理—企业 HSE 教育培训—培训记录】进入培训记录浏览界面,点击“新建”按钮进入“新建”页面。

② 点选计划外培训,如图 4.37 所示。待页面自动刷新后,按照计划内培训记录的步骤填写即可。

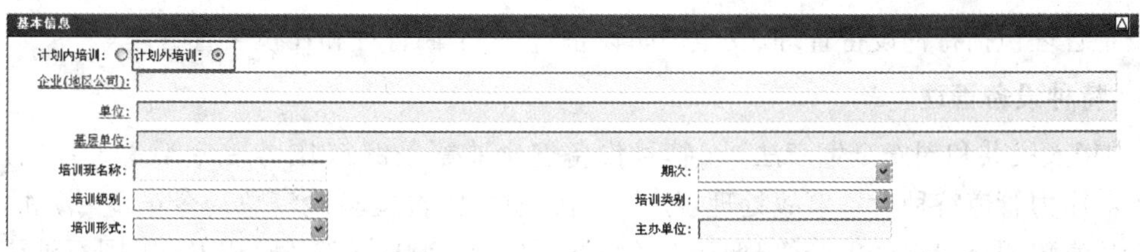

图 4.37　点选计划外培训页面

(3)修改培训记录。

① 按照路径进入培训记录浏览界面,查询到需要修改的培训记录,点击进入编辑页面。

② 修改需要修改的信息。

③ 点击页面“保存”按钮完成修改。

(4)删除培训记录。

① 按照路径进入培训记录浏览界面,查询到需要删除的培训记录,点击进入编辑页面。

② 点击页面“删除”按钮完成删除。

5 设备物料管理

安全生产管理的目标是实现生产过程中人与机器设备、物料、环境的和谐,同时机器、设备和物料又是安全生产管理的内容和对象。人机系统把生产过程中发挥一定作用的机械、物料、生产对象以及其他生产要素统称为物。物具有不同形式、性质的能量,有出现能量意外释放引发事故的可能性,因此对设备物料的管理至关重要。

针对特种设备、安全消防设备、车辆、在役装置和危险品的管理,《中华人民共和国安全生产法》、《特种设备安全监察条例》(国务院令第373号)、《中国石油天然气集团公司安全生产管理规定》(中油质安字〔2004〕672号)、《中国石油天然气集团公司特种设备安全监督管理规定(试行)》(中油质安字〔2003〕247号)、《中国石油天然气集团公司交通安全管理办法》(中油质安字〔2004〕672号)和《中国石油天然气集团公司危险化学品安全管理办法》(中油质安字〔2005〕406号)等都作出了相关要求。

HSE系统中对设备物料管理的对象包括特种设备、安全消防设备、车辆、在役装置和危险品。

5.1 设备管理

设备管理包括特种设备管理、安全消防设备管理、车辆管理和在役装置管理。

5.1.1 特种设备管理

《中华人民共和国安全生产法》、《特种设备安全监察条例》(国务院令第373号)、《锅炉压力容器压力管道特种设备事故处理规定》(国家质量监督检验检疫总局令第2号)和《中国石油天然气集团公司安全生产管理规定》(中油质安字〔2004〕672号)以及《中国石油天然气集团公司特种设备安全监督管理规定(试行)》(中油质安字〔2003〕247号)针对特种设备各项管理要求都作出了明确的规定,要求中国石油下属各企业应建立健全特种设备安全管理制度和岗位安全责任制度,推行科学的管理方法,采用先进技术,提高特种设备安全性能和管理水平,增强防范事故的能力,保证特种设备安全运行,针对特种设备的登记、使用、检验等情况要进行记录和监督。

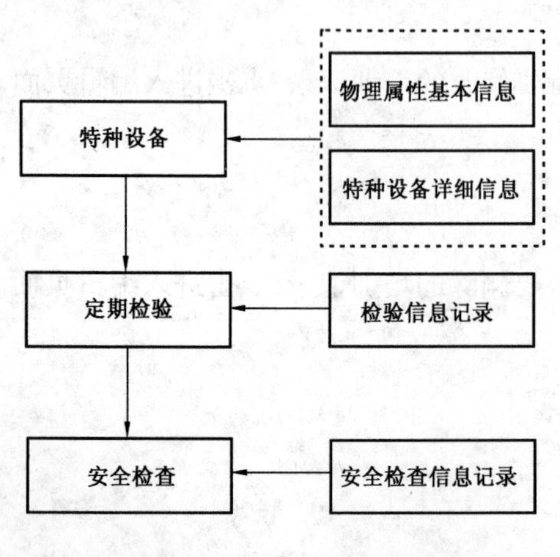

图5.1 特种设备管理流程

系统主要针对特种设备生产、购置、使用、变更、报废等环节的许可、办证、注册、登记、检验等工作进行管理。同时,在系统监督检查模块中可记录关于特种设备的检查信息。

特种设备管理流程如图5.1所示。

【页面路径】

安全管理—特种设备管理

(1)新建特种设备信息。

【应用举例】

某基层单位新增一台“2#原油稳定换热器”，在系统中录入该特种设备信息。

① 按照路径【安全管理—特种设备管理】进入特种设备管理浏览界面，点击“新建”按钮进入编辑页面，如图 5.2 所示。

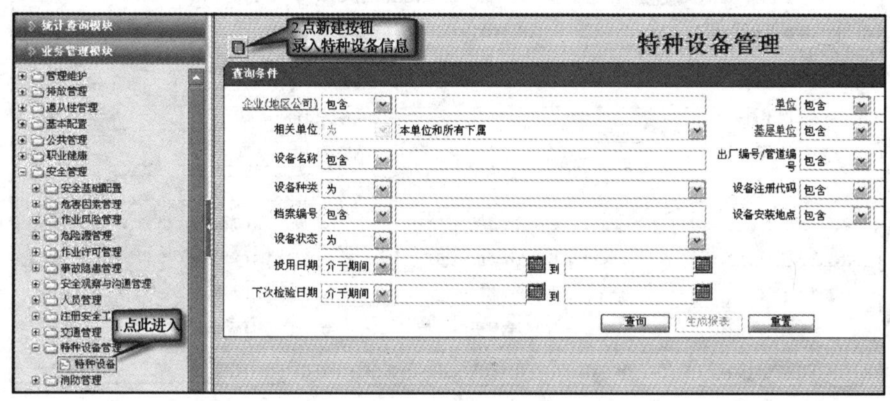

图 5.2　特种设备信息新建页面

② 选择特种设备所在的组织机构信息，输入特种设备的名称、种类、类别、设备安装地点、设备状态、投用日期等信息，如图 5.3 所示。

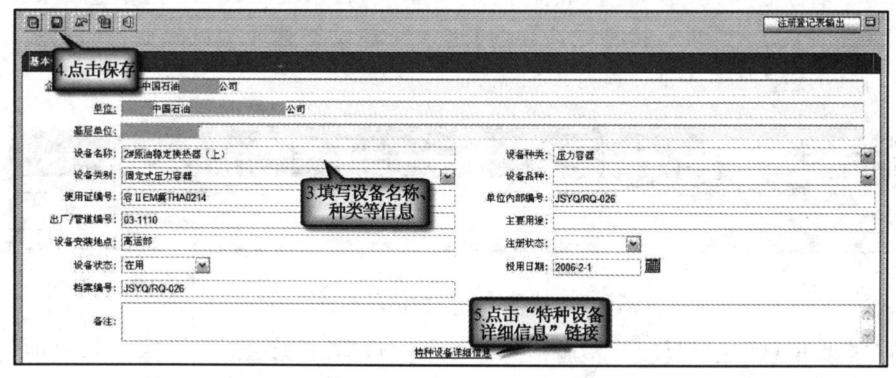

图 5.3　特种设备信息编辑页面

③ 点击页面左上角的“保存”按钮，基本信息保存完毕后，才能通过点击**特种设备详细信息**进入特种设备详细信息页面，填写设备的详细信息，然后保存该子页面，如图 5.4 所示。

④ 若要添加设备操作规程，点击 添加 进入附件上传页面，上传相应附件。

⑤ 点击页面左上角的“保存”按钮，完成特种设备信息的新建。

(2)修改特种设备信息。

在特种设备发生变动、进行检验、发生事故时，需要修改特种设备的相关信息。

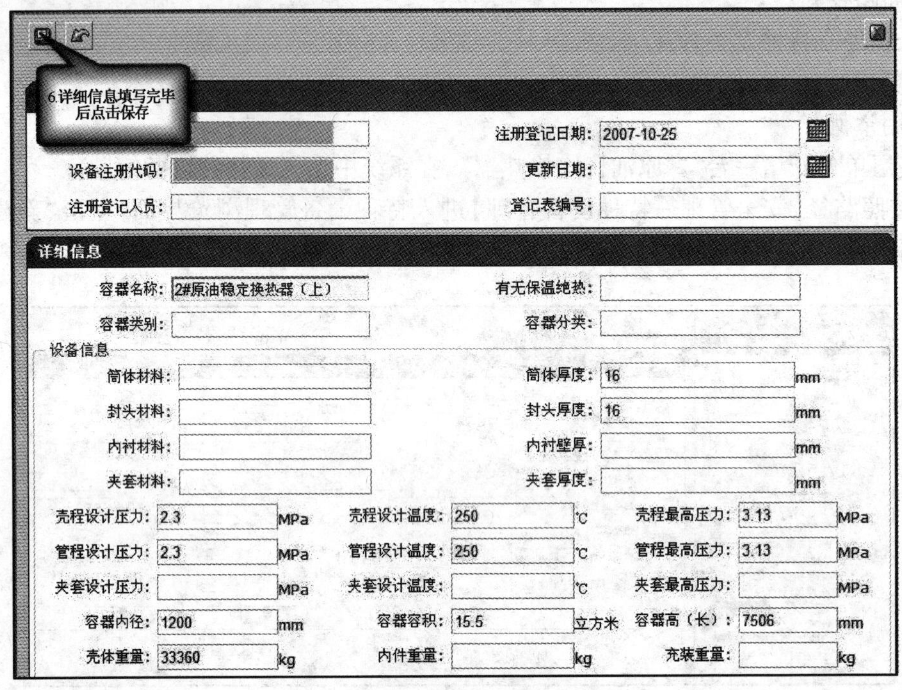

图 5.4　特种设备详细信息编辑页面

【应用举例】

① 录入检验信息。

对某基层单位的“2#原油稳定换热器”进行了检验，在系统中录入检验信息。

a. 按照路径【安全管理—特种设备管理】进入特种设备管理浏览界面，查询到“2#原油稳定换热器”，点击进入编辑页面，如图 5.5 所示。

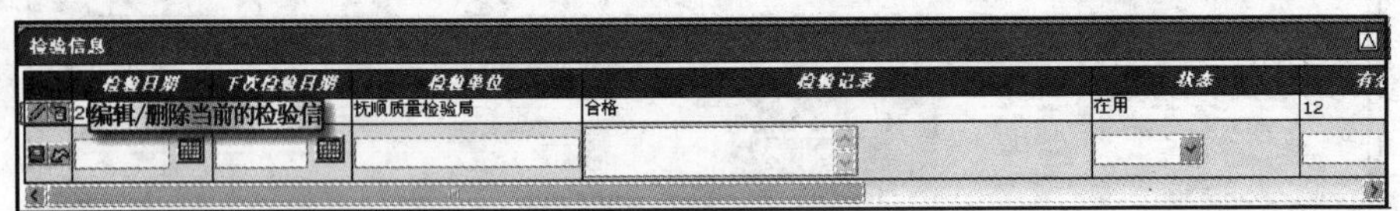

图 5.5　特种设备检验信息编辑页面

b. 在“检验信息”栏目里填写检验信息。填写完成后，按序点击行“保存”、页面“保存”按钮，完成检验信息的录入。

② 修改特种设备状态。

特种设备由在用改为备用、停用，或者报废时，需要到系统里修改其状态。

a. 按照路径【安全管理—特种设备管理】进入特种设备管理浏览界面，查询到要修改状态的特种设备，点击进入编辑页面。

b. 根据设备更改后的状态，直接在“设备状态”中选择相应的选项，保存即可。

(3)删除特种设备信息。

① 找到需要删除的特种设备，点击进入编辑页面。

② 要删除此特种设备的全部信息，可以直接点击页面左上角的“删除”按钮进行删除。

③ 如只删除检验信息、变动信息、事故信息，或设备操作规程等行记录，点击行“删除”按钮，删除完成后点击页面“保存”按钮进行保存。

【关键字段解释】

特种设备：是指涉及生命安全、危险性较大的锅炉、压力容器、压力管道、电梯、起重机械、场(厂)内机动车辆、客运索道、大型游乐设施、压力管道元件、安全附件及安全保护装置。

5.1.2 安全消防设备管理

《中国石油天然气集团公司消防安全管理办法》(中油质安字〔1999〕194 号)、《中国石油天然气集团公司安全生产管理规定》(中油质安字〔2004〕672 号)要求：企业应按照规定配置消防装备和设施，加强管理，定期进行检查、检验，确保消防装备和设施完善、可靠。

HSE 系统以生产单元/装置为线索，针对安全消防设备的安装、检验、安全检查等信息作出详细的记录，同时提供安全消防设备的详细查询功能。消防设备管理流程如图 5.6 所示。

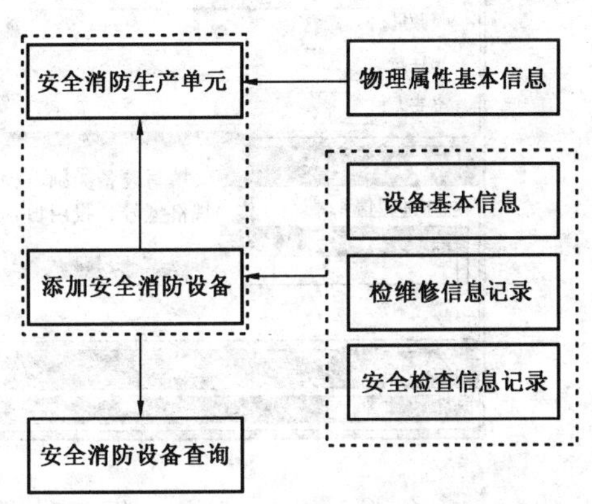

图 5.6 消防设备管理流程

【页面路径】

安全管理—消防设备

(1)新建安全消防设备信息。

【应用举例】

某基层单位新增生产单元“计量间”，在系统中录入该生产单元内所有消防设备信息。

① 按照路径【安全管理—消防设备】进入消防设备管理浏览界面，点击“新建”按钮进入编辑页面。

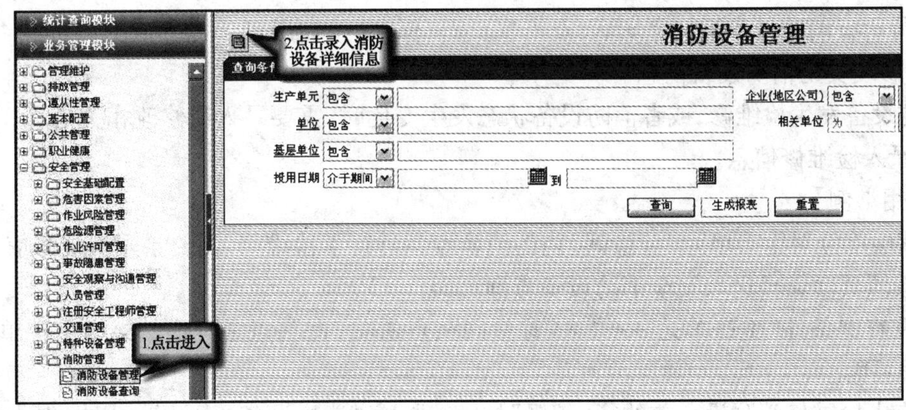

图 5.7 消防设备管理浏览界面

② 选择生产单位所在的组织机构信息，输入生产单元/装置的名称、投用日期等信息，并保存，如图 5.8 所示。

③ 点击<u>**添加消防设备**</u>进入消防设备信息编辑页面，如图 5.9 所示。

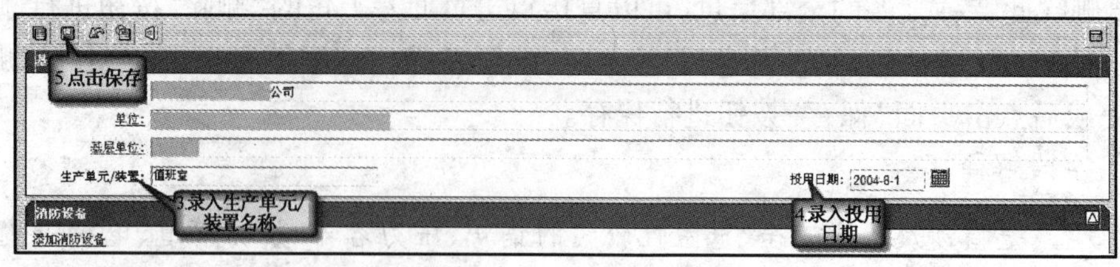

图 5.8　消防设备管理编辑页面

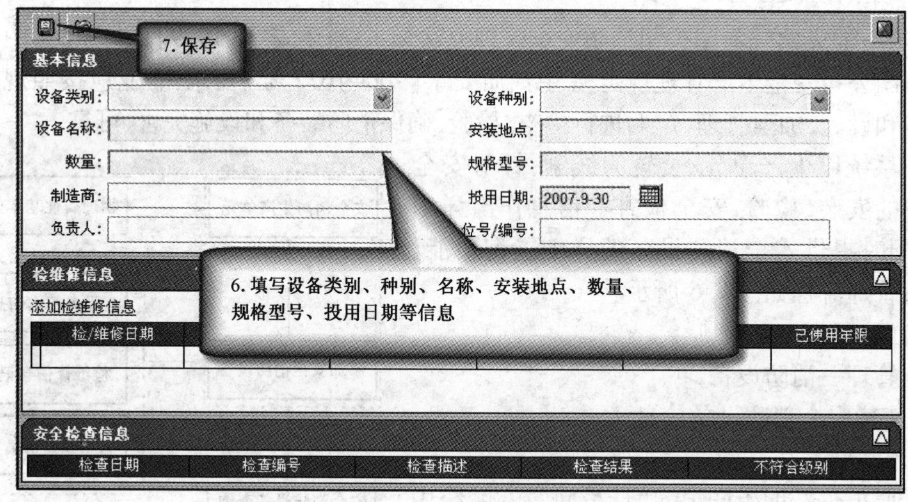

图 5.9　消防设备信息编辑页面

④ 若该生产单元里还有其他类型或者规格型号的消防设备，则可以按照步骤③ 继续添加。

⑤ 待所有消防设备添加完毕后，点击主页面“保存”按钮即可。

(2)修改安全消防设备信息。

消防设备发生检维修，或者消防设备状态发生变化时，需要录入或修改相关信息。

① 录入检维修信息。

【应用举例】

某基层单位对生产单元“计量间”内的消防设备进行了检维修，需要录入检维修信息。

a. 按照页面路径进入安全消防设备查询页面。

b. 在查询条件“生产单元”中录入“计量间”，点击“查询”，点击查询结果中生产单元名称进入编辑页面。

c. 点击检维修消防设备前的行“编辑”按钮，进入到消防设备子页面。点击“添加检维修信息”按钮，进入到消防设备检维修子页面，填写检维修信息，逐级保存，如图 5.10 所示。

d. 按照步骤 c 继续填写其他消防设备的检维修信息。

e. 待所有检维修信息添加完毕后，点击主页面“保存”按钮即可。

② 修改消防设备状态。

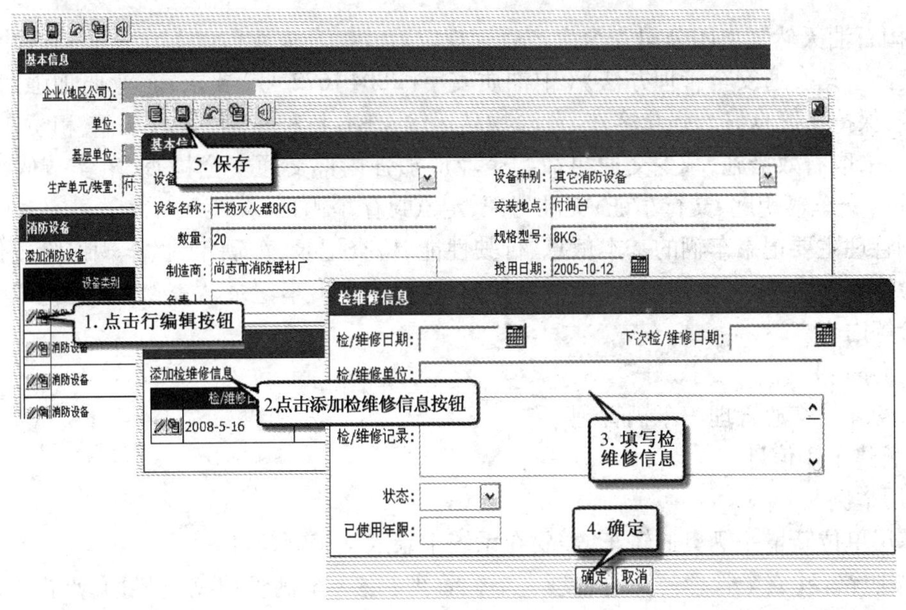

图 5.10　检维修信息添加步骤

【应用举例】

某基层单位生产单元“计量间”内的消防设备已报废，进入到消防设备检维修子页面，直接修改“状态”信息，然后逐级保存即可。

(3)删除安全消防设备信息。

① 按照路径进入消防设备浏览界面，查询到需要删除的安全消防设备信息记录，点击该记录进入编辑页面。

② 如需删除整个生产单元/装置的消防设备信息，点击页面左上角的“删除”按钮，完成对整个生产单元/装置信息的删除。

③ 如需删除某个消防设备的信息，可点击该消防设备数据前面的行“删除”按钮。删除完成后，点击页面“保存”按钮。

④ 如需删除某消防设备的检维修信息，可进入消防设备子页面，点击行“删除”按钮并在子页面进行保存，退出子页面后在编辑主页面点击“保存”按钮。

【关键字段解释】

生产单元：是一个抽象的概念，可以是地点、装置、区域等，即以消防设备作为集合有针对性管理的单位，如楼房、仓库、设施等。系统是以生产单元为单位，集中管理在一个生产单元下的所有消防设备信息，避免了大量消防设备过于分散、管理松散的状况。

说明：如果在监督检查中对该设备进行了检查，对该设备信息不能直接删除，需要在监督检查中删除相关信息后才可以对该消防设备信息进行删除。

5.1.3 车辆管理

《中国石油天然气集团公司安全生产管理规定》(中油质安字〔2004〕672 号)和《中国石油天然气集团公司交通安全管理办法》(中油质安字〔2004〕672 号)要求:企业要加强对车辆的维护保养,保持车况良好。强化客车、危险物品运输车辆、特种车辆、分散车辆、租赁车辆的管理与控制,采取有效措施,减少交通事故。企业应加强内部交通安全检查,落实节假日"三交一封"制度(交车辆钥匙、交行车证、交准驾证,定点封存车辆)。

车辆管理主要记录车辆的基本信息、行驶性能、检查记录、车辆年检、车辆保险投保记录、车辆保险理赔记录、车辆维修记录、车辆运转记录、长途车出车记录、"三交一封"记录、车辆安全预评价等内容。

【页面路径】

安全管理—交通管理—车辆管理

(1)新建车辆信息。

【应用举例】

某基层单位新增一辆奥迪轿车,需要在系统中录入该车辆信息。

① 按照路径【安全管理—交通管理—车辆管理】进入车辆管理浏览界面,点击"新建"按钮进入编辑页面,如图 5.11 所示。

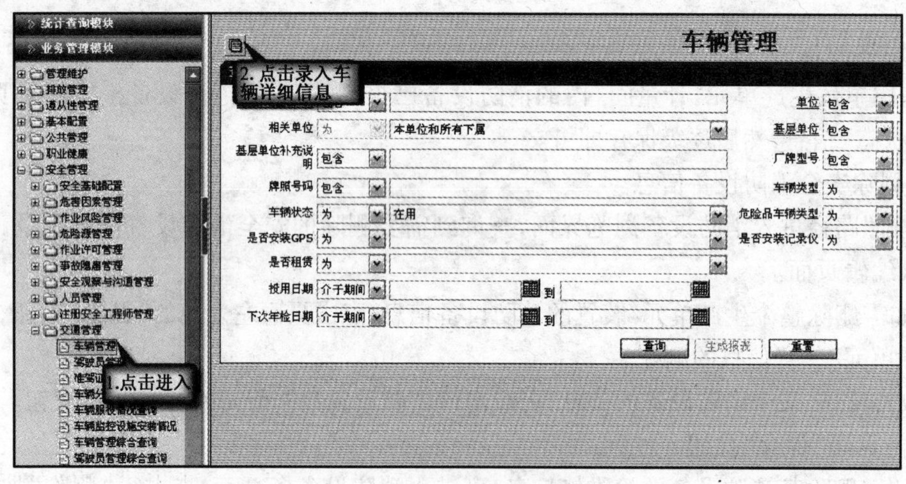

图 5.11 车辆基本信息新建页面

② 选择车辆所在的组织机构,按照实际情况填写"基本信息"和"行驶性能"等栏目内容,然后保存即可,如图 5.12 所示。

(2)修改车辆信息。

在车辆检查、年检、长途车出车、保险投保、保险理赔、维修、运转、"三交一封"、安全预评价等业务发生时,需要在系统中录入。

【应用举例】

① 录入车辆年检信息。

某基层单位的奥迪轿车刚进行过一次年检,需要在系统中录入该车辆年检信息。

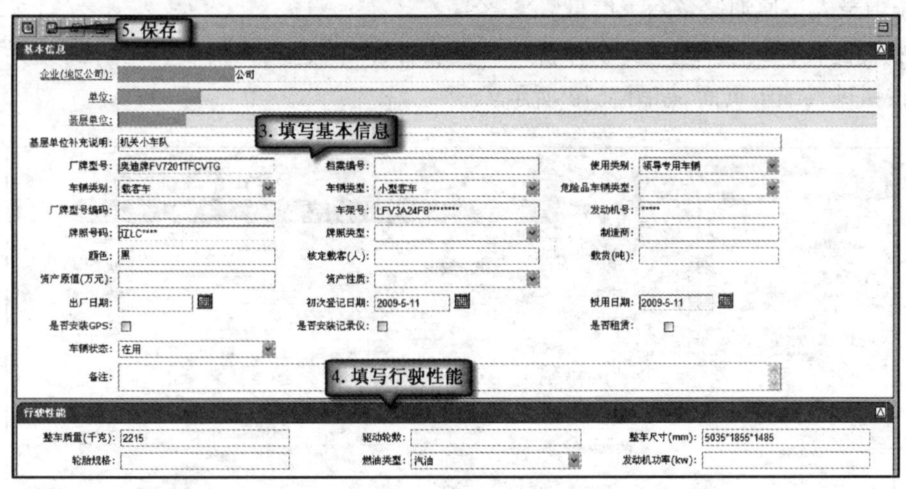

图 5.12　车辆管理编辑页面

a. 通过路径进入车辆浏览界面,根据车辆名称、档案编号、厂商等查询条件找到需要修改的奥迪轿车,点击该记录进入编辑页面。

b. 在“车辆年检”栏目里填写年检信息,分别点击行“保存”、页面“保存”按钮。

② 修改车辆状态。

某基层单位的奥迪轿车报废,需要在系统里修改其状态。

a. 通过路径进入车辆浏览界面,根据车辆名称、档案编号、厂商等查询条件找到需要修改的奥迪轿车,点击该记录进入编辑页面。

b. 直接修改“状态”为“报废”,并保存。

(3)删除车辆信息。

① 如需删除车辆信息,可以直接点击编辑页面的“删除”按钮即可。

② 如需删除部分信息,如车辆年检信息,点击数据前的行“删除”按钮,并保存即可。

5.1.4　在役装置评价

《中国石油天然气集团公司安全生产管理规定》(中油质安字〔2004〕672 号)要求企业应按照规定对在役生产装置、重要设备和特种设备定期进行安全评价和评估,及时解决存在的问题。要坚持设备监测和检验制度,定期对设备进行维修保养,使之符合安全技术生产条件。

在役装置评价主要是对在役装置基本信息、关键设备信息、设施运行情况、设施评价与检测、设施更新等信息进行管理。

在役装置管理流程如图 5.13 所示。

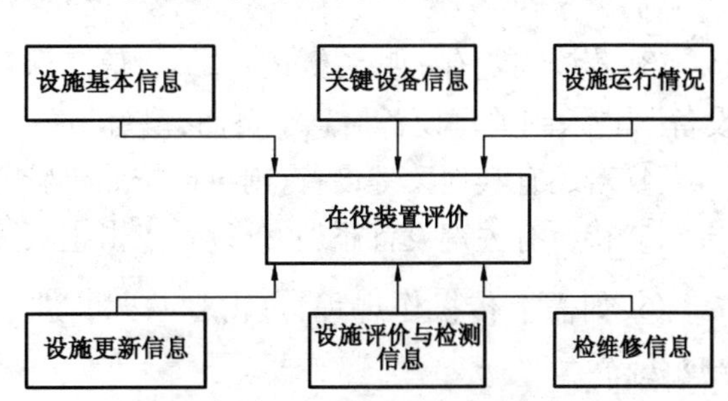

图 5.13　在役装置管理流程

【页面路径】

安全管理—安全评价—在役装置评价

(1)新建在役装置信息。

【应用举例】

某基层单位新增一套原油储备系统,需

要在系统中录入该原油储备系统信息。

① 按照路径【安全管理—安全评价—在役装置评价】进入在役装置评价浏览界面，点击“新建”按钮进入编辑页面，如图 5.14 所示。

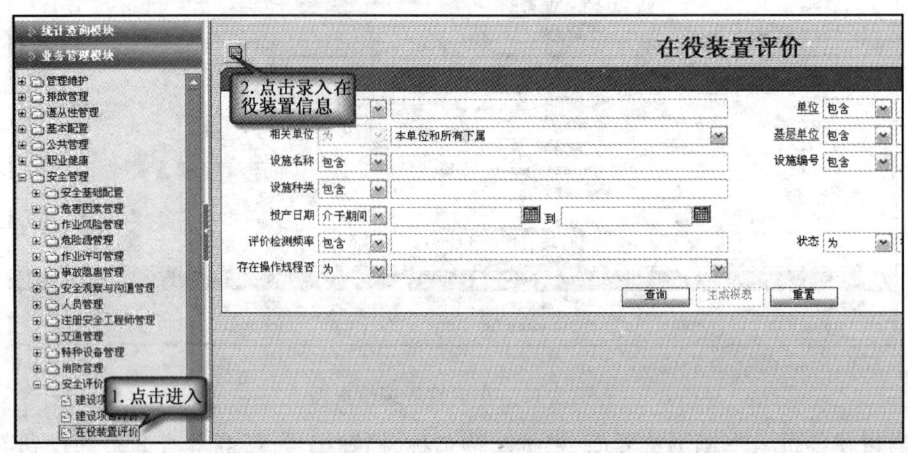

图 5.14 在役装置评价浏览界面

② 选择装置所在的组织机构，输入装置种类、装置子类、装置名称、投产日期等信息，并保存，如图 5.15 所示。

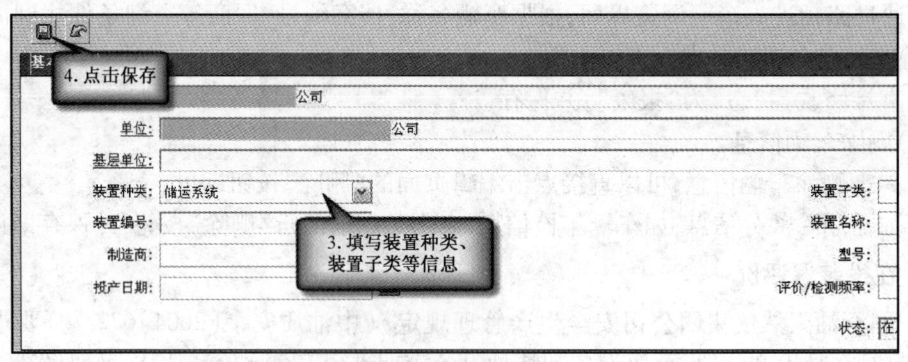

图 5.15 在役装置评价编辑页面

③ 若该装置有一些关键设备，编辑信息保存后系统会显示关键设备栏目，点击“添加关键设备”，进入到关键设备信息子页面，填写相关信息并保存，返回到主页面，如图 5.16 所示。

④ 若还有其他关键设备，则可以按照步骤③ 继续添加。

⑤ 待所有关键设备添加完毕后，点击主页面的“保存”按钮。

⑥ 如需上传操作规程，点击 添加 进入子页面，上传相应附件，然后点击页面“保存”按钮。

(2)修改在役装置信息。

在役装置基本信息、评价与检测、检维修、运行管理等信息需要更新时，需要在系统里录入

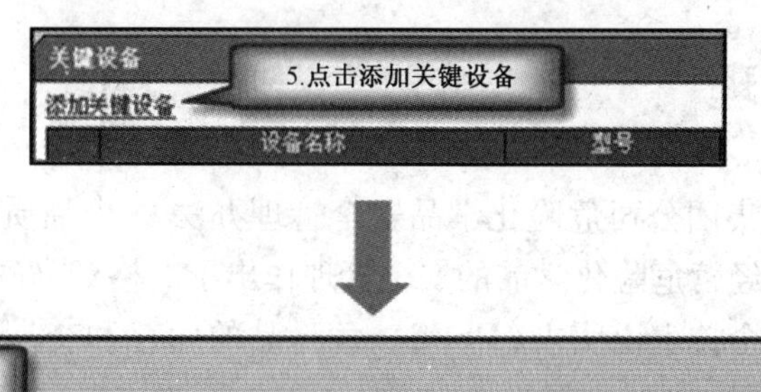

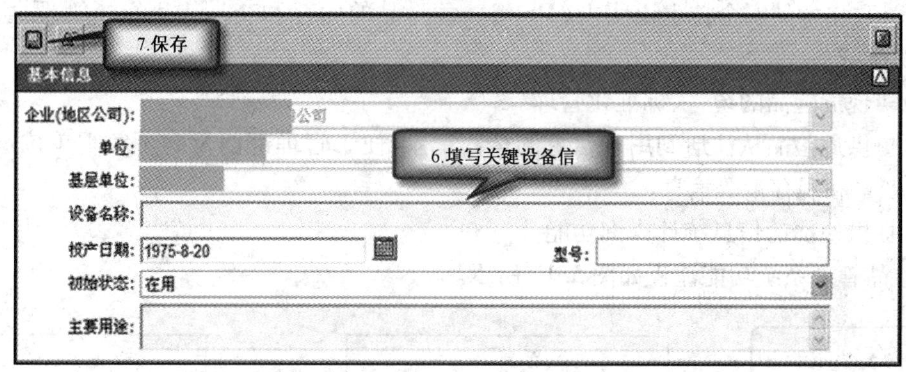

图 5.16 关键设备信息填写步骤

相关信息。

【应用举例】

对某基层单位的一套原油储备系统进行了检维修,需要在系统中录入该信息。

① 录入在役装置检维修信息。

a. 按照页面路径进入在役装置浏览界面,根据设施名称、设施编号、设施种类等查询条件找到需要修改的在役装置信息记录,点击该条记录进入编辑页面。

b. 在"检维修信息"栏目里填写检维修信息,分别点击行"保存"、页面"保存"按钮。在役装置更新、评价与检测、运行管理等信息的录入方法与检维修信息录入方法相同。

② 修改在役装置检维修信息。

a. 按照页面路径进入在役装置浏览界面,根据设施名称、设施编号、设施种类等查询条件找到需要修改的在役装置信息记录,点击该条记录进入编辑页面。

b. 在"检维修信息"栏目里,点击要修改行记录前的行"编辑"按钮,修改完成后分别点击行"保存"、页面"保存"按钮。

(3)删除在役装置信息。

① 按照页面路径进入在役装置浏览界面,找到需要删除的在役装置信息记录,点击该条记录进入编辑页面。

② 删除在役装置的全部信息,首先必须删除相关的装置更新信息、关键设备信息、评价与检测信息、装置运行管理信息与检维修信息。

③ 点击编辑页面左上角的"删除"按钮,完成在役装置信息的删除。

5.2 危险品管理

《中国石油天然气集团公司危险化学品安全管理办法》(中油质安字〔2005〕406 号)对于企业生产、使用、储存、经营危险化学品的安全管理作出了严格、明确的规定。系统主要是对危险品的登记、化学品安全技术说明书(MSDS)、危险品的库存和交易等进行了管理,实现了以下几个功能:

(1)实现危险品的统一、标准化管理。

(2)提供危险品从注册到用量信息的全面记录,便于管理部门及时了解本单位危险品使用量、生产量和现存量等信息。

(3)提供便捷的信息统计查询功能。

危险品管理系统功能流程如图 5.17 所示。

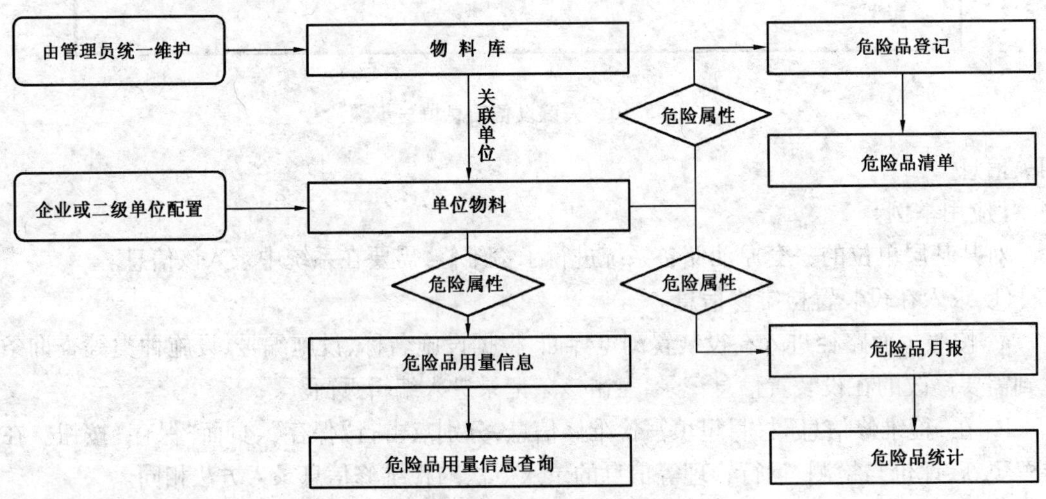

图 5.17　危险品管理系统功能流程

5.2.1　单位物料

该模块用于确定物料与二级单位之间的对应归属关系,从整体物料信息库中提取本单位所用的物料,分配到二级单位列表下,为危险品用量信息和危险品登记信息提供数据来源。

【页面路径】

危险品管理—危险品管理—单位物料

(1)新建单位物料信息。

【应用举例】

某单位新增物料“丙烷”,需要录入新增物料信息。

① 按照路径【危险品管理—危险品管理—单位物料】进入单位物料浏览界面,输入单位名称,点击“查询”按钮,如图 5.18 所示。

② 点击单位名称链接,进入单位物料编辑页面,如图 5.19 所示。

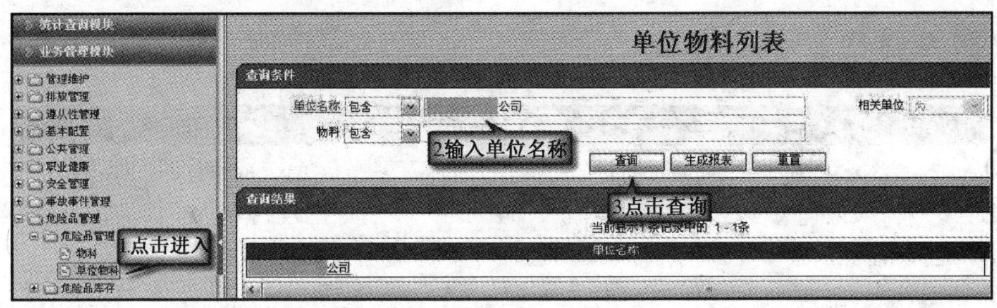

图 5.18 单位物料信息查询页面

图 5.19 单位物料编辑页面

③ 在单位物料编辑页面点击“添加物料”，从物料旁的“放大镜”选择要添加的物料，如图 5.20 所示。

图 5.20 添加物料信息页面

④ 在物料列表页面查询相应物料。

⑤ 选择后点击“保存”按钮，完成单位物料的添加，如图 5.21 所示。

(2)修改单位物料信息。

① 由页面路径进入物料管理页面，通过查询条件找到相应的单位，点击链接进入编辑页面。

② 点击数据行左端的行“编辑”按钮，可在弹出页面修改物料数据。

③ 点击“保存”按钮，即完成该条物料信息的修改。

(3)删除单位物料信息。

① 由页面路径进入到单位物料管理浏览界面，通过查询条件找到相应的单位，点击链接进入编辑页面。

② 点击数据行左端的行“删除”按钮，将该条物料信息从单位列表下删除。

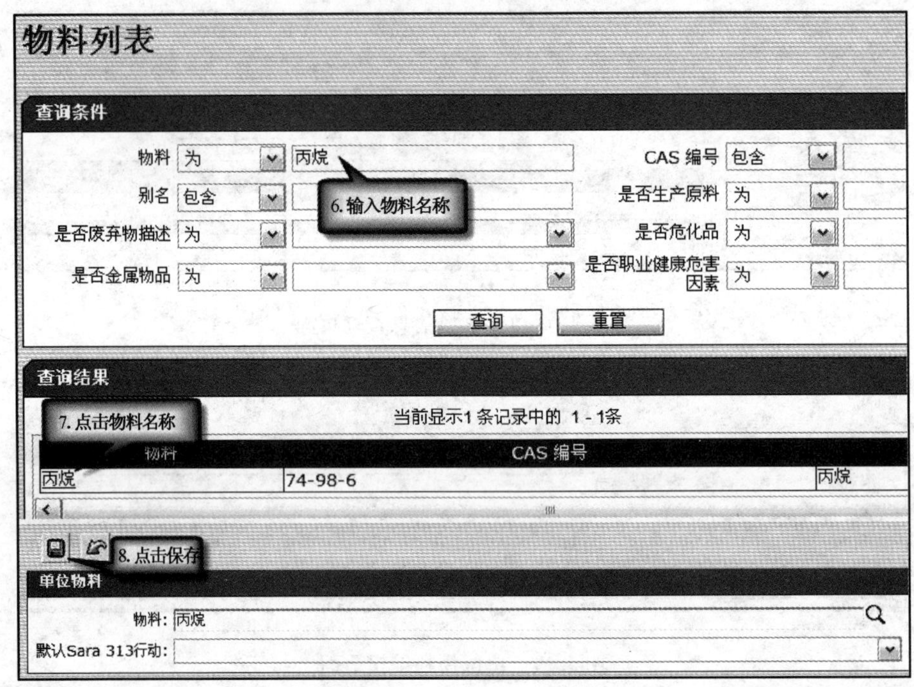

图 5.21　选择物料信息页面

5.2.2　危险品登记

根据国家对危险品管理的特殊规定,对危险品需要到当地公安机关登记备案,本功能用于记录危险品的登记信息。

【页面路径】

危险品管理—危险品库存—危险品登记

(1)新建危险品登记信息。

【应用举例】

某企业在系统中对危险品“丙烷”进行登记。

① 按照路径【危险品管理—危险品库存—危险品登记】进入危险品登记浏览界面,点击“新建”按钮进入编辑页面,如图 5.22 所示。

② 点击危险品名称后面的“放大镜”,选择危险品,填写危险品登记的相关信息,如图 5.23 所示。如果在“放大镜”中查询不到,需确认单位物料中是否添加了该危险品。

③ 点击主页面左上角的“保存”按钮,保存整条危险品登记信息。

(2)修改危险品登记信息。

① 由页面路径进入危险品登记页面,通过查询条件查询要修改的数据,点击链接进入编辑页面。

② 修改相应数据,点击主页面左上角的“保存”按钮,完成对该危险品登记数据的修改。

(3)删除危险品登记信息。

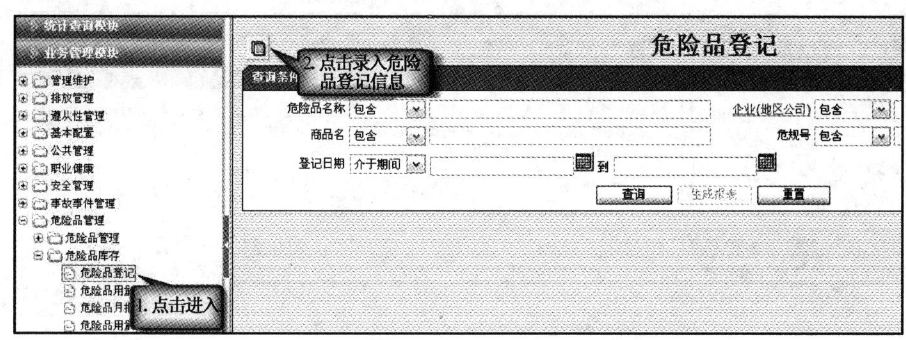

图 5.22 危险品登记浏览界面

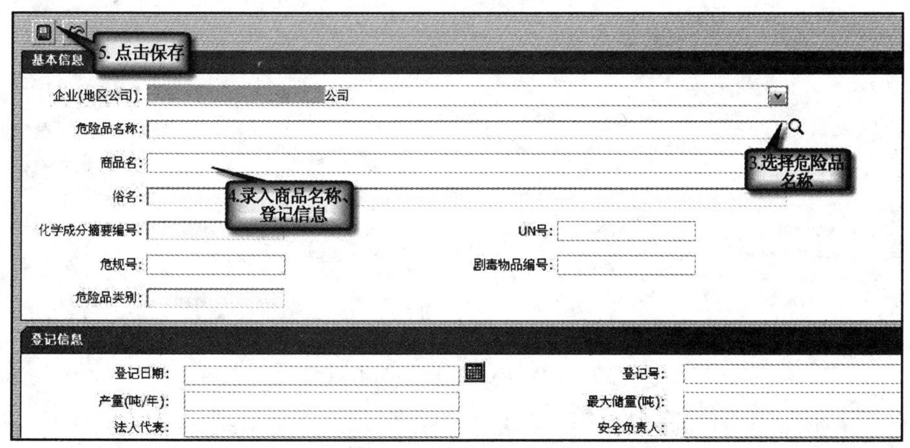

图 5.23 危险品登记编辑页面

① 由页面路径进入到危险品登记浏览界面,通过查询条件找到需要删除的信息,点击链接进入编辑页面。

② 点击页面左上角的“删除”按钮,完成对该危险品登记数据的删除。

5.2.3 危险品用量

本功能主要记录消耗危险品的基本信息、使用岗位和目的以及每日用量等数据,通过日常工作的准确记录,为精细管理危险品提供数据依据。

【页面路径】

危险品管理—危险品库存—危险品用量

(1)新建危险品用量信息。

【应用举例】

某基层单位在系统中录入“丙烷”用量信息。

① 按照路径【危险品管理—危险品库存—危险品用量】进入危险品用量浏览界面,点击“新建”进入编辑页面,如图 5.24 所示。

② 点击危险品名称后面的“放大镜”,选择危险品,填写危险品用量相关信息,如图 5.25 所示。如果在“放大镜”中查询不到,需要确认单位物料中是否添加了该危险品。

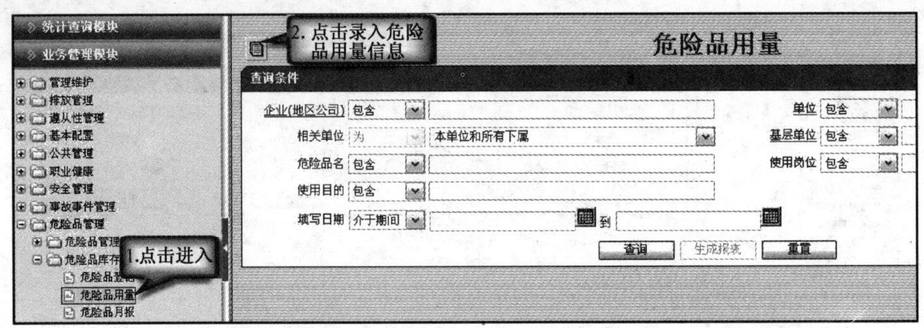

图 5.24　危险品用量浏览界面

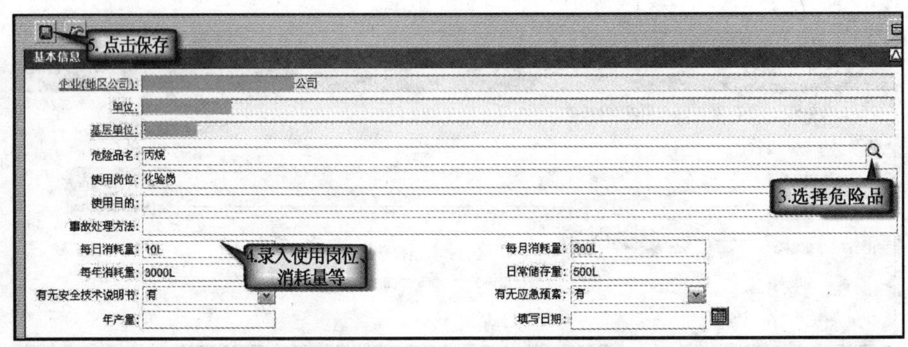

图 5.25　危险品用量编辑页面

③ 点击主页面左上角的“保存”按钮，保存整条危险品登记信息。

(2)修改危险品用量信息。

① 由页面路径进入危险品用量信息页面。

② 通过查询条件查询要修改的数据，点击链接进入编辑页面。

③ 修改相应数据，点击主页面左上角的“保存”按钮，完成对该条危险品用量信息数据的修改。

(3)删除危险品用量信息。

① 由页面路径进入到危险品用量信息页面。

② 通过查询条件找到需要删除的信息，点击链接进入编辑页面。

③ 点击页面左上角的“删除”按钮，完成对该条危险品用量数据的删除。

5.2.4　危险品月报

危险品月报用于记录各级单位各种危险品在月末的现有量以及该月采购量、使用量、生产量、销售量、运输量、处置量等信息。

【页面路径】

危险品管理—危险品库存—危险品月报

(1)新建危险品月报。

【应用举例】

某基层单位需要在系统中录入 2011 年 5 月的危险品月报。

① 按照路径【危险品管理—危险品库存—危险品月报】进入危险品月报浏览界面，点击“新建”按钮进入编辑页面，如图 5. 26 所示。

② 点击“新建”按钮，选择单位、月报的年份和月份信息，点击“保存”，完成对危险品月报表头的保存，如图 5. 27 所示。

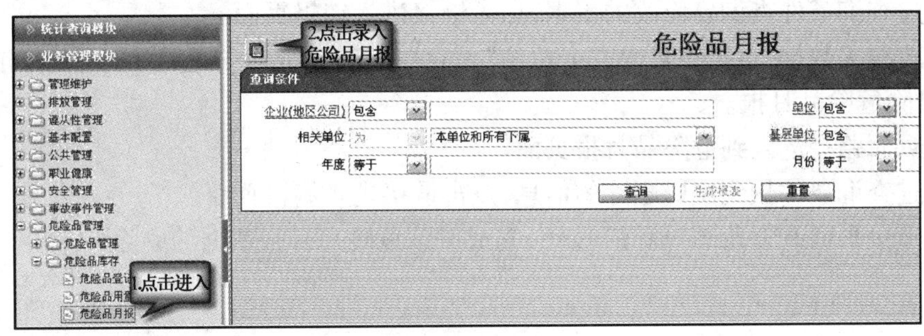

图 5. 26　危险品月报浏览界面

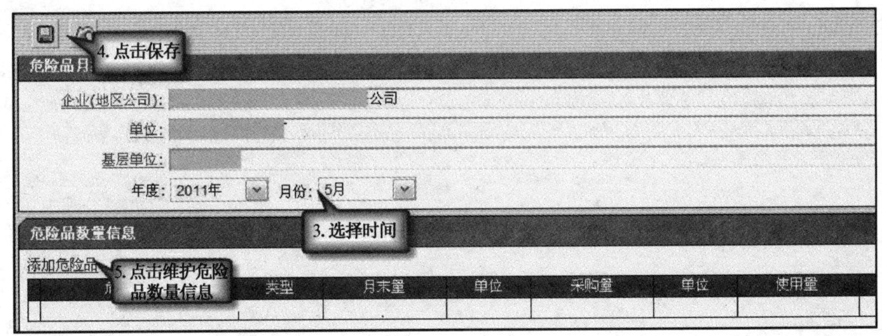

图 5. 27　危险品月报编辑页面

③ 点击“添加危险品”链接，在弹出的子页面上选择要记录的危险品名称，逐项维护数量信息，点击子页面上的“保存”按钮，如图 5. 28 所示。如果在“放大镜”中查询不到，则需要确认单位物料中是否添加了该危险品。

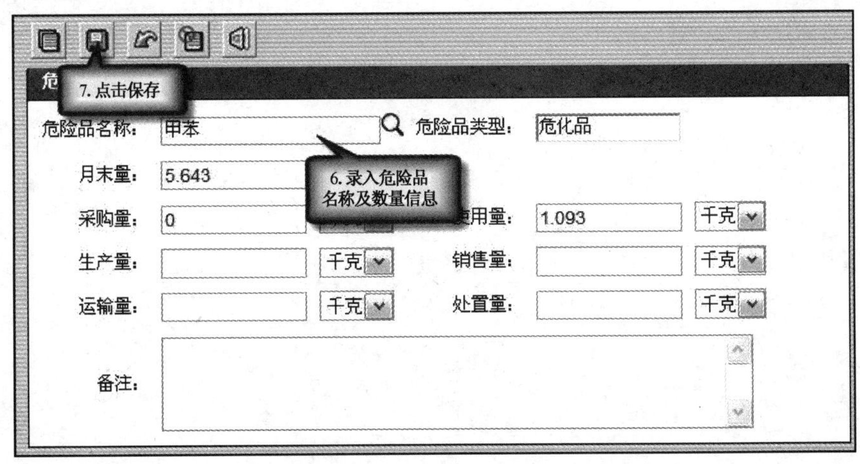

图 5. 28　添加危险品信息

④ 重复步骤③,可为该月报添加多条危险品信息。

⑤ 点击主页面左上角的“保存”按钮,保存月报信息。

(2)修改危险品月报。

① 由页面路径进入危险品月报页面。

② 通过查询条件查询要修改的数据,点击链接进入编辑页面。

③ 修改相关数据,点击主页面左上角的“保存”按钮,完成对该危险品月报数据的修改。

(3)删除危险品月报。

① 由页面路径进入到危险品月报页面。

② 通过查询条件找到需要删除的信息,点击链接进入编辑页面。

③ 点击主页面左上角的“删除”按钮,完成对该危险品月报数据的删除。

6 风险管理

6.1 HSE 目标管理

每年集团公司与各企业、企业与各二级单位、二级单位与各基层单位都要签订目标责任书，逐级签订，逐级考核。在系统中目标管理也分为三个层次，即企业、二级单位和基层单位。首先企业根据集团公司的总体目标以及企业与集团公司签订的目标责任书，录入本企业评分式指标和评判式指标信息，然后分解到各二级单位并给二级单位设定相应的考核指标。二级单位参照企业给本单位设定的考核项目和考核指标，分解到各基层单位，给各基层单位设定相应的考核指标。各级单位可以根据本单位的目标录入考核措施，每年年底或第二年年初录入各级的考核指标评判结果。

6.1.1 企业/单位/基层目标制定

各企业根据与集团公司签订的 HSE 任务书制定年度 HSE 目标，二级单位根据企业制定的 HSE 目标制定本单位的 HSE 目标，基层单位根据二级单位的 HSE 目标制定基层单位的 HSE 目标。

【页面路径】

综合管理—HSE 目标管理—企业目标制定/单位目标制定/基层目标制定

(1)新建目标制定信息。

【应用举例】

某企业需要制定 2011 年 HSE 目标，亡人事故 0 起，职业健康体检率达 100%。

① 按照路径【综合管理—HSE 目标管理—企业目标制定/单位目标制定/基层目标制定】进入企业目标制定浏览页面，点击“新建”按钮进入编辑页面，如图 6.1 所示。

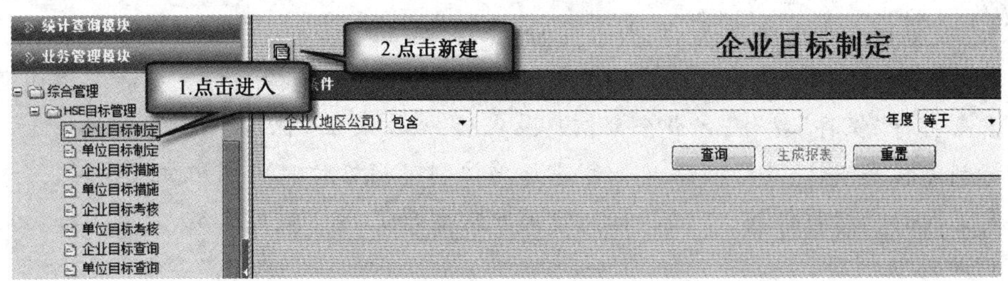

图 6.1 目标制定信息新建页面

② 依次录入年度、评分式指标和评判式指标，点击页面左上角的“保存”按钮，完成新建，如图 6.2 所示。

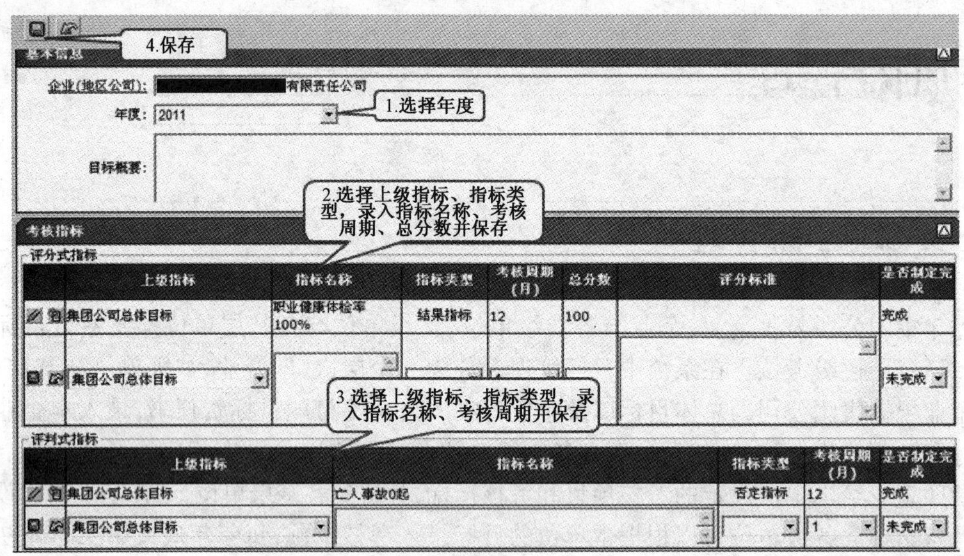

图 6.2 目标制定信息录入页面

说明:二级单位和基层单位的目标制定,需要根据企业地区公司目标分解后再制定本单位的具体指标。同时,根据上级单位制定的指标,可以分解成多个子指标进行指标细化。以上是以“企业目标制定”为例,而在“单位目标制定”和“基层目标制定”中上级指标对应的是企业和单位制定的目标,并不是图 6.2 中出现的“集团公司总体目标”,对其他的操作三个页面都是一样的。

HSE 目标制定,按照目标的考核方式设置了两个目标制定信息栏,分别为“评分式指标”和“评判式指标”,录入人员可以根据本企业对指标的考核方式选择两个信息栏进行录入,但不能将一个指标分别录入到两个信息栏中,如果企业只按一种方式考核,可以选择填写一个信息栏。

评分式指标信息栏,在各指标行信息中填写指标名称,选择指标类型,填写考核周期和指标总分。评分式考核的总分为必填项,如果不填,系统会提示不能保存。填写完成后需点击行“保存”按钮;完成全部信息录入后,点击页面“保存”按钮。

评判式指标信息栏,在各指标行信息栏中填写指标名称,选择指标类型和考核周期。填写完成后需点击行“保存”按钮;完成全部信息录入后,点击页面“保存”按钮。

指标制定状态确认:由于二级单位和基层单位制定指标时需要调用上级指标,为了避免上级未制定完成的指标被调用,上级指标制定用户需要确定指标制定状态,只有指标制定状态为“完成”时才能被调用。

(2)修改考核目标。

【应用举例】

某单位制定完考核目标以后发现内容制定错误,需要修改。

① 由页面路径进入相应的菜单,通过查询条件查找到需要修改的目标信息。

② 点击进入需要修改的目标,进入信息编辑页面,修改相应信息,依次点击行“保存”、页

面“保存”按钮,完成对目标的修改。如目标被引用,则不能修改。

(3)删除考核目标。

【应用举例】

某单位制定完考核目标以后发现内容制定错误,需要删除。

① 由页面路径进入相应的菜单,通过查询条件查找到需要删除的目标信息。

② 点击进入需要删除的目标,进入编辑页面后,点击相应的行记录“删除”按钮,将指标行信息删除,点击页面“保存”按钮,完成对行指标的删除。如目标被引用,则不能删除。

③ 如果要删除整个目标,则要点击页面“删除”,删除整个目标。

6.1.2 企业/单位/基层目标措施

根据目标制定情况,制定保障目标完成的措施。对 HSE 目标采取的对应措施录入,由指标所属单位完成。

【页面路径】

综合管理—HSE 目标管理—企业目标措施/单位目标措施/基层目标措施

(1)录入目标措施。

【应用举例】

某单位根据年初制定的考核目标制定相关的奖励、考核、加强监督检查及加强教育培训等措施,以保证完成考核目标。

① 按照路径【综合管理—HSE 目标管理—企业目标措施/单位目标措施/基层目标措施】进入目标措施浏览界面,点击“查询”按钮,查找到需要录入措施的年度目标如图 6.3 所示。

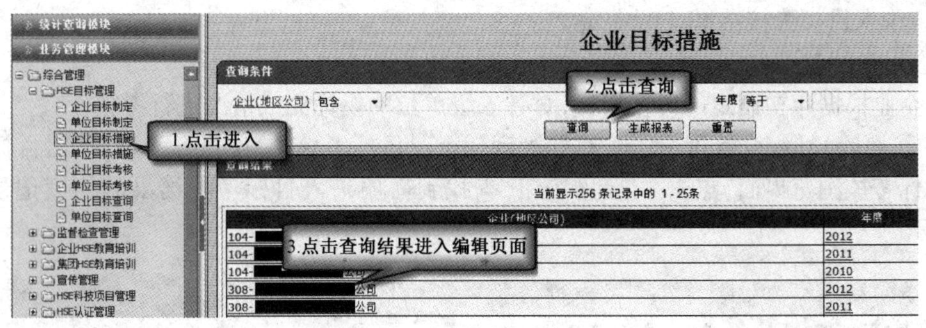

图 6.3 目标措施编辑页面

② 进入编辑页面后,针对指标名称录入采取的对应措施,并点击页面“保存”按钮,完成录入,如图 6.4 所示。

(2)修改目标措施。

① 由页面路径进入相应的菜单,通过查询条件查找到需要修改的目标措施。

② 点击进入需要修改的年度,进入信息编辑页面,修改相应信息,点击页面“保存”按钮,完成对目标措施的修改。

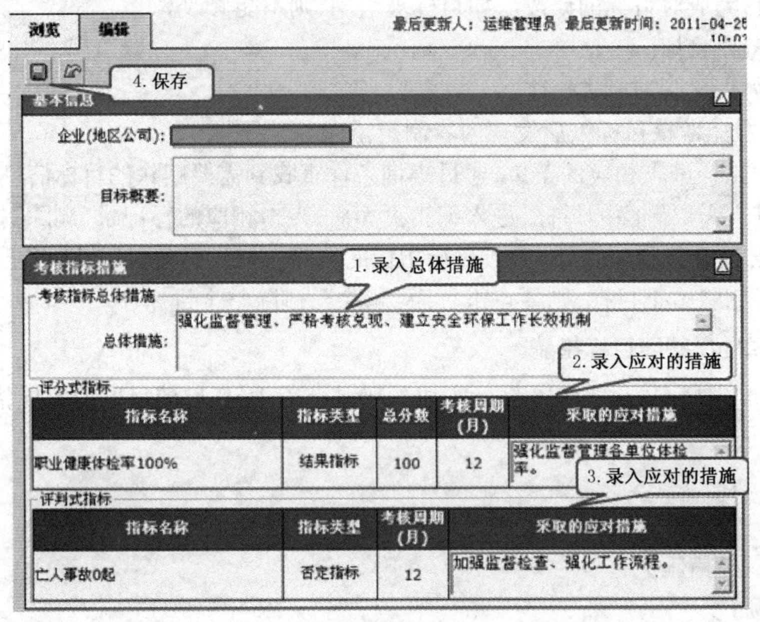

图 6.4　目标措施录入页面

6.1.3　企业/单位/基层目标考核

根据目标制定考核的周期，上级单位定期对制定的目标进行考核。

【页面路径】

综合管理—HSE 目标管理—企业目标考核/单位目标考核/基层目标考核

(1)录入目标考核结果。

【应用举例】

某企业根据年初制定的考核指标，对各二级单位的指标完成情况进行考核。

① 按照路径【综合管理—HSE 目标管理—企业目标考核/单位目标考核/基层目标考核】进入目标考核浏览界面，点击“查询”按钮，查找到需要录入目标考核结果的年度记录，如图 6.5 所示。

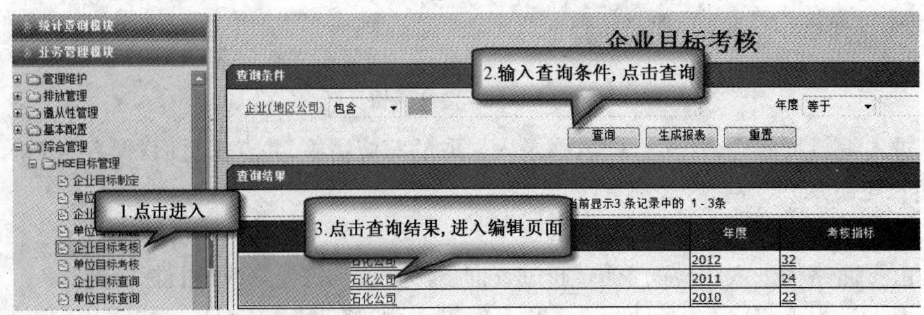

图 6.5　目标考核编辑页面

② 点击进入编辑页面后，首先选择考核的月份，然后分别录入评分式和评判式考核的结

果。对评分式，在“考评分数”字段中录入考核的具体分数；对评判式，在考核结果下拉框中选择考核结果“合格”、“不合格”。如果未录入考核结果，系统默认考核指标结果为“未考核”。依次录入考核部门、考核人和考核时间后，点击页面“保存”按钮。

③ 在分别录入了评分式和评判式考核结果后，需要根据各考核指标的考核情况录入“本期考核结果与评价”，考评结果分为未考核、合格和不合格三种。录入了考评结果后，考评日期为必填。录入一个完整的周期考评结果后，数据会自动加载到页面中，将各个周期的考核情况累计到“年度考核评定”信息栏中。

④ 按照制定目标的考核周期进行考核后，对年终考评可以根据指标的完成情况，给出年目标考核的最终结果，在“考核结果”字段分为“基本达成目标”、“完全达成目标”和“未达成目标”，如图 6.6 所示。

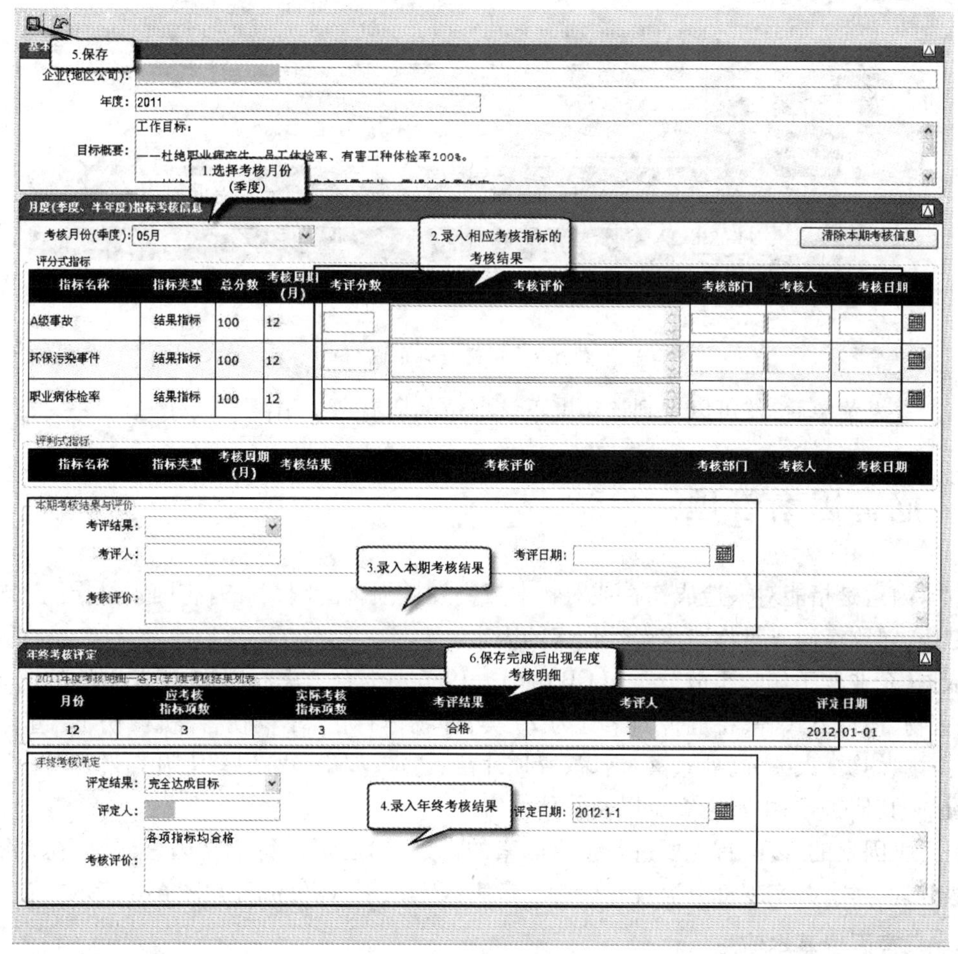

图 6.6 完善考核结果

(2)修改目标考核结果。

① 由页面路径进入相应的菜单，通过查询条件查找到需要修改的目标考核。

② 点击进入需要修改的目标记录，进入信息编辑页面，修改相应信息，点击页面“保存”按钮，完成对目标考核的修改。

6.1.4 目标查询

本模块的功能是查询企业目标的制定情况和考核明细结果等信息。

【页面路径】

综合管理—HSE 目标管理—企业目标查询/单位目标查询/基层目标查询

(1) 按照路径【综合管理—HSE 目标管理—企业目标查询/单位目标查询/基层目标查询】进入目标查询浏览界面，点击“查询”按钮，查找到需要查询的单位，如图 6.7 所示。

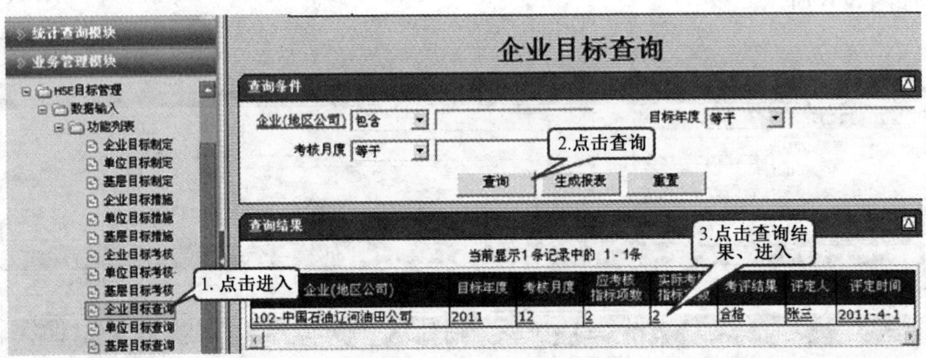

图 6.7 目标查询页面

(2) 进入菜单后，就可以看到该年度下该单位的所有考核情况。

6.2 危害因素管理

危害因素是指能对人造成伤亡或对物造成突发性损害的因素。有害因素是指能影响人的身体健康、导致疾病或对物造成慢性损害的因素。

依据《企业职工伤亡事故分类》(GB 6441—1986)，综合考虑起因物、引起事故的诱导性原因、致害物、伤害方式等，将危害因素分为 20 类，即物体打击、车辆伤害、机械伤害、起重伤害、触电、淹溺、灼烫、火灾、高处坠落、坍塌、冒顶片帮、透水、放炮、火药爆炸、瓦斯爆炸、锅炉爆炸、容器爆炸、其他爆炸、中毒和窒息以及其他伤害。

对危害因素的管理，首先要进行危害因素的识别，然后再进行危害因素评价，在系统中采用分级管理方式，并实现部分流程化管理。危害因素识别、评价流程如图 6.8 所示。

6.2.1 危害因素基本信息

记录各级单位在危害因素识别过程中发现的危害因素，主要用于记录危害因素的基本信息，包括危害因素的名称、作业活动、触发原因等内容。

【页面路径】

安全管理—危害因素管理—危害因素基本信息

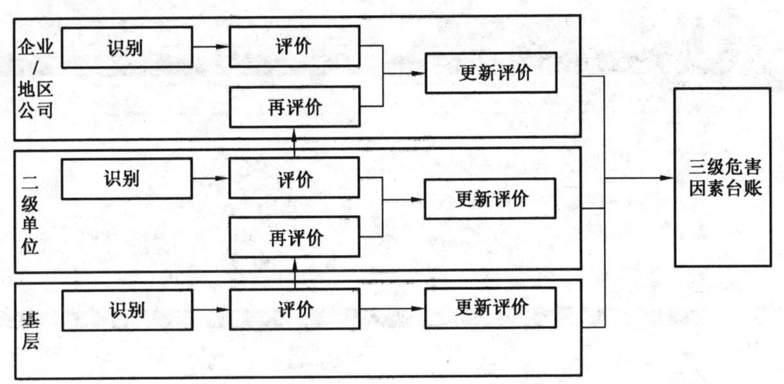

图 6.8 危害因素识别、评价流程

(1)新建危险因素基本信息。

【应用举例】

某基层单位新增危害因素“油气泄漏”,需要在系统中录入该危害因素的基本信息。

① 按照路径【安全管理—危害因素管理—危害因素基本信息】进入危害因素基本信息浏览界面,点击“新建”按钮,如图 6.9 所示。

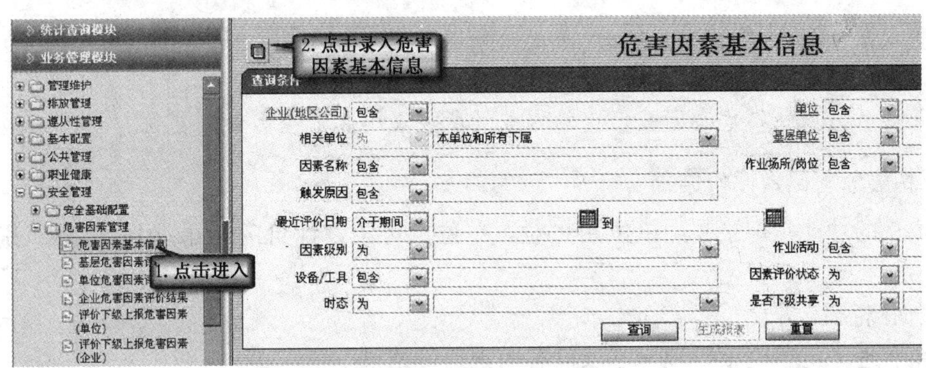

图 6.9 危害因素基本信息浏览界面

② 填写基本信息及危害影响,须先点击危害影响的行“保存”按钮,然后再点击页面“保存”按钮,完成对危害因素基本信息的新建,如图 6.10 所示。

(2)修改危害因素基本信息。

① 按照页面路径进入危害因素基本信息页面,根据危害因素名称、触发原因、最近评价日期等查询条件找到需要修改的数据,点击该条数据进入编辑页面。

② 修改相应数据,点击“保存”按钮。

(3)删除危害因素基本信息。

① 按照页面路径进入危害因素基本信息页面,根据危害因素名称、触发原因、最近评价日期等查询条件找到需要删除的数据,点击该条数据进入编辑页面。

② 先删除“危害影响”信息,然后点击“保存”按钮,再点击“删除”按钮完成对危害因素的

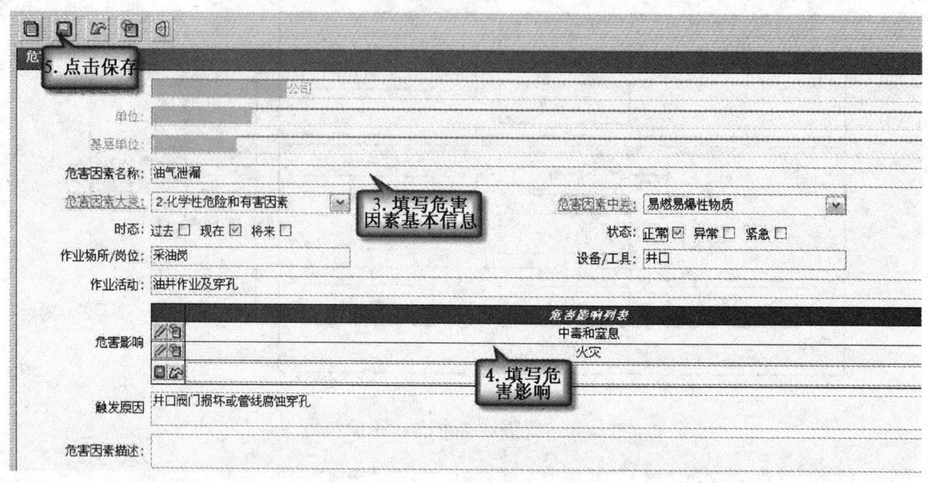

图 6.10　危害因素基本信息编辑页面

删除。如果该条危害因素基本信息已经过评价,则无法删除,需要首先删除相应的评价信息后再进行删除操作。

【关键字段解释】

危害因素:指一个组织的活动、产品或服务中可能导致人员伤害或疾病、财产损失、工作环境破坏、有害的环境影响或这些情况组合的要素,包括根源和状态。

作业场所/岗位:指危害因素产生的作业场所或者引起危害因素的岗位。

6.2.2　基层危害因素评价结果

本模块的功能是记录基层单位用户对本单位危害因素评价的结果,因素所属级别为"基层单位"级。

【页面路径】

安全管理—危害因素管理—基层危害因素评价结果

(1)新建基层危害因素评价结果。

【应用举例】

某基层单位对部分危害因素进行了评价,需要在系统中录入评价结果。

① 按照路径【安全管理—危害因素管理—基层危害因素评价结果】进入基层危害因素评价结果浏览界面,点击"新建"按钮,如图 6.11 所示。

② 填写基本信息后点击"保存"按钮,页面出现按钮[添加要评价的因素],点击此按钮会弹出一个新的查询页面,如图 6.12 所示。

③ 可以根据危害因素名称、编号等条件查询此次需要评价的因素,点击[搜索]按钮查询,选中要评价的因素,如图 6.13 所示。

④ 此时危害因素评价结果的"级别"默认为"一般","评价状态"默认为"有效"。如需修改,点击行"编辑"按钮,进入评价页面,对其进行修改之后点击"保存"按钮,完成对危害因素的评价,如图 6.14 所示。

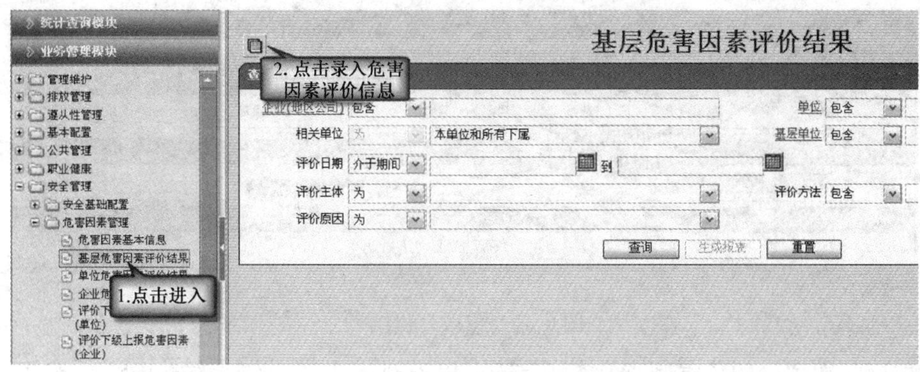

图 6.11　基层危害因素评价结果浏览界面

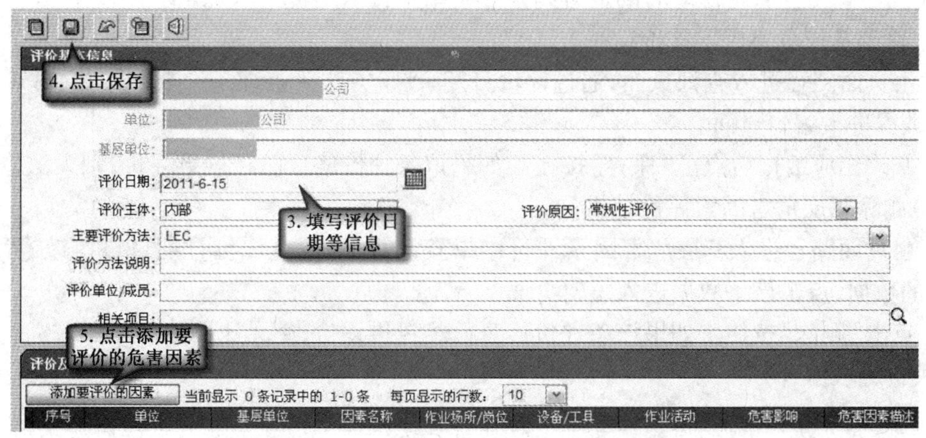

图 6.12　基层危害因素评价结果编辑页面

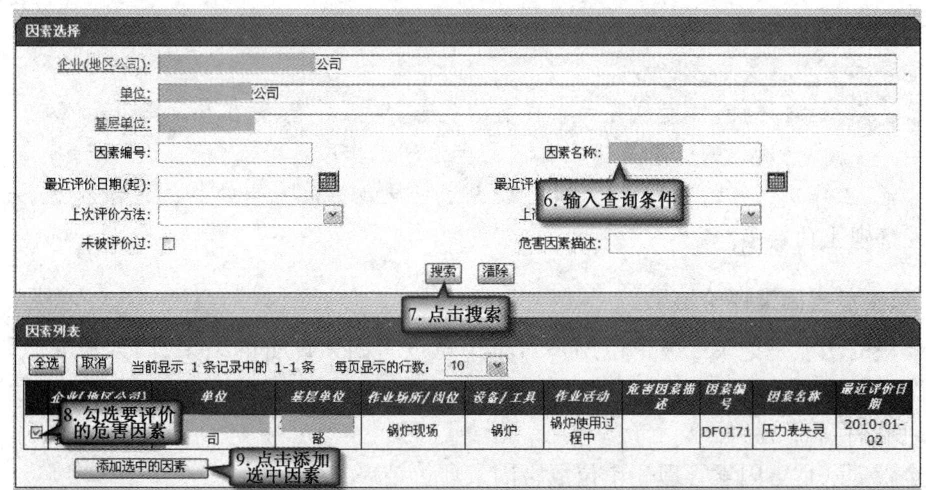

图 6.13　添加要评价的危害因素

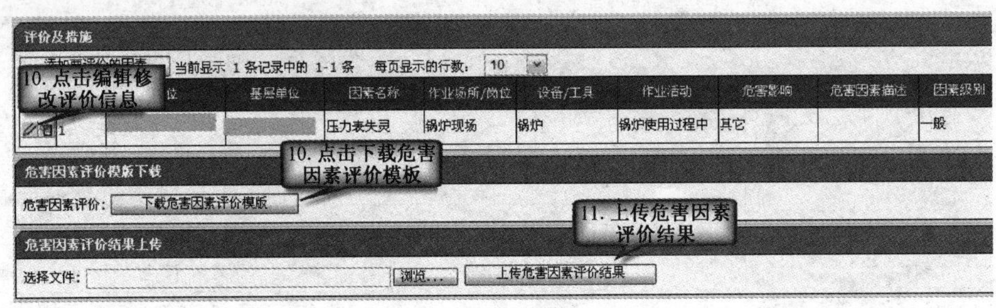

图 6.14　修改评价结果

⑤ 如果此次评价的危害因素比较多，还可以通过点击［下载危害因素评价模版］按钮，将危害因素评价结果以 Excel 的形式下载到本机，修改危害因素的评价结果，然后再点击［上传危害因素评价结果］，将修改后的危害因素评价结果批量上传至系统中。

(2) 修改基层危害因素评价结果。

① 由页面路径进入查询页面，通过评价日期、评价方法等查询条件找到需要修改的数据，点击该数据进入编辑页面。

② 修改相应数据后点击“保存”按钮。如果该条评价信息已经过再评价，则无法修改。

(3) 删除基层危害因素评价结果。

① 由页面路径进入基层危害因素评价结果查询页面，通过评价日期、评价方法等找到需要删除的数据，点击该条数据进入编辑页面。

② 点击“删除”按钮。如果该条评价信息已经过再评价，则无法删除。

【关键字段解释】

主要评价方法：一般利用系统安全工程评价方法中的某些方法进行危害因素识别，通常包括事件树(ETA)、故障树(FTA)以及以不同关注焦点为主的人员可靠性分析(HRA)、作业条件危险性评价法(DLEC)、定量风险评价法(QRA)等。

因素级别：根据评价结果是否被企业、相关方、社会所能接受(容忍)，可以将危害因素分为一般危害因素和重要危害因素。

评价状态：经过评价，确定危害因素目前的状态，包括新增、存在和消除。

是否存在隐患：所谓的隐患是指在我们的生活和工作中会给人、设备、设施造成危害，或影响正常生活、工作次序等的一种状态，也可以说是可导致事故发生的物的危险状态、人的不安全行为及管理上的缺陷。

6.2.3　单位危害因素评价结果

本模块的功能是记录二级单位用户对本单位危害因素评价的结果，因素所属级别为“二级单位”级。

【页面路径】

安全管理—危害因素管理—单位危害因素评价结果

数据录入方法与基层单位评价完全一致，详见 6.2.2。

6.2.4 企业危害因素评价结果

本模块的功能是记录企业用户对本企业危害因素评价的结果,因素所属级别为“企业”级。

【页面路径】

安全管理—危害因素管理—企业危害因素评价结果

数据录入方法与基层单位评价完全一致,详见6.2.2。

6.2.5 评价下级上报危害因素(单位)

本模块的功能是记录二级单位用户对基层单位评价危害因素的结果再评价的信息。

【页面路径】

安全管理—危害因素管理—评价下级上报危害因素(单位)

(1)新建评价下级上报危害因素(单位)信息。

【应用举例】

某单位对部分基层单位评价过的危害因素进行了再评价,需要在系统中录入评价结果。

① 按照路径【安全管理—危害因素管理—评价下级上报危害因素(单位)】进入评价下级上报危害因素(单位)浏览界面,点击“新建”按钮,如图6.15所示。

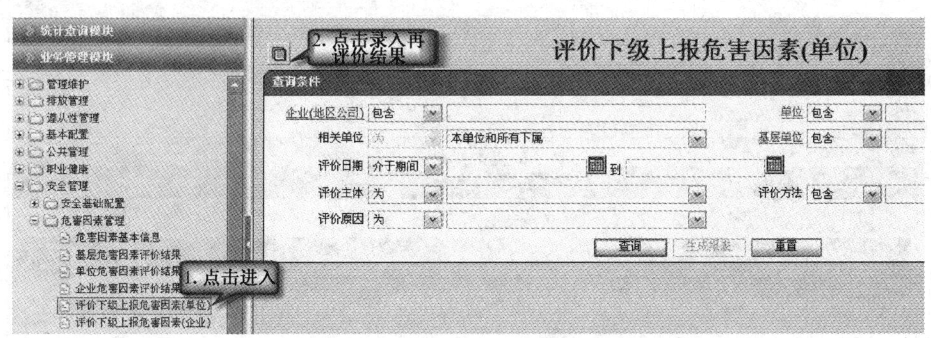

图6.15 评价下级上报危害因素(单位)浏览界面

② 填写基本信息保存后,会出现添加下级上报的因素按钮[添加下级上报的因素],点击该按钮进入查询页面,如图6.16所示。

③ 可以根据下级单位评价级别、评价状态等条件查询需要评价的危害因素,点击[搜索]按钮查询、选中,如图6.17所示。

④ 点击添加选中的因素评价按钮[添加选中的因素评价],如图6.18所示。

⑤ “本单位评价信息”的“状态”和“级别”默认为“下级单位评价信息”的“状态”和“级别”,如果本单位评价结果有变化,点击行“编辑”按钮,进入评价页面,对其进行修改之后点击“保存”按钮,完成对此次危害因素再评价的录入。

⑥ 如果此次再评价的危害因素比较多,还可以通过点击[危害环境因素再评价模版]按钮,将危害因素评价结果以Excel的形式下载到本机,修改危害因素的再评价结果,然后再点击[上传危害因素评价结果]将修改过的危害因素再评价结果批量上传至系统中。

(2)修改评价下级上报危害因素(单位)信息。

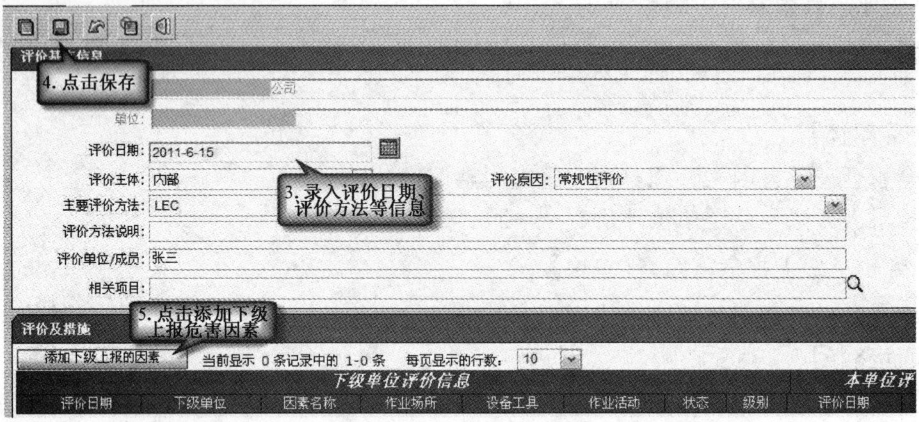

图 6.16　评价下级上报危害因素(单位)编辑页面

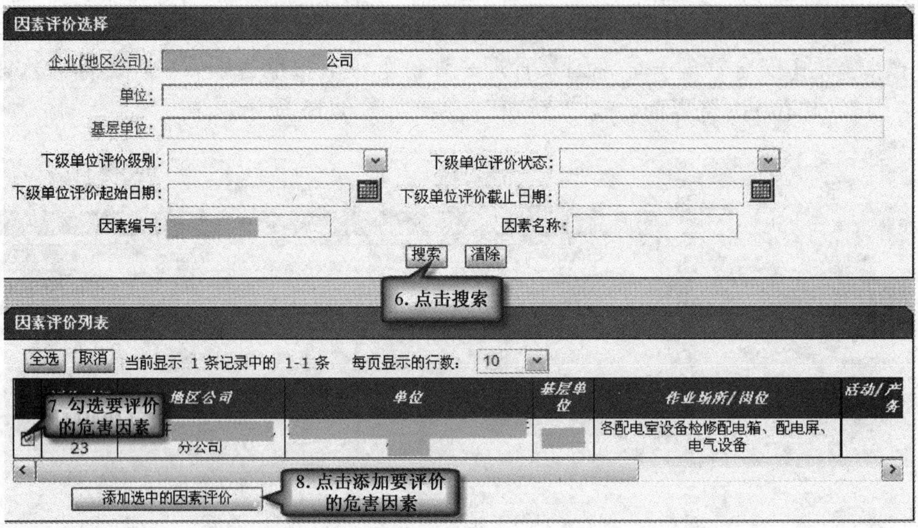

图 6.17　选择危害因素

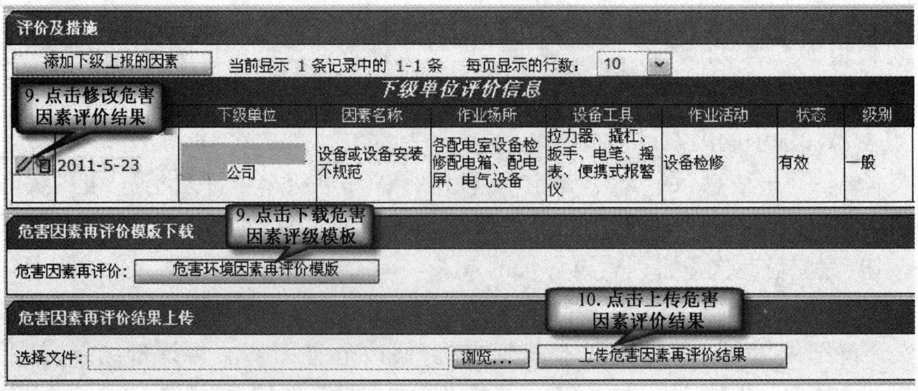

图 6.18　修改评价结果

① 由页面路径进入相应页面，根据单位、基层单位、评价日期、评价主体、评价方法和评价原因等字段查询到要修改的评价信息。

② 如果想修改评价及措施下的内容，则可以通过行“编辑”按钮或者行“删除”按钮修改或删除已经评价的危害因素评价结果。如果是修改其他信息，则可以直接进行修改即可。完成所有要修改的内容后点击页面“保存”按钮即可。

③ 如果此次再评价的危害因素比较多，还可以通过点击【危害环境因素再评价模版】按钮，将危害因素评价结果以 Excel 的形式下载到本机，修改危害因素的再评价结果，然后再点击【上传危害因素评价结果】，将修改过的危害因素再评价结果批量上传至系统中，完成对危害因素再评价的修改。

(3)删除评价下级上报危害因素(单位)信息。

① 由页面路径进入相应页面，根据单位、基层单位、评价日期、评价主体、评价方法和评价原因等字段找到要修改的评价信息，点击该条记录进入编辑页面。

② 点击页面“删除”按钮。

6.2.6 评价下级上报危害因素(企业)

本模块的功能是记录企业用户对二级单位评价的危害因素结果进行再评价的信息。

【页面路径】

安全管理—危害因素管理—评价下级上报危害因素(企业)

数据录入方法与二级单位评价下级上报危害因素的数据录入方法完全一致，详见 6.2.5。

6.3 作业风险库管理

《中国石油天然气集团公司安全生产管理规定》要求各企业在基层组织实施 HSE 作业指导书、作业计划书，加强风险管理，有效减少和防止各类事故发生。

系统从作业步骤、作业指导、作业风险及评价、作业相关危险品 MSDS 几个方面，详细记录引发作业风险的重要因素，将作业风险收集汇总在系统中形成作业风险库，为作业风险的降低与避免提供了充分的科学依据和经验参考，最终达到避免事故发生、人员伤亡，实现安全生产的目的。

在生产型企业特定作业或者特定生产场所下的作业中，操作者处于高危危害之中或者所从事的作业内容存在潜在危险性可能引发事故，那么就需要对这些特殊情况进行详细的管理记录。本部分有专门的业务人员根据各单位的数据详细汇总，作为今后该项操作的规范。

将一项作业分成若干步骤，总结分析每个步骤开始前要检查注意的内容、每步可能存在的风险以及相应的防范措施，如图 6.19 所示。

【页面路径】

安全管理—作业风险管理—作业安全分析

(1)新建作业安全分析。

【应用举例】

某单位新增作业安全分析“铁路付油”，需要在系统中录入相关信息。

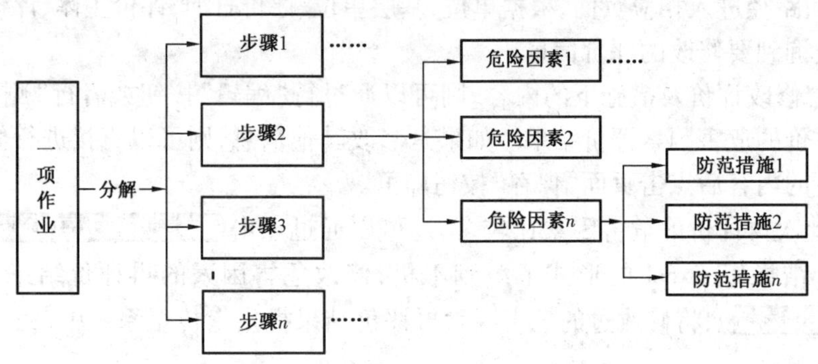

图 6.19　作业风险库设计处理流程

① 按照路径【安全管理—作业风险管理—作业安全分析】进入作业安全分析浏览界面，点击“新建”按钮进入编辑页面，如图 6.20 所示。

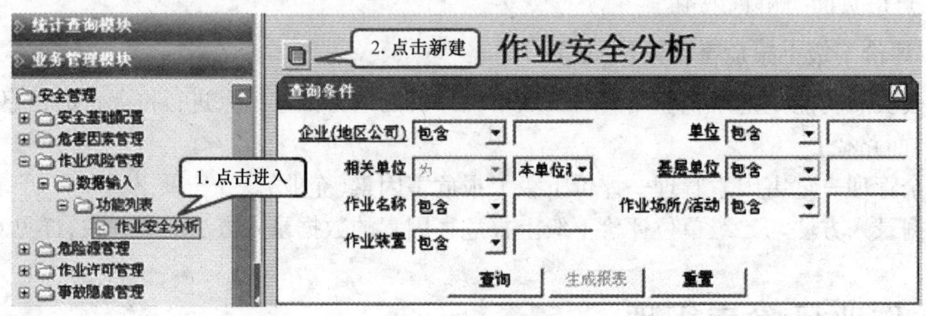

图 6.20　新建作业安全分析

② 保存基本信息后，区域“作业步骤”、“作业风险及评价”自动激活，点击“添加作业步骤”链接，根据实际情况完成对各个区域信息的填写，然后点击“保存”按钮，如图 6.21 所示。

③ 对作业步骤添加完毕后，在“作业风险及评价”栏依次填写每个步骤存在的风险，关联相关 MSDS、添加作业指导书和作业计划书，如图 6.22 所示。

④ 点击页面“保存”按钮。

(2) 修改作业安全分析。

① 由页面路径进入相应的菜单。

② 通过查询条件查询到要修改的数据，点击链接进入编辑页面。

③ 点击作业步骤对应行数据前的行“编辑”按钮，进入编辑页面。

④ 在该页面修改数据并保存，完成对作业步骤数据的修改。

⑤ 在“作业风险及评价”区域“作业任务”下拉列表中，选择一条已有的作业步骤。点击“危害因素”后面的“放大镜”，可为该条作业步骤添加相关的危害因素，点击行“保存”按钮，将危害因素与风险作业步骤关联起来。

⑥ 点击页面“保存”按钮。

(3) 删除作业安全分析。

① 由页面路径进入作业安全分析浏览界面。

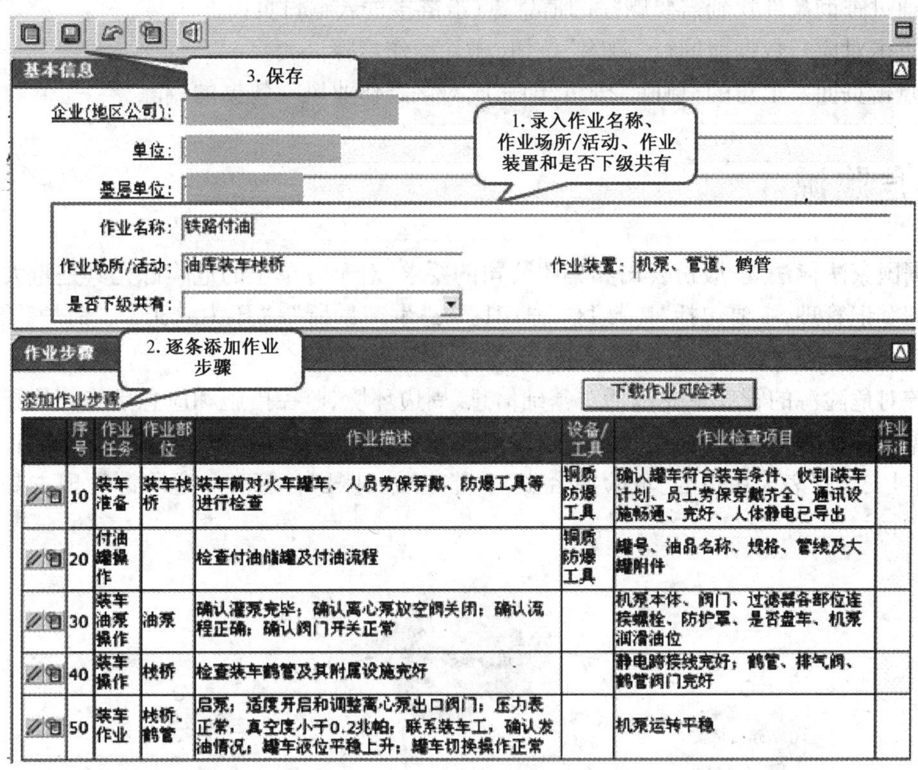

图 6.21　作业安全分析基本信息

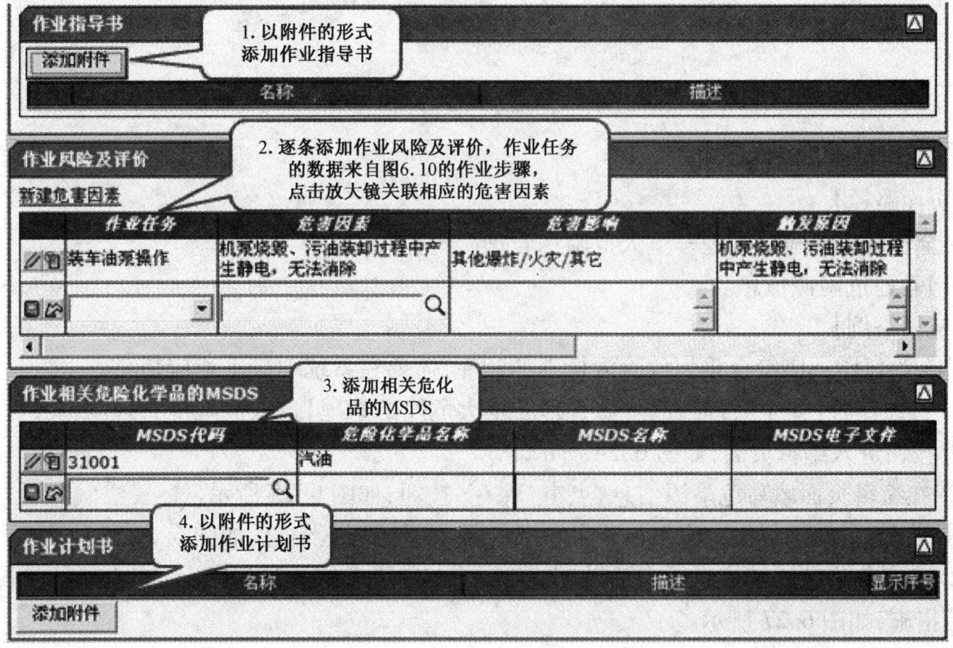

图 6.22　作业安全分析数据维护页面

② 通过查询条件找到需要删除的信息,点击链接进入编辑页面。

③ 点击对应行数据前的行"删除"按钮,删除操作步骤。

④ 点击页面左上角的"删除"按钮,即完成对该条作业风险数据的删除。

6.4 危险源

依据国家法律法规、股份公司和集团公司的要求,对于各单位的危险源尤其是重大危险源需要详细登记管理,主要包括"贮罐区"、"库区"、"生产场所"、"压力管道"、"锅炉"和"压力容器"等。

系统对危险源的管理主要包括对基础信息、周边环境、监控措施和应急措施等的管理。用户将数据录入后,可直接通过页面上的"下载登记表"按钮将危险源信息下载到标准登记表中,或通过安全报表模块中的"危险源台账"功能生成台账留存管理。危险源管理主要内容如图 6.23 所示。

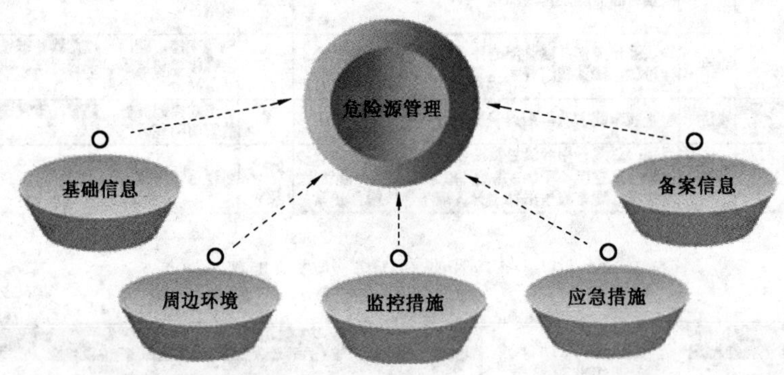

图 6.23　危险源管理主要内容

6.4.1 危险源管理

【页面路径】

安全管理—危险源管理—重大危险源管理

(1)新建危险源信息。

【应用举例】

某企业新增一座符合重大危险源标准的油库,需要在系统中录入相应信息。

① 按照路径【安全管理—危险源管理—重大危险源管理】进入危险源管理浏览界面,点击"新建"按钮进入编辑页面,如图 6.24 所示。

② 在编辑页面填写危险源信息,点击"保存"按钮,如图 6.25 所示。

③ 点击"危险源详细信息"按钮后,在弹出页面录入库区信息,如图 6.26 所示。

④ 完成危险源详细信息录入后关闭页面,录入危险源周边环境信息、安全运行情况和相应监控措施,如图 6.27 所示。

⑤ 录入相应备案信息,如图 6.28 所示。

⑥ 完成上述操作后点击"保存"按钮。

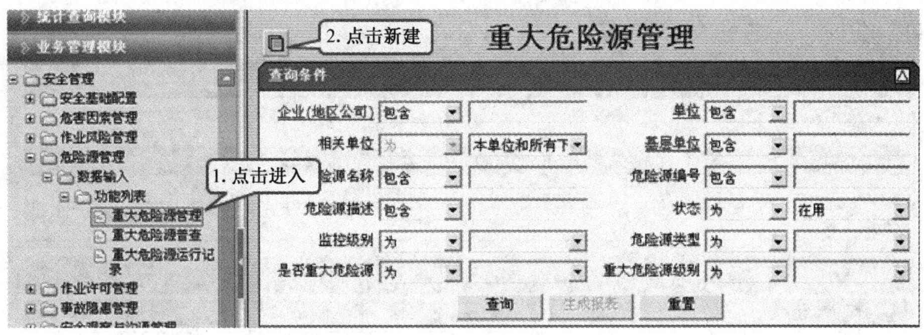

图 6.24 危险源信息新建页面

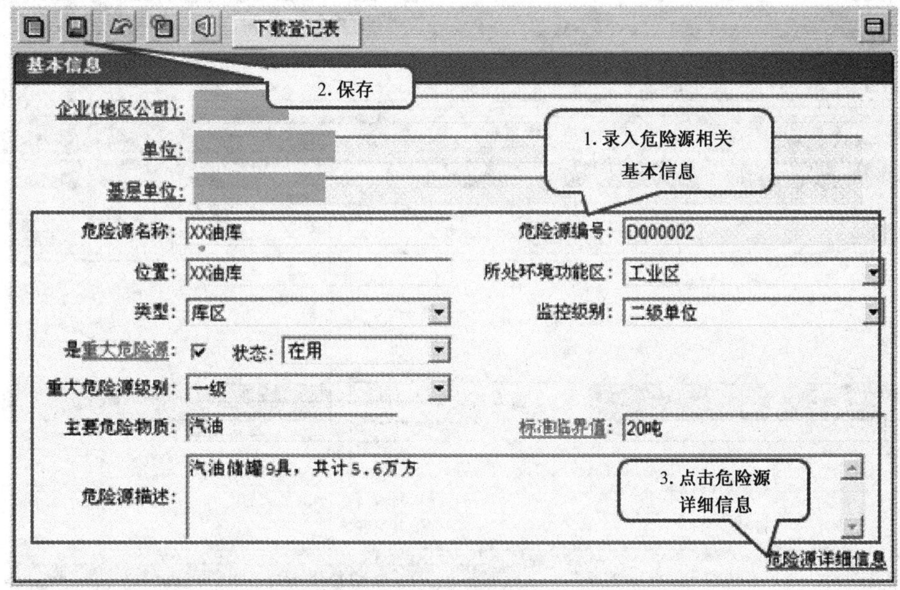

图 6.25 危险源基本信息录入页面

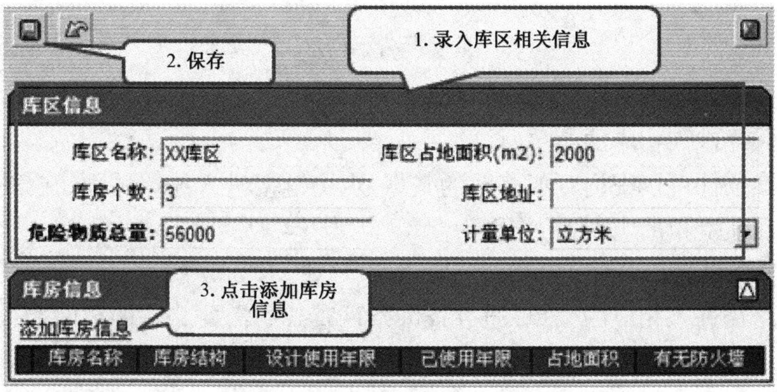

1. 录入库区相关信息

2. 保存

库区信息

库区名称: XX库区　库区占地面积(m2): 2000

库房个数: 3　库区地址:

危险物质总量: 56000　计量单位: 立方米

库房信息

3. 点击添加库房信息

添加库房信息

库房名称	库房结构	设计使用年限	已使用年限	占地面积	有无防火墙

图 6.26 危险源详细信息录入页面

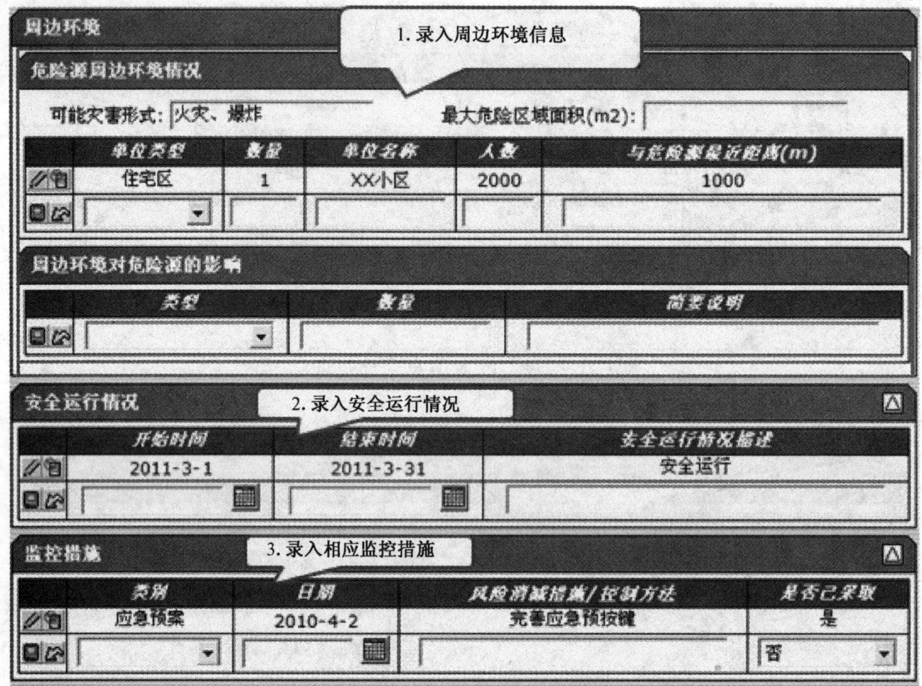

图 6.27 危险源相关信息录入

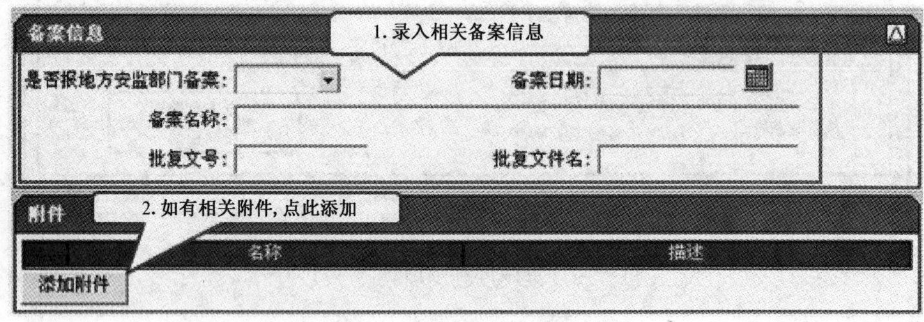

图 6.28 危险源备案信息录入页面

(2)修改危险源信息。

① 由页面路径进入相应的菜单。

② 通过查询条件可以查询到要修改的数据,点击链接进入编辑页面,在该页面修改数据。

③ 点击页面左上角的"保存"按钮。

(3)删除危险源信息。

① 由页面路径进入相应的菜单,通过查询条件查找到需要删除的危险源信息。

② 点击进入需要修改的危险源,进入编辑页面后,点击相应的行记录"删除"按钮,将行信息删除,点击"保存"按钮。如果要删除整个危险源,则要点击页面"删除"按钮。

6.4.2 重大危险源普查

重大危险源普查主要是针对危险源的数据进行查询统计，根据相应的查询条件生成不同的查询结果，并可将查询结果生成报表。

【页面路径】

安全管理—危险源管理—重大危险源普查

生成危险源信息报表按下列步骤操作：

(1)按照路径【安全管理—危险源管理—重大危险源普查】进入重大危险源普查浏览界面，输入相应查询条件，点击“查询”按钮。

(2)点击“生成报表”按钮，将查询结果生成电子台账下载到本地，如图 6.29 所示。

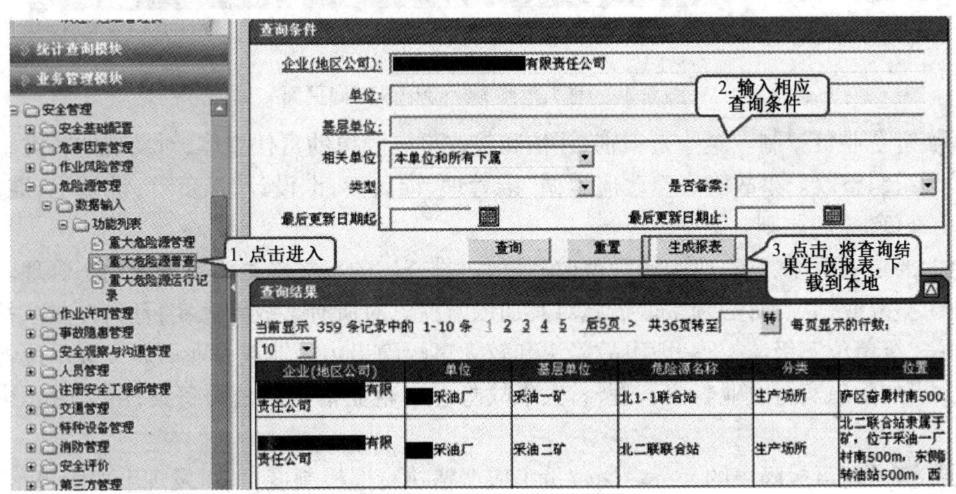

图 6.29 重大危险源普查页面

6.4.3 重大危险源运行记录

【页面路径】

安全管理—危险源管理—重大危险源运行记录

重大危险源运行记录查询步骤如下：

(1)按照路径【安全管理—危险源管理—重大危险源运行记录】进入重大危险源运行记录浏览界面。

(2)填写危险源名称、监控级别、危险源类型、查询时间等条件，点击“查询”按钮，可以得到需要的结果，如图 6.30 所示。

6.5 隐患管理

隐患是指作业场所、设备及设施的不安全状态。人的不安全行为和管理上的缺陷是引发安全事故的直接原因。

依据《中国石油天然气集团公司事故隐患管理办法》(中油质安字[2004]672 号)，事故隐

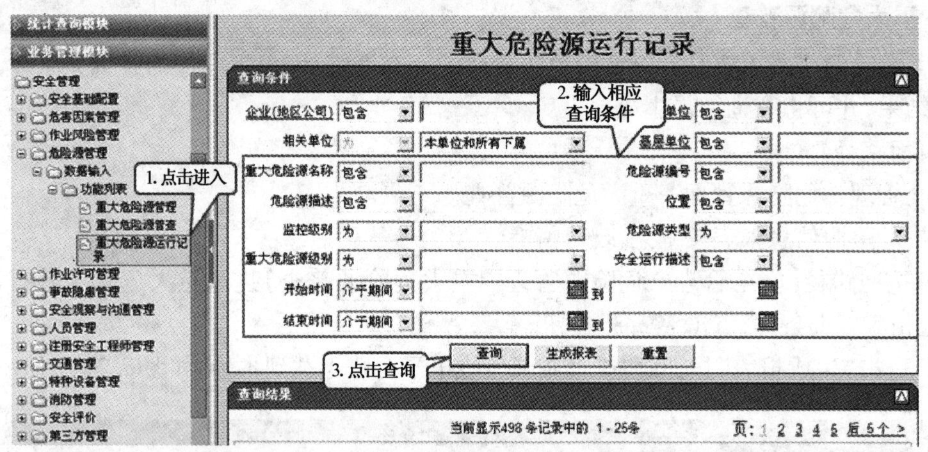

图 6.30　重大危险源运行记录查询页面

患整改实行企业负责制。企业是识别、评估和整改事故隐患的责任主体，对发现的各类事故隐患都必须组织整改。事故隐患整改应遵循"谁管理、谁负责，谁设计、谁负责，谁施工、谁负责，谁验收、谁负责"的原则。

企业要建立事故隐患立项、销项整改制度，对排查出的事故隐患实行分级动态管理。事故隐患在未整改或销项前，必须采取措施对其加以监控。对所有事故隐患实行所在岗位、基层单位、所属二级单位三级监控；一般事故隐患和较大事故隐患由企业或企业所属二级单位督察管理，重大事故隐患实行企业督察管理，特大事故隐患由企业报集团公司备案，由集团公司督察管理。

员工有发现事故隐患的义务。岗位员工应严格执行巡检制度，及时发现事故隐患；企业所属单位应定期开展安全生产状况评估、评价，查找事故隐患；企业应组织安全生产检查活动和事故隐患调查工作，掌握事故隐患情况。基层单位对发现的事故隐患应组织整改，对当时不能整改的事故隐患，基层单位应立即向上级单位报告，同时告之岗位人员和相关人员在紧急情况下应当采取的应急措施。

事故隐患管理主要包括隐患的登记报告、隐患的调查评估、隐患的立项申请、隐患的治理项目、隐患的治理验证管理五部分内容。

隐患管理模块的主要功能，如图 6.31 所示。

"事故隐患管理"包括 6 个子菜单，即隐患登记报告、隐患调查评估、隐患立项申请、隐患治理项目、隐患治理验证和隐患管理查询。

"隐患登记报告"用于记录隐患的基本信息，包括隐患来源，隐患内容与部位，报告人等信息。

"隐患调查评估"用于记录隐患调查评估的信息，包括隐患影响范围、影响程度等信息。

"隐患立项申请"用于记录隐患立项申请的信息，包括隐患整改方式、建议治理方案等信息。

"隐患治理项目"用于记录隐患治理项目的信息，包括项目治理的隐患信息、项目投资验收等信息。

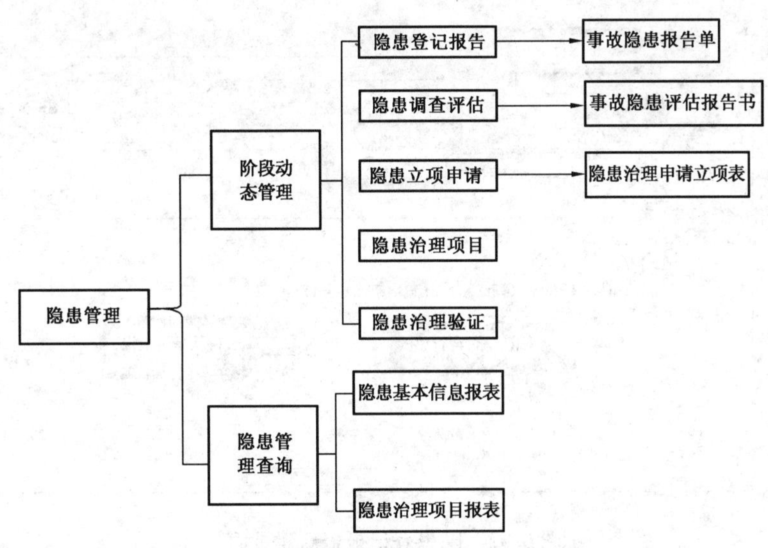

图 6.31　隐患管理模块的主要功能

“隐患治理验证”用于记录隐患治理完成后治理效果验证信息。

“隐患管理查询”用于查询隐患的基本情况和治理情况等，可生成隐患的基本信息和隐患治理项目信息表。

事故隐患的分阶段管理包括登记报告阶段、调查评估阶段、立项申请阶段、治理项目阶段和治理验证阶段。在“隐患登记报告”页面设置有各阶段的状态显示。

6.5.1　隐患登记报告

发现新的隐患后，需要在系统中进行隐患登记报告。

【页面路径】

安全管理—事故隐患管理—隐患登记报告

(1)新建隐患登记报告。

【应用举例】

某企业一个二级单位需要在系统中建立一条隐患登记报告。

① 按照路径【安全管理—事故隐患管理—隐患登记报告】进入相应的菜单。

② 点击“新建”按钮，进入隐患编辑页面。

③ 在编辑页面依次填写隐患基本信息、当前防范措施、整改内容等相关信息。

④ 如果不能自行整改，并且有隐患调查评估的权限，则还需填写隐患评估信息。

⑤ 如需上报隐患信息，则将“是否上报”下拉选项选为“是”，保存即可。对上报后的隐患登记报告信息，需由具有隐患调查评估权限的人员进行修改。

⑥ 点击页面“保存”按钮，完成隐患登记报告的新增。

⑦ 点击按钮“生成事故隐患报告单”，可以生成事故隐患报告单，如图 6.32 所示。

(2)修改隐患登记报告。

① 由页面路径进入相应的菜单。

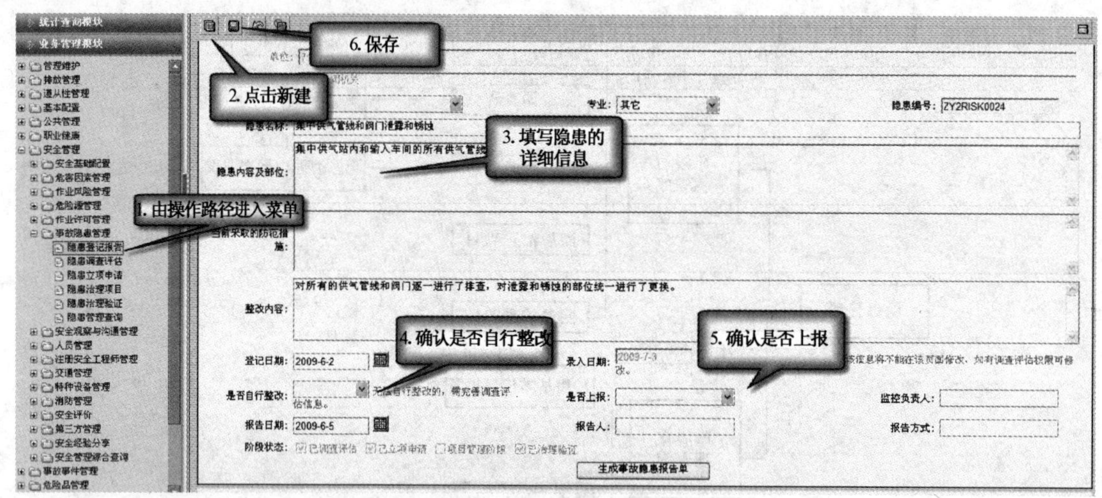

图 6.32　隐患登记报告新建页面

② 点击要修改的隐患信息记录，进入隐患登记报告的编辑页面。

③ 修改相关数据，点击“保存”按钮。

(3) 删除隐患登记报告。

① 由页面路径进入相应的菜单。

② 点击要删除的隐患信息记录，点击“删除”按钮即可删除该条记录。

说明：在隐患登记报告信息中，如果该隐患已经被隐患治理项目关联，则点击页面“删除”按钮无法删除该隐患信息。如果确实要删除该隐患信息，则需要先到隐患治理项目信息“治理的隐患”栏将该隐患信息的关联删除。

6.5.2　隐患调查评估

隐患调查评估人对已经登记报告的隐患进行调查和风险评估，并完善详细阶段信息。

【页面路径】

安全管理—事故隐患管理—隐患调查评估

(1) 新建隐患调查评估信息。

【应用举例】

某企业一个二级单位需要在系统中建立一条隐患调查评估信息。

① 由页面路径进入相应的菜单。

② 点击“查询”按钮，找到隐患信息，点击进入编辑页面，如图 6.33 所示。

③ 分别填写隐患等级、隐患整改目标及建议等信息。

④ 点击“保存”按钮，保存评估信息，如图 6.34 所示。

⑤ 最后可以点击按钮“生成事故隐患评估报告书”，可以生成事故隐患评估报告书，如图 6.35 所示。

(2) 修改隐患调查评估信息。

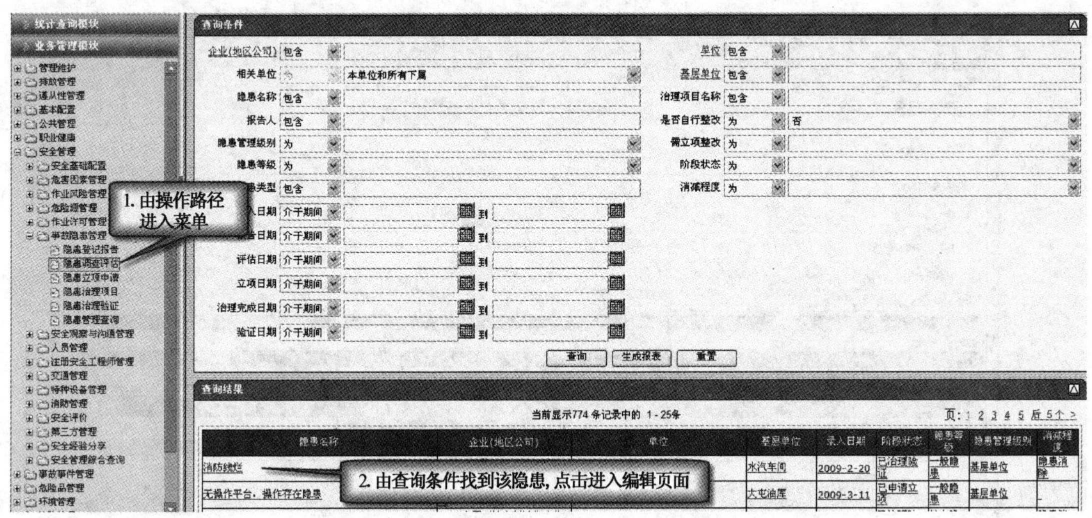

图 6.33　隐患调查评估信息新建页面

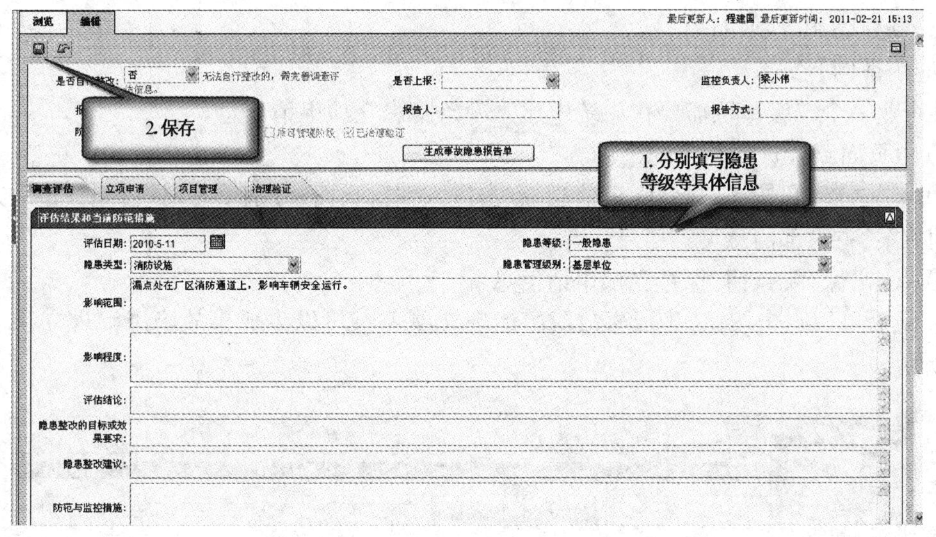

图 6.34　隐患调查评估信息保存页面

① 由页面路径进入相应的菜单。

② 点击要修改的隐患信息，修改对应的内容。如果是子记录，需要点击行记录“编辑”按钮进行修改。若需要删除子记录，则可点击行“删除”按钮。

③ 点击“保存”按钮。

6.5.3　隐患立项申请

隐患立项申请人在隐患需要进行立项治理时完善详细阶段信息。

【页面路径】

安全管理—事故隐患管理—隐患立项申请

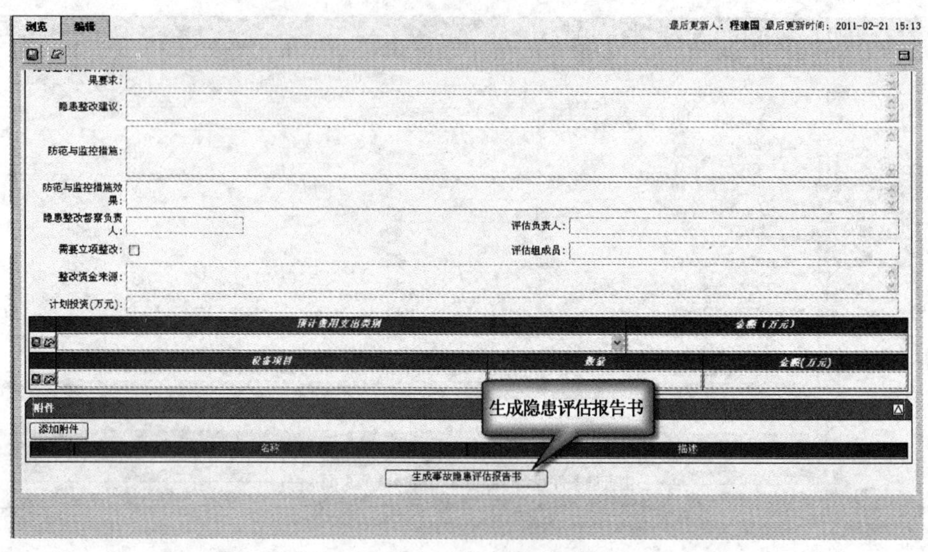

图 6.35　生成事故隐患评估报告书

(1)新建隐患立项申请信息。

【应用举例】

某企业一个二级单位需要在系统中建立一条隐患立项申请信息。

① 由页面路径进入相应的菜单。

② 点击“查询”按钮,找到隐患信息,点击进入编辑页面,分别填写申报日期、整改方式、建议治理方案、主管部门意见等信息。

③ 点击“保存”按钮,保存立项申请信息。

④ 最后可以点击按钮“生成事故隐患治理立项表”,可以生成事故隐患治理立项表,如图 6.36 所示。

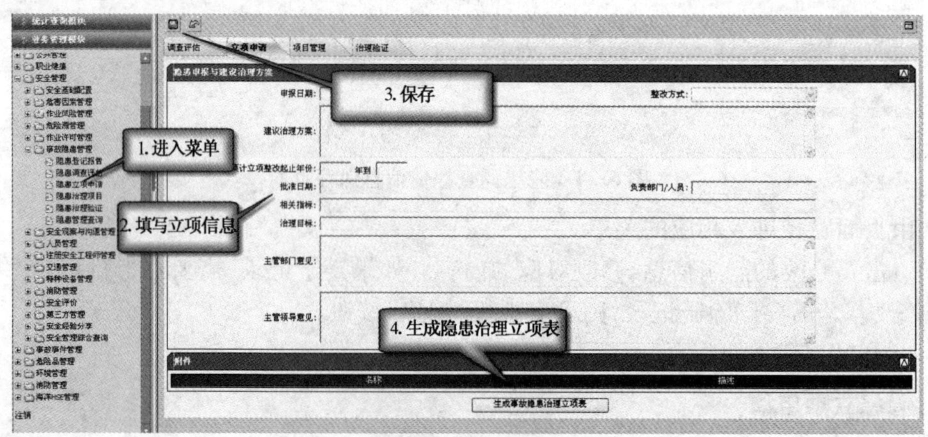

图 6.36　隐患立项申请新建页面

(2)修改隐患立项申请信息。

① 由页面路径进入相应的菜单。

② 点击要修改的隐患立项申请信息，进入编辑页面，修改相关信息。

③ 点击“保存”按钮。

6.5.4 隐患治理项目

隐患项目管理人在隐患治理项目管理阶段完善相应的阶段信息。

【页面路径】

安全管理—事故隐患管理—隐患治理项目

(1)新增隐患治理项目信息。

【应用举例】

某企业一个二级单位需要在系统中建立一条隐患治理项目信息。

① 由页面路径进入相应的菜单。

② 点击“新建”按钮，进入编辑页面，分别填写项目基本信息、实施阶段信息、项目投资情况等内容。

③ 在“治理的隐患”栏，通过“添加治理隐患信息”链接或者“放大镜”按钮，依据条件将立项治理针对的隐患信息选择过来，可多选，并将每个需要治理的隐患的投资信息填写完整。

④ 点击行“保存”按钮，如图 6.37 所示。

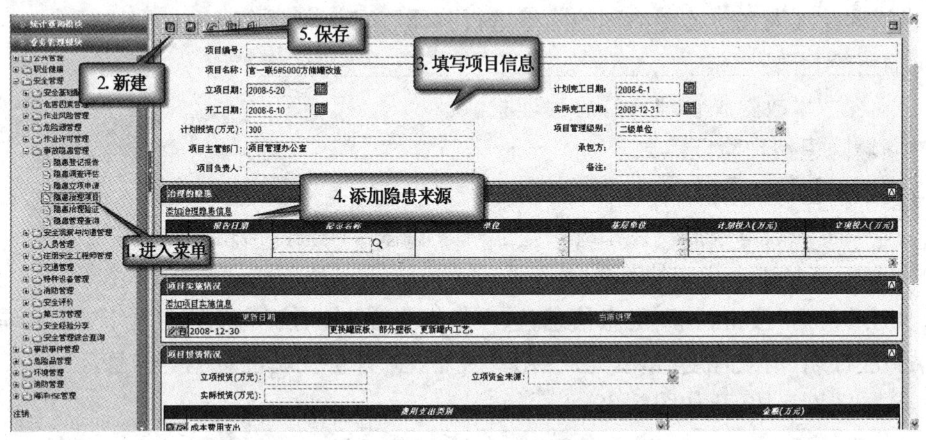

图 6.37 隐患治理项目信息新建页面

⑤ 最后录入项目验收相关信息，并可将相关的文档作为附件上传。

⑥ 点击页面“保存”按钮，如图 6.38 所示。

(2)修改隐患治理项目信息。

① 由页面路径进入相应的菜单。

② 点击要修改的隐患治理项目，进入编辑页面，修改对应的内容。如果是子记录，需要点击行记录“编辑”按钮进行修改。若需要删除子记录，则应点击行“删除”按钮。

③ 点击页面“保存”按钮。

(3)删除隐患治理项目信息。

① 由页面路径进入相应的菜单。

② 点击要删除的隐患治理项目，进入编辑页面，先将“项目实施情况”、“项目投资情况”、

图 6.38　隐患治理项目验收页面

“治理的隐患”、“针对的危害因素”栏中对应的子记录删除。

③ 点击页面“保存”按钮。

④ 点击页面“删除”按钮，完成对隐患治理项目信息的删除。

6.5.5　隐患治理验证

隐患治理验证人在对已经治理的隐患进行验证后完善详细阶段信息。

【页面路径】

安全管理—事故隐患管理—隐患治理验证

(1)新增隐患治理验证信息。

【应用举例】

某企业一个二级单位需要在系统中建立一条隐患治理验证信息。

① 由页面路径进入相应的菜单。

② 点击“查询”按钮，找到隐患信息，进入编辑页面，分别填写治理开始日期、治理完成日期、效果验证日期、消减程度、整改完成情况、治理效果评价及验证意见等信息。

③ 点击“保存”按钮，如图 6.39 所示。

图 6.39　隐患治理验证信息新建页面

(2)修改隐患治理验证信息。

① 由页面路径进入相应的菜单。

② 点击要修改的隐患治理验证信息,进入编辑页面,修改相关信息。

③ 点击页面"保存"按钮。

6.5.6 隐患管理查询

事故隐患管理人员或者相关人员可以对已经在系统中录入的信息进行查询、汇总。

【页面路径】

安全管理—事故隐患管理—隐患管理查询

查询相关信息并生成统计报表的步骤如下:

【应用举例】

某企业一个二级单位需要在系统中查询一条隐患信息。

(1)由页面路径进入相应的菜单。

(2)根据需要设置查询条件,点击数据列表页面的"查询"按钮,列出相关信息,如图 6.40 所示。

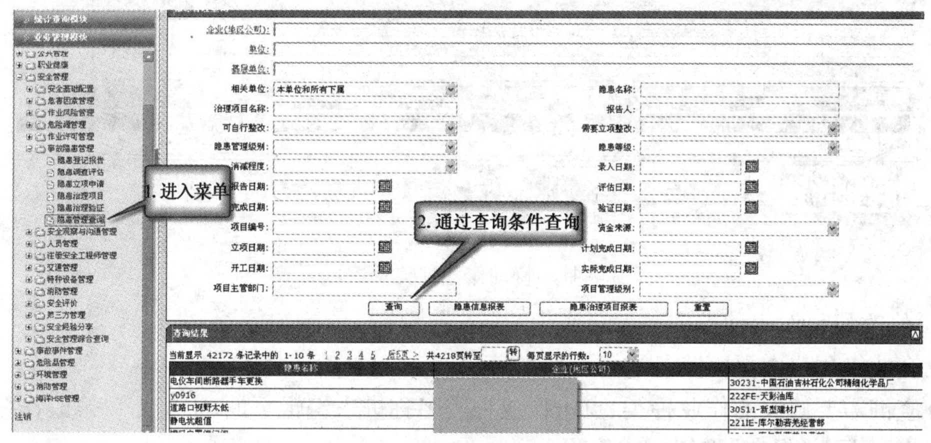

图 6.40 隐患管理查询页面

(3)根据需要选择点击"隐患信息报表"或"隐患治理项目报表"按钮,生成相应报表。

(4)隐患信息报表主要记录了事故隐患基本信息。

(5)隐患治理项目报表主要记录隐患治理项目的相关信息。

6.6 作业许可

危险作业指作业过程中由于操作不当或防护措施不到位,容易发生伤亡事故的作业种类。正是由于危险作业的特殊性,需要对维修作业作出严格的管理。系统中对危险作业的管理主要体现在对危险作业信息的记录,并能够以生产单位为单元,对不同种类的作业次数进行统计。

在"作业许可管理"菜单下,有 2 个子菜单,即作业种类管理和作业许可管理。

“作业许可管理”:用于记录危险作业的具体内容,包括作业的名称、种类、日期、人员、现场情况等。该子菜单的主要使用者为生产型单位的二级、基层用户。对个别危险性较高的危险作业,可由企业(地区公司)安全业务人员负责录入相关信息。

“作业种类管理”:不同的企业(地区公司)根据实际情况确定哪些特种作业种类会在本公司遇到,同时对一个大类可以再分为不同的作业等级,细化特种作业的管理。主要使用者为企业(地区公司)级安全业务人员,二级单位与基层单位人员有查看作业种类的权限。

6.6.1 作业种类管理

【页面路径】

安全管理—作业许可管理—作业种类管理

(1)新建特种作业种类。

① 企业级用户按照路径【安全管理—作业许可管理—作业种类管理】进入相应的菜单。

② 点击“新建”按钮进入编辑页面,选择作业种类,输入作业等级,如图 6.41 所示。

③ 点击页面“保存”按钮完成新建。

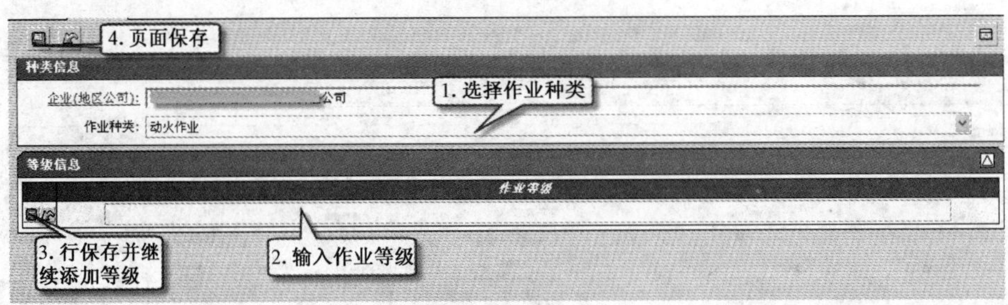

图 6.41　特种作业种类新建页面

(2)修改特种作业种类。

① 企业级用户由页面路径进入相应的菜单。

② 查询需要修改的作业种类,点击作业种类名称进入编辑页面,根据需要修改作业等级。

③ 点击页面“保存”按钮完成修改。

(3)删除特种作业种类。

① 企业级用户由页面路径进入相应的菜单。

② 查询需要删除的作业种类,点击作业种类名称进入编辑页面。

③ 点击页面左上角的“删除”按钮完成删除。如果此作业种类已被作业许可引用,则不能删除。

6.6.2 作业许可管理

【页面路径】

安全管理—作业许可管理—作业许可管理

(1)新建特种作业许可信息。

① 由页面路径【安全管理—作业许可管理—作业许可管理】进入相应的菜单。

② 点击“新建”按钮进入编辑页面,输入作业名称、编号、作业种类等级、作业方式、审批时

间、作业时间及其他详细信息,如图 6.42 所示。

③ 点击页面“保存”按钮,完成新建。

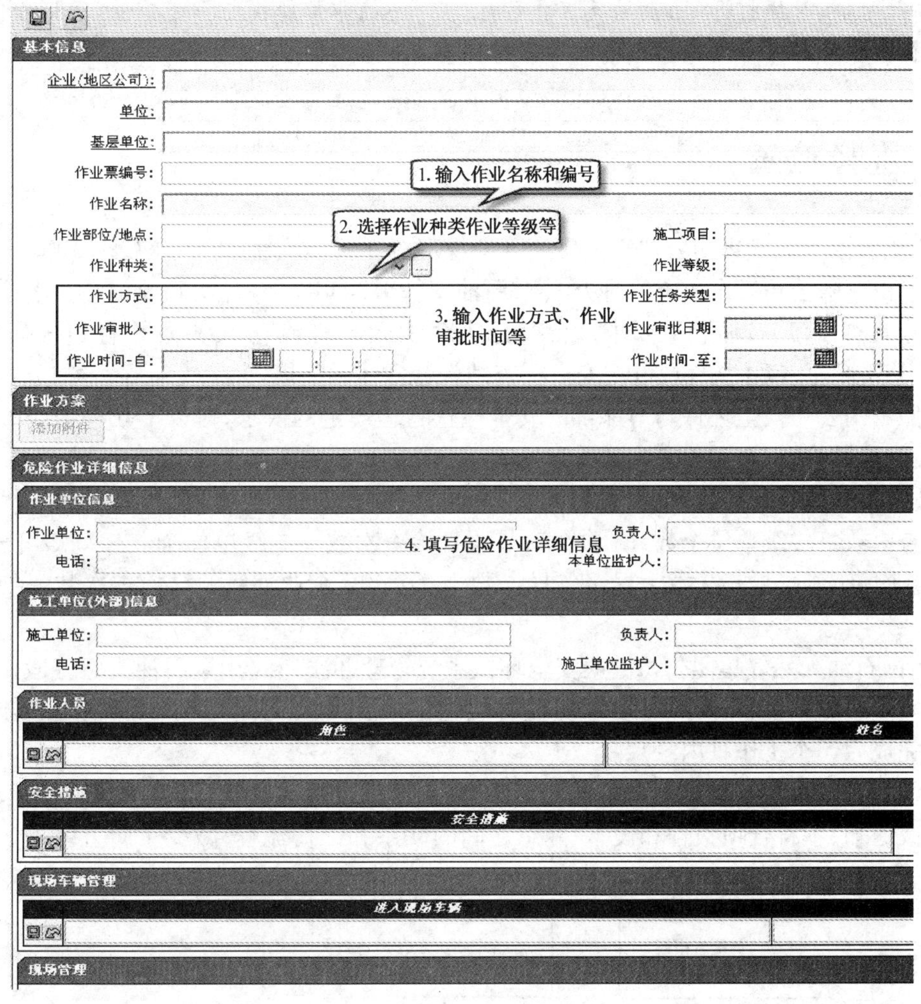

图 6.42 特种作业许可新增页面

(2)修改特种作业许可信息。

① 由页面路径进入相应的菜单。

② 查询需要修改的作业许可,点击作业许可名称进入编辑页面,根据需要修改作业的基本信息和详细信息。

③ 点击页面左上角的“保存”按钮,完成信息修改。

(3)删除特种作业许可信息

① 由页面路径进入相应的菜单。

② 查询需要删除的作业许可名称,点击作业许可名称进入编辑页面。

③ 点击页面“删除”按钮,完成信息删除。

【关键字段解释】

作业许可:是指在从事高危作业(如进入受限空间、动火、挖掘、高处作业、移动式起重机吊装、临时用电、管线打开等)及缺乏工作程序(规程)的非常规作业等之前,为保证作业安全,必须取得授权许可方可实施作业的一种管理制度。

6.7 监督检查

《中国石油天然气集团公司安全生产管理规定》(中油质安字[2004]672 号)和《中国石油天然气股份有限公司安全监督管理办法》(石油安〔2010〕148 号)都明确规定各企事业单位应制定安全检查制度,按照相应要求进行综合性检查、经常性检查、专业性检查和联系点检查。对建立 HSE 管理体系的单位,可将安全检查纳入管理体系审核。

按照集团公司安全环保与节能部的安全检查管理规定的要求,对以下几种检查的考核内容如下:综合性检查,企业检查次数≥2 次/年,所属二级单位检查次数≥二级单位个数×4 次/年;专业性检查,企业季节性检查次数≥3 次/年,节假日检查次数≥2 次/年,所属二级单位季节性检查次数≥二级单位个数×3 次/年,节假日检查次数≥二级单位个数×2 次/年;联系点检查,企业局级领导检查次数≥局级领导人数×2 次/年,企业处级领导检查次数≥处级领导人数×4 次/年。

《中国石油天然气集团公司健康安全环保系统管理办法》和《中国石油天然气股份有限公司健康安全环保系统管理办法》要求对监督检查记录、不符合项报告和隐患整改通知单应该在检查完成后 5 个工作日内录入。

系统通过对监督检查记录、不符合项报告和隐患整改通知的管理,实现了监督检查记录、隐患整改通知、不符合项报告和设备、隐患之间的联系和工作流程,减少了向上级报告的时间和流程,具体流程如图 6.43 所示。

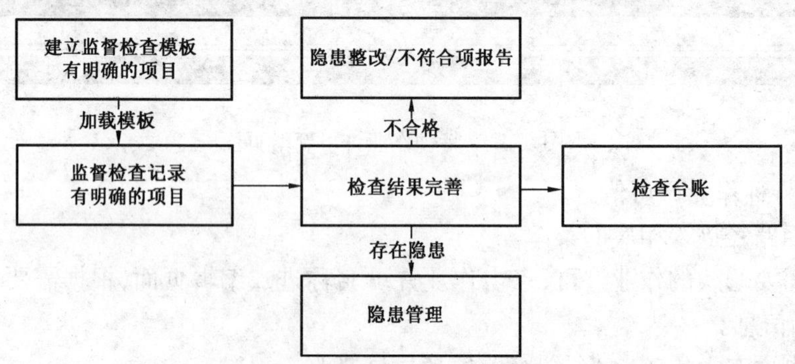

图 6.43 监督检查涉及内容及其相互关系

6.7.1 监督检查表

监督检查表是针对检查项目相对固定的检查内容(如周检、月检)事先建立的一个模板,类似于实际业务中的空白检查表(仅包含检查项),在做监督检查记录时可直接导入,避免每次重复录入检查项目工作。

【页面路径】

综合管理—监督检查—监督检查表

(1)新建监督检查表。

① 由页面路径进入监督检查表页面。

② 点击“新建”按钮进入编辑页面,填写监督检查表的基本信息,点击“保存”按钮,如图6.44 所示。

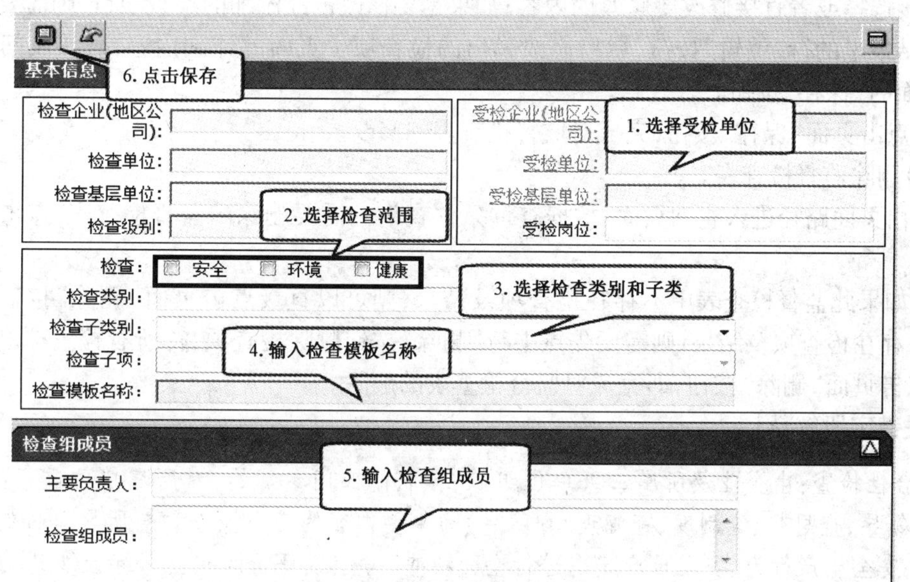

图 6.44　监督检查表新建页面

③ 保存之后需要点击“添加检查项目”添加需要检查的内容。点击“添加检查项目”按钮以后弹出的监督检查项子页面如图 6.45 所示。

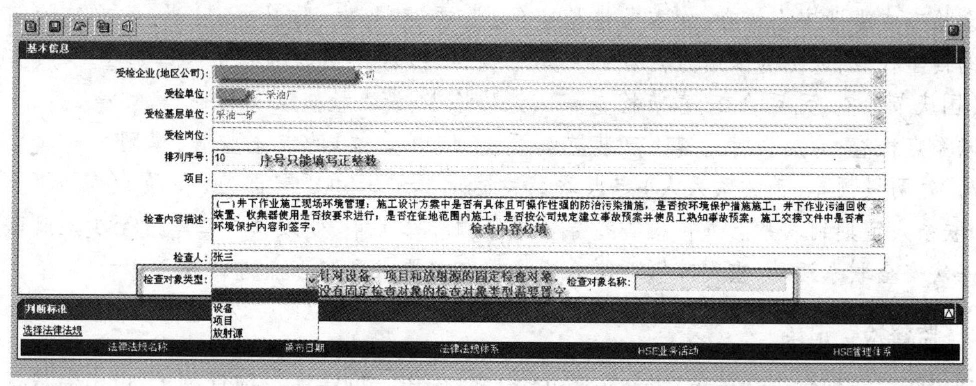

图 6.45　监督检查表中“添加检查项目”页面

④ 填写检查项目的相关内容,其中检查内容为必填项。在针对某个设备、项目或放射源检查时,可以先选择检查对象类型,然后再选择检查对象名称(如果没有具体的检查对象,则

在“检查对象类型”栏选空),然后点击监督检查项子页面的“保存”按钮。

⑤ 点击页面“保存”按钮,完成对监督检查表的新建。

(2)修改监督检查表。

① 由页面路径进入查询页面,根据查询条件查询到需要修改的监督检查表,点击该监督检查表名称进入编辑页面。

② 如果是修改检查类别、检查子类别、检查表名称、主要负责人和检查组成员等字段,则可以直接选择或者直接修改要修改的内容;如果是要修改已经添加的检查项目,则需要点击检查项及结果里的行“编辑”按钮,然后修改弹出的检查项子页面的详细内容,确认没问题后点击子页面的“保存”按钮。

③ 点击页面“保存”按钮,完成对监督检查表的修改。

(3)删除监督检查表。

① 由页面路径进入查询页面,根据查询条件查询到需要删除的监督检查表,点击进入编辑页面。

② 如果此监督检查表中不存在检查项及结果,则可以直接点击页面“删除”按钮进行删除;如果存在检查项及结果,则需要先点击行“删除”按钮删除检查项,待所有检查项删除完成后,再点击页面“删除”按钮,即完成对监督检查表的删除。

【关键字段解释】

综合性检查:由企业及所属二级单位组织、各职能部门参加的,对所属单位进行的以“五查”(查领导、查思想、查制度、查管理、查隐患)为主要内容的安全检查和对所属单位的安全生产管理、安全生产行为、安全生产状态进行全面检查、考核或评价。企业每年至少进行两次综合性安全检查,企业所属二级单位每季度至少进行一次综合性安全检查。

经常性检查:由企业及所属单位按照检查制度的规定,每天、每周或每月进行的,贯穿于日常生产过程的检查,如岗检、巡检、交接班检查和周检、月检等。

专业性检查:由企业应根据季节变化、节假日生产特点以及特殊作业要求,组织开展的专项安全检查或专业安全检查,如季节性检查(以防雷、防静电、防触电、防洪、防建筑物倒塌为内容的雨季检查,以防暑降温为内容的夏季检查,以防冻保温为内容的冬季检查等)、节假日检查(国庆节检查、元旦检查、春节检查等)、消防检查、设备检查以及抽查等。

联系点检查:为加强对关键生产装置和要害部位(单位)的安全监管,集团公司建立企业机关局、处两级领导(简称联系人)定点联系关键生产装置和要害部位(单位)(简称联系点)制度,联系人定期到联系点进行检查指导。局级领导每半年、处级领导每季度至少应到联系点进行一次安全联系活动,重大节假日联系人应按有关要求到联系点进行联系活动。

6.7.2 监督检查记录

在每次监督检查工作结束之后,需要记录检查结果。创建监督检查记录,可由监督检查表加载,也可以直接在监督检查记录中添加相关内容或者使用批量上传功能进行上传。

【页面路径】

综合管理—监督检查—监督检查记录

(1)新建监督检查记录。

① 由页面路径进入监督检查记录页面。

② 点击页面“新建”按钮,进入编辑页面,如图 6.46 所示。

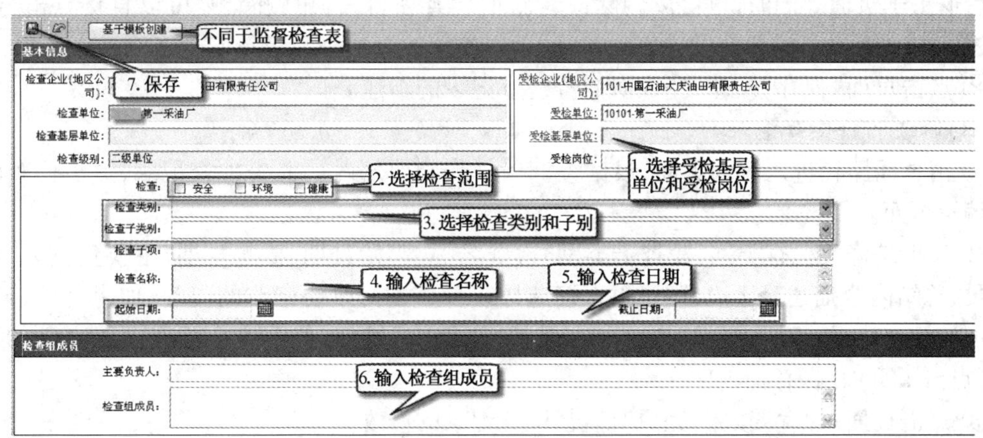

图 6.46 监督检查记录新建页面

③ 不使用已经制作好的模板新建监督检查记录的方法与新建监督检查表基本相同,不同的地方在于监督检查记录需要记录检查时间,并且在添加检查项目时需要添加“检查结果”,具体操作在这里不再赘述。

④ 在使用已经做好的“监督检查表”创建“监督检查记录”时需要点击“基于模板创建”,如图 6.47 所示。

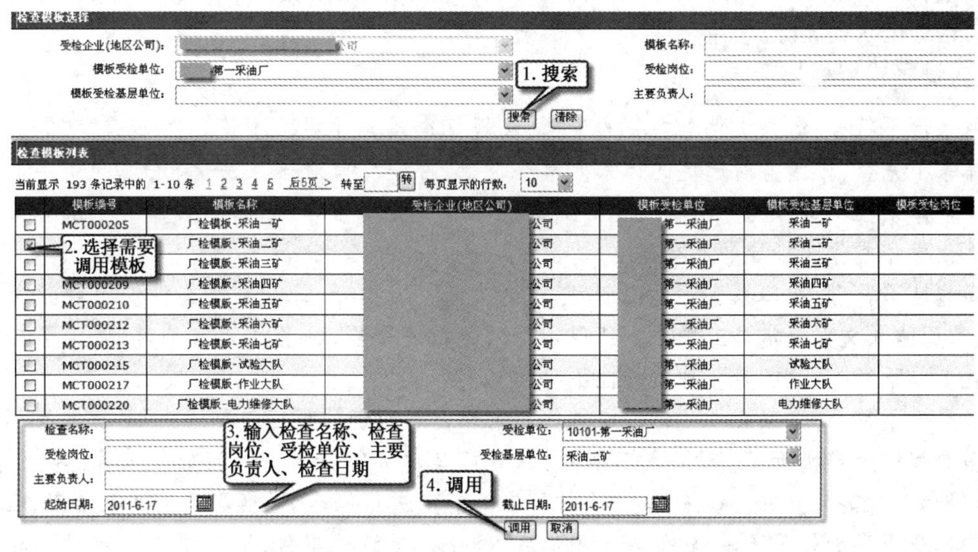

图 6.47 基于模板创建监督检查记录页面

⑤ 进入弹出页面后首先点击“搜索”按钮,然后选中需要调用的模板,输入“检查名称”、“起始日期”和“截止日期”,最后点击“调用”按钮,进入监督检查记录编辑页面。

⑥ 调用成功的监督检查记录里的检查项目默认为合格,如果有不合格项,可以点击项目记录行“编辑”,弹出监督检查记录子页面。

⑦ 修改检查结果，只有“检查结果”选择为不合格以后，“不符合级别”、“不符合性质”、“引发原因”才能被选择，否则为不可输入项。内容修改完整后，点击子页面“保存”按钮，保存成功后退出子页面。同时，也可以删除或者新增检查项目，若想删除，则可以直接点击行“删除”按钮进行删除；若需要新增检查项目，则可以参照监督检查模板新增检查项目。

⑧ 点击页面“保存”按钮，完成对监督检查记录的新建。

(2)修改监督检查记录。

① 由页面路径进入查询页面，根据查询条件找到要修改的监督检查记录，点击检查名称进入编辑页面。

② 如果是修改检查类别、检查子类别、检查名称、起始日期、截止日期、主要负责人、检查组成员、总结内容描述等字段，则可以直接选择或者直接修改要修改的内容；如果是要修改已经添加的检查项目，则应点击检查项及结果的行“编辑”按钮，修改安全检查项子页面的详细内容，点击子页面“保存”按钮。

③ 点击页面“保存”按钮，完成对监督检查记录的修改。

(3)删除监督检查记录。

① 由页面路径进入查询页面，根据查询条件找到需要删除的检查记录，点击该条记录进入编辑页面。

② 如果此监督检查记录里不存在检查项及检查结果，则可以直接点击页面“删除”按钮进行删除；如果此监督检查记录里存在检查项及检查结果，则需要先点击行“删除”按钮，删除检查项；如果该监督检查记录被隐患整改通知或者不符合项报告引用，则需要先删除相应隐患整改通知或者不符合项报告，并保证对所有检查项目删除完成，点击页面“删除”按钮，即可完成对监督检查记录的删除。

【关键字段解释】

体系性不符合：体系文件与有关的法律、法规标准及其他要求不符。例如，建立的文件化管理体系不完整，未涵盖所选定的体系要素要求；文件中没有对国家法律、法规的规定提出明确要求。体系性不符合的另一种表现形式是缺少一些具体内容，比如体系标准要求应该建立的文件化程序或作业指导书没有建立。

实施性不符合：在体系实际运行过程中，有的部门、班组、岗位未按文件规定去执行。例如，某工厂体系文件规定员工进入生产现场必须佩戴安全帽，一开始大家都遵守，但后来执行起来就参差不齐了，这就是一种实施性不符合。

效果性不符合：体系文件按标准或其他要求作出了明确的规定与要求，而且实施过程中确实大多数都按规定执行了，但由于实施不够认真或某些偶发原因而导致效果未能达到规定与要求。例如，对某装置进行检修，操作人员按有关规定进行停车、置换等一系列准备工作，但由于一些客观因素如气压不足，致使置换不彻底，结果发生意外事件，这种不符合就是一种效果性不符合。

人的不安全行为：人的不安全行为指能造成事故的人为错误，如操作错误，忽视安全，忽视警告，使用无安全装置的设备，由手代替工具操作，未佩戴安全帽等。

物的不安全状态：人机系统把生产过程中发挥一定作用的机械、物料、生产对象以及其他生产要素统称为物。物都具有不同形式、不同性质的能量，有出现能量意外释放、引发事故的可能性。由物的能量可能释放而引发事故的状态称为物的不安全状态。

6.7.3 不符合项报告单

在现场审核中最重要的工作是确定不符合项和编写不符合项报告。在现场审核中一旦发现不符合项,就应编写不符合项报告,这是体系审核的一项重要工作。

【页面路径】

综合管理—监督检查—不符合项报告

(1)新建不符合项报告。

① 由页面路径进入不符合项报告单页面。

② 点击页面"新建"按钮,点击检查名称后边的"放大镜",进入检查列表页面,输入查询条件,点击"查询"按钮查询到要调用的检查记录(只有存在不合格项的检查记录才能被查询到),选中检查名称,输入审核信息,然后点击"保存"按钮进行保存,如图 6.48 所示。

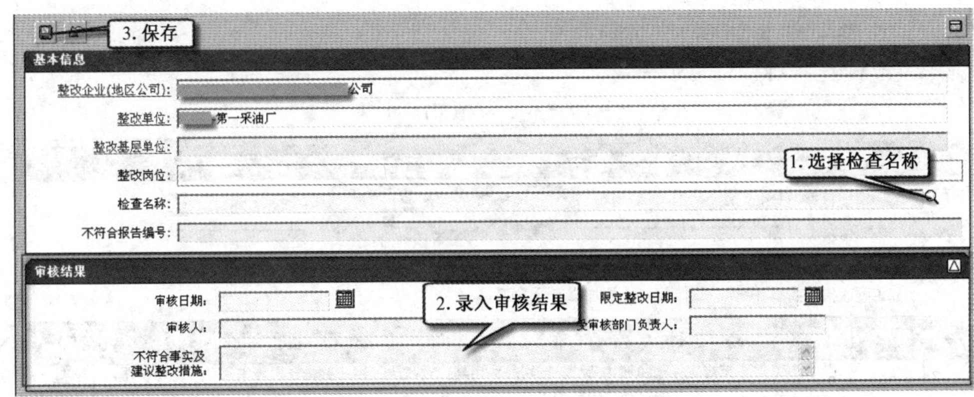

图 6.48 不符合项报告单新建页面

③ 通过点击"选择不符合检查项目"按钮查询不符合检查项。作为一个合格的隐患整改通知或者不符合项报告,必须存在不合格检查项目。点击☑按钮选中不合格检查项目(可以多选),否则认为信息不完整,如图 6.49 所示。

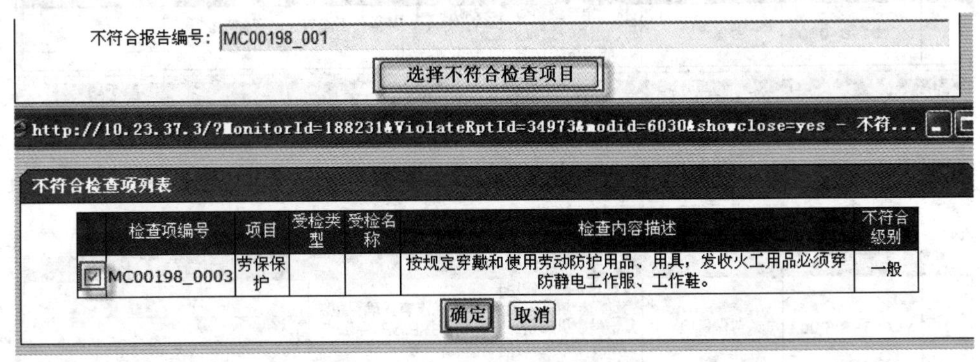

	检查项编号	项目	受检类型	受检名称	检查内容描述	不符合级别
☑	MC00198_0003	劳保保护			按规定穿戴和使用劳动防护用品、用具,发收火工用品必须穿防静电工作服、工作鞋。	一般

图 6.49 不符合检查项目选择页面

④ 检查单位填写基本信息、审核结果,点击"保存"按钮;受检单位填写整改结果(受检单

位和检查单位可为同一单位)。最后由检查单位填写最终的整改验证结果,点击“保存”按钮,即完成对整个不符合项报告的新增流程。

(2)修改不符合项报告。

① 由页面路径进入查询页面,根据整改单位、整改基层单位、不符合项报告编号、检查名称、审核人或者审核日期查询需要修改的不符合项报告,点击检查名称进入编辑页面,如图 6.50 所示。

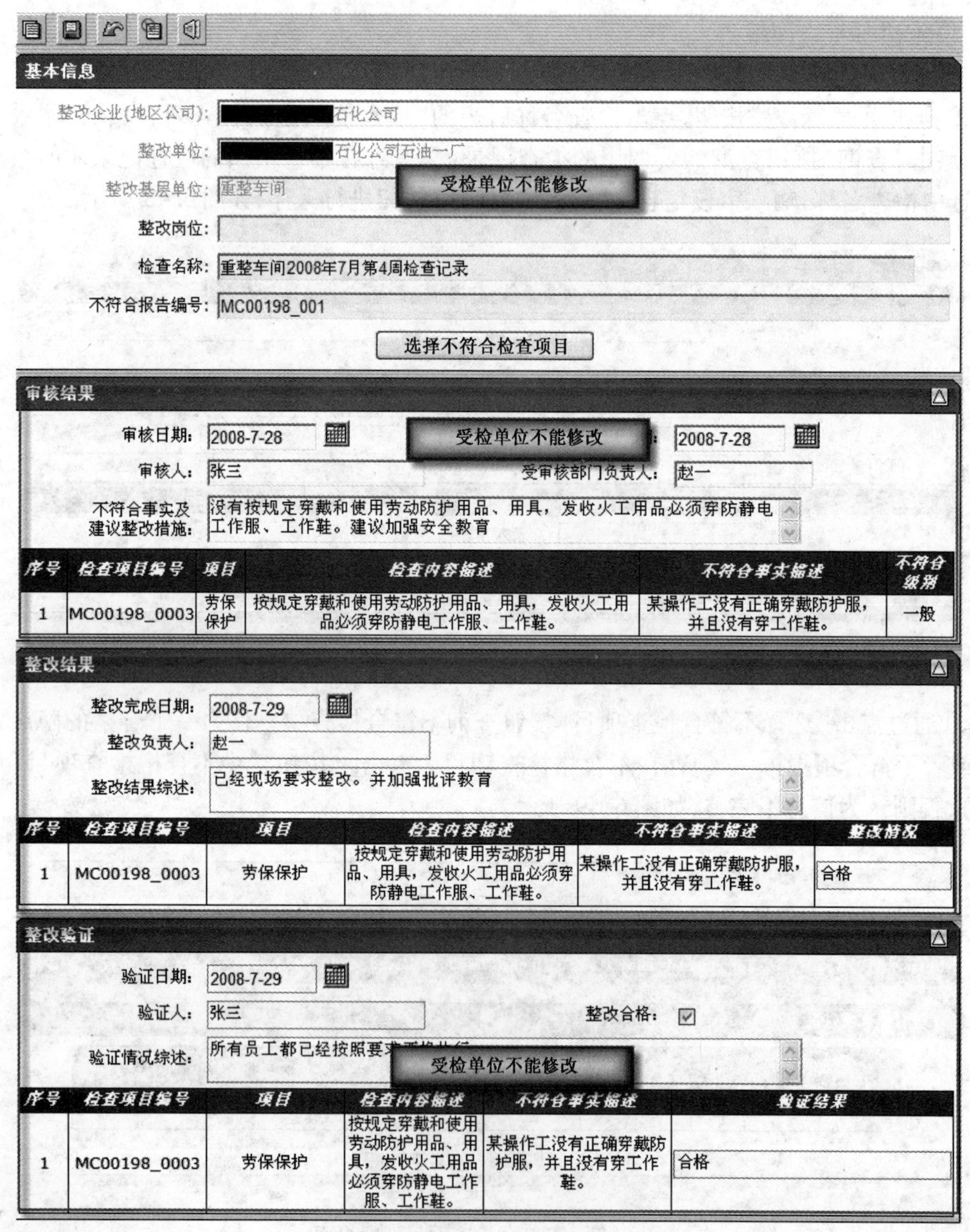

图 6.50　不符合项报告单修改页面

② 修改需要修改的内容,点击“保存”按钮进行保存,即完成对不符合项报告的修改。受检单位不能修改不符合项报告的基本信息、审核结果和整改验证结果。

(3)删除不符合项报告。

① 由页面路径进入查询页面,根据整改单位、整改基层单位、不符合项报告编号、检查名称、审核人或者审核日期查询到需要删除的不符合项报告,点击检查名称进入不符合项报告编辑页面。

② 直接点击“删除”按钮即完成对不符合项报告的删除。

6.7.4 隐患整改通知

根据《中国石油天然气集团公司安全生产管理规定》(中油质安字[2004]672 号)和《中国石油天然气股份有限公司安全监督管理办法》(石油安〔2010〕148 号)的规定,安全监督机构和安全监督人员对发现的事故隐患有权责令整改,在整改前无法保证安全的,检查人员有权责令暂时停止作业或者停工,检查人员应将检查的时间、地点、内容、发现的问题及其处理情况作出书面记录,并由检查人员和被检查单位的负责人签字。检查人员应将检查情况记录在案,并向上级报告,对整改情况应有回执记录。

【页面路径】

综合管理—监督检查—隐患整改通知

(1)新建隐患整改通知。

具体步骤参照“新建不符合项报告”。

(2)修改隐患整改通知。

具体步骤参照“修改不符合项报告”。

(3)删除隐患整改通知。

具体步骤参照“删除不符合项报告”。

6.8 安全观察与沟通

集团公司自 2007 年开始与杜邦公司合作共同对体系制度进行了改善和推广,其中一项重点内容就是推进行为安全观察与沟通项目。这种方法要求企业各级管理者积极参与行为安全审核活动,展示有感领导,借此与员工进行平等耐心的交流,鼓励他们积极、主动地寻找工作中的不安全因素,强化员工的安全行为意识。《行为安全观察与沟通管理规范》(Q/SY 1235—2009)自 2009 年正式下发,将逐步在集团公司内各企事业单位全面推广。该管理规范适用于集团公司所属企业的所有工作场所,包括生产、施工、仓储、装卸、交通、办公及生活服务等区域。尤其需要引起重视的是,集团公司将逐渐把行为安全观察与沟通管理作为 HSE 审核的一项重要内容,必要时可针对行为安全观察与沟通管理组织专项审核。

HSE 系统安全观察与沟通模块作为 HSE 体系推进的工具,通过借助 HSE 系统平台加快新制度成果落地,辅助新制度在各企业内的推广。HSE 系统安全观察与沟通模块将集团公司《行为安全观察与沟通管理规范》作为系统功能设计的基本原则,在此基础上还实地调研了两家企业的安全观察与沟通模块的实施应用情况以及最新的业务需求。2009 年 6 月 25 日由集团公司安全环保部体系处牵头,HSE 信息中心组织举行了安全观察与沟通以及事件管理专题研讨会。组织塔里木油田公司、东方物探等 6 家集团公司 HSE 新制度试点单位参加会议。在安全观察与沟通功能方面,会议主要讨论了安全观察与沟通功能界面设置的完整性、系统功能的可操作性以及与业务实际结合的情况。最后与会专家提出了包括观察计划、记录、分析在内的 14 项功能改进建议。HSE 系统技术支持中心根据改进建议对 HSE 系统安全观察与沟通模块的功能进行了完善与修改,于 2010 年 2 月正式发布使用。

图 6.51 对安全观察与沟通活动的传统模式与系统应用过程做了比较。全过程包括了观察项目的自定义(制度)、观察计划的制订(计划)、观察活动的执行(执行)、观察结果的记录(记录)、对遗留问题的跟踪(跟踪)以及对累计信息的统计分析(分析)。从图 6.51 中可以发现,除现场观察工作(执行)外,其余工作内容都可以借助系统来帮助实现,具体情况如图 6.51 所示。

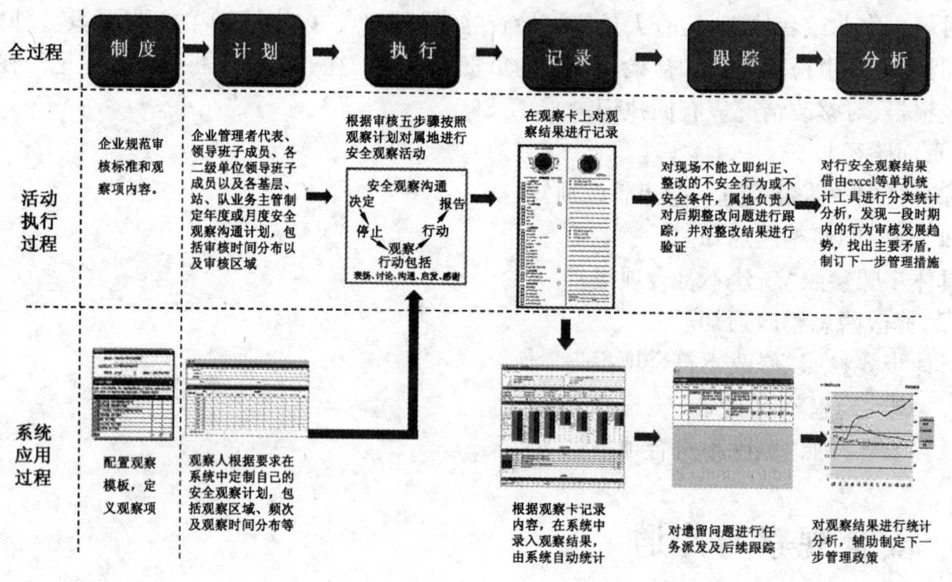

图 6.51　安全观察与沟通传统工作方式与系统应用过程的比较

系统化的安全观察与沟通管理方法是对传统工作方式的一种补充,由于安全观察与沟通计划倡导人人参与、互相监督的安全文化理念,要统计这些每月、每周甚至每天都会产生的大量有价值的数据,会挤占广大安全管理者的宝贵工作时间,统计失误导致的结果性错误也会给管理决策带来较大影响。因此,企业在推行安全观察与沟通这种管理方法的同时,需要一套有效的工具来辅助管理,在提高管理效率的同时,节约更多的时间,将工作精力集中到现场管理工作上。

信息化的安全观察与沟通管理功能支持观察计划的制订、记录、问题跟踪以及数据分析,弥补了原手工记录、汇总数据所带来的不便,同时对遗留问题也进行了任务派发与持续跟踪,保证了对发现问题的及时有效关闭。从全过程来看,系统化、信息化审核方式与传统审核方式相比有以下几个方面的优势,如图 6.52 所示。

	传统审核方式	信息化审核方式
计划	• 属地责任人在excel等单机存储介质中记录本年度的计划,信息共享性较差,缺乏后期计划执行率的监督;其大量个人计划难以进行快速查询与统计	• 属地责任人在系统计划功能中录入年度或月度计划,由系统实时统计计划执行率,员工可在网上进行实时查询。公示的方式能体现领导对HSE的承诺,便于对领导参与HSE管理建设的监督
执行	• 应用安全观察审核“五部曲”按计划对属地员工进行观察、沟通与审核	• 该步骤为具体的执行行动,不涉及系统的应用
记录	• 每一张STOP记录卡都由属地HSE管理部门统一收集并进行结果的统一登记汇总,手工统计工作量较大	• 由各级属地HSE管理部门在收集记录卡后分别录入系统标准化的电子记录单,系统自动对安全以及不安全的行为和条件进行汇总和统计
跟踪	• 审核人对发现的不安全行为和条件会当场进行纠正,对于当时不能立即整改的问题则登记在案并交由属地管理者进行整改,并没有重点强调对问题的闭环管理,缺少有效的任务提醒和问题跟踪机制和工具	• 系统对未能现场治理的问题进行详细记录,并通过工作提醒和发送邮件两种方式对责任人和验证人进行工作提醒,同时系统记录问题整改状态,当用户完成治理后通过邮件反馈治理结果,由系统维护人员最终关闭问题,实现闭环管理
分析	• 用户通过excel、SPSS等常用单机软件对汇总数据进行分类统计,数据组织、格式整理及图形生成常常花费用户较多工作时间	• 系统预设安全观察审核数据统计模型,可以对审核趋势、分类问题、计划执行率等日常数据进行报表输出及图形统计分析

图 6.52 信息化审核方式与传统审核方式的优势比较

系统安全观察功能按使用的逻辑关系划分为基础配置、观察计划制订、观察结果记录以及观察记录查询四大部分。其中企业用户可以根据本单位的实际业务及观察要求在集团公司安全观察模板的基础上自己订制适合本单位的安全观察项,针对安全观察项自定义的功能只对企业级用户授权。各级单位执行安全观察的执行人定期(通常是每年年初)在系统观察计划中制订本人的年度安全观察行动计划,注明执行人个人信息、观察对象以及大致时间。当完成每次安全观察后,将安全观察的结果记录在观察结果记录功能中并在问题跟踪中及时查看问题的整改情况。系统查询功能能为用户提供固定时间段内的计划执行情况信息,包括计划覆盖率、计划执行率以及观察结果,也包括对观察覆盖率、观察发现问题分布等做的详细汇总。

6.8.1 安全观察类型定义

本模块的功能是在集团公司原始安全观察类型基础上自定义安全观察类别。

【页面路径】

安全管理—安全观察与沟通管理—安全观察类型定义

(1)新建安全观察类型。

【应用举例】

某企业需要在系统中自定义安全观察类型。

① 由页面路径进入相应的菜单。

② 点击“新建”按钮进入编辑页面,录入安全观察类型基本信息,包括模板名称、观察项大类名称等,如图 6.53 所示。

③ 确认录入每条观察项大类名称后,都需点击行“保存”按钮;完成全部信息录入后,点击页面“保存”按钮。

(2)修改安全观察类型。

① 由页面路径进入相应的菜单。

② 点击需要修改的安全观察类型,进入编辑页面。

③ 修改相应信息,点击“保存”按钮。

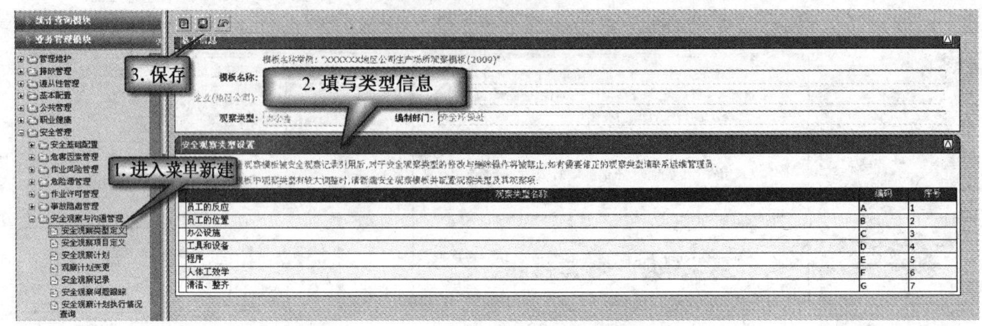

图 6.53 安全观察类型定义页面

(3)删除安全观察类型。

① 由页面路径进入相应的菜单。

② 点击需要删除的安全观察类型,进入编辑页面后,点击相应的行记录"删除"按钮,删除需要删除的安全观察类型。

③ 点击"保存"按钮。

6.8.2 安全观察项目定义

本模块的功能是在已定义的安全观察类别模板基础上定义更详细的安全观察项目。

【页面路径】

安全管理—安全观察与沟通管理—安全观察项目定义

(1)新建安全观察项目。

【应用举例】

某企业需要在系统中新定义安全观察项目。

① 由页面路径进入相应的菜单。

② 在安全观察浏览界面查找到已定义的安全观察类型模板,点击进入安全观察项目编辑页面,如图 6.54 所示。

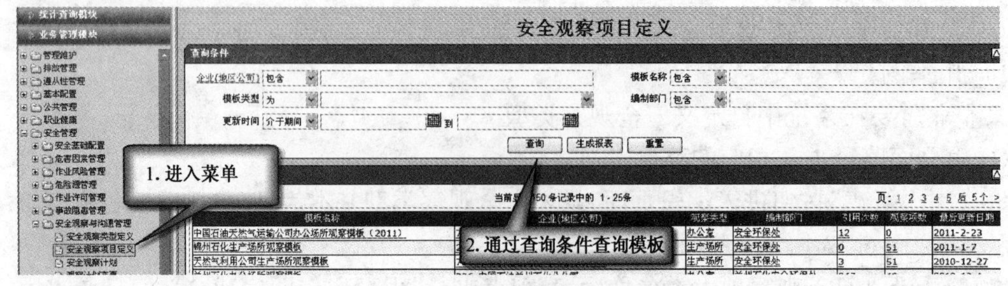

图 6.54 安全观察项目定义页面

③ 系统自动调出已定义的安全观察类型模板(相关基本信息已完成定义),点击观察项大类下拉列表,选择合适的观察项大类,并在观察项名称中输入具体的安全观察项目名称,序号字段选择观察项目在表格中的前后排列顺序,如图 6.55 所示。

④ 完成观察项目行记录编辑后,点击行"保存"按钮,并点击页面"保存"按钮,即完成所

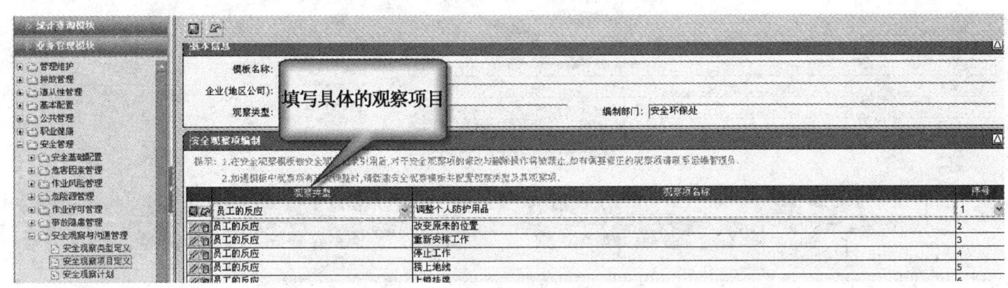

图 6.55 安全观察项目定义模板

有编辑工作。

(2)修改安全观察项目。

① 由页面路径进入相应的菜单。

② 在浏览界面查询并选择需要修改的安全观察项目模板记录,进入编辑页面。

③ 修改项目模板记录,点击行“保存”按钮,完成对安全观察类型的修改,然后点击页面“保存”按钮即完成对整条项目模板记录的修改工作。

(3)删除安全观察项目。

① 由页面路径进入相应的菜单。

② 点击需要删除的安全观察类型记录。

③ 进入编辑页面后,点击相应的行“删除”按钮,删除需要删除的安全观察项目,并点击页面“保存”按钮。

6.8.3 安全观察计划

本模块的功能是制订年度个人安全观察计划。

【页面路径】

安全管理—安全观察与沟通管理—安全观察计划

(1)新建安全观察计划。

【应用举例】

某单位需要在系统中建立一条安全观察计划信息。

① 由页面路径进入相应的菜单,点击“新建”按钮。

② 填写安全观察计划基本信息,包括个人所属组织机构(企业(地区公司))、年度、计划制订人、观察人(即计划目标执行人)以及观察人的职务。

③ 填写安全观察相关信息,包括被观察单位、被观察基层单位、区域以及年度计划分布情况。

④ 当用户组织机构是系统默认时,“被观察单位”下拉列表将自动激活对应的备选单位名称,同时“被观察基层单位”下拉列表也将自动激活对应的备选单位名称;“区域”字段为文本输入字段,可填写具体的观察地点或生产场所;在“年度计划分布”字段填入各月的观察次数,只允许填写数字。

⑤ 勾选“存储时同时提交”,并点击页面左上角记录“保存”按钮完成此次操作,如图 6.56 所示。

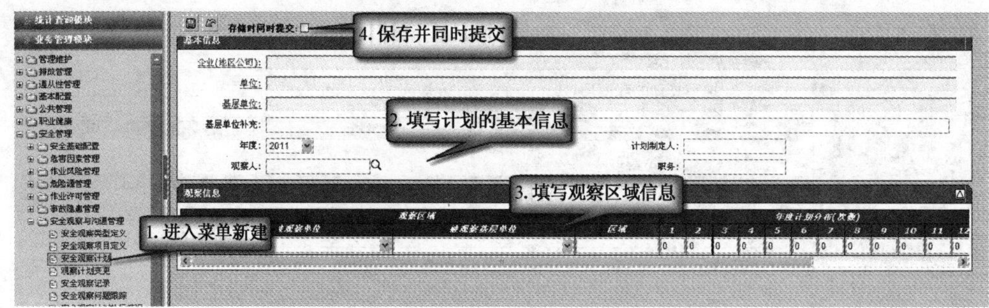

图 6.56　安全观察计划新建页面

(2)修改安全观察计划。

用户一旦提交并保存了安全观察计划,即不能对计划进行修改,只有企业(地区公司)管理员或被授予相关权限的用户可以对安全观察计划进行修改。若用户在对安全观察计划保存的同时没有作过提交,则可以对记录进行修改。修改分为两类,即对安全观察计划基本信息进行修改以及对安全观察审核信息进行修改。当用户对安全观察计划基本信息进行修改时,需在最后完成时点击页面左上角的"保存"按钮,确认保存了针对整条记录的修改。若用户需要对安全观察审核信息进行修改,还需点击审核信息行记录最左侧的"保存"按钮。具体修改方式如下:

① 由页面路径进入相应的菜单。

② 在浏览界面查询并选择需要修改的安全观察计划记录,进入编辑页面。

③ 对行记录进行修改,最后点击行"保存"和页面"保存"按钮,即完成对整条记录的修改工作。

(3)删除安全观察计划。

用户一旦提交并保存了安全观察计划,即不能对计划进行删除,只有企业(地区公司)管理员或被授予相关权限的用户可以对安全观察计划进行删除。若用户在对安全观察计划保存的同时没有作过提交,则可以对记录进行删除。删除分为两类,即对安全观察计划整条记录进行删除和对安全观察计划行信息进行删除。当用户要对安全观察计划整条记录进行删除时,只需点击页面左上角的"删除"按钮即可;当用户需要删除一条安全观察计划行信息时,需点击行记录左侧的"删除"按钮,删除行记录后再点击该记录页面左上方的"保存"按钮,确认此次操作结束。具体删除方式如下:

① 由页面路径进入相应的菜单。

② 在浏览界面查询并选择需要删除的安全观察计划记录,进入编辑页面。

③ 对安全观察计划整条记录进行删除或对安全观察计划行记录进行删除(视需要),点击页面"删除"按钮。

(4)导出安全观察计划。

对于保存完毕的安全观察计划信息,系统可以生成相应的 Excel 格式报表,具体操作方法如下:

① 由页面路径进入相应的菜单。

② 在浏览界面查询并选择需要导出的安全观察计划记录,进入编辑页面。

③ 点击记录页面左上方的计划导出按钮,如图 6. 57 所示。

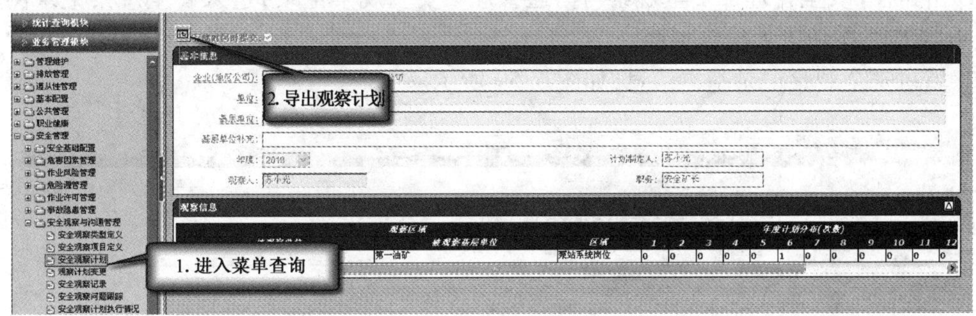

图 6. 57　安全观察计划导出页面

6. 8. 4　观察计划变更

当安全观察计划需要更改时,可由企业负责人用此模块功能退回。

【页面路径】

安全管理—安全观察与沟通管理—观察计划变更

退回安全观察计划的具体步骤如下:

(1)由页面路径进入相应的菜单。

(2)在浏览界面查询并选择需要修改的安全观察计划记录,进入编辑页面。

(3)将对话框"存储时同时提交"的"√"去掉,点击"保存"按钮,完成对观察计划的退回,如图 6. 58 所示。

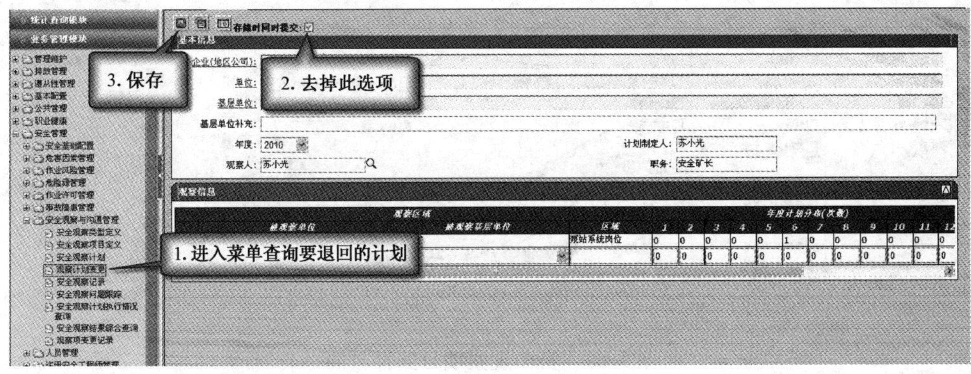

图 6. 58　观察计划退回页面

6. 8. 5　安全观察记录

本模块的功能是记录安全观察结果。

【页面路径】

安全管理—安全观察与沟通管理—安全观察记录

(1)新建安全观察记录。

【应用举例】

某单位需要在系统中建立一条安全观察记录信息。

① 由路径【安全管理—安全观察与沟通管理—安全观察记录】进入安全观察记录浏览界面,点击“新建”按钮进入编辑页面。

② 填写安全观察记录基本信息,如图 6.59 所示。

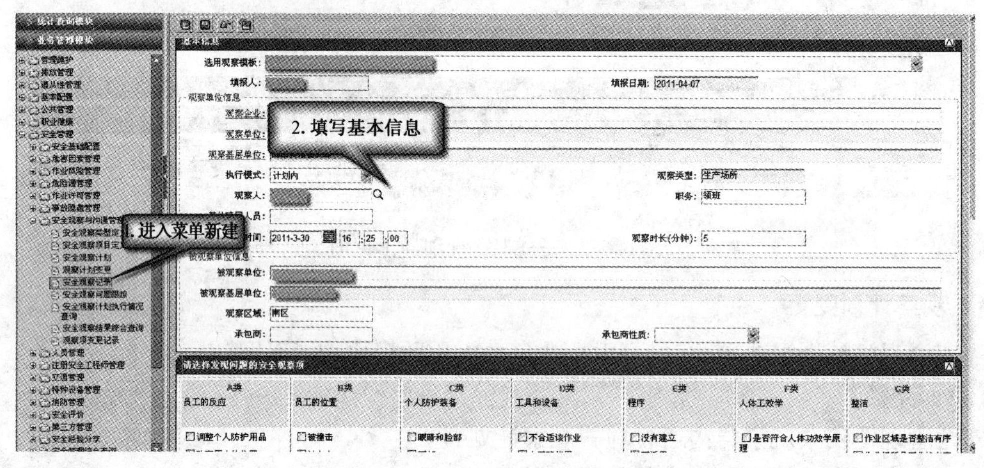

图 6.59　安全观察记录新建页面

③ 填写安全观察记录具体的观察项信息,如图 6.60 所示。

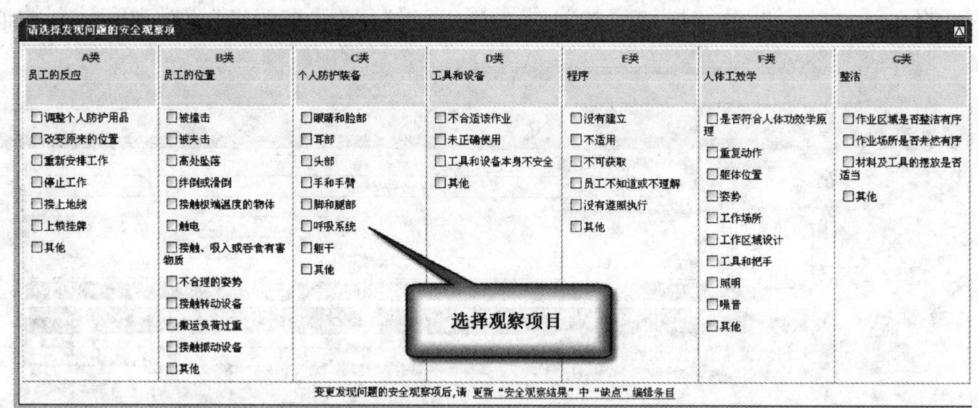

图 6.60　安全观察项目选择页面

④ 填写安全观察结果—优点,如图 6.61 所示。“观察类型”即为在安全观察类型定义中的观察项大类;“数量”框中填入观察到的某一大类安全行为或安全状态的次数,是能体现该大类类型中所有观察项目的安全表现的数量总和。

⑤ 填写安全观察结果—缺点。“观察类型”、“观察项”由系统根据观察项目勾选情况自动加载;“数量”框中填入观察到的某一项不安全行为或不安全状态的问题数;在“缺点描述”部分填写对观察到的具体不安全行为或不安全状态的客观描述;在“现场整改”部分通过下拉列表选择该问题是否已经在现场整改,对于不能在现场完成整改的问题,用户需在“安全观察

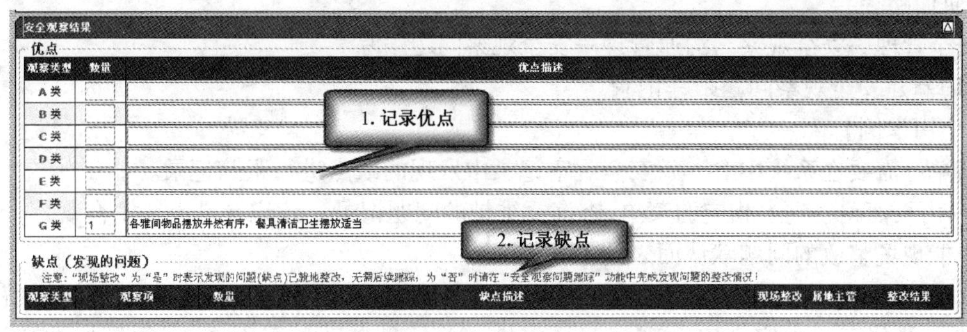

图 6.61 安全观察结果

问题跟踪”中持续维护问题的后续整改情况；在“属地主管”部分填写该观察区域的属地负责人姓名，以便进行问题跟踪；“整改结果”为下拉列表选项，如果用户在“现场完成整改”中选择“是”，则在“整改结果”中将自动默认为“已完成”，如果用户在“现场完成整改”中选择“否”，则需在“整改结果”中选择“部分完成”、“未完成”或“纳入隐患管理”三种结果。

⑥ 在完成记录页面所有编辑任务后，点击页面“保存”按钮。

说明：勾选安全观察项目中的勾选框□表示观察到一次或多次不安全行为或状态，任何安全行为或状态的观察结果统一记录在“安全观察结果—优点”记录栏中。

当完成所有结果的“勾选”记录之后，点击“更新安全观察结果中缺点编辑条目”，该功能可以激活详细的缺点记录字段。

若要对“安全观察结果—缺点”中的记录进行更新，只需取消或增加勾选框再点击“更新”按钮即可。

在“安全观察结果—缺点”栏中，在填写安全观察记录观察项信息时，在信息栏最下面有一个数据更新的链接“请更新‘安全观察结果’中‘缺点’编辑条目”。在变更发现问题的安全观察项后，请注意更新。

(2)修改安全观察记录。

① 由页面路径进入相应的菜单。

② 在浏览界面查询并选择需要修改的安全观察记录，进入编辑页面。

③ 修改相应观察记录，如果对“发现问题的安全观察项”的勾选项进行了修改，则需要点击“请更新‘安全观察结果’中‘缺点’编辑条目”链接后更新观察结果—缺点，最后点击页面“保存”按钮，即完成对整条记录的修改。

(3)删除安全观察记录。

① 由页面路径进入相应的菜单。

② 在浏览界面查询并选择需要删除的安全观察记录，进入编辑页面。

③ 点击页面左上方的“删除”按钮。

6.8.6 安全观察问题跟踪

本模块的功能是由属地主管对安全观察结果记录中的未能在现场整改的问题进行后续跟踪。

【页面路径】

安全管理—安全观察与沟通管理—安全观察问题跟踪

(1)新建安全观察问题跟踪记录。

【应用举例】

某单位需要在系统中对一条安全观察记录中发现的缺点进行跟踪记录。

① 由页面路径进入相应的菜单,查询要维护的问题记录。该记录是由在安全观察记录中确定未能现场整改的问题默认而来的。

② 点击进入该条记录的编辑页面,对问题整改后续情况进行维护。问题跟踪记录编辑页面的绝大部分字段内容由安全观察记录中的相关信息自动加载而成,无须另外维护,如图 6.62 所示。

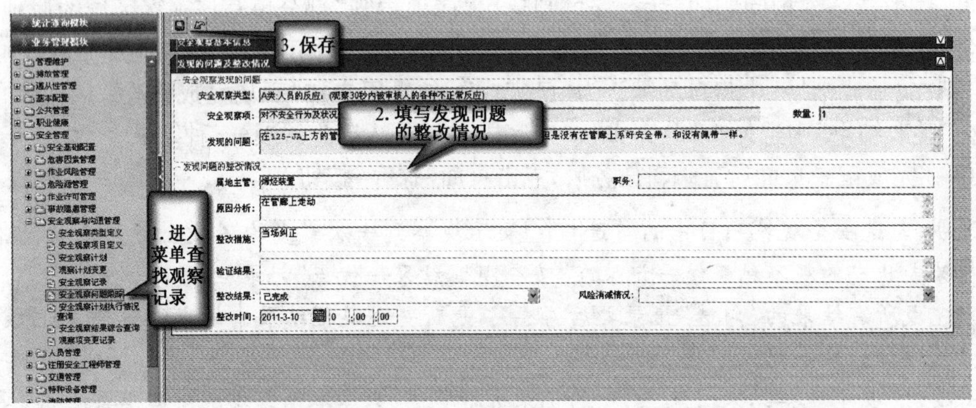

图 6.62　安全观察问题跟踪记录页面

③ 完成记录编辑后,点击页面“保存”按钮即完成对问题跟踪结果的记录。

(2)删除安全观察问题跟踪记录。

系统不允许在安全观察问题跟踪记录页面直接对记录进行删除。若要删除一条问题跟踪记录,须先对安全观察记录中的对应“缺点”或整条安全观察记录进行删除。

说明:安全观察问题跟踪模块没有新建记录的功能,所有记录均是对安全观察记录结果的引用,只有在安全观察问题记录中删除了相应的“缺点”后才能删除安全观察问题跟踪中的相关记录。

6.8.7　安全观察计划执行情况查询

本模块的功能是对安全观察计划的执行情况进行相关统计,包括对单位计划执行率、个人计划执行率以及审核计划覆盖情况的统计。

【页面路径】

安全管理—安全观察与沟通管理—安全观察计划执行情况查询

查询安全观察计划执行情况的具体步骤如下:

由页面路径进入相应的菜单,选择年度及审核执行单位,并点击“查询”按钮,可查询计划执行情况,如图 6.63 所示。

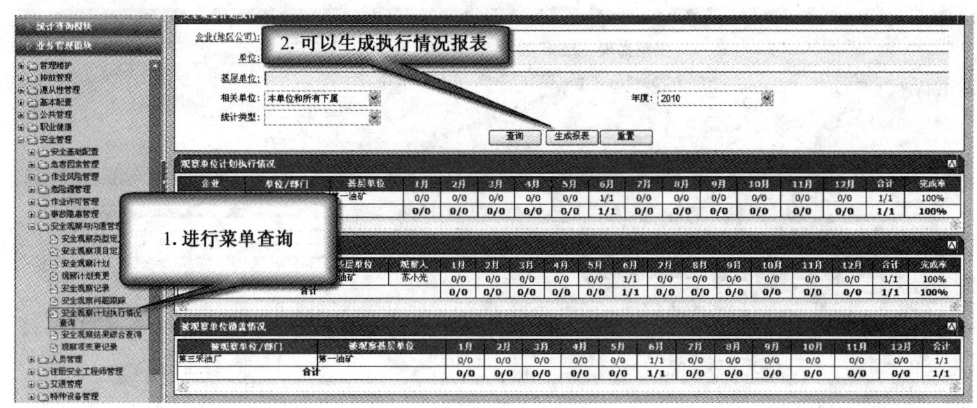

图 6.63　安全观察计划执行情况查询页面

【关键字段解释】

观察单位计划执行情况："0/0"该数字组合中右方表示计划次数，左方表示实际执行次数。实际执行次数的统计原则是：单位针对计划时间以及计划观察单位的观察执行次数。

个人观察计划执行情况：针对的是个人设置的计划执行率统计数据，统计方式与观察单位计划执行情况相同。

被观察单位观察覆盖情况：针对接受观察的单位进行的观察计划和实际执行情况的数据统计，其统计方式与观察单位计划执行情况相同。

统计类型：用于选择以上三种情况中的一种，如果不选择，则默认上述三类查询结果同时显示。

6.8.8　安全观察结果综合查询

本模块的功能是对观察人的安全观察计划执行情况、观察结果及其整改情况进行全面的查询统计。

【页面路径】

安全管理—安全观察与沟通管理—安全观察结果综合查询

安全观察结果综合查询的具体步骤如下：

(1)由页面路径进入相应的菜单，输入查询条件，点击"查询"按钮。

(2)显示查询结果，可根据需要生成报表，如图 6.64 所示。

6.8.9　观察项变更记录

本模块的功能是查询观察项的变更情况。

【页面路径】

安全管理—安全观察与沟通管理—观察项变更记录

查询观察项变更记录的具体步骤如下：

(1)由页面路径进入相应的菜单。

(2)在浏览界面查询观察项的变更记录，根据需要生成观察项变更报表，如图 6.65 所示。

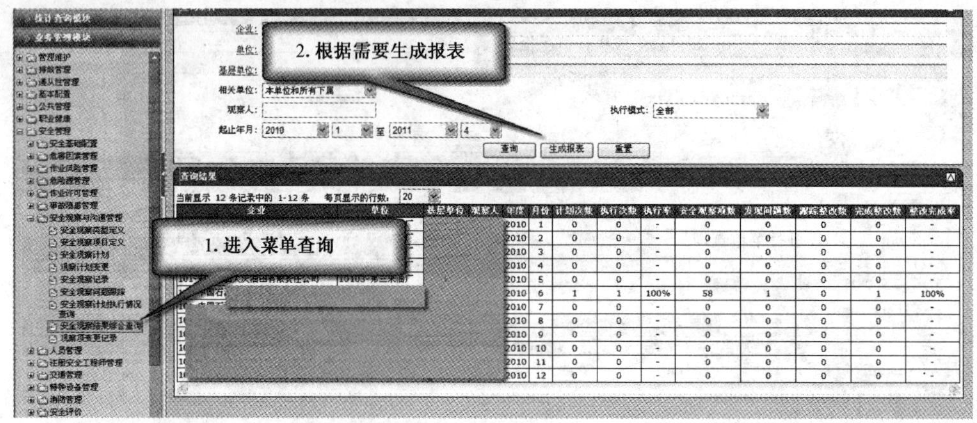

图 6.64　安全观察结果综合查询页面

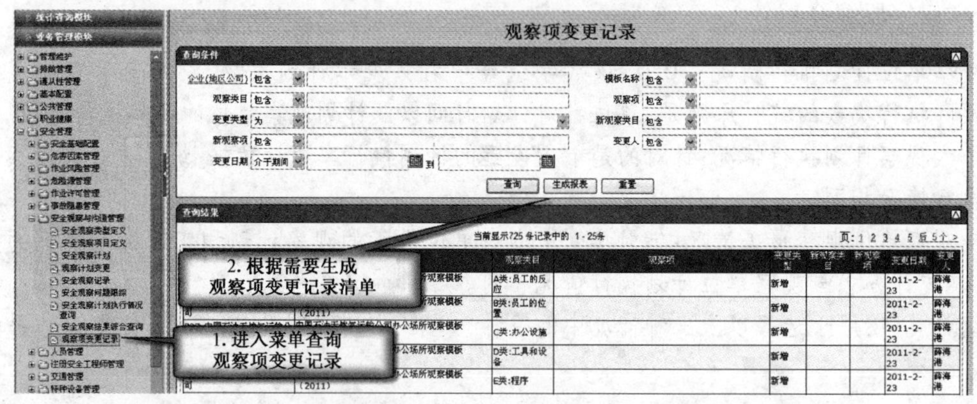

图 6.65　观察项变更记录页面

6.9　内审管理

健康、安全与环境管理体系审核应建立在委托方所规定的审核目的基础上。审核范围是根据满足审核目的的需要，由审核组与委托方磋商决定的，审核范围规定了审核的内容和区域，在审核开始前应将审核目的与范围通报给受审核方。

体系审核活动的策划与实施包括审核启动、审核准备、现场审核活动、审核结束、审核后续活动等程序，其适用程度取决于特定审核的范围和复杂程度以及审核目的。

HSE 体系内审管理模块主要是对集团公司 HSE 体系内审结果进行数据管理，主要包括内审计划、内审发现、管理评审、企业内审员备案和企业内审员备案审批五个菜单。

6.9.1　内审计划

【页面路径】

综合管理—HSE 体系内审管理—内审计划

(1)新建内审计划。

【应用举例】

某企业制订了2010年内审计划,需要在系统中录入。

① 按照路径【综合管理—HSE体系内审管理—内审计划】进入内审计划浏览界面,点击“新建”按钮进入编辑页面,如图6.66所示。

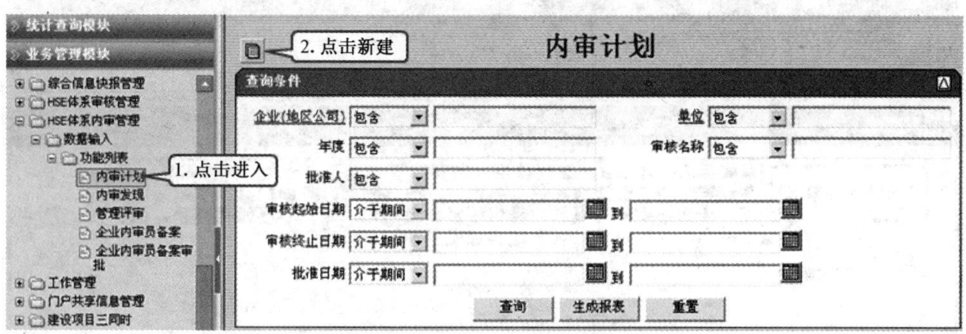

图6.66　内审计划浏览界面

② 依次录入审核年份、审核日期、审核名称、审核目的、审核依据、审核范围、批准人和批准日期,如图6.67所示。

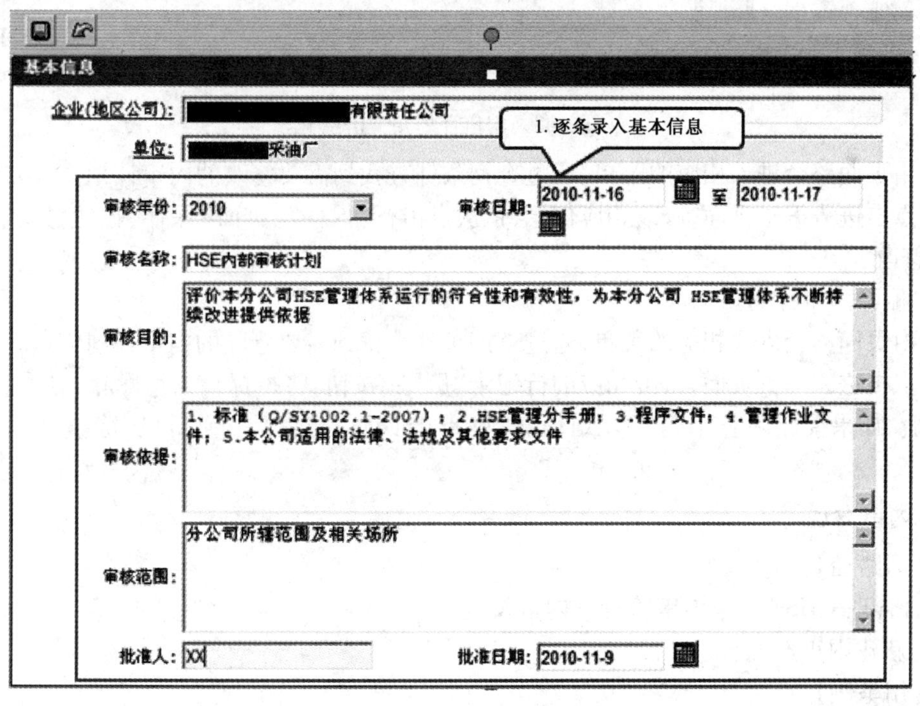

图6.67　内审计划基本信息

③ 逐条录入审核组成员、迎审要求和审核日期安排,如图6.68所示。

④ 完成上述操作后,点击“保存”按钮,激活“上传企业年度审核计划”、“添加迎审要求附件”和“添加日程安排表”,并逐个上传至系统,最后点击页面“保存”按钮。

(2)修改内审计划。

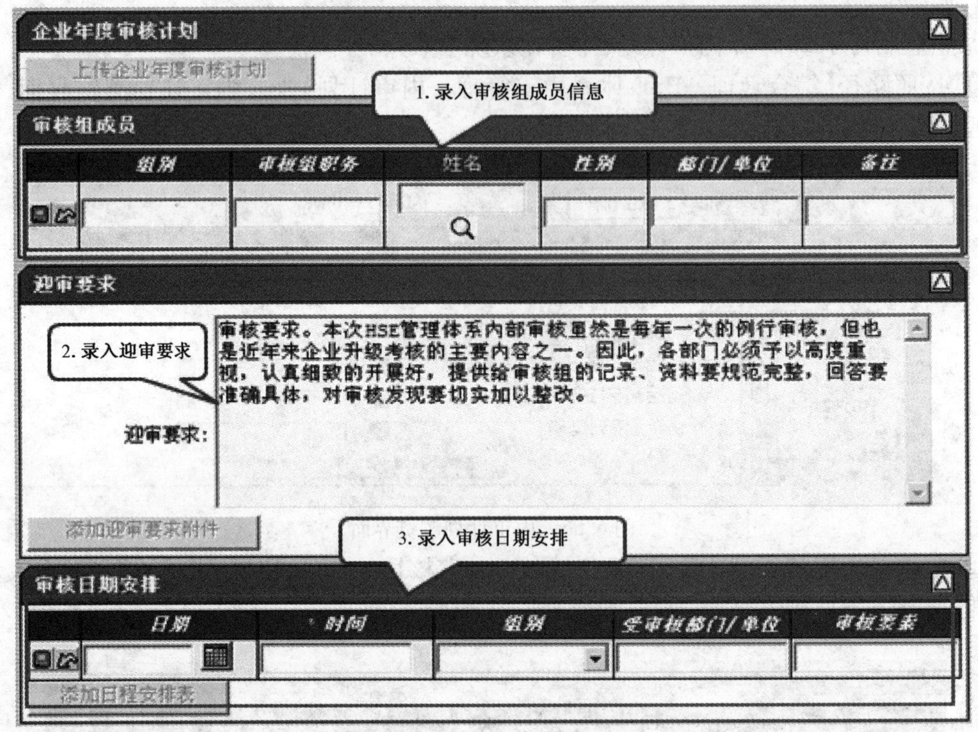

图6.68　内审计划相关信息

① 由页面路径进入相应的菜单,通过查询条件查找到需要修改的内审计划信息。

② 点击进入编辑页面,修改相应信息,依次点击行“保存”、页面“保存”按钮,完成对内审计划的修改。

(3)删除内审计划。

① 由页面路径进入相应的菜单,通过查询条件查找到需要删除的内审计划信息。

② 点击进入编辑页面,点击相应的行记录“删除”按钮,将指标行信息删除,点击页面“保存”按钮。如果要删除整个内审计划信息,则点击页面“删除”按钮,可删除整个内审计划信息。

6.9.2　内审发现

【页面路径】

综合管理—HSE体系内审管理—内审发现

(1)新建内审发现。

【应用举例】

某企业内审完成后,需要在系统中录入内审发现。

① 按照路径【综合管理—HSE体系内审管理—内审发现】进入内审发现浏览界面,点击“新建”按钮进入编辑页面,如图6.69所示。

② 通过点击“放大镜”来完成与对应的内审计划的关联,关联完成后,点击“添加不符合项”,如图6.70所示。

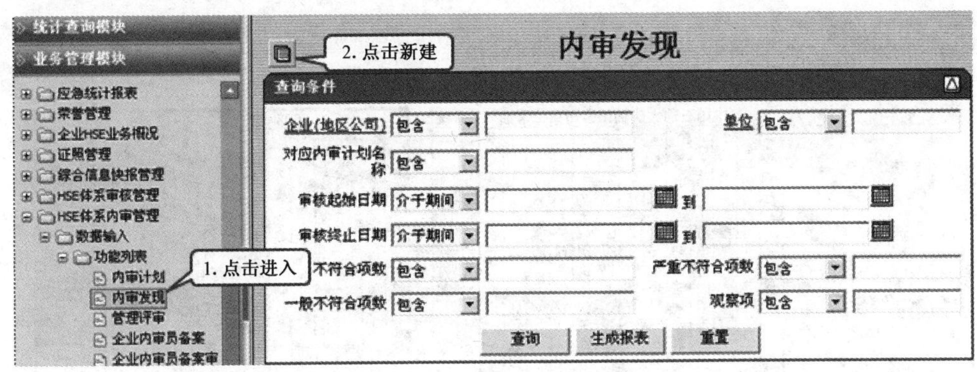

图 6.69　内审发现新建页面

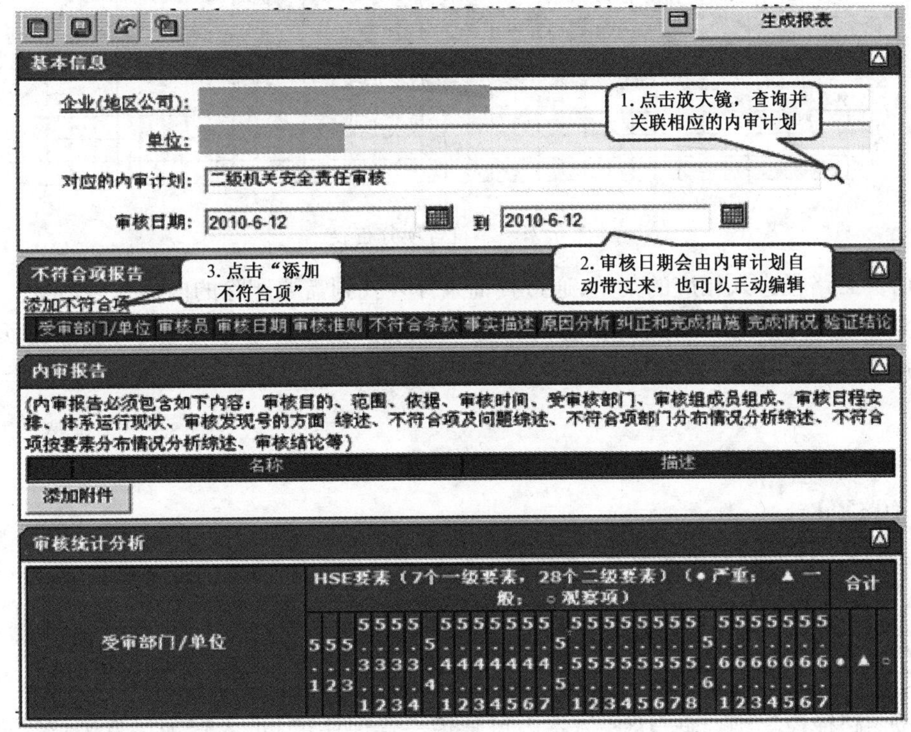

图 6.70　内审发现录入页面

③ 点击“添加不符合项”后，在弹出的页面中逐项填写不符合项信息，点击“保存”按钮后，可以将内审报告以附件的形式上传至系统保存。

④ 点击页面右上角的“生成报表”按钮后，可以将审核发现的不符合项按照要素进行统计分析，生成审核统计分析表格，如图 6.71 所示。

(2)修改内审发现。

① 由页面路径进入相应的菜单，通过查询条件查找到需要修改的信息。

② 点击进入编辑页面，修改相应信息，点击页面“保存”按钮，完成对内审发现的修改。

(3)删除内审发现。

不符合项分布表

受审核方各称： 10102-中国石油大庆油田公司第二采油　审核日 2008-12-1至2008-12-5

有关部门/单位		5.1 领导和承诺	5.2 HSE方针	5.3 策划	5.3.1 对危害因素辨识、风险评价和风险控制	5.3.2 法律、法规和其他要求	5.3.3 目标和指标	5.3.4 管理方案	5.4 组织机构、资源和文件	5.4.1 组织机构和职责	5.4.2 管理者代表	5.4.3 资源	5.4.4 能力、培训和意识	5.4.5 协商和沟通	5.4.6 文件	5.4.7 文件控制	5.5 实施和运行
体系科		▲															
合计	严重																
	一级	1															
	观察项																

有关部门/单位		5.5.1 设施完整性	5.5.2 承包方和（或）供应	5.5.3 顾客和产品	5.5.4 社区和公共关系	5.5.5 作业许可	5.5.6 运行控制	5.5.7 变更管理	5.5.8 应急准备和响应	5.6 检查和纠正措施	5.6.1 绩效测量和监视	5.6.2 合规性评价	5.6.3 不符合、纠正和预防	5.6.4 事故、事件报告、调查和处理	5.6.5 记录控制	5.6.6 内部审核	5.6.7 管理评审
体系科																	
合计	严重																
	一级																
	观察项																

图 6.71　不符合项分布表

① 由页面路径进入相应的菜单，通过查询条件查找到需要删除的内审发现信息。

② 点击进入编辑页面，点击相应的行记录“删除”按钮，删除行记录，再点击页面“保存”按钮。如果要删除整个内审发现信息，则应点击页面“删除”按钮，可删除整个内审发现信息。

6.9.3　管理评审

【页面路径】

综合管理—HSE 体系内审管理—管理评审

(1)新建管理评审。

【应用举例】

对某企业管理评审完成后，需要在系统中录入管理评审信息。

① 按照路径【综合管理—HSE 体系内审管理—管理评审】进入管理评审浏览界面，点击“新建”按钮进入编辑页面，如图 6.72 所示。

② 录入管理评审名称、评审年度和评审日期，保存后“上传管理评审报告”会被激活，将其以附件的形式上传到系统中，如图 6.73 所示。

(2)修改管理评审。

① 由页面路径进入相应的菜单，通过查询条件查找到需要修改的管理评审。

② 点击进入编辑页面，修改相应信息，最后点击页面“保存”按钮，完成对管理评审的修改。

(3)删除管理评审。

① 由页面路径进入相应的菜单，通过查询条件查找到需要删除的管理评审。

② 点击进入编辑页面，点击页面“删除”按钮，即可删除整个管理评审信息。

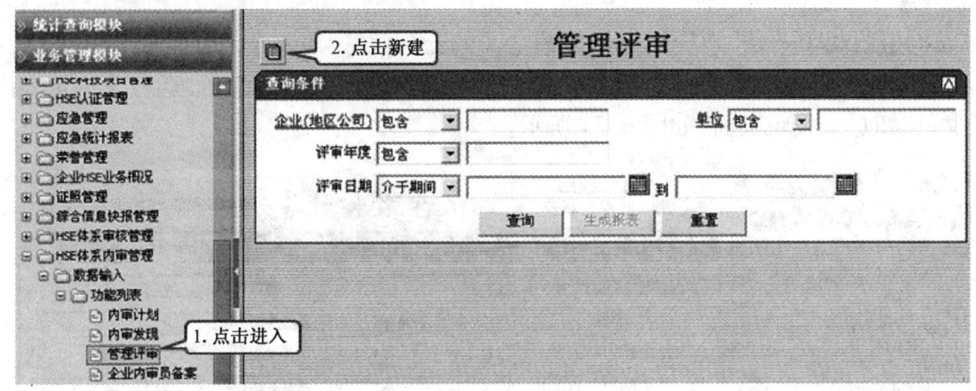

图 6.72 管理评审新建页面

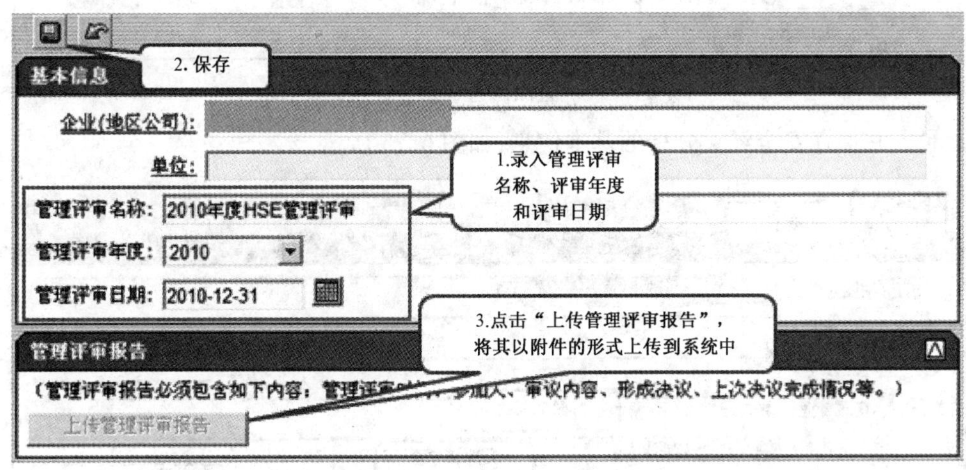

图 6.73 管理评审编辑页面

6.10 安全经验分享

安全经验分享是指员工将本人亲身经历或看到、听到的有关安全、环境和健康方面的经验做法或事故、事件、不安全行为、不安全状态等总结出来，通过介绍和讲解，在一定范围内使事故教训得到分享、典型经验得到推广的一项活动。

HSE 系统安全经验分享模块是根据《集团公司关于开展安全经验分享活动的通知》(〔2009〕43 号文)要求，记录各级用户安全经验分享的材料，并通过合理的分类，便于随时统计查询，从而为信息系统门户的信息共享提供支持。

6.10.1 安全经验分享

【页面路径】

安全管理—安全经验分享—安全经验分享

(1)新建安全经验分享信息。

【应用举例】

某位同事收集了一条“地震面前如何逃生?”的分享信息,需要录入到系统中。

① 按照路径【安全管理—安全经验分享—安全经验分享】进入安全经验分享浏览界面,点击“新建”按钮进入编辑页面,如图 6.74 所示。

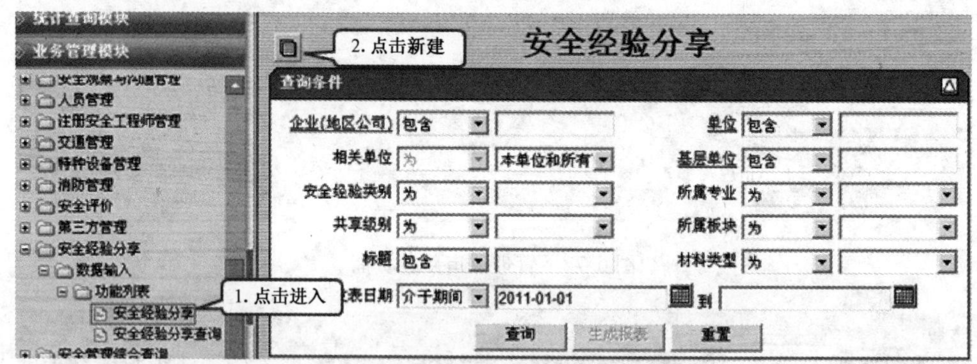

图 6.74　安全经验分享信息新建页面

② 录入并保存安全经验分享的基本信息,如图 6.75 所示。

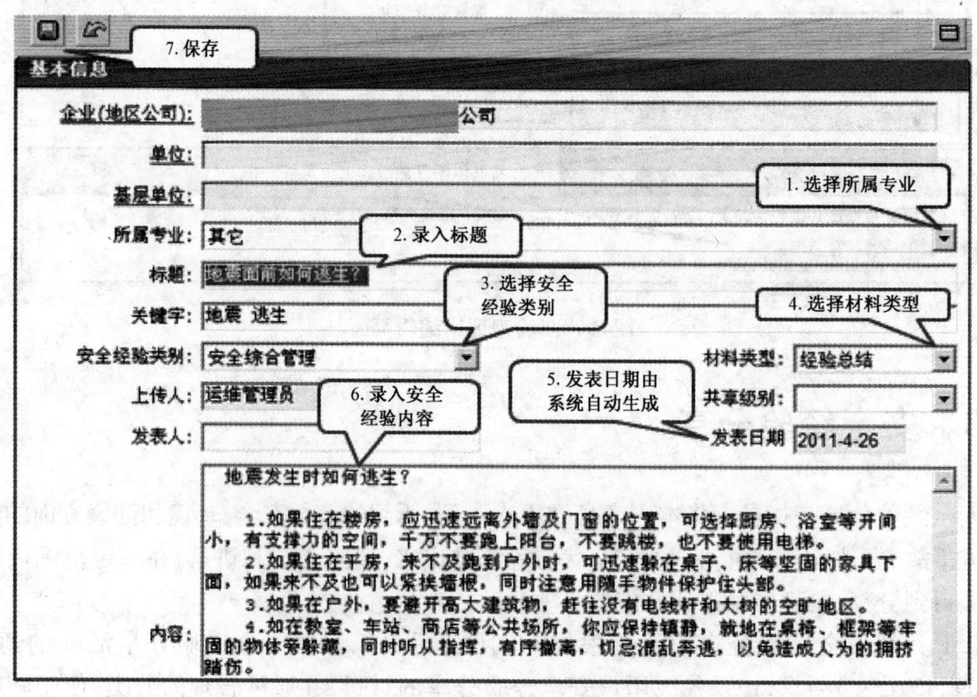

图 6.75　安全经验分享信息录入页面

③ 基本信息保存后,上传附件功能被激活,点击“添加”按钮上传附件,如图 6.76 所示。

(2)修改安全经验分享信息。

① 由页面路径进入相应的菜单,通过查询条件查找到需要修改的安全经验分享信息。

② 点击进入编辑页面,修改相应信息,最后点击页面“保存”按钮,完成对安全经验分享信

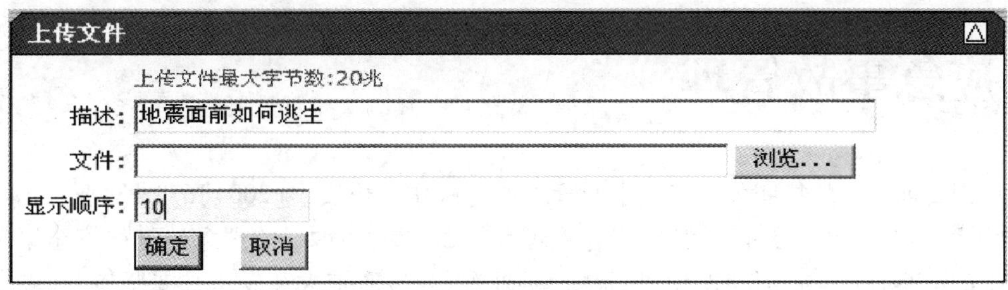

图 6.76　安全经验分享附件上传页面

息的修改。

(3)删除安全经验分享信息。

① 由页面路径进入相应的菜单,通过查询条件查找到需要删除的安全经验分享信息。

② 点击进入编辑页面,再点击页面“删除”按钮,即可删除整个安全经验分享信息。

6.10.2　安全经验分享查询

【页面路径】

安全管理—安全经验分享—安全经验分享查询

查询安全经验分享的具体步骤如下:

① 按照路径【安全管理—安全经验分享—安全经验分享查询】进入安全经验分享查询页面。

② 输入查询条件,点击“查询”按钮,查找到相应的安全经验分享信息。

③ 点击“标题”链接,查看安全经验分享的具体内容,如图 6.77 所示。

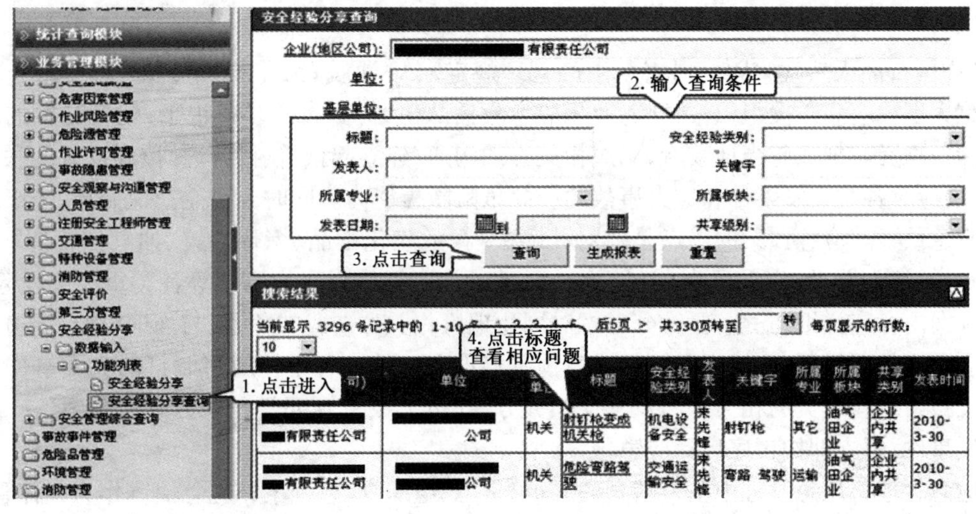

图 6.77　安全经验分享信息查询页面

7 应急事故管理

《中国石油天然气集团公司安全生产管理规定》(中油质安字〔2004〕672 号)要求:企业要制定处置突发事件的应急管理制度,应急管理要贯彻“以人为本”的理念,坚持“安全第一、预防为主”的基本方针,做到“早发现、早报告、早处置”。应对重大突发事件要坚持“企业负责、区域联动、属地管理、分级落实”的原则,自觉接受当地政府主管部门的监督管理和检查。发生生产安全事故后,要迅速采取有效措施组织抢救,防止事故扩大,努力减少人员伤亡和财产损失,并按规定立即报告当地政府、安全生产监督管理机构和有关主管部门。处置突发事件要做到“反应迅捷、职责明确、指挥统一、救人优先”,把事故造成的危害减小到最低限度。企业应加强事故管理工作,对发生的各类安全事故均应报告,并按照规定统计。对各类事故都必须及时逐级上报。

《中国石油天然气集团公司生产安全事故管理办法》(中油质安字〔2007〕571 号)和《中国石油天然气集团公司生产安全事故隐患报告特别奖励办法》(中油质安字〔2007〕571 号)针对事故的等级与分类、事故报告与披露、事故应急、事故调查、事故处理、事故统计与档案管理等内容作出了明确要求,并要求事故发生后,各单位安全主管部门应在 5 个工作日内将事故信息录入 HSE 系统。

7.1 应急管理

《中国石油天然气集团公司安全生产管理规定》(中油质安字〔2004〕672 号)要求企业应健全重大事故应急救援组织,建立专业化应急救援队伍,提高救援装备水平,配备必要的应急救援储备物资。加强与当地政府、周边相关方的沟通,建立起预警、接警、救援和恢复的联动机制,增强应对各类突发事件和重大事故的应急抢险救援能力。同时要求企业应分类、分级编制事故应急预案。应急预案的重点是针对井喷失控、危险化学品、炼化装置、油气储存库(站)、长输管道、海上作业,以及民爆器材、放射源、特种设备、公众聚集场所等各类重大突发险情。应急预案内容应详细、齐全,要充分考虑对周边地区相关方造成的危害,与当地政府、周边相关方建立预警救援机制,并按规定搞好应急预案培训和演练。各单位应将制订的突发事件应急预案上报给抢险救援的相关部门及其他相关方,并报上级主管部门和地方政府备案。一旦发生突发事件,要立即按程序启动应急预案。

应急管理将应急管理中主要涉及的人员、资源、组织、应急预案和应急演练作为整体管理,其逻辑关系如图 7.1 所示。

7.1.1 应急管理概况

应急管理概况包括应急人员、应急物资、应急预案、应急演练以及应急统计报表等信息,通过地图展示和数据查询的方式,使应急主管领导和相关人员能够更好地了解企业整体的应急管理工作,直观查看企业应急管理的各项数据和工作开展情况。

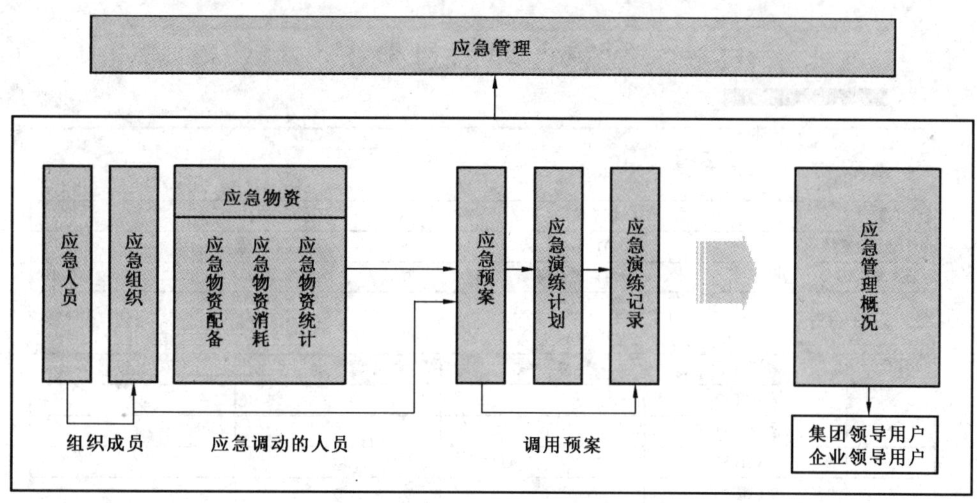

图 7.1 应急管理逻辑关系图

【页面路径】

综合管理—应急管理—应急管理概况

(1)查询集团公司级用户应急管理概况。

① 按照路径【综合管理—应急管理—应急管理概况】进入相应菜单。

② 在中国石油应急管理概况页面中选择想要查询的省份。根据该省份下中国石油下属企业列表,点击相应企业名称链接,如图 7.2 所示,系统会自动弹出"企业应急管理概况表",如图 7.3 所示。

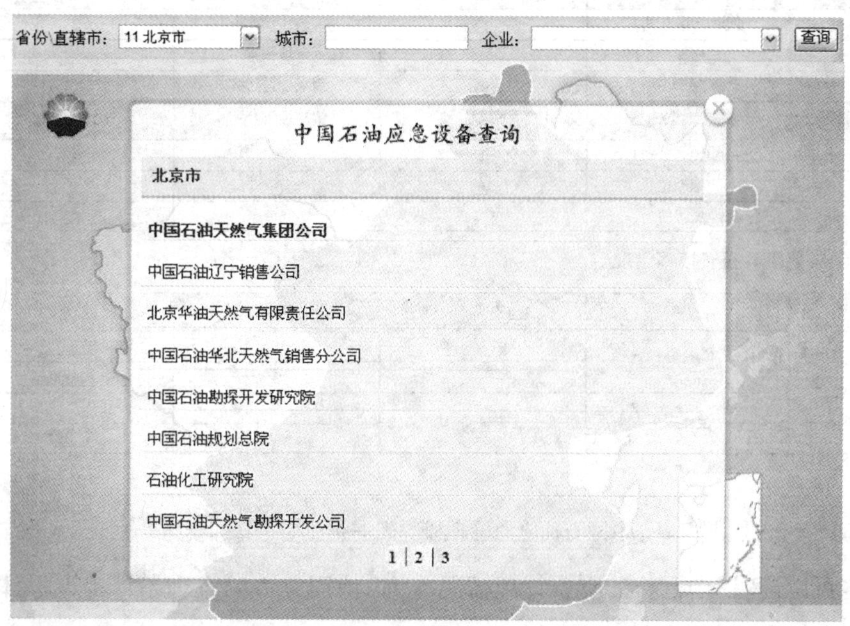

图 7.2 中国石油应急管理概况信息查询列表页面

应急管理信息概况

单位：[redacted]

一、概 况

企业总数	1	二级单位数	25	基层单位数	279
企业应急主管领导	13	应急管理部门领导	25	应急工作人员	454
应急指挥机构	22	应急管理机构	0	应急专家	12

二、应急物资

序号	物资类别	品种数	总数量	可用数量
1	人身防护	3	1488	868
2	医疗急救	0	0	0
3	污染控制	0	0	0
4	检测监测	0	0	0
5	工程抢险	1	2	2
6	消防救援	0	0	0
7	剪切破拆	0	0	0
8	电力抢修	0	0	0
9	通讯联络	0	0	0
10	交通运输	1	2	2
11	应急照明	0	0	0
12	防洪防汛	0	0	0
13	其他	2	1050	1050

三、应急预案编制、演练情况

序号	应急预案级别	数量	预案类别	数量
1	企业(地区公司)	1	总体预案	23
2	二级单位	40	专项预案	70
3	基层单位	105	现场处理预案	70
序号	**演练级别**	**总数**	**实战演练**	**桌面演练**
1	企业(地区公司)	0	0	0
2	二级单位	16	10	6
3	基层单位	113	88	25

四、应急统计报表填写情况

年份	年报	状态	季度	状态
2010	上半年报	未提交	1	未提交
			2	已审批
	全年报	未提交	3	未提交
			4	未提交

图 7.3　中国石油应急管理概况表—企业应急管理概况表

用户也可以通过“中国石油应急管理概况查询”地图上方的查询条件查询具体企业的应急管理情况。

7.1.2 应急组织

《中国石油天然气集团公司应急预案编制通则》(中油安〔2009〕318 号)中要求:在应急预案中应该明确应急组织体系的构成,一般由应急领导小组、应急指挥中心、办事机构和工作机构、应急工作主要部门、应急工作支持部门、信息组、专家组、现场应急指挥部等构成。同时要明确应急组织体系中各部门的应急工作职责、协调管理范畴、负责解决的主要问题和具体操作步骤等。

【页面路径】

综合管理—应急管理—应急组织

(1)新建应急组织信息。

【应用举例】

某单位新成立了一个应急组织,需要在系统中录入。

① 按照路径【综合管理—应急管理—应急组织】进入应急组织页面,点击“新建”按钮进入编辑页面。

② 依次录入应急组织基本信息、联系信息及应急组成员信息,如图 7.4 所示。

③ 点击页面左上角的“保存”按钮完成新建。

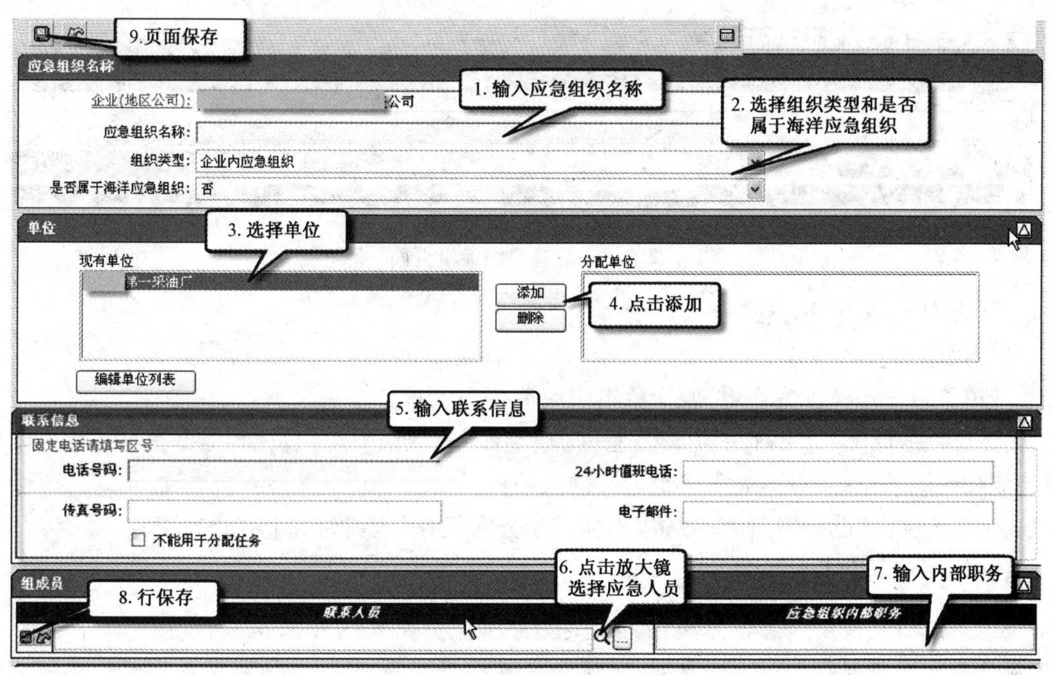

图 7.4 应急组织新建页面

(2)修改应急组织信息。

【应用举例】

由于员工岗位调整,某应急组织的应急组组长和组员有所变动,需要修改应急组织信息。

① 按照路径【综合管理—应急管理—应急组织】进入应急组织页面,根据查询条件查询出

需要修改的应急组织，点击应急组织名称进入编辑页面。

② 根据需要修改相关信息，如图 7.5 所示。

③ 点击页面左上角的“保存”按钮完成修改。

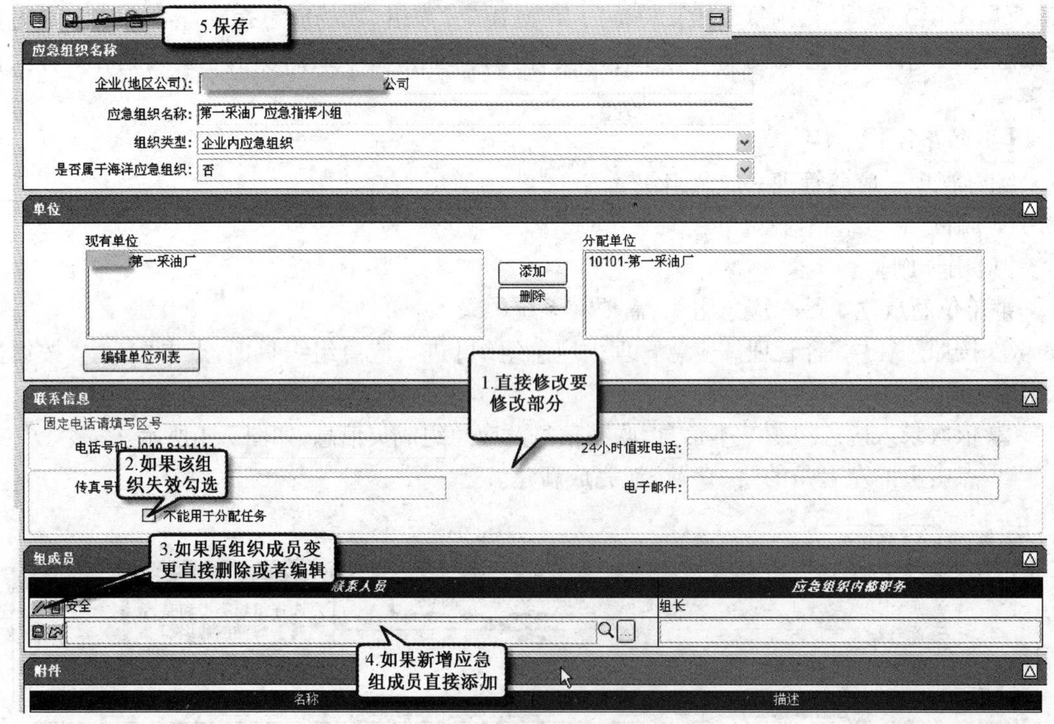

图 7.5　应急组织编辑页面

(3)删除应急组织信息。

【应用举例】

某单位由于应急预案变更，原应急组织取消，需要删除。

① 按照路径【综合管理—应急管理—应急组织】进入应急组织页面，根据查询条件查询出需要删除的应急组织，点击应急组织名称进入编辑页面。

② 直接点击“删除”按钮或者将“不能用于分配任务”按钮勾选上并进行保存。

【关键字段解释】

应急组织：一般由应急领导小组、应急指挥中心、办事机构和工作机构、应急工作主要部门、应急工作支持部门、信息组、专家组、现场应急指挥部等构成(《中国石油天然气集团公司应急预案编制通则》中油安〔2009〕318 号)。

7.1.3　应急物资

《中国石油天然气集团公司突发事件应急物资储备管理办法》(安全〔2010〕659 号)中对应急物资的购置和储备、调拨与使用以及监督与责任进行了规范和要求。同时，《中国石油天然气集团公司应急预案编制通则》(中油安〔2009〕318 号)要求各单位需要明确应急救援物资、装备的配备情况,包括种类、数量、功能、存放地点等,明确应急救援物资、装备的生产、供应和储备单位的情况。

系统中通过对“应急物资配备”、“应急物资消耗”和“应急物资统计”的管理,实现对应急物资全过程的管理。“应急物资配备”模块用于记录企业、单位和基层单位应急物资的配备情况,“应急物资消耗”模块用于记录应急物资消耗情况,并且能够通过“应急物资统计”菜单生成企业、单位的物资配备和消耗使用情况。

7.1.3.1　应急物资配备

【页面路径】

综合管理—应急管理—应急物资配备

(1)新增应急物资配备信息。

【应用举例】

某单位新进一批应急物资,并将应急物资的用途进行了分配,需要在系统中录入该项信息。

① 按照路径【综合管理—应急管理—应急物资配备】进入应急物资配备页面,点击“新建”按钮进入编辑页面。

② 录入应急物资配备相关信息,如图7.6所示。

③ 点击页面“保存”按钮完成新建。

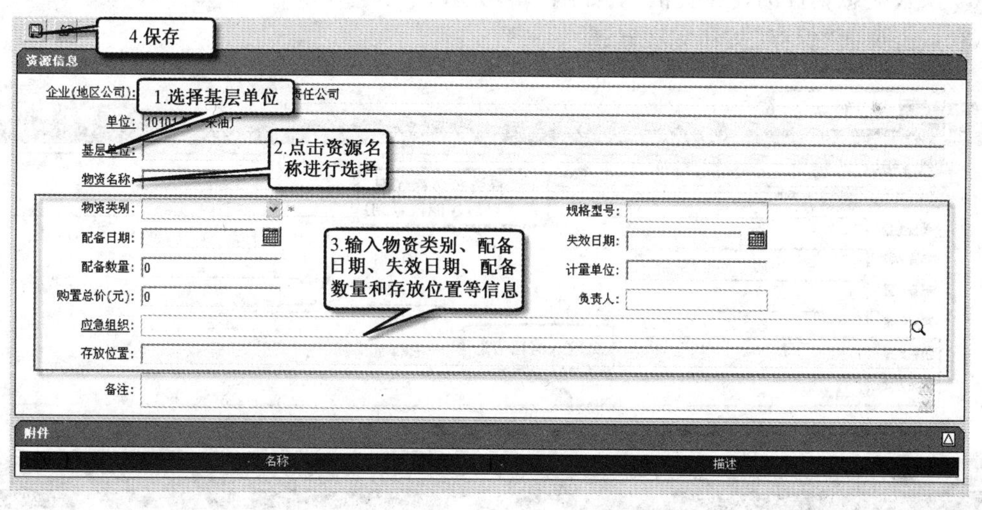

图7.6　应急物资配备新增

(2)修改应急物资配备信息。

【应用举例】

某单位的应急物资存放位置或者负责人有所变动,需要到系统中进行修改。

① 按照路径【综合管理—应急管理—应急物资配备】进入应急物资配备页面,查询出需要修改的应急物资,点击资源名称进入编辑页面。

② 对需要修改的字段直接进行修改。

③ 点击页面“保存”按钮完成修改。

(3)删除应急物资配备信息。

【应用举例】

某单位的应急物资配备信息录入错误,需要对此项信息进行删除。

① 按照路径【综合管理—应急管理—应急物资配备】进入应急物资配备页面,查询出需要删除的应急物资,点击资源名称进入编辑页面。

② 点击页面“删除”按钮完成删除。如果对此应急物资已经进行了消耗,则不能删除。

说明:对于同一种应急物资的配备,需要按不同的购置时间来填写,按物资名称汇总累计统一组织机构下配备的应急物资总数。

7.1.3.2　应急物资消耗

【页面路径】

综合管理—应急管理—应急物资消耗

(1)新增应急物资消耗信息。

【应用举例】

某单位的应急物资由于应急演练、发生事故或者失效而发生了消耗,需要录入相应信息。

① 按照路径【综合管理—应急管理—应急物资消耗】进入应急物资消耗页面,点击“新建”按钮进入编辑页面。

② 录入应急物资消耗相关信息,如图 7.7 所示。

③ 点击页面“保存”按钮完成新建。

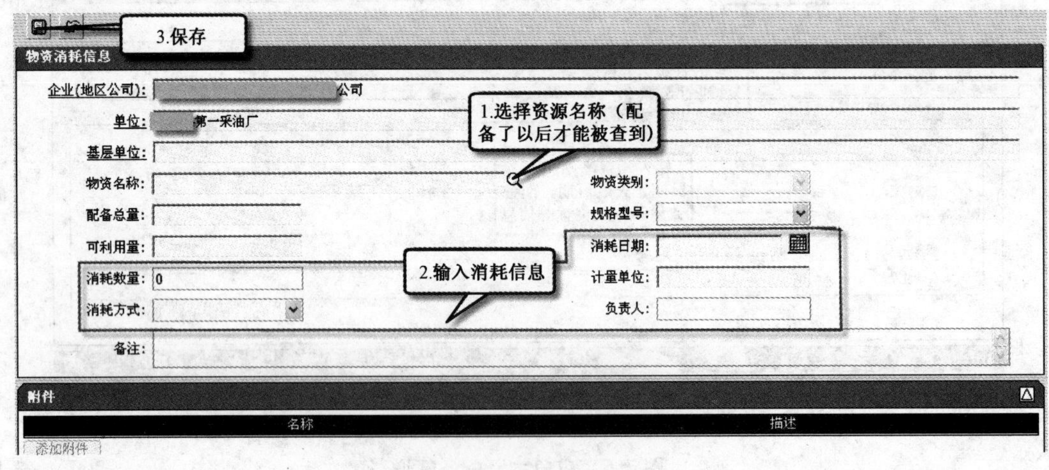

图 7.7　应急物资消耗新建页面

(2)修改应急物资消耗信息。

【应用举例】

某单位应急物资消耗情况发生了变更或者录入错误,需要进行修改。

① 按照路径【综合管理—应急管理—应急物资消耗】进入应急物资消耗页面,查询出需要修改的应急物资消耗,点击资源名称进入编辑页面。

② 对需要修改的字段直接进行修改。

③ 点击页面“保存”按钮完成修改。

(3)删除应急物资消耗信息。

【应用举例】

某单位应急物资消耗情况发生了变更或者录入错误,需要删除相关信息重新进行录入。

① 按照路径【综合管理—应急管理—应急物资消耗】进入应急物资消耗页面,查询出需要删除的应急物资消耗,点击资源名称进入编辑页面。

② 点击页面“删除”按钮完成删除。

说明:对应急物资消耗信息中的“规格型号”信息需要通过放大镜查询,数据来源于“应急物质配备”中所填写的物资规格型号;若配备信息中未录入规格型号,则可以不填写此项信息。

7.1.3.3 应急物资统计

本模块的功能是可实现对应急物资的统计查询,即输入查询条件,点击“查询”按钮,可将查询结果生成报表。

【页面路径】

综合管理—应急管理—应急物资统计

【关键字段解释】

应急物资:是指用于突发事件应急响应、抢险救援的各类专项物资《中国石油天然气集团公司突发事件应急物资储备管理办法》(安全〔2010〕659 号)。

7.1.4 应急预案

《中国石油天然气集团公司应急预案编制通则》(中油安〔2009〕318 号)要求对企业级预案应当按照编制要求,每 3 年至少修订 1 次,或者是在规定情形有变更时,需要及时修订。同时,该通则也对应急预案的编制要求进行了规范。

【页面路径】

综合管理—应急管理—应急预案

(1)新建应急预案信息。

【应用举例】

某单位根据要求新编制了应急预案,需要在系统中进行录入。

① 按照路径【综合管理—应急管理—应急预案】进入应急预案页面,点击“新建”按钮进入编辑页面。

② 录入应急预案信息,如图 7.8 所示。

③ 点击页面“保存”按钮完成新建。

(2)修改应急预案信息。

【应用举例】

某单位根据管理制度要求或者应急组成员变更等对应急预案进行了修订,需要在系统中录入应急预案修订情况及备案情况。

① 按照路径【综合管理—应急管理—应急预案】进入应急预案页面,查询到需要修改的预

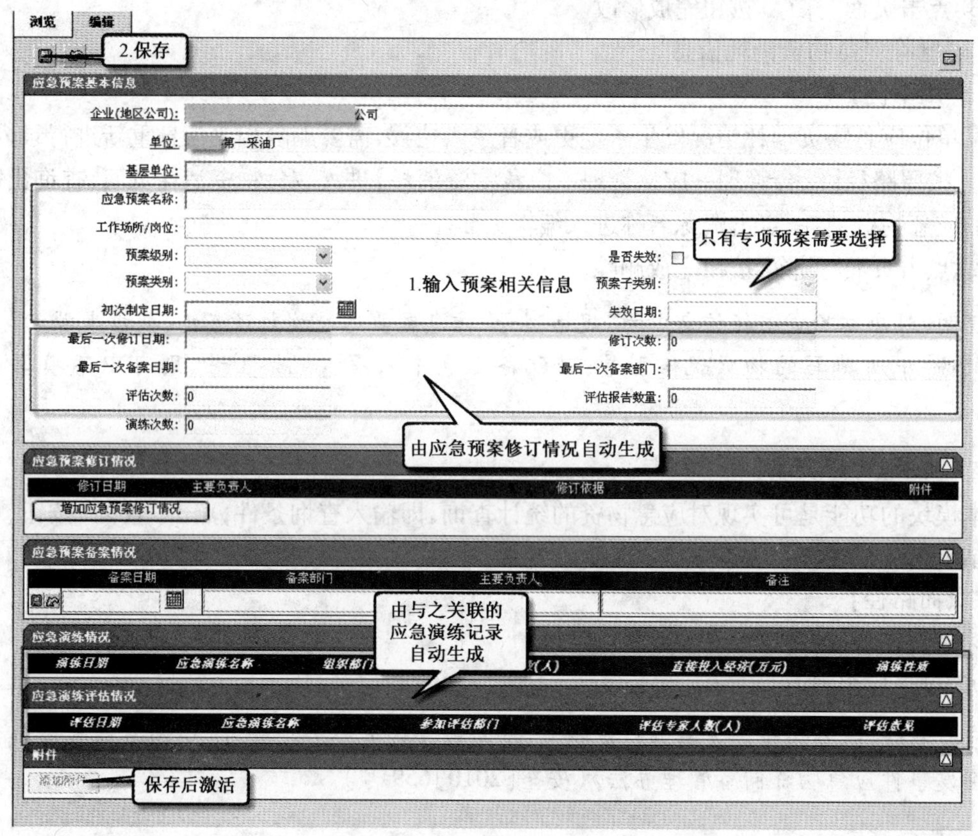

图 7.8　应急预案新建页面

案,点击进入编辑页面。

② 直接修改预案基本信息或者添加应急预案修订情况和备案情况,如图 7.9 所示。

③ 点击页面“保存”按钮完成修改。

(3)删除应急预案信息。

【应用举例】

某单位的应急预案录入有误或者失效,需要删除重新录入。

① 按照路径【综合管理—应急管理—应急预案】进入应急预案页面,查询到需要删除的预案,点击进入编辑页面。

② 对已经过期失效的预案不用删除,在“是否失效:□”处直接设置为失效即可。

③ 点击页面“删除”按钮完成删除。如该应急预案被应急演练引用,则不能删除。

【关键字段解释】

应急预案:指面对突发事件如自然灾害、重特大事故、环境公害及人为破坏的应急管理、指挥、救援计划等。一般它建立在综合防灾规划之上。其重要子系统包括:完善的应急组织管理指挥系统;强有力的应急工程救援保障体系;综合协调、应对自如的相互支持系统;充分备灾的保障供应体系;体现综合救援的应急队伍等。记录应急预案中的步骤及每步相应的操作和需

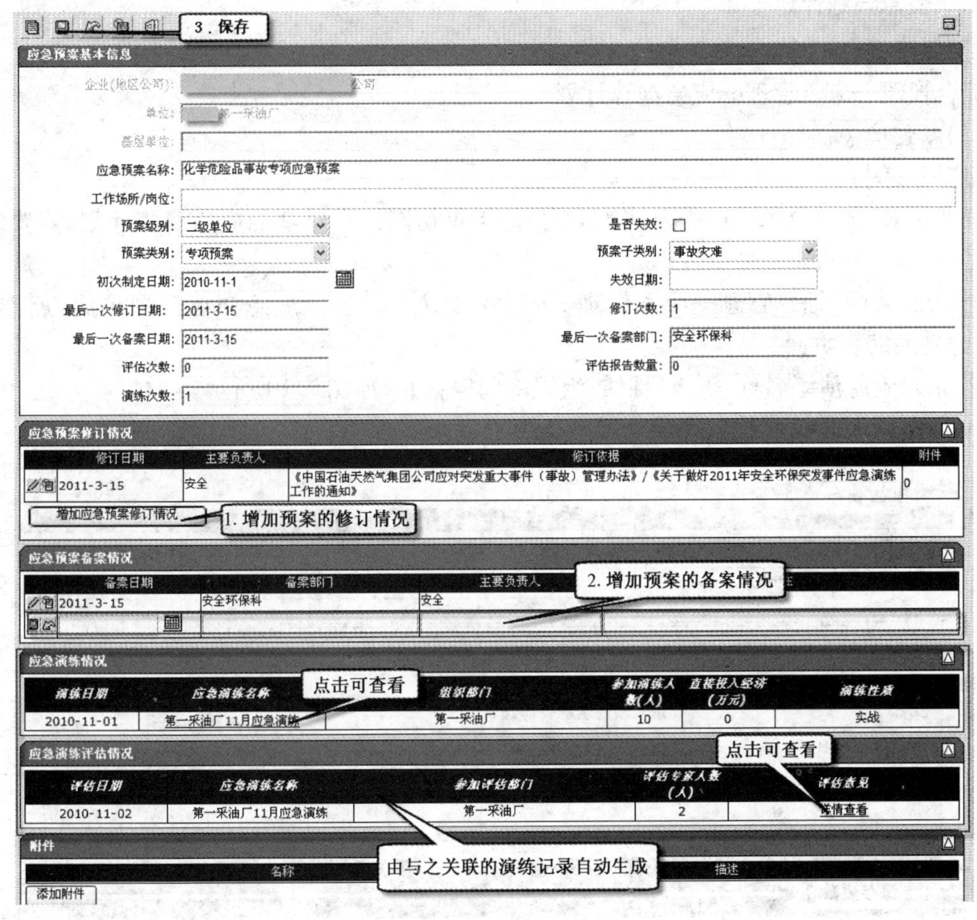

图 7.9　应急预案修改页面

要联系人员的相关信息，也应作为应急演练的基础。

总体预案：是应对各类突发事件的纲领性文件。总体预案对专项预案的构成、编制提出要求及指导，并阐明各专项预案之间的关联和衔接关系。

专项预案：是总体预案的支持性文件，主要针对某一类或某一特定的突发事件，对应急预警、响应以及救援行动等工作职责和程序作出的具体规定。

7.1.5　应急演练

《中国石油天然气集团公司应对突发重大事件（事故）管理办法》（中油质安字〔2004〕672号）规定企业要制订应急预案培训、演练计划，定期进行应急预案演练，确保相关人员熟悉、熟练掌握应急预案和应急措施。《关于做好 2011 年安全环保突发事件应急演练工作的通知》（安全函〔2011〕13 号）要求企业级演练至少每年开展 1 次，企业所属二级单位演练至少每半年开展 1 次，三级单位演练至少每个季度开展 1 次，结合本单位的生产经营实际，针对主要风险和重大危险源，有针对性地制订应急演练计划。各单位要将应急演练计划、方案及评估总结等相关信息，按有关规定及时录入到集团公司 HSE 信息管理系统。

7.1.5.1　应急演练计划

【页面路径】

综合管理—应急管理—应急演练计划

(1)新建应急演练计划。

【应用举例】

根据要求,某单位每季度需要演练 1 次,每年年初制订本年度的应急演练计划,需要录入系统。

① 按照路径【综合管理—应急管理—应急演练计划】进入应急演练计划页面,点击"新建"按钮进入编辑页面。

② 录入应急演练名称、等级、性质、组织部门等信息,如图 7.10 所示。

③ 点击页面"保存"按钮完成新增。

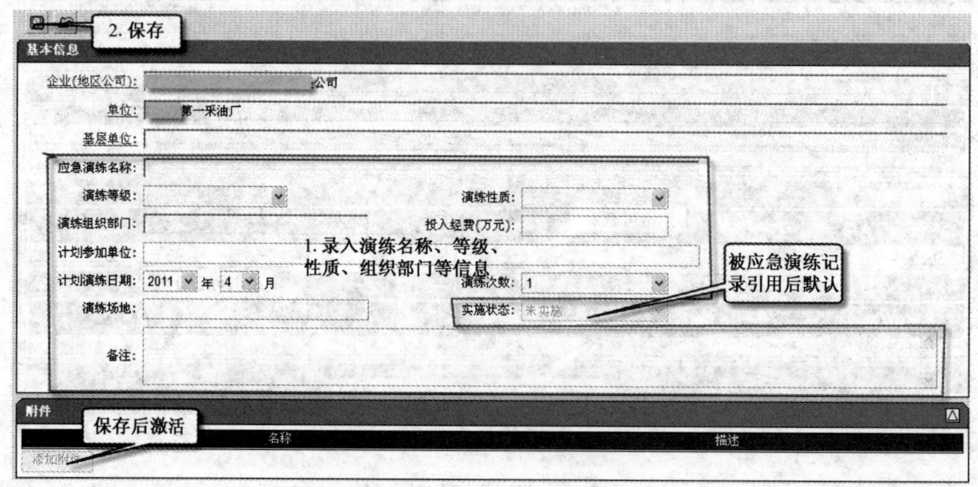

图 7.10　应急演练计划新建页面

(2)修改应急演练计划。

【应用举例】

由于工作安排调整,年初制订的应急演练计划有所变更,需要对应急演练计划进行修改。

① 按照路径【综合管理—应急管理—应急演练计划】进入应急演练计划页面,查询到需要修改的应急演练计划,点击进入编辑页面。

② 直接修改需要修改的内容。

③ 点击页面"保存"按钮完成修改。

(3)删除应急演练计划。

【应用举例】

由于工作安排调整,对年初制订的应急演练计划进行了取消或者应急演练计划录入错误,需要删除重新录入。

① 按照路径【综合管理—应急管理—应急演练计划】进入应急演练计划页面,查询到需要删除的应急演练计划,点击进入编辑页面。

② 点击页面“删除”按钮完成删除。如应急演练计划已经实施,则不能被删除。

说明:计划演练日期:以月为单位制订计划,选择年份和月份。如果一个月有多次演练,可以在“演练次数”处选择相应的演练次数,最多为4次,即每周演练1次。

演练状态:不需要填写,系统会根据演练的开展情况进行变化。如新计划建立后,计划状态显示为:未实施;演练在演练记录中被实施后,计划状态会根据演练的情况变化为:已实施、部分实施(多次演练计划被部分演练,如制订4次演练2次)。

7.1.5.2 应急演练记录

系统中应急演练可以针对某个具体预案进行,也可以按照特定的计划开展,并记录对演练的评价和改进意见。上级部门可通过系统跟踪管理下属单位每次应急演练的主要情况。

【页面路径】

综合管理—应急管理—应急演练记录

(1)新建应急演练记录。

【应用举例】

根据年初的应急演练计划,某单位进行了一次应急演练,需要记录该次应急演练。

① 按照路径【综合管理—应急管理—应急演练记录】进入应急演练记录页面,点击“新建”按钮进入编辑页面。

② 录入演练名称、时间、期次、参加演练人数、直接投入经费、指挥、组织部门、演练过程描述、应急评估、启动应急预案情况等信息,如图7.11所示。

③ 点击页面“保存”按钮完成新建。

(2)修改应急演练记录。

【应用举例】

应急演练记录录入不完整或者有错误,需要对其进行修改和完善。

① 按照路径【综合管理—应急管理—应急演练记录】进入应急演练记录页面,查询到需要修改的应急演练记录,点击进入编辑页面。

② 直接修改需要修改的应急演练内容,点击页面“保存”按钮完成修改。

(3)删除应急演练记录。

【应用举例】

应急演练记录录入不完整或者有错误,需要删除重新录入。

① 按照路径【综合管理—应急管理—应急演练记录】进入应急演练记录查询页面,查询到需要删除的应急演练记录,点击进入编辑页面。

② 点击“删除”按钮完成删除。

7.1.6 应急评估表

《国家安全监管总局安全生产应急管理统计分析和总结评估工作制度(试行)》(安监总厅应急〔2008〕78号)中要求有关中央企业每半年分别组织对本地区、本领域、本企业安全生产应急管理工作进行总结评估,编写半年度、年度总结评估报告,按要求上报。有关中央企业及时掌握本地区、本领域和本企业的安全生产应急机构建设、应急演练开展、应急救援队伍开展预防性安全检查、事故救援以及应急救援队伍安全技术等工作情况,填写相关季报表,按要求上

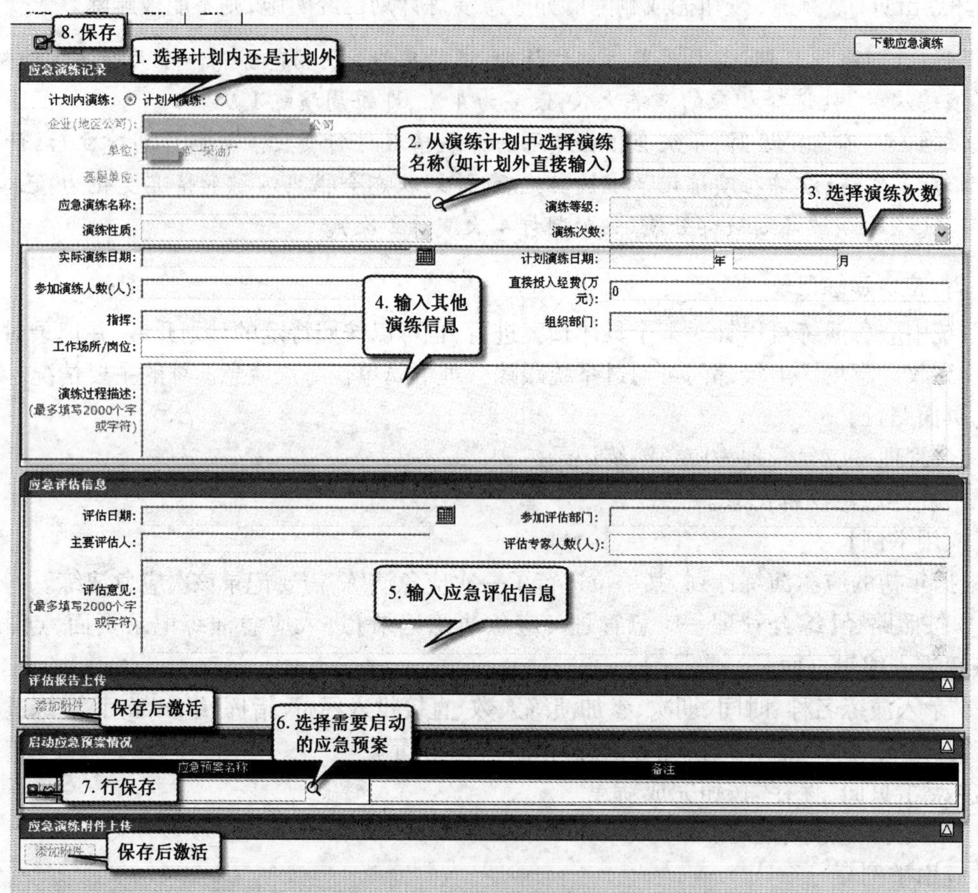

图7.11 应急演练记录新建页面

报。有关中央企业于每季度结束后的5个工作日内将季报表中的相关内容与本企业的相关内容报送应急指挥中心。各省级安全生产监管部门、矿山等专业安全生产应急机构和有关中央企业总部要建立本地区、本单位相应的统计分析和总结评估工作制度，确保能够全面、准确、及时地掌握有关情况，并按要求汇总、分析、总结和上报。

年度应急评估表和季度应急评估表仅限于各企业级用户进行填报，由集团公司安全环保与节能部进行审批。

7.1.6.1 年度应急评估表

各企业(地区公司)每年定期在系统中填报应急报表并上报。年报表共9张，各企业相关负责人进入界面填写报表数据，然后提交集团公司审批。

【页面路径】

综合管理—应急管理统计报表—年度应急评估表

(1)新建年度应急评估表。

【应用举例】

企业用户需要在每年7月和次年1月录入本企业的上半年应急评估表和全年应急评

估表。

① 按照路径【综合管理—应急管理统计报表—年度应急评估表】进入年度应急评估表(分为上半年应急评估表和全年应急评估表)页面,点击“新建”按钮进入编辑页面。

② 逐项录入相关内容后,点击页面“保存”按钮,如图 7.12 所示。

③ 保存成功以后出现 9 张需要填报的报表,依次填写并进行保存,勾选“提交上报”按钮,点击页面“保存”按钮,完成年报的填报和提交,如图 7.13 所示。

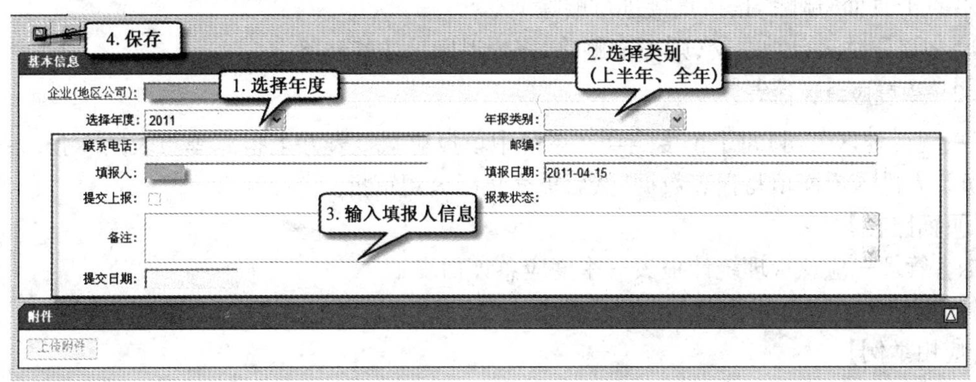

图 7.12 年度应急评估表新建页面

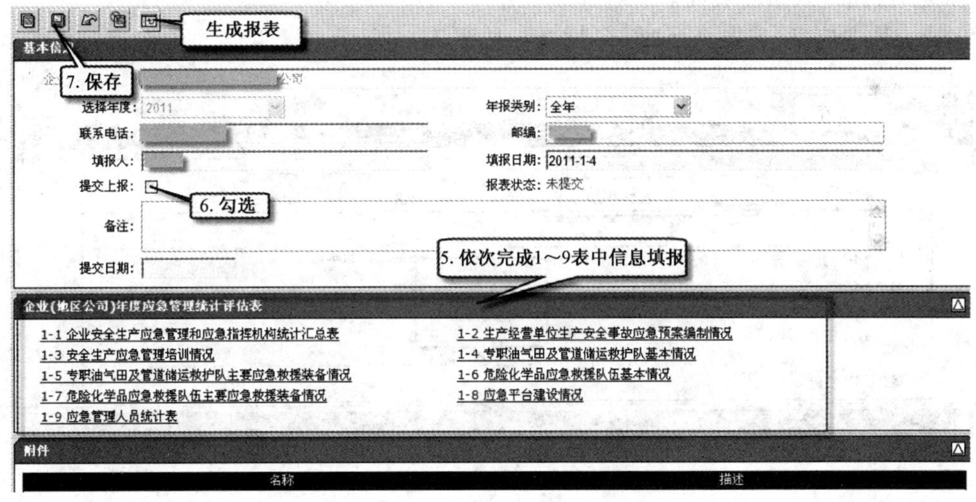

图 7.13 年度应急评估表上报页面

(2)修改年度应急评估表。

【应用举例】

应急评估表未提交前信息录入不完整或者有错误,需要对其进行修改。

① 按照路径【综合管理—应急管理统计报表—年度应急评估表】进入年度应急评估表页面,查询需要修改的应急评估表,点击进入编辑页面。

② 直接修改需要修改的内容,点击页面保存完成修改;

③ 如评估表已被提交,则不能修改,需要退回后修改。

(3)删除年度应急评估表。

【应用举例】

应急评估表未提交前信息录入不完整或者错误,需要删除重新录入。

① 按照路径【综合管理—应急管理统计报表—年度应急评估表】进入年度应急评估表页面,查询需要删除的评估表,点击进入编辑页面。

② 点击页面"删除"按钮直接进行删除。

③ 如该评估表已被提交,则不能删除,需要退回后才能删除。

7.1.6.2　季度应急评估表

各企业(地区公司)每个季度定期在系统中填报应急报表并上报。季报表共 6 张,各企业相关负责人进入界面填写报表数据,然后提交集团公司审批。

【页面路径】

综合管理—应急管理统计报表—季度应急评估表

(1)新建季度应急评估表。

【应用举例】

企业用户需要在此季度的首月录入季度应急评估表。

① 按照路径【综合管理—应急管理统计报表—季度应急评估表】进入季度应评估表页面,点击"新建"按钮进入编辑页面。

② 录入基本信息,点击页面"保存"按钮,如图 7.14 所示。

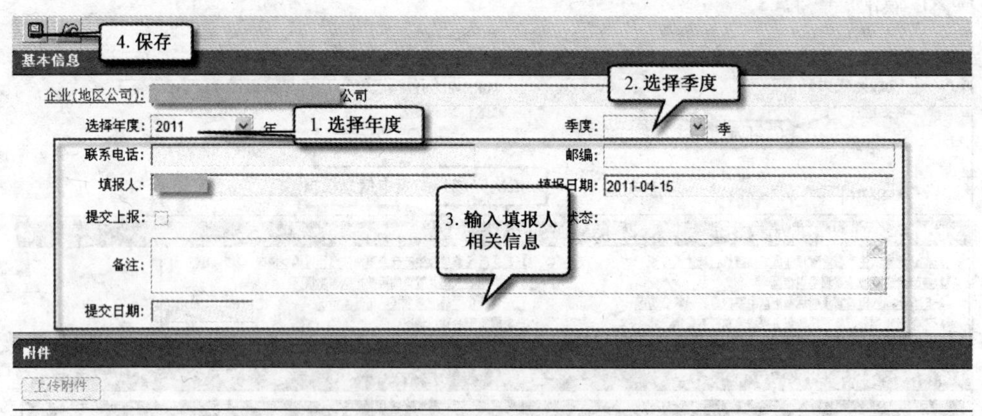

图 7.14　季度应急评估表新建页面

③ 保存成功以后出现 6 张季报需要填报的内容,依次填写 6 张表并进行保存,勾选"提交上报"按钮,点击页面"保存"按钮,完成季报的填报和提交,如图 7.15 所示。

(2)修改季度应急评估表。

【应用举例】

季度应急评估表在提交以前录入错误或者录入不完整,需要修改。

① 按照路径【综合管理—应急管理统计报表—季度应急评估表】进入季度应急评估表页面,查询需要修改的评估表,点击进入编辑页面。

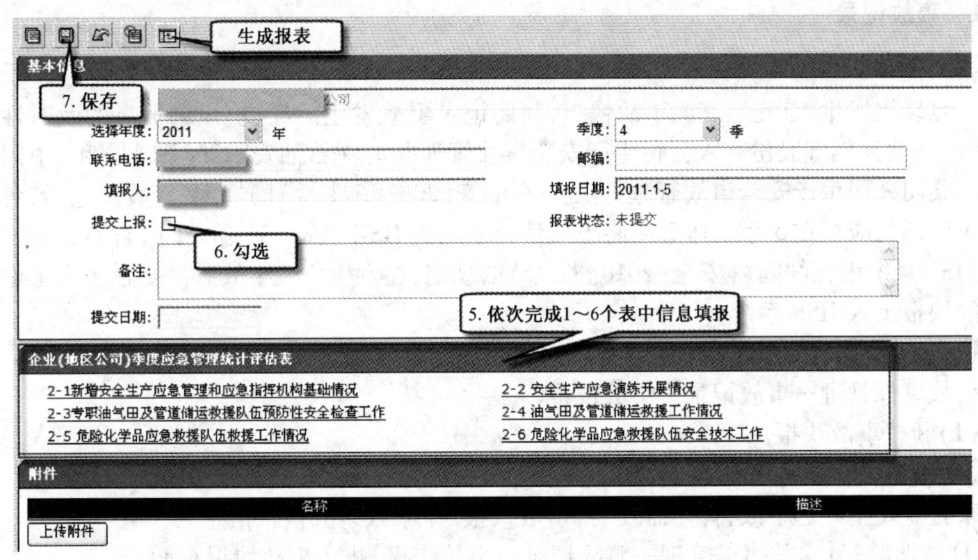

图 7.15　季度应急评估表上报页面

② 直接修改需要修改的内容，点击页面“保存”按钮完成修改。

③ 如评估表已被提交，则不能修改，需要退回后修改。

(3) 删除季度应急评估表。

【应用举例】

季度应急评估表在提交以前录入错误或者录入不完整，需要删除重新录入。

① 按照路径【综合管理—应急管理统计报表—季度应急评估表】进入季度应急评估表页面，查询需要删除的评估表，点击进入编辑页面。

② 点击页面“删除”按钮直接删除。

③ 如评估表已被提交，则不能删除，需要退回后删除。

7.2　事故事件

集团公司为规范生产安全事故的管理工作，及时、准确地报告、调查、处理和统计事故，根据《中华人民共和国安全生产法》、《生产安全事故报告和调查处理条例》（国务院令第 493 号）等法律法规及《中国石油天然气集团公司安全生产管理规定》制定了《中国石油天然气集团公司生产安全事故管理办法》（石油安〔2007〕571 号）。在此管理办法里明确规定事故的等级与分类，对事故报告与披露、事故应急、事故调查、事故处理、事故统计与档案管理等内容进行了明确要求，并要求事故发生后，各单位安全主管部门应当在 5 个工作日内将事故信息录入到 HSE 系统。

《中国石油天然气集团公司》HSE 系统考核细则（安全〔2010〕87 号）对事故快报、事故记录和事故进度的时效性和完整性也作出明确要求，并且鼓励录入事件记录信息。

7.2.1 事故记录

7.2.1.1 事故快报

一旦事故发生，首先应完成事故快报，简要记录事故发生的经过，强调信息的及时性。根据《中国石油天然气股份有限公司生产安全事故管理办法》（石油安〔2008〕2 号）和《中国石油天然气集团公司生产安全事故管理办法》（石油安〔2007〕571 号）的规定：事故发生后，各单位安全主管部门应当在 5 个工作日内将事故信息录入到 HSE 系统。根据《中国石油天然气集团公司 HSE 系统考核细则》（安全〔2010〕87 号）的规定，在发生亡人事故后需要在 2 个工作日内将事故快报录入 HSE 系统。

【页面路径】

事故事件管理—事故记录—事故快报

(1)新建事故快报。

【应用举例】

某企业发生一起事故，首先需要到“事故快报”中录入事故快报信息。

① 按照路径【事故事件管理—事故记录—事故快报】进入事故快报页面。

② 点击“新建”按钮进入编辑页面，如图 7.16 所示。

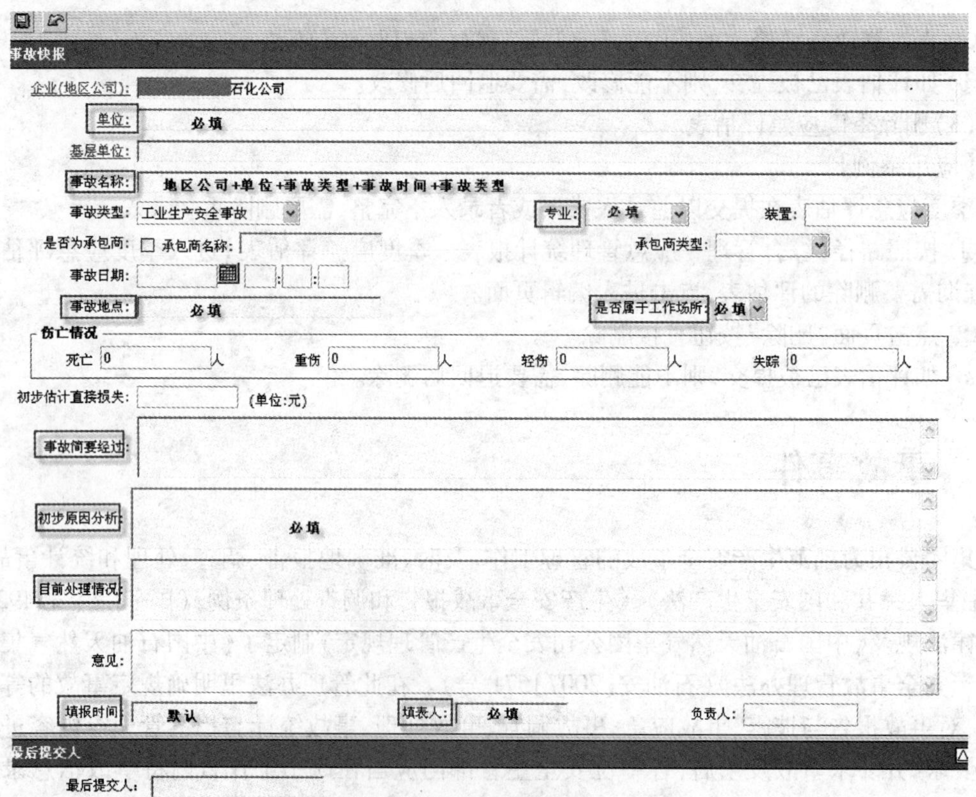

图 7.16 事故快报新建页面

③ 填写单位、事故类型、专业、事故地点、是否属于工作场所、事故简要经过、初步原因分析、目前处理情况以及填报人等信息；“装置”只有选择为“化工生产”以后才有选择内容；如果

为承包商事故,点击承包商名称后的“放大镜”选择承包商。完成数据录入后,点击页面“保存”按钮完成新建。

④ 完成保存以后,事故名称由“企业 + 单位 + 装置 + 事故日期 + 事故类型”自动生成,并且不能修改;“填报时间”根据系统时间自动生成,不能修改。整个事故快报填写完成后不能修改,确认没有问题后点击主页面“保存”按钮,退出编辑页面,完成事故快报的新建。

(2)修改事故快报。

【应用举例】

事故快报信息录入错误,需要在系统中对其进行修改。

事故快报一旦保存自动上报,对事故日期、事故地点、事故简要经过不能修改,也不能删除。如需对这些信息进行修改,需发送修改申请至系统技术支持中心邮箱。

(3)删除事故快报。

【应用举例】

事故快报信息录入错误,需要在系统中对其进行删除。

事故快报一旦保存自动上报,即不能删除,如需删除,则需征得集团公司安全环保与节能部同意后发送删除申请至系统技术支持中心邮箱。

【关键字段解释】

工业生产安全事故:是指在生产场所内从事生产经营活动中发生的造成单位员工和单位外人员人身伤亡、急性中毒或者直接经济损失的事故,不包括火灾事故和道路交通事故。

道路交通事故:是指各单位车辆在道路上因过错或者意外造成的人身伤亡或者财产损失的事件。

火灾事故:是指失去控制并对财物和人身造成损害的燃烧现象。以下情况也列入火灾统计范围:民用爆炸物品爆炸引起的火灾;易燃可燃液体、可燃气体、蒸气、粉尘以及其他化学易燃易爆物品爆炸和爆炸引起的火灾;机电设备因内部故障导致外部明火燃烧需要组织扑灭的事故,或者引起其他物件燃烧的事故;车辆、船舶以及其他交通工具发生的燃烧事故,或者由此引起的其他物件燃烧的事故。

7.2.1.2　事故记录

《中国石油天然气股份有限公司生产安全事故管理办法》(石油安〔2008〕2 号)和《中国石油天然气集团公司生产安全事故管理办法》(石油安〔2007〕571 号)规定:自事故发生之日起 30 日内,事故造成的伤亡人数发生变化的,应当及时补报;道路交通事故、火灾事故自发生之日起 7 日内,事故造成的伤亡人数发生变化的,应当及时补报。

随着对事故处理工作的深入开展,所有事故信息以及处理结果等数据会逐步得到完善。在事故快报的基础上,通过事故记录,可以更详细地跟踪管理整个事故的相关信息。事故记录模块与快报信息相关联,事故发生时先录入快报信息,然后根据事故处理进展在事故记录中对详细信息进行完善。

【页面路径】

事故事件管理—事故记录—事故记录

(1)新建事故记录。

事故记录不能新建，系统默认将“事故快报”中添加的所有事故显示到“事故记录”中。

(2)修改事故记录。

【应用举例】

事故调查报告出来以后，要完善事故等级、事故原因等信息，并进行结案，这就需要到“事故记录”中进行信息修改。结案以后不能修改信息。

① 按照路径【事故事件管理—事故记录—事故记录】进入事故记录页面。

② 查询到需要完善的事故记录，进入编辑页面，如图 7.17 所示。

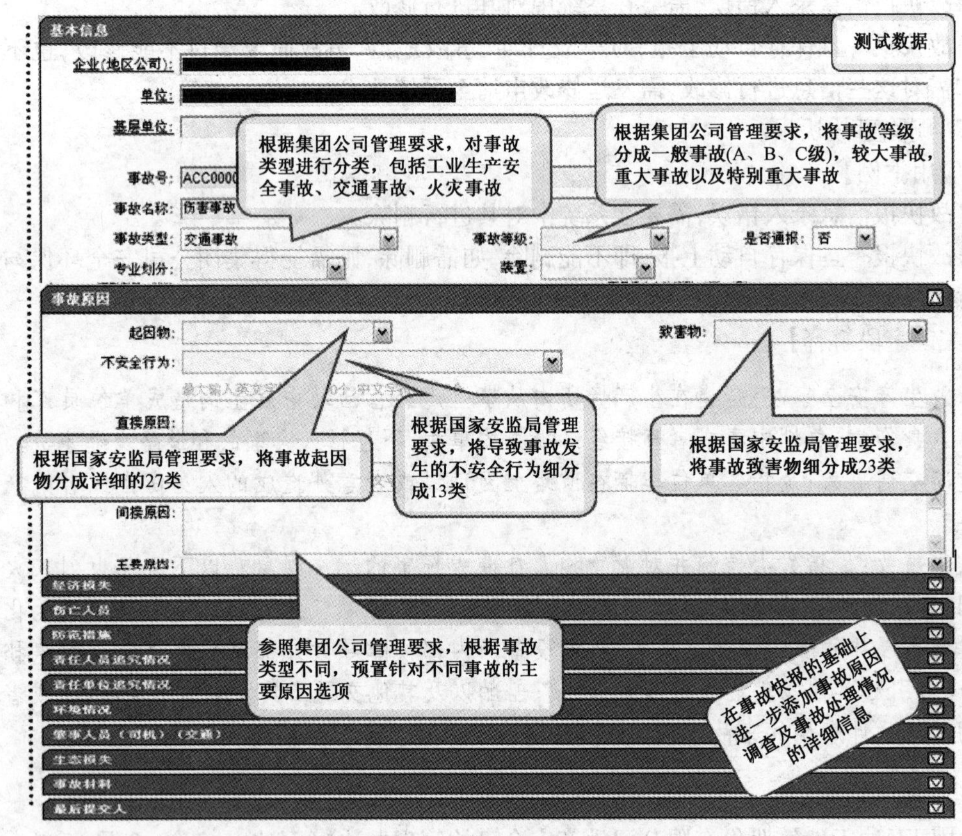

图 7.17　事故记录修改页面

③ 根据事故调查处理结果完善事故信息。对各种事故必填项不一样，其中事故等级、事故经过、直接经济损失等为所有类型事故的必填内容；对于工业生产安全事故来说，工业生产安全事故的主要原因、主要事故类别是必填项；以火灾事故为例，火灾事故主要原因，而对于交通事故来说，交通事故的主要原因、责任情况、车辆类型、天气、地形、交通地理情况是必填项。

④ 完成以上所有应该填写字段的填写工作后，点击页面“保存”按钮，保存整条事故记录信息，完成对事故记录的修改完善；如果想输出事故记录信息，则点击事故记录页面右上角的“事故信息输出”。

⑤ 如事故已经结案，保存完成以后将“是否结案”选择为“是”，再进行保存。事故结案以后不能修改，如需修改，则发送结案状态修改申请至系统技术支持中心邮箱。

(3)删除事故记录。

事故记录一旦形成,即不能删除,如需删除,则需要征得集团公司安全环保与节能部同意后发送删除申请至系统技术支持中心邮箱。

说明:在事故记录页面对“伤亡人数”不能手工输入,由添加的伤亡人员自动汇总。

对经济损失部分的“损失工时”不能手工输入,各伤亡人员的损失工时天数乘以12或者8以后的合计数自动生成。

【关键字段解释】

根据事故造成的人员伤亡或者直接经济损失,事故分为以下等级:

(1)特别重大事故,是指造成30人以上死亡,或者100人以上重伤(包括急性工业中毒,下同),或者1亿元以上直接经济损失的事故。

(2)重大事故,是指造成10人以上30人以下死亡,或者50人以上100人以下重伤,或者5000万元以上1亿元以下直接经济损失的事故。

(3)较大事故,是指造成3人以上10人以下死亡,或者10人以上50人以下重伤,或者1000万元以上5000万元以下直接经济损失的事故。

(4)一般事故,是指造成3人以下死亡,或者10人以下重伤,或者1000万元以下直接经济损失的事故。具体细分为三级:

一般事故A级,是指造成3人以下死亡,或者3人以上10人以下重伤,或者10人以上轻伤,或者100万元以上1000万元以下直接经济损失的事故。

一般事故B级,是指造成3人以下重伤,或者3人以上10人以下轻伤,或者10万元以上100万元以下直接经济损失的事故。

一般事故C级,是指造成3人以下轻伤,或者10万元以下1000元以上直接经济损失的事故。

本条所称的“以上”包括本数,所称的“以下”不包括本数。

7.2.2　事件管理

7.2.2.1　事件信息报告

【页面路径】

事故事件管理—事件管理—事件信息报告

(1)新建事件信息报告。

【应用举例】

本单位新发生一起事件,或者企业外发生的事件对企业有借鉴作用,需要在系统中进行录入。

① 按照路径【事故事件管理—事件管理—事件信息报告】进入事件信息报告页面,点击“新建”按钮进入编辑页面。

② 填写事件名称、事件类别、事件性质、发生日期、事件来源、事件经过等信息,保存之后需要添加事故原因分析,完成所有工作以后再次保存,如图7.18所示。

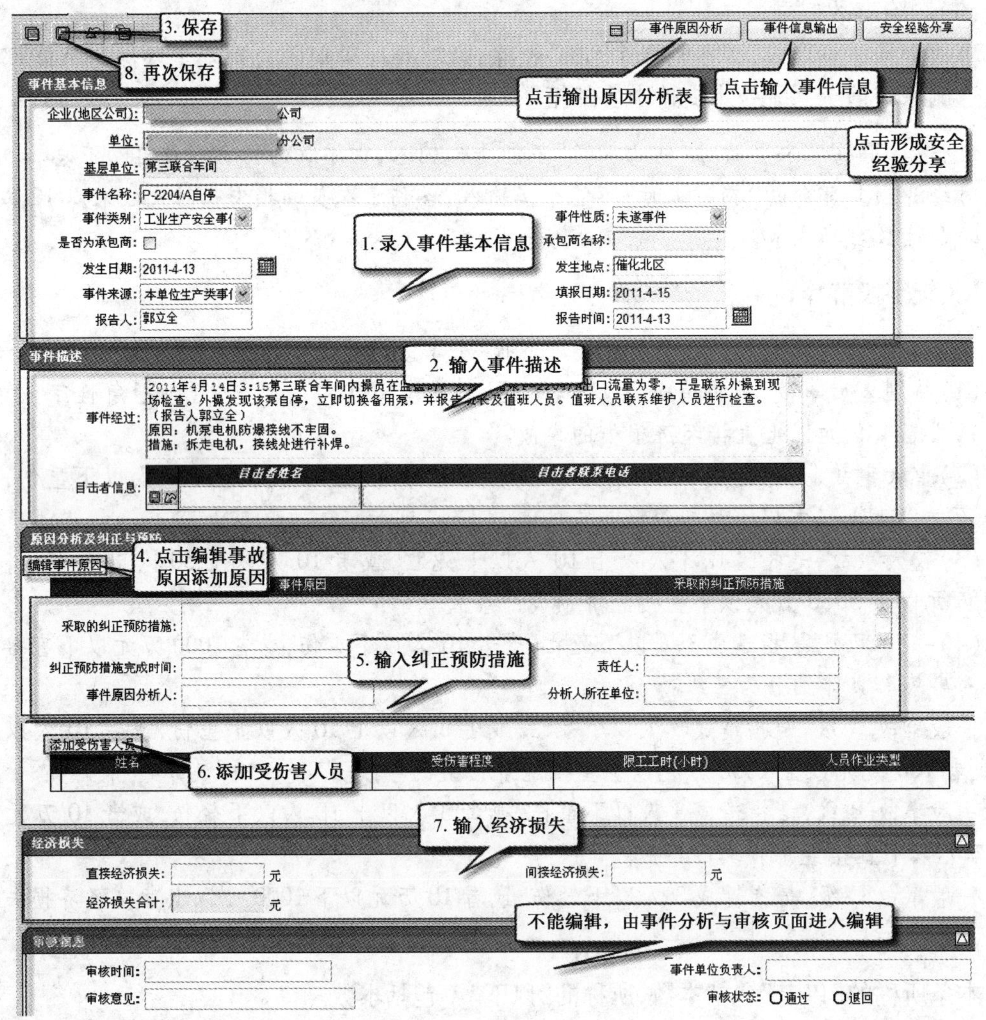

图 7.18 事件信息报告新建页面

(2)修改事件信息报告。

【应用举例】

事件在被审核以前,如信息录入错误或者不完整,可以对其进行修改。

① 按照路径【事故事件管理—事件管理—事件信息报告】进入事件信息报告页面,查询到需要修改的事件信息报告,点击进入编辑页面。

② 事件信息报告未被审核以前可以对其进行修改,修改完毕后进行页面保存。

③ 事件信息报告被审核之后即不能对其进行修改。

(3)删除事件信息报告。

【应用举例】

事件在被审核以前,如信息录入错误或者不完整,可以对其进行删除重新录入。

① 按照路径【事故事件管理—事件管理—事件信息报告】进入事件信息报告页面,查询到需要删除的事件信息报告,点击进入编辑页面。

② 事件信息报告未被审核以前,可以对其直接通过点击“删除”按钮进行删除。

③ 事件信息报告被审核之后不能删除。

【关键字段解释】

事件类别:

(1)工业生产安全事件:在生产场所内从事生产经营活动时发生的造成人员轻伤以下或直接经济损失小于1000元的情况。

(2)道路交通事件:企业员工驾驶的车辆在道路上发生的人员轻伤以下或直接经济损失小于1000元的情况。

(3)火灾事件:在企业生产、办公以及生产辅助场所发生的意外燃烧或燃爆事件,造成人员轻伤以下或直接经济损失小于1000元的情况。

(4)其他事件:上述三类事件以外的,造成人员轻伤以下或直接经济损失小于1000元的情况。

事件性质:

(1)限工事件:员工受伤导致下一工作日只能做部分工作或不能工作一个完整班次的情况(不包括法定节假日、计划性休假)。限工事件具体可以包括:

员工因工受伤导致临时性转岗的情况;

员工因工受伤导致非全时履行原岗位职责的情况;

员工因工受伤导致全时履行原岗位部分职责的情况。

(2)医疗事件:员工受伤需要由专业医护人员进行治疗,且不影响下一班次工作的情况。

(3)急救箱事件:员工受伤仅需一般性处理,不需其他医疗治理,且不影响下一班次工作的情况。

(4)经济损失事件:在企业生产活动中所发生的,没有造成人员伤害的,但导致直接经济损失小于1000元的情况。

(5)未遂事件:已经发生但没有造成人员伤亡或直接经济损失的情况。

7.2.2.2 事件分析与审核

【页面路径】

事故事件管理—事件管理—事件分析与审核

事件分析与审核的具体步骤如下:

【应用举例】

在本单位新录入事件以后,单位事件审核领导需要到系统中进行分析与审核。

(1)按照路径【事故事件管理—事件管理—事件分析与审核】进入事件分析与审核页面,查询需要审核的事件信息进入编辑页面。

(2)勾选“审核状态”,并输入审核信息,如图7.19所示。

(3)点击页面“保存”按钮完成审核。

7.2.3 百万工时安全统计管理

根据集团公司下发的《中国石油天然气集团公司百万工时安全统计管理办法》(安全〔2010〕840号)相关要求,为规范中国石油天然气集团公司百万工时安全统计工作,提高安全

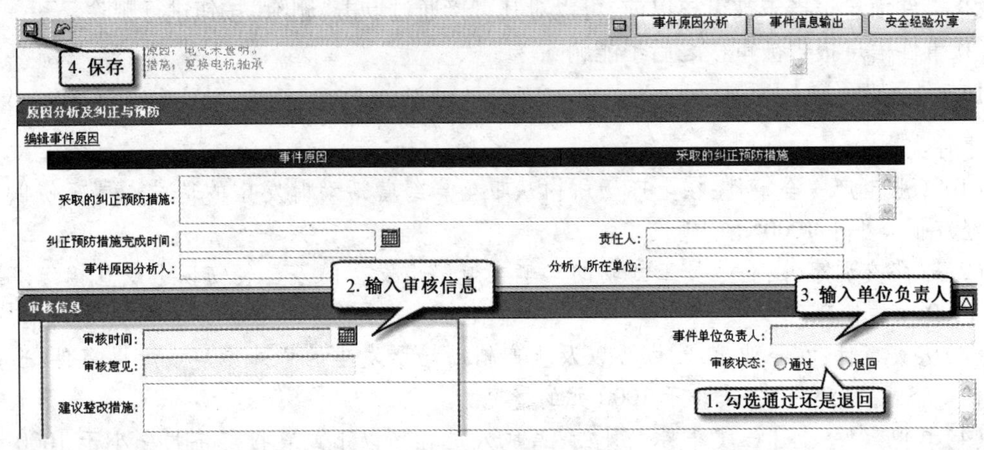

图 7.19　事件分析与审核页面

统计工作的效率,集团公司安全环保与节能部要求 HSE 系统技术支持中心开发了"百万工时安全统计管理"模块。

"百万工时安全统计管理"模块分为"百万工时数据填报"和"百万工时统计"两个功能菜单。百万工时安全统计管理与事故管理、事件管理两个模块关联,通过填报百万工时安全统计数据后,利用系统功能加载事故事件数据,计算出百万工时各项安全统计指标,并根据不同的查询级别,将集团公司、板块、企业、单位和基层单位的统计结果计算出来,供各级用户查询。

7.2.3.1　基层百万工时数据填报

【页面路径】

事故事件管理—百万工时安全统计管理—基层百万工时数据填报

(1)填报基层百万工时数据。

【应用举例】

基层单位百万工时安全统计填报人员每月初需要填写上月本单位及承包商的人员总数和工时总数等信息。

① 按照路径【事故事件管理—百万工时安全统计管理—基层单位百万工时数据填报】进入百万工时填报页面,点击"新建"按钮进入编辑页面。

② 选择年度、月份,输入负责人、填报人及当月本单位和承包商在岗的人员数和工时数,点击"保存"按钮,如图 7.20 所示。

③ 确认信息无误后选择"保存",同时提交,再点击"保存"按钮完成填报及提交。

(2)修改基层百万工时数据。

【应用举例】

基层单位百万工时安全统计数据在被提交前或被退回后,如信息有误,可以对其进行修改。

① 按照路径【事故事件管理—百万工时安全统计管理—基层百万工时数据填报】进入百万工时浏览界面,查询需要修改的月份,点击进入。

② 直接修改数据,点击页面"保存"按钮完成修改。

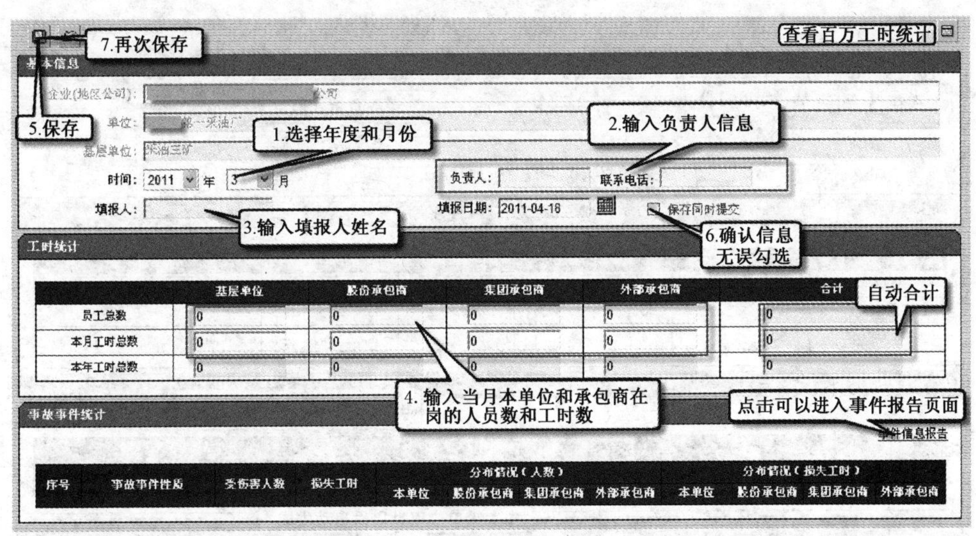

图 7.20　基层百万工时数据填报页面

③ 如数据已上报,则不能修改,需要上级单位退回后才能修改。

(3)删除基层百万工时数据。

【应用举例】

基层单位百万工时安全统计数据在被提交前或被退回后,如信息有误,可以对其进行删除,重新进行录入。

① 按照路径【事故事件管理—百万工时安全统计管理—基层百万工时数据填报】进入百万工时浏览界面,查询需要删除的月份,点击进入。

② 直接点击页面"删除"按钮。

③ 如数据已上报,则不能删除,需要上级单位退回后才能删除。

7.2.3.2　单位百万工时数据填报

【页面路径】

事故事件管理—百万工时安全统计管理—单位百万工时数据填报

(1)填报单位百万工时数据。

【应用举例】

单位百万工时安全统计数据填报人员需要在每月月初填写汇总上月本单位及承包商的员工总数和工时总数。

① 按照路径【事故事件管理—百万工时安全统计管理—单位百万工时数据填报】进入百万工时填报页面,点击"新建"按钮进入编辑页面。

② 选择年度、月份,点击页面"保存"按钮。

③ 点击"查看"及"审批数据",如图 7.21 所示。

④ 用户审批下级上报数据,审批通过以后可以将数据直接加载至本级百万工时数据中。首先根据下级单位上报数据的提交状态,即已提交、未提交、未填报、已退回和已审批,选择对应数据前的勾选框,可以进行审批和退回操作,如图 7.22 所示。

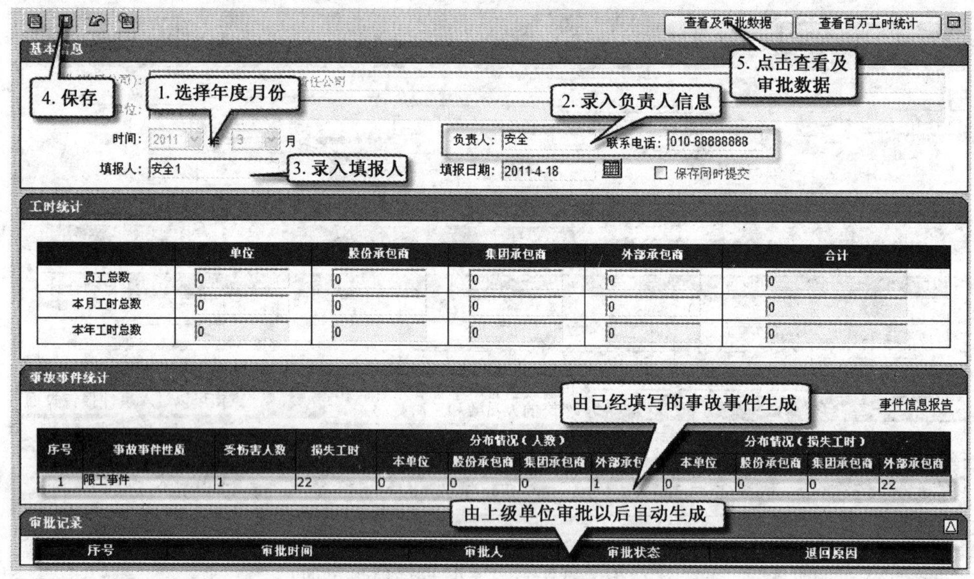

图 7.21　单位百万工时数据填报页面

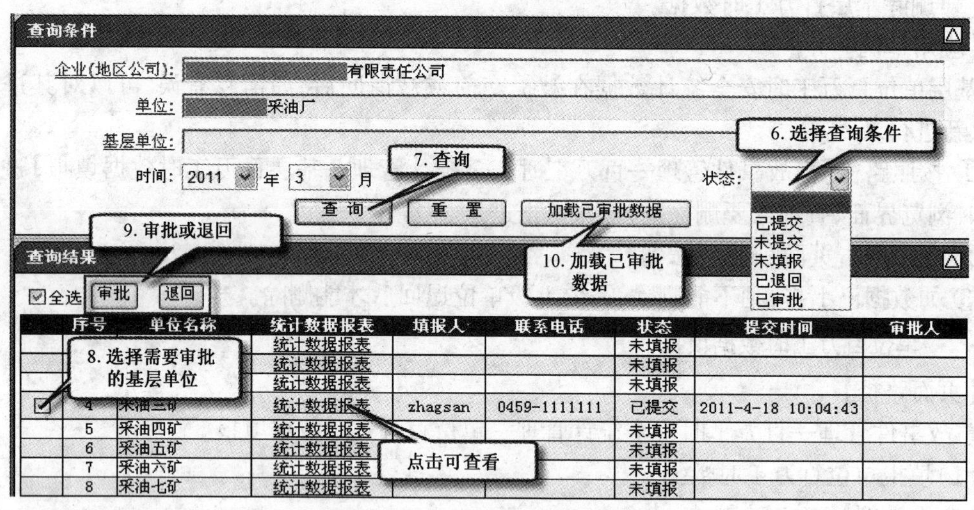

图 7.22　查看及审批数据页面

⑤ 确认汇总以后的员工数和工时数，如无误，点击“保存”按钮同时提交并进行页面保存与上报。

(2)修改单位百万工时数据。

【应用举例】

单位百万工时安全统计数据有误或者不完整，需要对其进行修改。

① 按照路径【事故事件管理—百万工时安全统计管理—单位百万工时数据填报】进入百万工时浏览界面，查询需要修改的月份，点击进入。

② 如数据未被提交，则可以直接修改，再进行页面保存即完成修改。

③ 如数据已被上报,则不能修改,需要上级单位退回后才能修改。

(3)删除单位百万工时数据。

【应用举例】

单位百万工时安全统计数据有误或者不完整,需删除后重新录入。

① 按照路径【事故事件管理—百万工时安全统计管理—单位百万工时数据填报】进入百万工时浏览界面,查询需要删除的月份,点击进入。

② 如数据未被提交,直接点击"删除"按钮。

③ 如数据已被上报,则不能删除,需要上级单位退回后才能删除。

7.2.3.3　企业百万工时数据填报

【页面路径】

事故事件管理—百万工时安全统计管理—企业百万工时数据填报

(1)填报企业百万工时数据。

【应用举例】

企业百万工时安全统计人员需要在每月月初填写汇总上月本企业及承包商的员工总数和工时总数。

① 按照路径【事故事件管理—百万工时安全统计管理—企业百万工时数据填报】进入百万工时填报页面,点击"新建"按钮进入编辑页面。

② 选择年度、月份,点击"保存"按钮。

③ 点击"查看"及"审批数据",如图 7.23 所示,需要首先设置"单位属性",如图 7.24 所示。

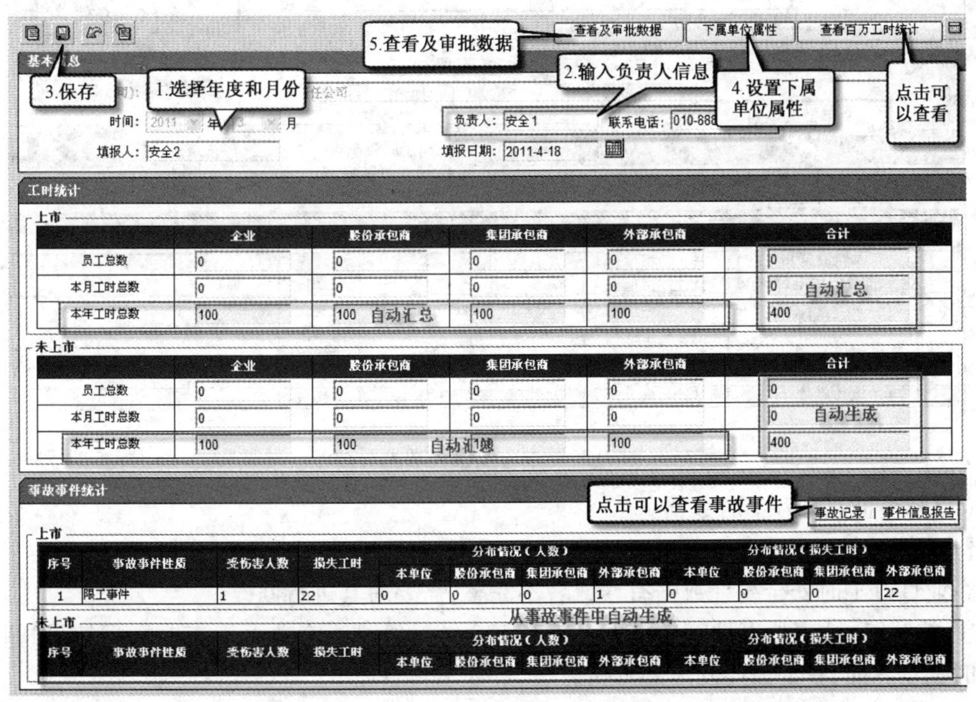

图 7.23　企业百万工时数据填报页面

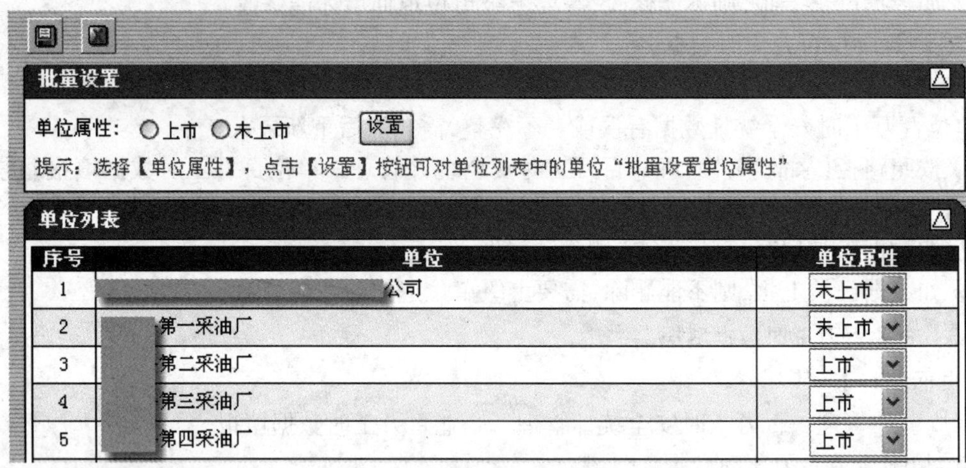

图 7.24　单位属性设置页面

④ 用户审批下级上报数据，审批通过以后可以将数据直接加载到本级百万工时数据中。首先根据下级单位上报数据的提交状态，即已提交、未提交、未填报、已退回和已审批，选择对应数据前的勾选框，可以进行审批和退回操作，如图 7.25 所示。

⑤ 确认汇总以后的员工数和工时数，如无误，点击页面“保存”按钮。

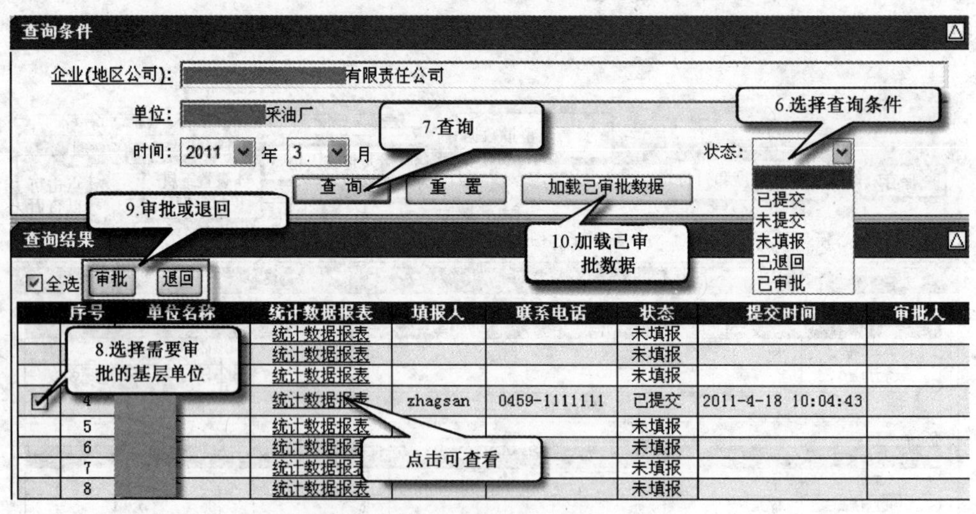

图 7.25　查看及审批数据页面

(2)修改企业百万工时数据。

【应用举例】

企业百万工时安全统计数据有误或者不完整，需要对其进行修改。

① 按照路径【事故事件管理—百万工时安全统计管理—企业百万工时数据填报】进入百万工时浏览界面，查询需要修改的月份，点击进入编辑页面。

② 直接修改数据，点击页面“保存”按钮完成修改。

(3)删除企业百万工时数据。

【应用举例】

企业百万工时安全统计数据有误或者不完整,需要删除重新录入。

① 按照路径【事故事件管理—百万工时安全统计管理—企业百万工时数据填报】进入百万工时浏览界面,查询需要删除的月份,点击进入编辑页面。

② 点击页面"删除"按钮。

说明:企业级用户必须明确本企业下属各单位属性,即下属单位哪些属于上市哪些属于非上市,这将直接影响系统对应数据加载数量和数据统计的结果。

【关键字段解释】

工时统计:填报各级单位实际统计的工时数,在"上市"栏填写本企业属于上市部分的单位发生的实际员工数和工时数,在"非上市"栏填写本企业属于非上市部分的单位发生的实际员工数和工时数。例如,大庆油田公司,上市部分单位(如采油厂)本月共出勤100人,发生工时24000小时,这些数据需要录入到"上市"信息栏中;非上市部分单位(如大庆钻探)本月共出勤100人,发生工时24000小时,这些数据需要录入到"非上市"信息栏中。

信息栏中的对应字段解释如下:

员工总数:用户录入本月出勤员工人数。

本月工时总数:用户录入本月出勤人数实际发生的工时总数。

本年工时总数:系统自动加载本年累计的各月工时总数,不需要用户填写。

企业(单位、基层单位):填写本级单位统计的工时总数。

股份承包商:录入承包本级单位工作的股份承包商员工人数和工时数。股份承包商指中国石油内部属于股份公司(上市部分)的企业,例如,本级单位为大庆油田公司,吉林油田公司的试油试测公司承包大庆油田公司的工作,出勤10人,本月实际工时为2400小时,则大庆油田公司百万工时统计用户将试油试测公司员工10人、工时2400小时分别录入到股份承包商员工数10人、股份承包商本月工时数2400小时。

集团承包商:录入承包本级单位工作的集团承包商员工人数和工时数。集团公司承包商指中国石油内部属于集团公司(非上市部分)的企业,例如,本级单位为大庆油田公司,川庆钻探下属单位承包大庆油田公司的工作,出勤10人,本月实际工时为2400小时,则大庆油田公司百万工时统计用户川庆钻探公司员工10人、工时2400小时,分别录入到集团承包商员工数10人、集团承包商本月工时数2400小时。

事故事件统计:根据本企业各级单位用户在系统中"事故管理"模块和"事件管理"模块录入的实际数据,并根据对应的月份,将事故事件的类型、伤害人数和损失工时等数据系统自动加载到"事故事件统计"信息栏中。"上市"加载数据为本企业下属于上市部分的单位发生的事故事件情况,"非上市"加载数据为本企业下属于非上市部分的单位发生的事故事件情况。

说明:加载的事故、事件类型应为工业安全生产事故或事件,对交通和火灾事故事件,由于不在百万工时安全统计范围,故不做加载,并且事件信息来源应为本单位生产,只有这样才能够加载。

"事故记录"、"事件信息报告"两个数据链接用于用户根据加载的数据情况补录"事故记

录”或“事件信息报告”。对“事故记录”模块,只有企业具有事故管理编辑权限的用户才可以对其进行操作。

7.2.3.4　百万工时安全统计指标查询

系统根据“百万工时统计数据”和事故事件的填报情况,按照《中国石油天然气集团公司百万工时安全统计管理办法》(安全〔2010〕840 号)中百万工时统计指标的计算公式,自动计算出相应的百万工时统计结果供用户查询。

【页面路径】

事故事件管理—百万工时安全统计管理—百万工时安全统计指标查询

百万工时安全统计指标查询的具体步骤如下:

按照路径【事故事件管理—百万工时安全统计管理—百万工时安全统计指标查询】进入,选择查询条件直接进行查询,如图 7.26 所示。

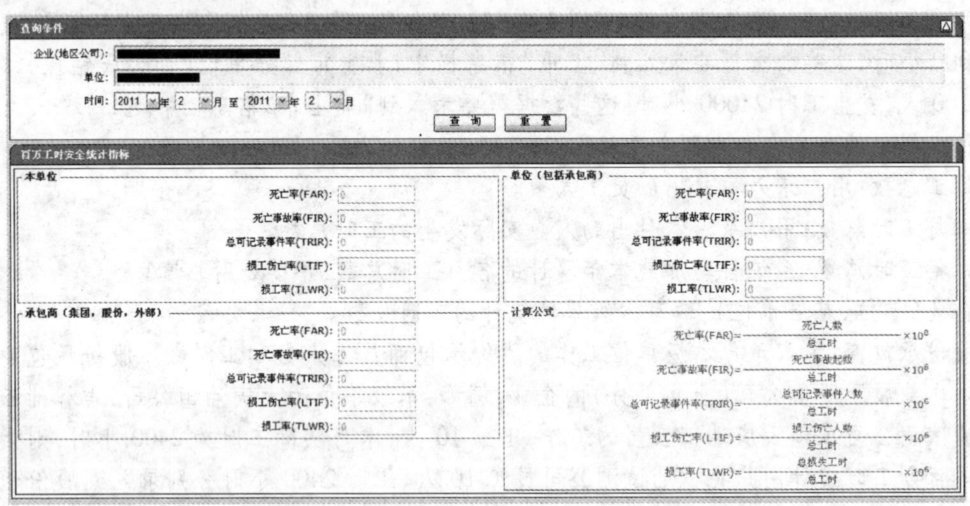

图 7.26　百万工时安全统计指标查询页面

7.2.4　事故进度

通过“事故进度”这个模块的功能,可以跟踪企业事故发生情况,按照国家和中国石油有关规定督促企业按时处理事故,仅需要企业级用户操作。

根据国务院颁发的《生产安全事故报告和调查处理条例》(国务院令第 493 号),事故发生后事故调查组应当自事故发生之日起 60 日内提交事故调查报告;特殊情况下,经负责事故调查的人民政府批准,提交事故调查报告的期限可以适当延长,但延长的期限最长不超过 60 日。

系统作为中国石油事故记录的唯一途径,需严格控制事故记录的时效性。事故记录的填写体现事故调查的进展情况,企业需在每月前 5 个工作日内将未处理完成的事故上报到总部,企业本月无事故仍需点击“提交”按钮确认该月无事故。

(1)提交事故进度。

【应用举例】

企业事故进度提交负责人需要每个月前 5 个工作日提交本企业上月的事故进度情况。

① 按照路径【事故事件管理—事故进度—事故进度】进入,选择要录入的报表月份,点击“查询”按钮,显示企业在事故记录界面中录入的指标信息结果,点击“提交”按钮,如图7.27所示。可将查询出的满足条件的该企业所有事故状态统一设置为“已提交”。

② 点击事故名称的链接,可以查看事故的详细信息。

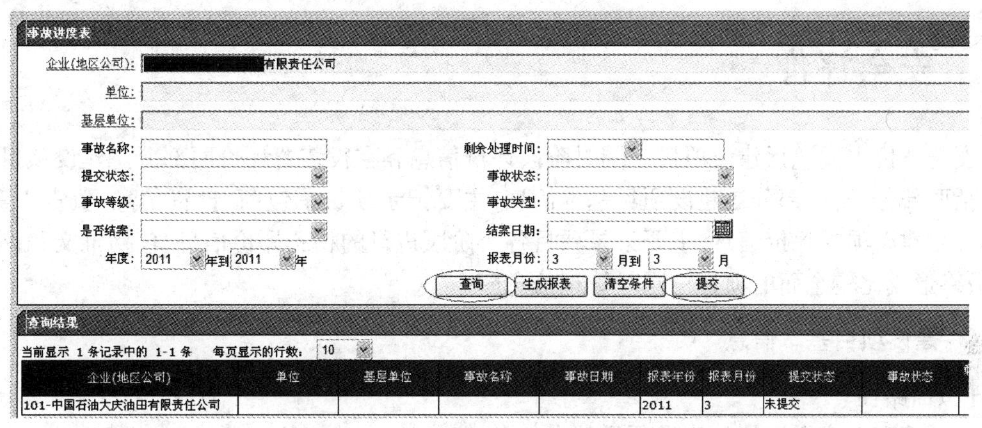

图7.27 事故进度提交页面

说明:只有在“事故记录”编辑页面中进行录入后,才可以在事故进度页面中查询事故。如企业上个月无事故发生,通过查询可以看到企业报表月份为上个月份空数据一条记录,同样需要点击“提交”按钮,确认上月无事故。

按照规定,在每月月初的前5个工作日提交上个月份无事故状态或者事故情况的,提交状态为“按时提交”,否则为“延迟提交”或“未提交”。

一旦事故进度的提交状态为按时提交或者延迟提交,对该事故记录是不允许删除或者更改事故发生时间与月份的,提交状态也是不允许被修改的,所以请确认后再提交。

由于限定事故处理时间是60天,所以剩余处理时间=60-(当前日期-事故日期+1)。如果事故已经结案(在事故记录编辑页面中选择“是否结案”为“是”),则不显示剩余处理时间。

8　评价与第三方

8.1　安全评价

安全评价主要包括建设项目三同时阶段评价信息和在役装置评价两部分。建设项目三同时包括两部分,第一部分是建设项目基本信息,主要记录项目承包商、投资信息、负责人等;第二部分是建设项目评价信息,主要记录项目各个阶段进行的相关评价信息,包括批文和评估报告,最终形成比较全面的项目三同时管理信息库。

8.1.1　建设项目基本信息

【页面路径】

安全管理—安全评价—建设项目基本信息

(1)新建建设项目基本信息。

【应用举例】

某企业新建一个油库缓冲池,需要在系统中录入该项目信息。

① 按照路径【安全管理—安全评价—建设项目基本信息】进入建设项目基本信息浏览界面,点击“新建”按钮进入编辑页面,如图 8.1 所示。

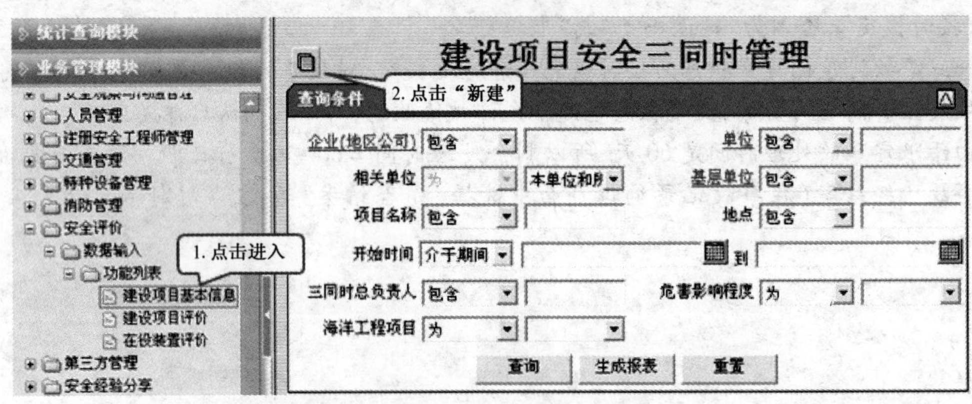

图 8.1　建设项目基本信息新建页面

② 依次录入项目性质、编号、项目名称、相关日期和工作能力等信息,如图 8.2 所示。

③ 依次录入承包方信息、投资情况、投资明细和三同时管理成员,如图 8.3 所示。

④ 完成上述操作后保存页面。

(2)修改建设项目基本信息。

① 由页面路径进入相应的菜单。

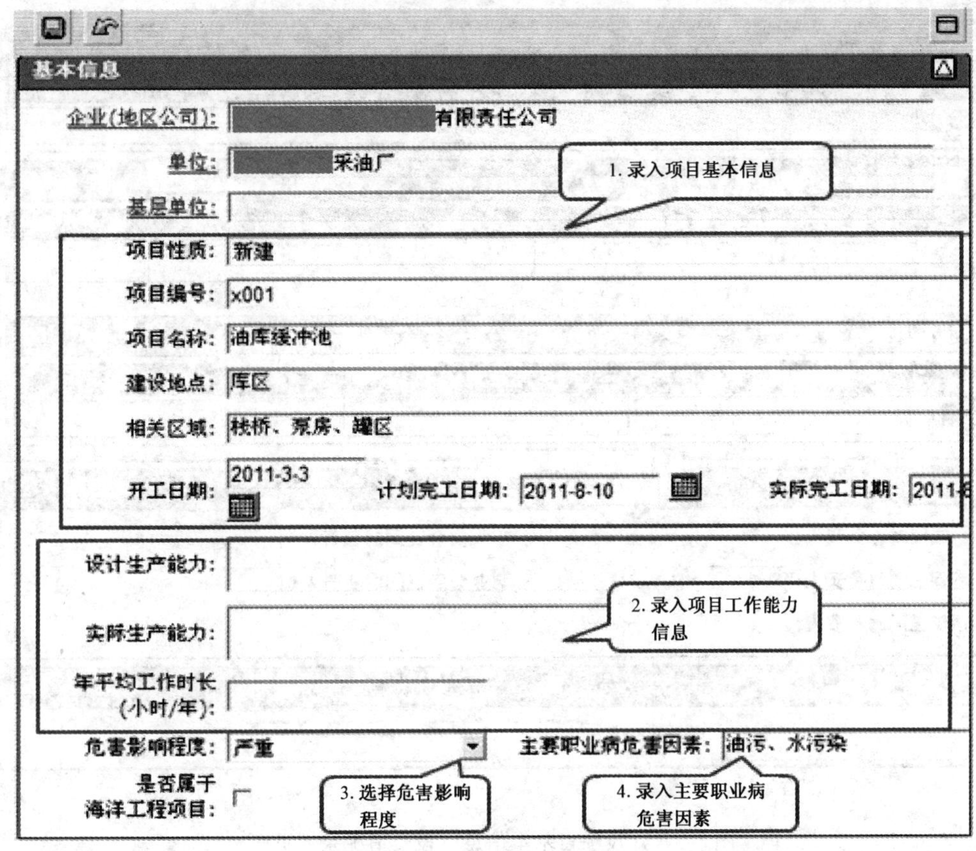

图 8.2 建设项目基本信息页面

② 点击列表页面中需要修改的建设项目信息,修改需要修改的内容。

③ 点击页面“保存”按钮,完成对建设项目信息的修改。

(3)删除建设项目基本信息。

① 由页面路径进入相应的菜单。

② 点击列表页面中需要删除的建设项目信息,确认设计单位、投资信息、投资明细部分没有相应子记录。

③ 点击页面“删除”按钮,完成删除操作。

8.1.2 建设项目评价

【页面路径】

安全管理—安全评价—建设项目评价

(1)录入建设项目评价信息。

① 按照路径【安全管理—安全评价—建设项目评价】进入建设项目阶段评价浏览界面。

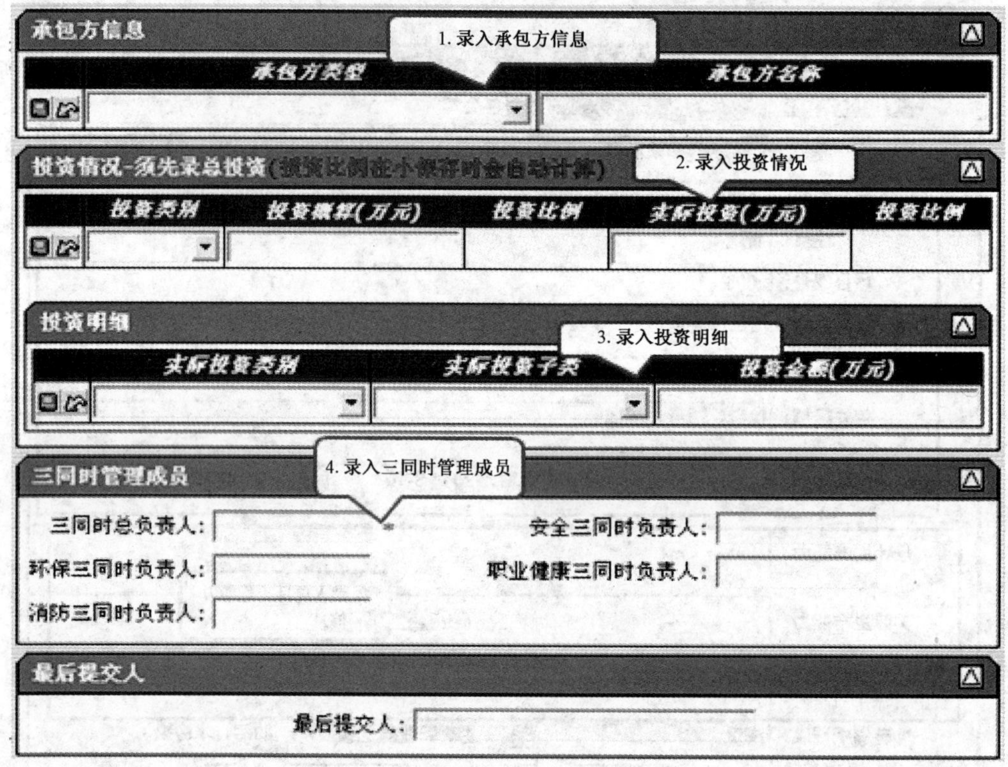

图 8.3　建设项目基本信息—投资情况录入页面

② 录入查询条件,点击“查询”按钮。

③ 找到查询结果,点击进入编辑页面,如图 8.4 所示。

④ 点击“添加阶段信息”按钮,如图 8.5 所示。

⑤ 在子页面中录入相关项目阶段信息,点击“保存”按钮,如图 8.6 所示。

⑥ 点击页面“保存”按钮。

(2)修改建设项目评价信息。

① 由页面路径进入相应的菜单。

② 点击需要维护阶段评价信息的项目,进入编辑页面。

③ 点击阶段评价信息的行编辑按钮,在弹出页面修改阶段评价信息。

④ 点击“保存”按钮,完成对项目阶段评价信息的修改。

(3)删除建设项目评价信息。

① 由页面路径进入相应的菜单。

② 点击需要删除阶段评价信息的项目,进入编辑页面。

③ 点击阶段评价信息的行删除按钮,在弹出页面确认信息,完成对项目阶段信息的删除。

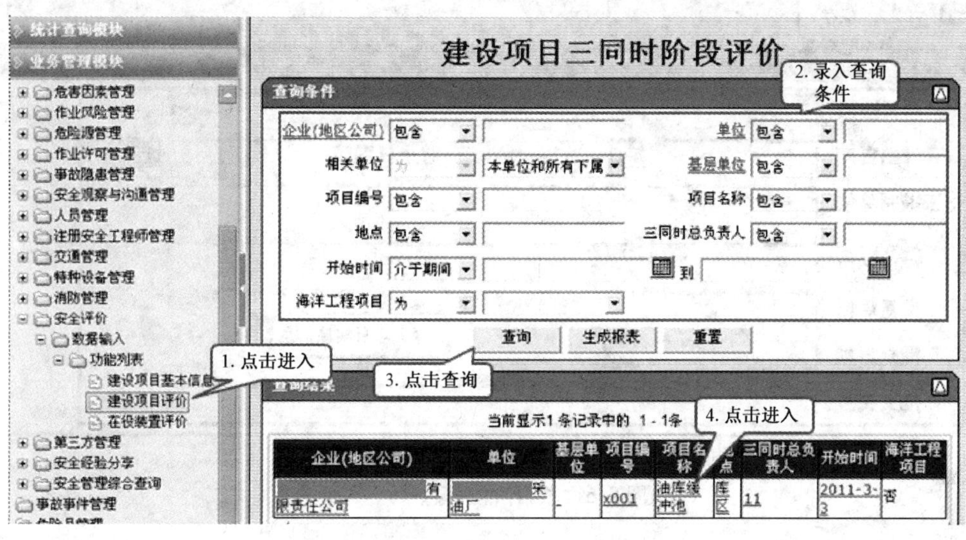

图 8.4　建设项目评价页面

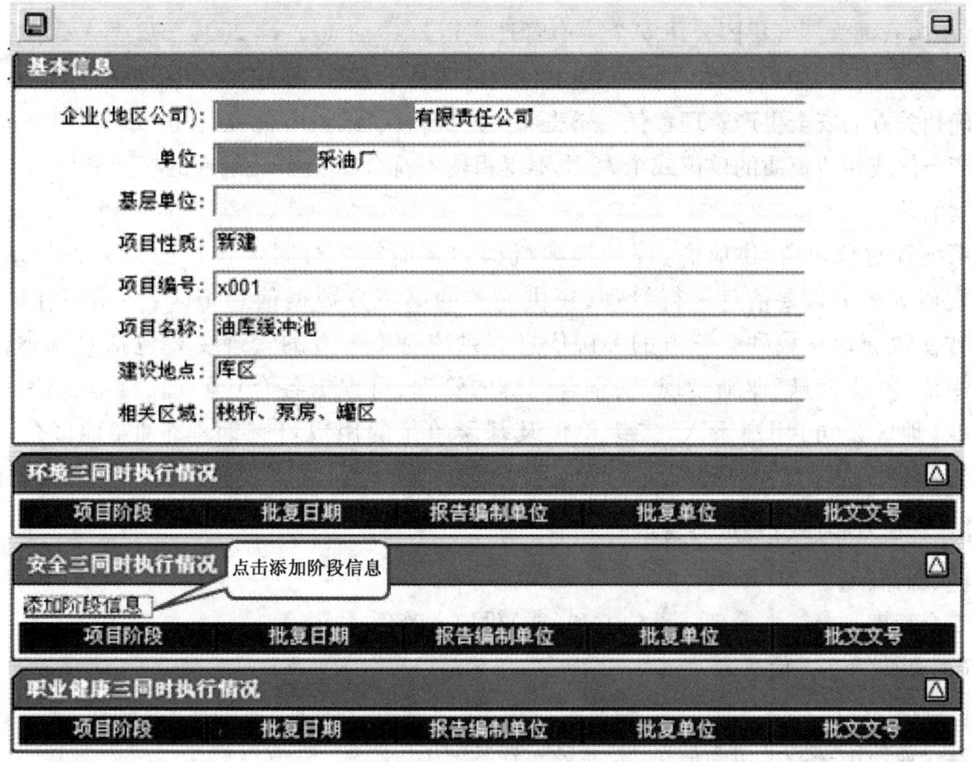

图 8.5　添加阶段信息页面

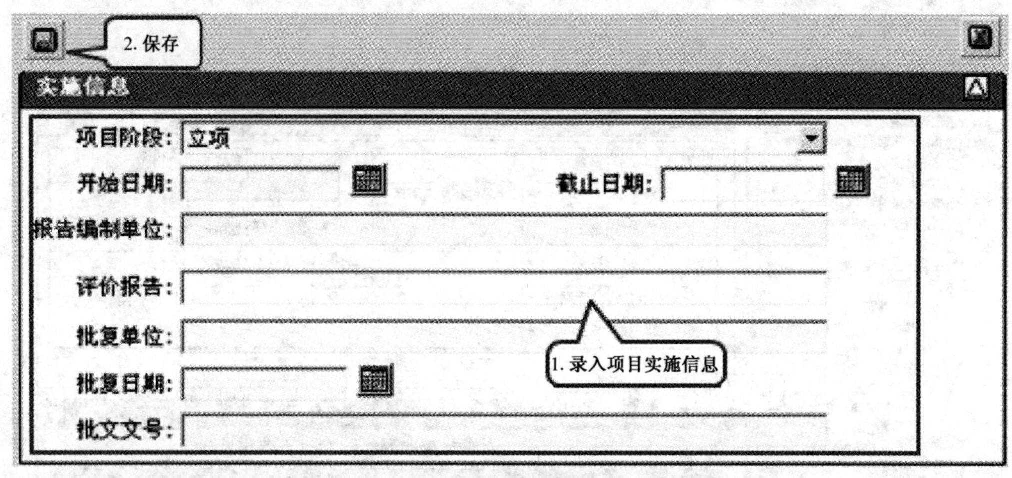

图 8.6　项目阶段信息录入页面

8.2　第三方管理

《中国石油天然气集团公司安全生产管理规定》(中油质安字〔2004〕672 号)要求企业应加强承包、租赁经营的安全管理,在发包和签订的各种承包(含承包任务书)或租赁合同中,必须明确相关方的安全生产管理责任。不得将生产经营项目、场所、设备发包或出租给不具备安全生产条件或相应资质的单位或个人,也不得租赁不符合安全生产条件的场所和设备从事生产经营活动。

系统针对承包商、供应商、评价检测机构和其他等相对固定合作的第三方的基本情况和资质等相关重要信息进行管理,提供完整的第三方数据信息记录,使用户在需要时可以方便快捷地查找到第三方的关键信息。系统对第三方的管理主要包括对基本信息、人员组成、资质信息、业绩表现、安全合同等的管理,可根据各企业管理的重点填写,主要由企业(地区公司)用户录入,二级单位及基层单位的用户可查询本企业(地区公司)的第三方信息。

8.2.1　承包方和(或)供应方管理

【页面路径】

安全管理—第三方管理—承包方和(或)供应方管理

(1)新建第三方信息。

【应用举例】

某企业新增一条承包商信息,需要录入到系统中。

① 由页面路径进入第三方管理页面。

② 点击页面左上角“新建”按钮,进入编辑页面。

③ 填写基本信息。当输入行信息时,请先进行保存,最后点击页面“保存”按钮,完成对第三方信息的新建,如图 8.7 所示。

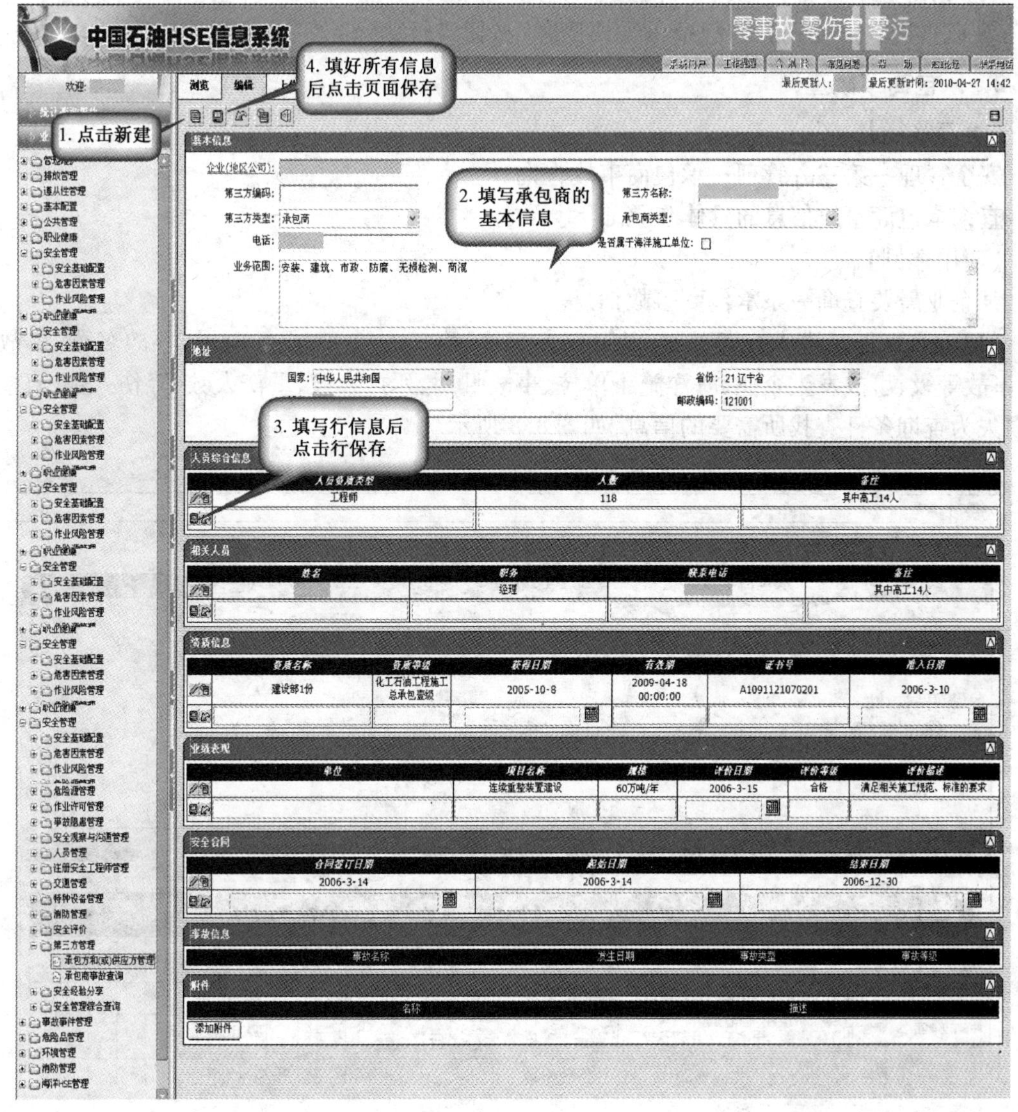

图 8.7　第三方管理信息新建页面

(2)修改第三方信息。

① 由页面路径进入查询页面,以企业,第三方名称、类型、编码、地址、电话以及是否发生过事故和海洋施工单位为查询条件查找所需要的信息。

② 点击“记录”，进入编辑页面修改信息。若要修改行数据，注意点击行“保存”按钮，最后点击页面“保存”按钮即完成对第三方信息的修改。

(3)删除第三方信息。

① 由页面路径进入查询页面，以企业，第三方名称、类型、编码、地址、电话以及是否发生过事故和海洋施工单位为查询条件查找所需要的信息。

② 点击进入需要删除的记录，点击“删除”按钮进行删除。

8.2.2 承包商事故查询

【页面路径】

安全管理—第三方管理—承包商事故查询

查询承包商事故信息的具体步骤如下。

【应用举例】

某企业需要查询一条承包商事故信息。

(1)由页面路径进入查询页面，以第三方名称、第三方类型、业务范围、事故名称、事故类型、事故等级、事故发生企业、海洋施工单位、事故日期、死亡人数、重伤人数、轻伤人数、直接经济损失为查询条件查找所需要的信息，如图 8.8 所示。

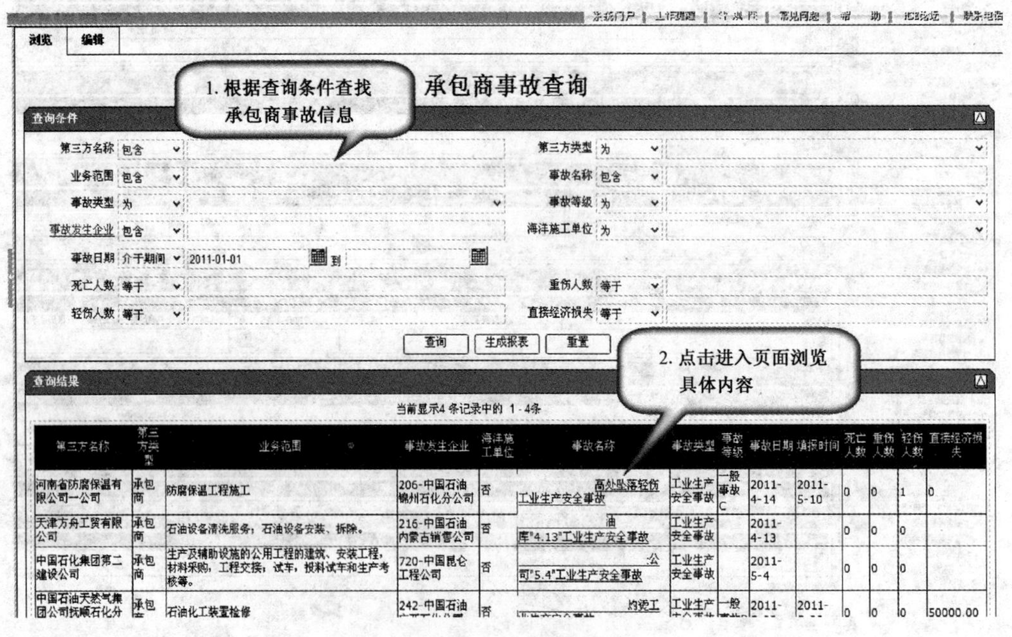

图 8.8　承包商事故查询页面

(2)点击所要查看的承包商事故数据，进入浏览页面，可以生成事故信息表，如图 8.9 所示。

事故信息输出

2. 根据需要输出事故

1. 浏览具体内容查看是否正确

基本信息

企业(地区公司)：……公司

单位：……机关部门

基层单位：

事故号：ACC00001

事故名称：…23"亡人交通事故

事故类型：交通事故　　事故等级：重大事故　　是否通报：否

专业划分：集输　　是否责任事故：○是　○否

是否结案：是

是否为承包商：☑　承包商名称：…勘探局油田建设工程公司　　承包商类型：

发生日期：2004-4-23　7:30:00

事故地点：西（峰）一曲（子）输油管道21km+60m处

地点类型：　　是否属于工作场所：否

方位信息：

最大输入英文字符数2700个,中文字符数900个

事故经过：

汇报信息

报告日期：2006-10-27　0:00:00

报告人：　　电话：

联系人：　　联系电话：

填表日期：2006-10-27　0:00:00　　填表人：

事故原因

起因物：　　致害物：

不安全行为：

最大输入英文字符数2700个,中文字符数900个

直接原因：

最大输入英文字符数2700个,中文字符数900个

间接原因：

最大输入英文字符数1800个,中文字符数600个

备注：

是否第三方责任：

交通事故

主要原因：驾驶员违章/违章会车

责任情况：　　车辆类型：

经济损失

直接损失：0 元　　其他损失：元

经济损失合计：￥0.00 元　　损失工时：小时

伤亡人员

急性工业中毒：人

人员伤亡：

	死亡人数	重伤人数	轻伤人数
本企业	1	0	4
外部承包商			
股份承包商			
集团承包商			
第三方	0	0	0

添加伤亡人员

姓名	伤亡情况	人员作业类型	损失工时(工作日)	人员所属
	轻伤			本企业

伤亡人员说明

承包商：指在达成口头或书面协议后，承担企业及下属单位（业主单位）工作的机构或个人。

外部承包商：指承包商队伍不属于中国石油天然气集团公司和股份公司队伍的情况。

股份承包商：指股份公司所属企业或企业下属单位的队伍作为承包商的情况。

集团承包商：指所属企业或企业下属单位的队伍作为承包商的情况；

第三方：指事故中受伤害的与公司业务无直接关系的人员，包括临时参观人员，或因本单位事故造成受伤害的当地居民。第三方伤害情况指第三方在突发事件中受伤害情况，在表中对第三方事件做简单描述，不做工时统计。

防范措施

以下各项的最大输入英文字符数1800个,中文字符数600个

防范措施：

验证结果：

风险消减情况：

责任人员追究情况

姓名	性别	年龄	职务	行政级别	责任划分	处罚处分	组织处理	经济处分

责任单位追究情况

单位名称	…	…	其它

领导班子：

环境情况

天气：　　地形：　　交通地理情况：

最高温度：℃　　最低温度：℃

风向：　　风速(km/h)：　　备注：

肇事人员（司机）（交通）

添加肇事人员

生态损失

环境污染类型：　废水☐　废气☐　噪声☐　固体废弃物☐

添加泄漏品

事故材料

添加附件

以下各项的最大输入英文字符数1800个,中文字符数600个

描述：

最后提交人

最后提交人：

图 8.9　承包商事故浏览页面

9 环境管理子系统概述

9.1 环境管理业务

随着经济的发展,环境问题日益突出,成为制约经济发展的瓶颈。有效利用能源、减少环境污染、降低安全生产事故频次、防止突发环境事件、确保生命安全的重要性日益凸显,为此我国先后出台了各种环保政策及环境管理的规章制度。根据《环境统计管理办法》(国家环境保护总局第37号令),中国石油天然气集团公司出台了《中国石油天然气集团公司环境保护管理规定》(中油质安字〔2006〕362号)、《中国石油天然气集团公司环境统计管理规定》(中油安〔2008〕374号)和《中国石油天然气集团公司环境监测管理规定》(中油安〔2008〕374号),要求企业严格按照规定的要求,做好环境监测和环境统计工作,准确地实现环境排放数据的上报,使集团公司能够及时掌握污染物的排放情况,更好地实现污染减排工作的目标。

集团公司在"十一五"期间的环境保护工作布置中要求:企业制订的发展计划中应有环境保护专项内容,明确环境保护的目标、任务和措施,强化对企业环境保护计划实施效果的跟踪监督,确保环境保护目标的实现;认真贯彻《中华人民共和国环境影响评价法》,加强对环境影响评价的管理,严格执行建设项目环境影响评价制度和"三同时"制度;认真落实《集团公司关于加快推进清洁生产的实施意见》(中油质安字〔2004〕172号),大力推行清洁生产,依法实施强制清洁生产审核,认真落实清洁生产方案,实现现场清洁生产规范化管理;认真开展环境因素识别、筛选和更新,将对环境因素的控制与管理纳入到生产管理过程中,制订重大环境因素管理方案;重点加强水、大气、固体废物的污染防治以及加强噪声控制和对放射源的监管工作。集团公司通过监督检查、环境影响因素识别、清洁生产审核等手段,进一步排查了环境隐患,加强了对环境隐患的治理工作,减少了环境污染事故发生的可能性。

《中国石油天然气集团公司环境保护管理规定》(中油质安字〔2006〕362号)中指出:集团公司坚持保护环境的基本国策,以人为本、环保优先、预防为主、综合治理,全面实施健康、安全与环境(HSE)管理体系,大力推行清洁生产,构建环境保护长效机制,创造能源与环境的和谐。企业应当严格遵守所在国家和地区的环境保护法律法规,追求"零事故、零伤害、零污染",履行社会责任,建设环境友好型企业。

9.2 环境管理子系统框架

环境管理子模块旨在通过记录业务管理过程中发生的业务数据,为用户提供统一的统计报表工具,实现对数据的集中管理与数据共享,以促进业务信息管理的标准化、规范化、流程化,并为环境业务管理提供必要的数据管理支持。

环境管理业务可分为定期出具环境报表的环境排放统计业务管理及环境日常业务管理两大部分。

环境排放统计业务管理,主要是针对废水、废气、固废、噪声监测情况以及排放情况统一管理,实现对废水、废气排放量和达标排放情况、污染物排放量的统计汇总,同时汇总排污费缴纳、环境污染事故等信息,定期出具集团公司统一要求的环境统计报表。

环境日常业务管理,主要包括环境目标管理、环境因素管理、污染源管理、环保设施管理、放射源及射线装置管理、环境隐患管理、清洁生产管理、建设项目环保三同时管理等内容。以环境目标管理为主线,从目标制定、开展工作、发现问题、解决问题、完成目标考核,实现闭环管理。

环境管理子系统总体架构如图9.1所示。

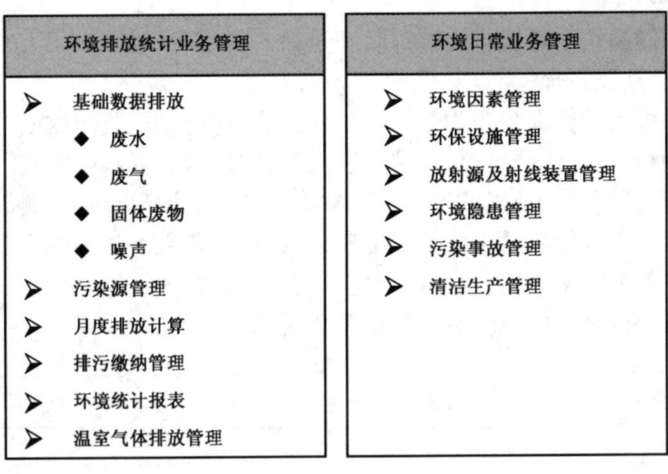

图9.1　环境管理子系统总体架构图

9.2.1　环境排放统计业务管理

主要针对废水、废气、固废、噪声监测情况以及排放情况统一管理,具体表现在如下几个方面:

(1)规范数据管理流程。

(2)提供便捷的信息沟通功能,实现监测部门和HSE管理部门之间数据共享,及时掌握排放情况。

(3)提供方便的数据查询和历史数据汇总功能。

(4)提供完善的固废处理跟踪管理机制。

(5)实现对废水、废气排放量和污染物排放量的计算。

(6)实现统计报表汇总与自动生成功能,规范环境报表的上报与统计。

9.2.2　环境日常业务管理

环境日常业务管理,主要是对环境业务涉及的环境因素、污染源、环保设施、放射源、环境隐患、建设项目三同时、清洁生产以及事故集中统一管理,从目标制定、开展工作、发现问题、解决问题、完成目标考核,实现闭环管理。具体表现在如下几个方面:

(1)以HSE目标管理(环境)为总纲,将日常零散的管理业务信息汇集到一起,形成集中的信息管理。

(2)以监督检查、隐患为主线,将环保设施、放射源及射线装置、环境因素、污染源、监督检查、建设项目三同时等贯穿为一体,及时跟踪日常管理业务中检查发现的问题、隐患及其来源,便于及时治理和消除。

(3)提供快速、便捷的台账汇总、统计与查询功能,使环境日常业务管理更系统、更规范,数据更完整,传递更及时。

9.3 环境管理子系统流程

9.3.1 环境排放统计

在环境管理功能模块中环境排放统计管理是核心内容,主要是对环境统计报表内容进行数据规范化、统计自动化管理。

由于环境统计报表的数据来源为系统中输入的流量类数据、监测数据,而这些数据的负责单位、部门和人员通常不是同一个单位、部门和人员,因此需要多部门的协同配合工作,才可以保证环境统计报表得以及时、准确的生成。通常需要环境监测部门对监测数据及时准确录入,各二级单位对水、气、固废的流量数据及时准确录入,同时需要具有环境污染事故编辑权限的人员将事故信息及时准确录入后,由此计算生成的报表数据才能正确。

环境排放统计部门之间的协作流程如图 9.2 所示。

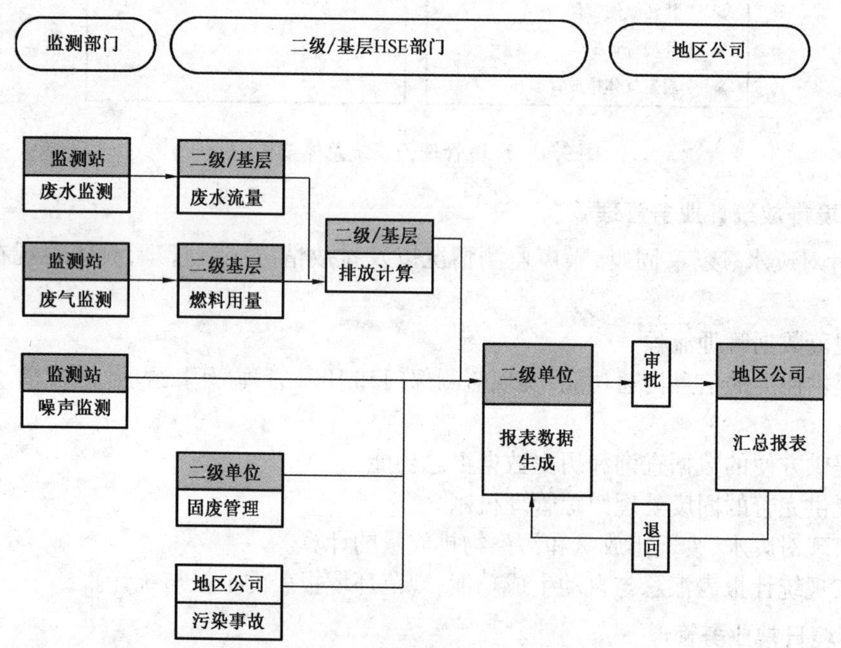

图 9.2　环境排放统计部门之间的协作流程

环境排放统计数据录入与报表审批流程如图 9.3 所示。

(1)环境监测数据录入,包括废水、废气和噪声的监测数据录入。

(2)环境排放流量数据录入,包括废水流量数据录入、废气燃料用量/废气排放量录入或设备生产时间表以及固废产生量、存储量、处理量的维护。

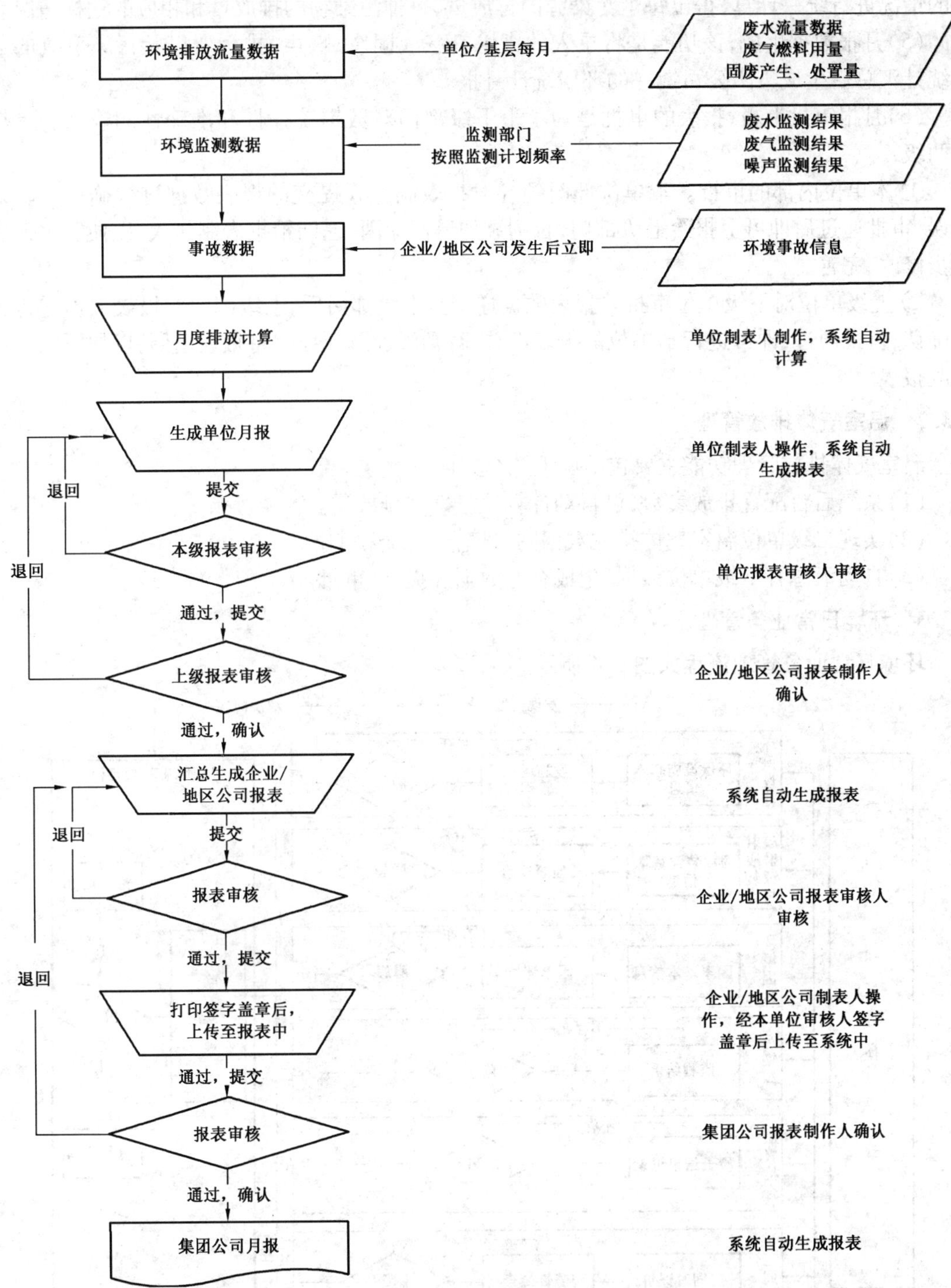

图 9.3 环境排放统计数据录入与报表审批流程

(3)事故数据录入,包括统计区间内发生的环境污染事故。

(4)月度排放计算,该功能主要是依据流量数据、监测数据、监测指标,针对废水、废气外排的情况进行统一计算，得出每个污染源的排放量、每种污染物的排放量和相应的达标情况。

(5)月报数据生成，该功能是将录入的废水、废气、固废、噪声、排污费以及污染事故的数据统计汇总后生成集团公司统一的环境统计月报。

(6)月报审批上报，报表的审批是为了上下级部门对数据统一性和准确性的确认。审批分两级：

① 本单位内部的审批。本单位部门领导对报表制订人提交的报表数据进行确认。确认无误，审批通过后即可上报给上级部门，否则添加退回原因，退回给报表制作人，以便制表人进一步修改、完善。

② 上级单位对下级单位审批。报表数据递交至上级部门后，上级部门对报表数据进行再次确认；审批通过，即可进行本单位的报表汇总，否则添加退回原因将报表退回，以便下级单位修改报表。

9.3.2 温室气体排放管理

温室气体排放管理功能主要包括以下几个方面：

(1)系统后台配置排放参数，可自动计算温室气体排放量。

(2)实现二级单位温室气体排放数据网上填报、提交和审批。

(3)自动汇总各二级单位数据，生成企业数据并提交、审批。

9.3.3 环境日常业务管理

环境日常业务管理流程如图 9.4 所示。

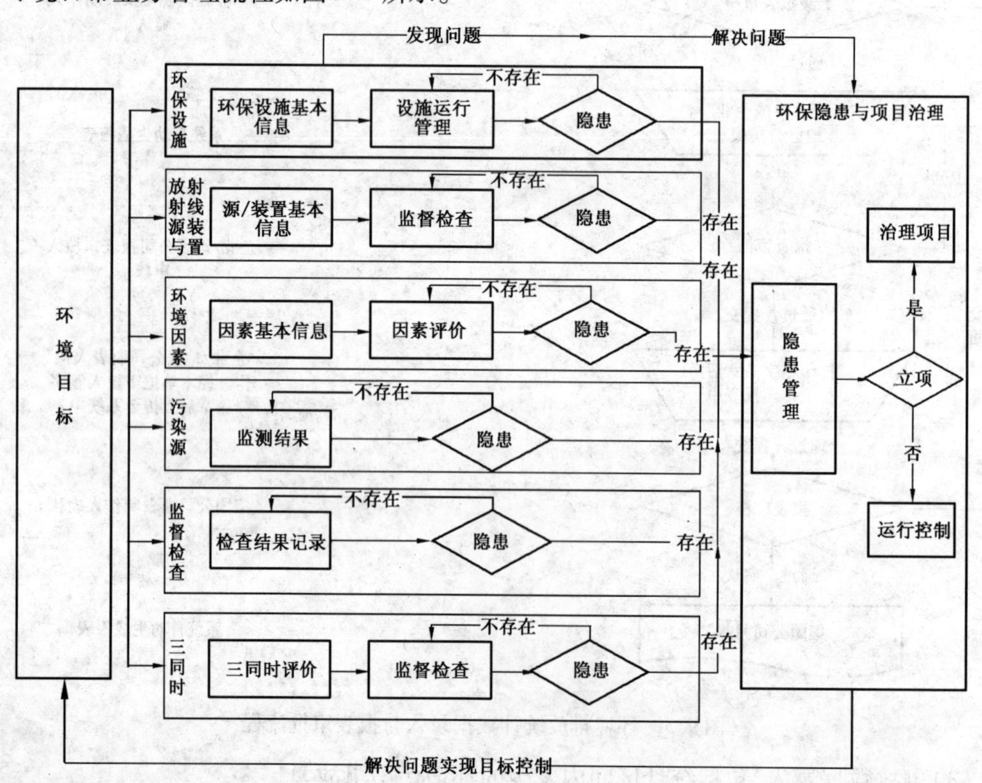

图 9.4 环境日常业务管理流程图

10　环境排放统计

为贯彻落实《国务院批转节能减排统计监测及考核实施方案和办法的通知》(国发〔2007〕36号)要求,加快建立集团公司污染减排、统计监测和考核体系,依据《中国石油天然气集团公司环境保护管理规定》(中油质安字〔2006〕362号),制定了《中国石油天然气集团公司环境监测管理规定》(中油安〔2008〕374号),对污染源监测的项目、频率、报送方式等均作出了明确的要求。

系统中环境排放统计模块包括三废(废水、废气、废渣)排放及噪声监测信息,在配置监测点的基础上记录废水、废气、固废排放信息以及废水、废气、噪声的监测信息。各单位、监测站分别录入排放、监测数据,通过预先设置的计算模型,可以自动计算出污染物排放数据并生成到报表中,省去了人工统计的过程。

10.1　环境排放—废水管理

《中华人民共和国水污染防治法》第二章第七条规定:国务院环境保护部门根据国家水环境质量标准和国家经济、技术条件,制定国家污染物排放标准。省、自治区、直辖市人民政府对国家水污染物排放标准中未作规定的项目,可以制定地方水污染物排放标准;对国家水污染物排放标准中已作规定的项目,可以制定严于国家水污染物排放标准的地方水污染物排放标准。地方水污染物排放标准须报国务院环境保护部门备案。凡是向已有地方污染物排放标准的水体排放污染物的,应当执行地方污染物排放标准。

在该模块中,需要用户定期输入废水监测数据及流量数据以生成报表,同时可以查询录入的流量数据和监测数据,也可以查询监测数据的统计结果。其中,废水流量数据有两大用途:报表统计和不达标情况计算。在进行报表统计时,主要包括如下流量信息:工业废水产生量、需处理工业废水量、工业废水处理量、工业废水回用量、工业废水排放量、工业废水排放达标量等。而在进行不达标情况计算时,视各单位的不达标统计频率而异,一般来讲,需要遵循下面一些相关规则完成:如果某单位不达标统计频率为每天(每月、每季),即每天监测一次或多次,且当天监测有不达标情况且监测次数多于一次,则必须输入当天水量信息。系统计算不达标水量的方法为:当天不达标水量 = 当天水量 × 当天不达标监测次数/当天总监测次数

10.1.1　废水流量数据录入

【页面路径】

环境管理—废水管理—废水流量数据录入

(1)新增废水排放量信息。

【应用举例】

某车间录入外排水口在2010年4月份的废水排放量数据。

① 按照路径【环境管理—废水管理—废水流量数据录入】进入监测点查询页面,查询到该监测点后,点击进入编辑页面,如图 10.1 所示。

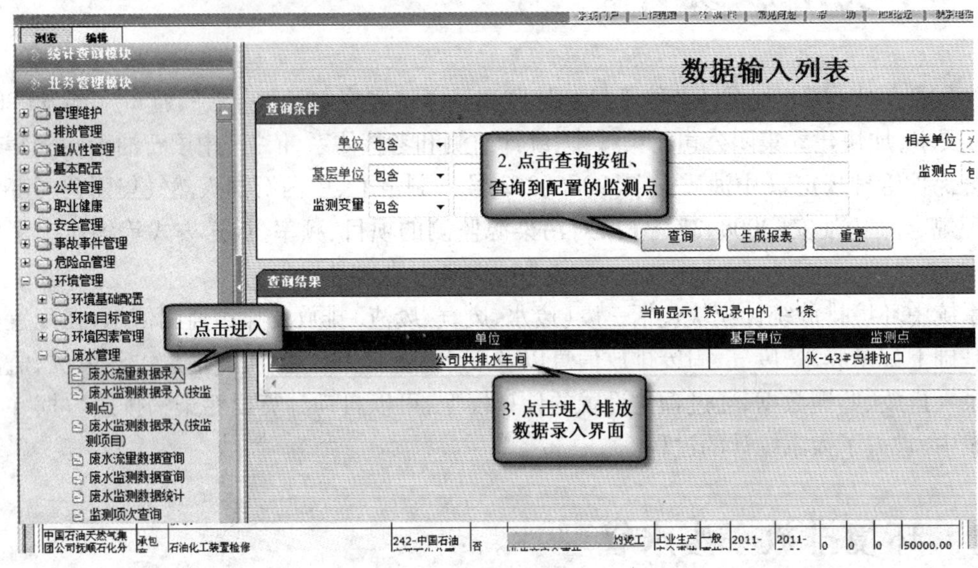

图 10.1　废水监测点查询页面

② 选择监测点后,点击"添加流量数据"按钮,进入废水流量数据编辑页面,如图 10.2 所示。

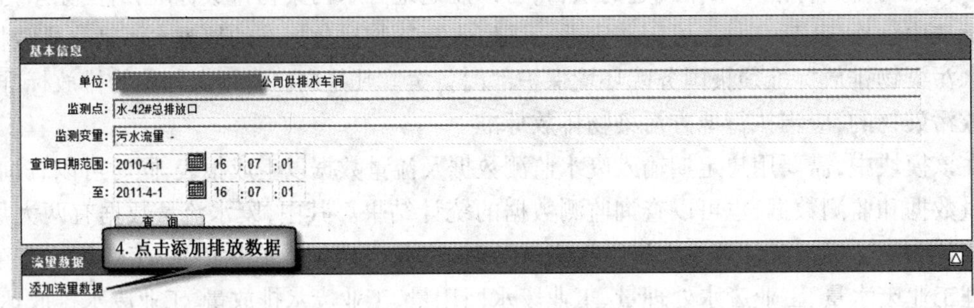

图 10.2　废水监测点页面

③ 选择日期时间、录入废水排放量,单位默认为 m^3,不需要修改,点击"保存"按钮即完成录入,如图 10.3 所示。

(2)修改废水排放量信息。

① 由页面路径进入相应的菜单。

② 点击"查询"按钮,查询到需要修改数据的监测点,进入废水排放量编辑页面。

③ 设置查询日期范围,查询到需要修改的排放量记录,点击进入编辑页面。

④ 修改相关信息并保存。

(3)删除废水排放量信息。

① 由页面路径进入相应的菜单。

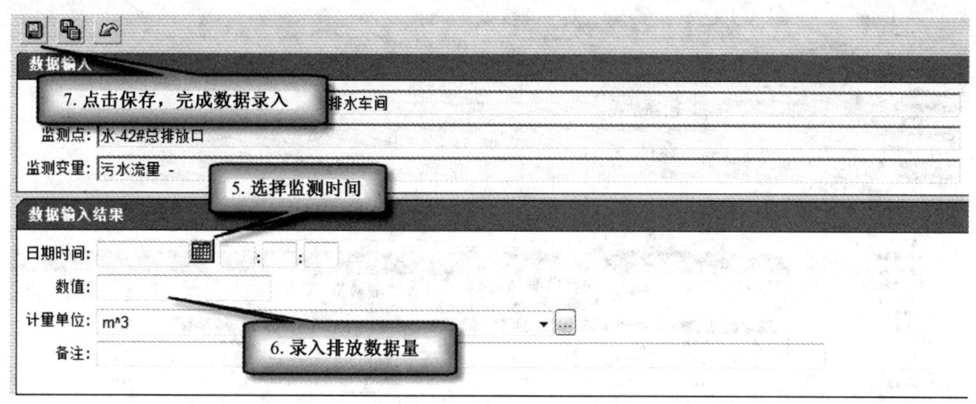

图 10.3　录入排放数据页面

② 点击“查询”按钮，查询到需要删除数据的监测点，进入废水排放量编辑页面。

③ 设置查询日期范围，查询到需要删除的排放量记录，点击进入编辑页面。

④ 删除相关信息。

说明：对本页面录入的废水排放量，会根据选择的时间及预先配置的废水监测点类型，自动把排放量带入到月报相应的指标中。

月报统计的日期为自然月，即该月一号至月末。

如果一个监测点在统计期间内有多条记录，则把多条记录相加的和即为该监测点本月排放数据。

10.1.2　废水监测数据录入(按监测点)

【页面路径】

环境管理—废水管理—废水监测数据录入(按监测点)

(1)录入废水监测数据。

【应用举例】

某车间需要录入废水监测点污染物浓度值。

① 按照路径【环境管理—废水管理—废水监测数据录入(按监测点)】进入监测数据编辑页面，选择单位、监测点、监测部门、日期，获取监测项目，录入监测结果并保存，如图 10.4 所示。

② 也可以通过批量上传的功能实现录入。点击“下载监测点模板”，在模板中录入监测结果，点击“上传监测结果”按钮完成录入，如图 10.5 所示。

(2)修改废水监测数据。

① 由页面路径进入相应的菜单。

② 选择监测点、部门和时间，显示录入的数值。

③ 修改相应数值并保存。

(3)删除废水监测数据。

① 由页面路径进入相应的菜单。

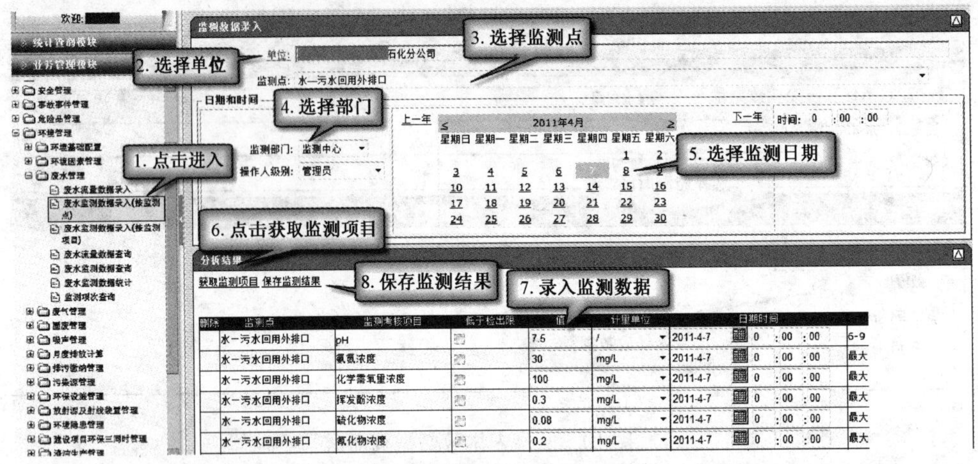

图 10.4　废水监测数据录入页面

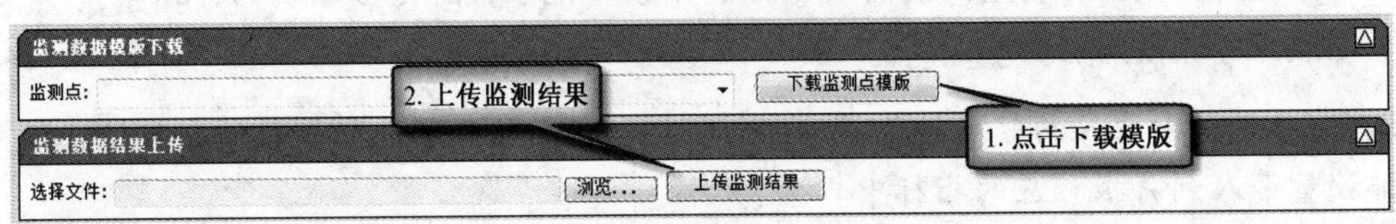

图 10.5　批量导入监测数据页面

② 选择监测点、部门和时间,显示录入的数值。

③ 删除相应数值。

说明:本页面录入的废水监测数据,其监测点、监测项目、超标限值是预先配置的,如果需要修改,请联系技术支持中心。

在“监测部门”处选择“监测中心”,录入的数据会自动生成到月报中,若选择其他项,则在报表中不会体现。

如果一天内有多条监测记录,需要具体到时间点。

如果录入的结果超标,在保存时会弹出提示框。

按监测点和监测项目两个模块录入效果相同,一个是先选择监测点后调用监测项目,一个是先选择监测项目后调用监测点。如果单位监测项目较多,建议选择前者,反之选择后者。

10.1.3　废水监测数据录入(按监测项目)

操作步骤同 10.1.2 废水监测数据录入(按监测点)。

10.2　环境排放—废气管理

在《中国石油天然气集团公司环境监测管理规定》(中油安〔2008〕374 号)中对废气监测点的监测项目、频次、监测方法等都提出了明确的要求。各单位应根据规定的要求录入废气数据,并保证数据的真实性,以确保报表的准确性。

与“废水管理”相似，对废气数据的管理也主要分为对流量类数据（流量类数据录入分为燃料用量/废气排放量录入和生产时间录入两种）和监测类数据的管理两种，通过流量类数据和监测类数据可以计算出废气达标排放量和污染物的排放情况，但对废气数据的计算方式相对复杂。

（1）燃料用量/废气排放量录入。

燃料用量/废气排放量录入适合采用“物料衡算法”统计废气排放量及污染物排放量的单位。

① 录入燃料用量或其他基础数据（如燃油量、燃煤量、燃气量、车辆行驶公里数等），通过单位采用的经验公式，计算出废气的排放量。例如，废气排放量（万标立方米）=燃气量（万标立方米）×10.26，由此计算出废气的排放量。

② 利用这种计算方式不仅可以通过燃料用量计算出废气排放量，还可以通过经验公式直接计算出各种污染物的排放量，且这种计算方式可不依赖于监测结果。例如，二氧化碳（吨）=燃煤量（吨）×1.26×0.001，由此计算出对应污染物的排放量。

③ 也可以直接录入废气的排放量，即直接录入估算的排放口废气排放量。

（2）生产时间录入。

生产时间录入适合采用监测瞬时排放量的单位。通过监测废气排放口的瞬时排放量与排放设备的正常运行时间，可计算得出废气的排放量。同样，也可以根据监测污染物的瞬时排放量，计算出污染物的排放量。

10.2.1　燃料用量/废气排放量录入

操作步骤同10.1.1废水流量数据录入。

10.2.2　废气监测数据录入（按监测点）

操作步骤同10.1.2废水监测数据录入（按监测点）。

10.2.3　废气监测数据录入（按监测项目）

操作步骤同10.1.3废水监测数据录入（按监测项目）。

10.2.4　生产时间录入

【页面路径】

环境管理—废水管理—生产时间表

（1）新增生产时间表。

【应用举例】

某车间需要录入设备的运行时间。

① 按照路径【环境管理—废气管理—生产时间表】进入设备生产时间表编辑页面，如图10.6所示。

② 选择单位、监测点，录入起始时间、截止时间、实际运行时间，如图10.7所示。

（2）修改生产时间表。

① 由页面路径进入相应的菜单。

② 选择起始、结束时间，点击“查询”按钮，选择需要修改的数据进入编辑页面。

③ 修改相应数值并保存。

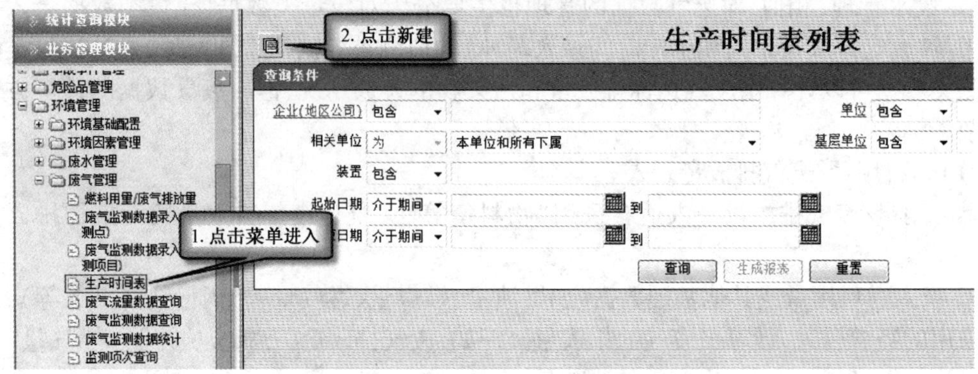

图 10.6　生产时间录入页面

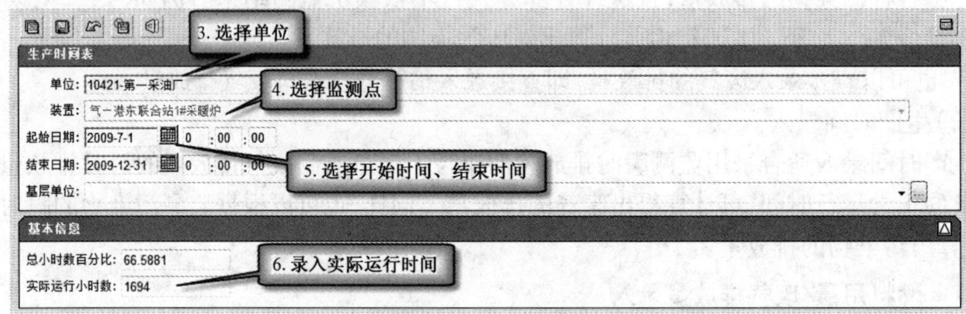

图 10.7　录入生产时间

(3)删除生产时间表。

① 由页面路径进入相应的菜单。

② 选择起始、结束时间,点击“查询”按钮,选择需要修改的数据进入编辑页面。

③ 删除相应数值。

10.3　环境排放—固废管理

各单位根据《中国石油天然气集团公司环境统计管理规定》中的要求,在该模块中按时填报固废的产生、储存、处理和排放情况。

10.3.1　容器

在该子模块可以录入储存废弃物信息,对应报表中体现为固废产生量和储存量。

【页面路径】

环境管理—固废管理—容器

(1)新增容器信息。

【应用举例】

某车间需要录入 2011 年 4 月份固废产生、排放情况。

① 按照路径【环境管理—固废管理—容器】进入容器编辑页面,如图 10.8 所示。

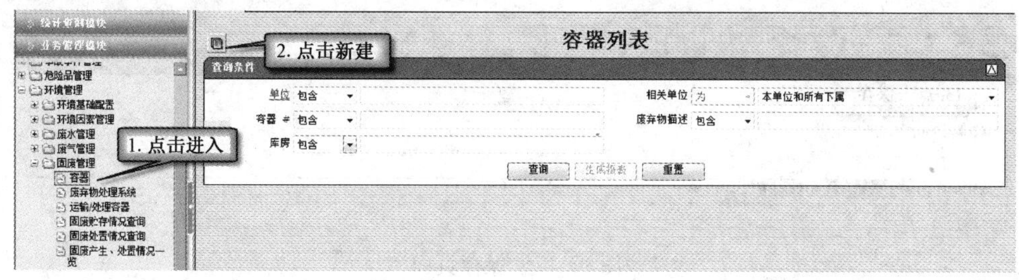

图 10.8 容器编辑页面

② 选择单位、容器编号、当前库房,点击“保存”按钮,如图 10.9 所示。

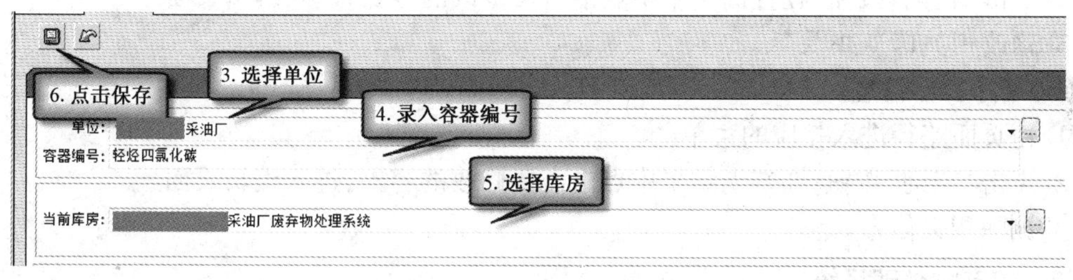

图 10.9 录入容器基本信息

③ 点击“添加废弃物”按钮,进入子页面,如图 10.10 所示。

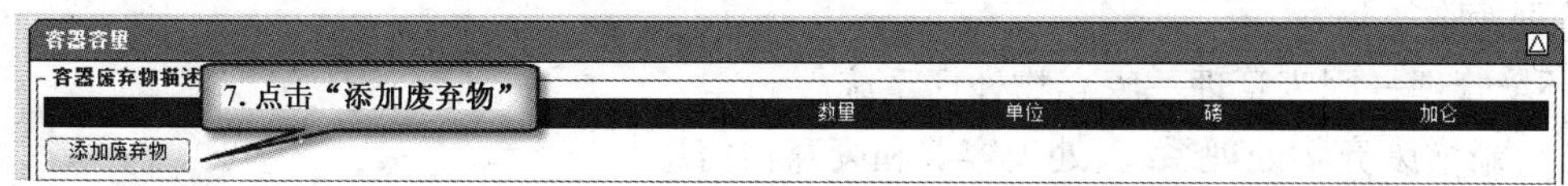

图 10.10 添加废弃物页面

④ 选择开始日期、结束日期、废弃物名称、单位、设备,添加废弃物产生量,点击“保存”按钮,如图 10.11 所示。

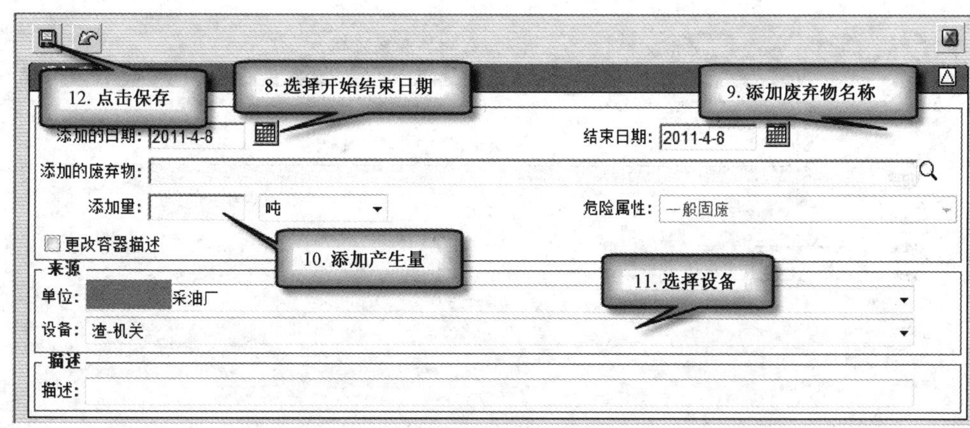

图 10.11 添加废弃物详细信息

⑤ 点击“保存”按钮完成录入,如图 10.12 所示。

图 10.12　保存页面

(2)修改容器信息。

① 由页面路径进入相应的菜单。

② 点击“查询”按钮,在查询结果中点击需要修改的容器,进入编辑页面。

③ 修改相关信息并保存。

(3)删除容器信息。

① 由页面路径进入相应的菜单。

② 点击“查询”按钮,在查询结果中点击需要修改的容器,进入编辑页面。

③ 删除相关信息。

10.3.2　废弃物处理系统

在废弃物处理系统中录入产生并需要处理的废弃物以及储存的废弃物,对应报表中的产生量、处置量、利用量、倾倒丢弃量等。

【页面路径】

环境管理—固废管理—废弃物处理系统

(1)新增废弃物处理系统、处理容器和废弃物信息。

【应用举例】

某车间需要录入固废产生、处置情况信息。

① 按照路径【环境管理—固废管理—废弃物处理系统】点击“新建”按钮进入废弃物处理系统页面,如图 10.13 所示。

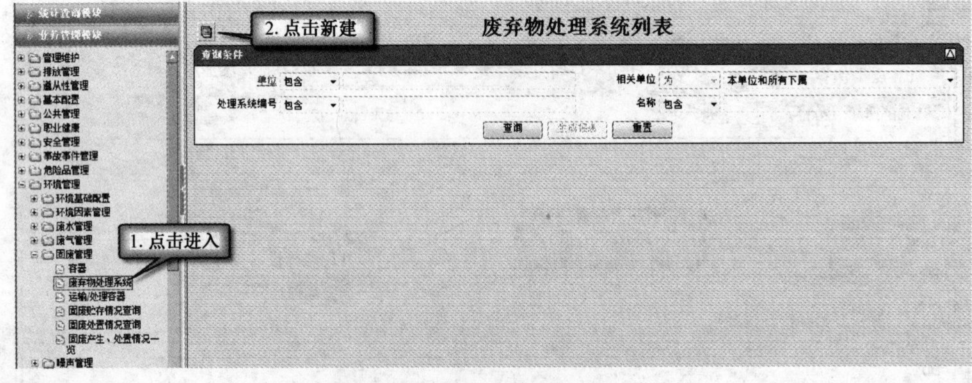

图 10.13　新建废弃物处理系统页面

② 选择单位，录入废弃物处理系统 ID（即处理系统名称），简单描述该系统的处置情况。添加处理方法，点击“保存”按钮，如图 10.14 所示。

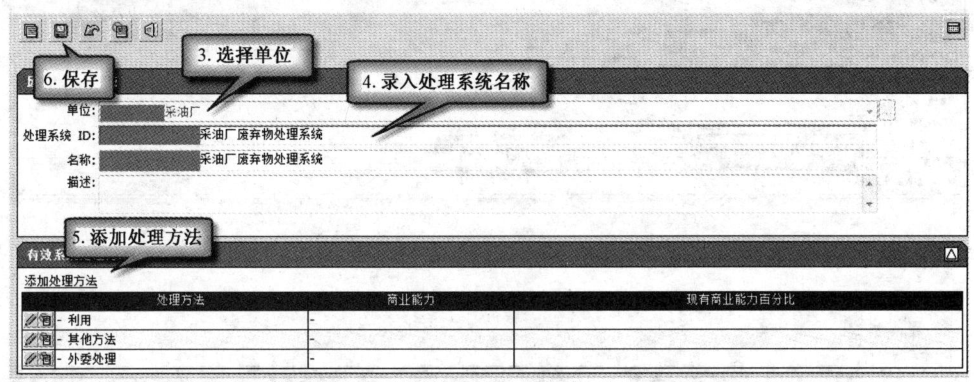

图 10.14　添加处理系统信息页面

③ 点击“处理容器”按钮，进入容器处理页面，如图 10.15 所示。

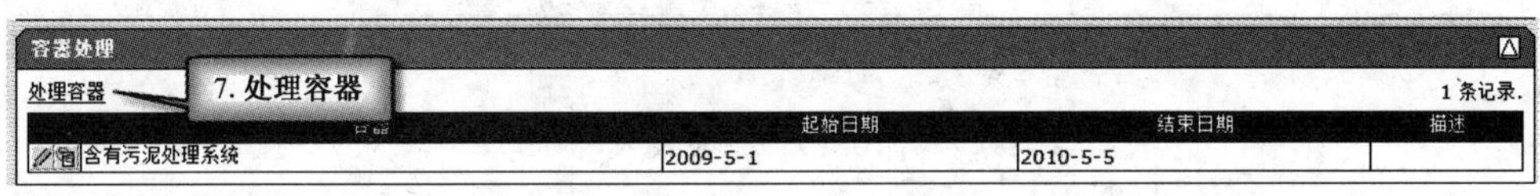

图 10.15　进入处理容器页面

④ 选择要处理的容器，下拉选择的容器名称是 10.3.1 页面的内容。选择开始、结束日期，并选择处理方法，点击“保存”按钮，完成对容器的处理，如图 10.16 所示。

图 10.16　处理容器页面

⑤ 点击“处理废弃物”按钮，进入废弃物处理页面，如图 10.17 所示。

图 10.17　进入处理废弃物页面

⑥ 选择单位、处理系统、废弃物名称、起始日期、结束日期、处理方法和设备，添加废弃物处理量，点击“保存”按钮，如图 10.18 所示。

⑦ 点击页面“保存”按钮完成录入，如图 10.19 所示。

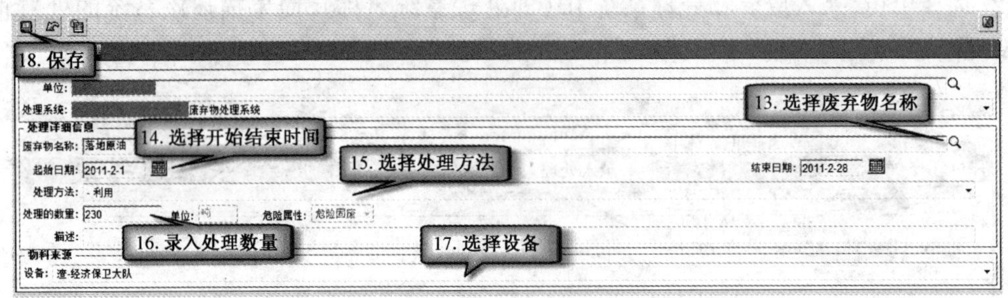

图 10.18 处理废弃物页面

图 10.19 完成录入

(2)修改废弃物处理系统信息。

① 由页面路径进入相应的菜单。

② 点击“查询”按钮,在查询结果中点击需要修改的废弃物处理系统,进入编辑页面。

③ 修改相关信息并保存。

(3)删除废弃物处理系统信息。

用户暂时无法删除废弃物处理系统,如果需要删除,可以联系技术支持中心。

说明:对废弃物处理系统第一次录入时需要新建,以后若再需要录入,可以多次使用这个处理系统,不需要每次都新建。

对固废、废弃物处理系统中的“库房”和“设备”如需添加,可以联系技术支持中心。

10.4 环境排放—噪声管理

10.4.1 噪声监测数据录入(按监测点)

操作步骤同 10.1.2 废水监测数据录入(按监测点)。

10.4.2 噪声监测数据录入(按监测项目)

操作步骤同 10.1.3 废水监测数据录入(按监测项目)。

10.5　环境排放—月度排放计算

月度排放计算功能是通过系统的自动计算功能,实现对单位某月废水、废气排放达标情况、污染物排放情况等的计算。该功能是通过预先配置的废水、废气排放模型,把废水、废气管理模块中录入的排放量、监测值转化为报表中的指标来实现的,是连接基础数据和报表的桥梁。

【页面路径】

环境管理—月度排放计算—月度排放计算

【应用举例】

某车间通过系统自动计算功能计算 2011 年 3 月份该单位的废弃物排放情况。

按照路径【环境管理—月度排放计算—月度排放计算】进入月度排放计算页面,选择单位、统计月份,点击"开始计算"按钮,如图 10.20 所示。

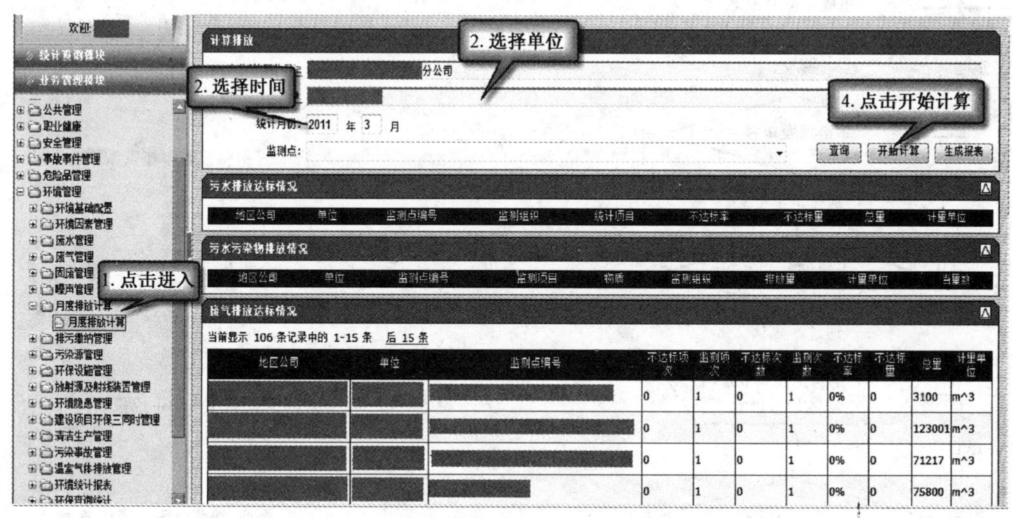

图 10.20　月度排放计算页面

说明:"查询"按钮的功能是查询上次计算的结果;"开始计算"的功能是重新开始计算。

10.6　环境统计报表

环境统计报表模块主要包括环境报表的生成和环境报表的审批两大部分。环境报表包括月报、季报和年报。

二级单位的统计报表需要经过月报生成、提交、二级单位负责人审批、企业(地区公司)负责人审批四个步骤。

企业(地区公司)的统计报表需要经过月报生成、提交、企业(地区公司)领导审批、打印签字盖章后上传至系统中四个步骤。

环境报表生成与审批流程如图 10.21 所示。

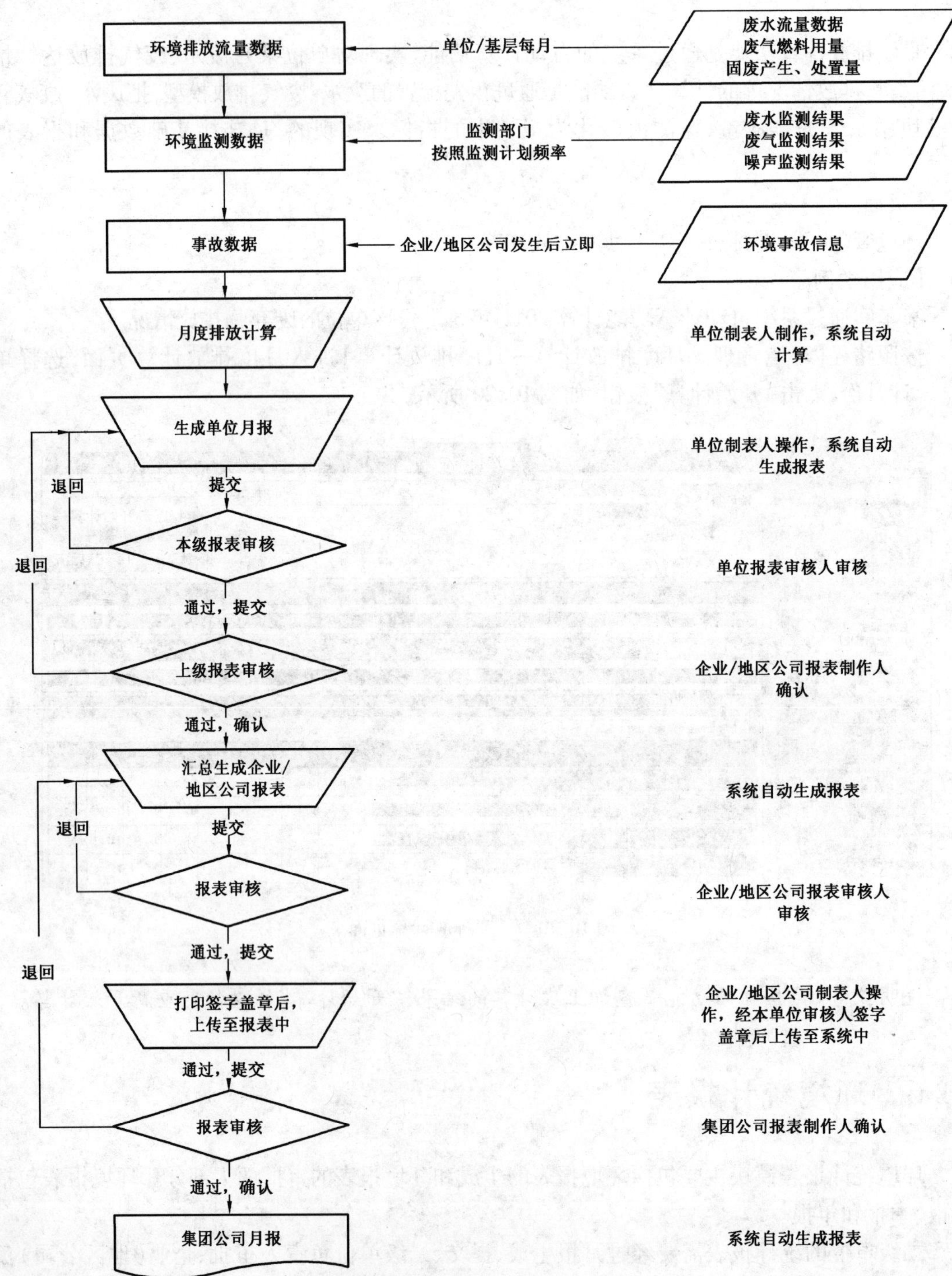

图 10.21　环境报表生成与审批流程

“环境统计报表”菜单下有多种组合的菜单,以出具月报的企业(地区公司)用户和二级单位用户看到的菜单为例,如图10.22所示。

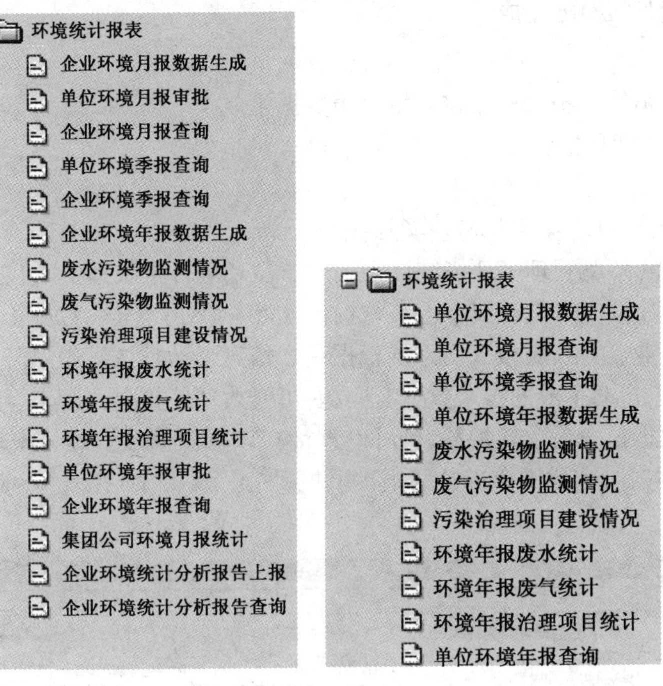

图10.22　菜单列表

“单位环境月报数据生成”:系统根据前期录入的水、气、声、渣、月度计算等基础数据汇总,自动生成报表数据,二级单位报表制作人可以结合实际情况对其进行修改并提交。

“单位环境月报审批”:二级单位报表审批人对报表进行审批,确认报表通过或者退回给报表制作人;二级单位审批通过后,企业(地区公司)制表人再进行审批,审批合格后参与企业(地区公司)的汇总,否则退回给二级单位报表制作人。

“企业环境月报数据生成”:系统根据经企业(地区公司)报表制作人审批合格的报表汇总生成企业(地区公司)级报表。

“企业环境月报审批”:企业(地区公司)环境月报审批人对企业(地区公司)报表进行审批,审批合格后上报给集团,否则退回给制表人重新上报。

集团公司《环境统计管理规定》中明确规定月报、年报由企业通过“中国石油HSE系统”上报,同时将审核盖章后的本级月报、年报以扫描件形式上传至系统保存。对环境报表的提交时间也做了明确规定,要求企业月报报送时间为次月5个工作日内,年报报送时间为次年1月31日前。此外,还规定了企业应及时提交半年度及年度统计分析报告。企业环境统计分析报告通过“中国石油HSE系统”上传。上半年环境统计分析报告上报时间为7月15日前,年度环境统计分析报告上报时间为次年2月15日前。

2009年,集团公司安全环保部下发了《关于加强环境统计工作的通知》(安全〔2009〕301),通知要求:严格按程序上报环境统计数据,为了适应集团公司和股份公司年报公布的要求,从 2009 年 6 月份开始对月报指标实行上市部分和未上市部分数据分开填报。系统在原有报表的基础上,对上市、未上市的环境报表作了相应调整,以满足集团公司的统计要求。

10.6.1 单位环境月报数据生成

【页面路径】

环境管理—环境统计报表—单位环境月报数据生成

(1)新建单位环境月报。

【应用举例】

某上市单位制作 2011 年 4 月份环境月报。

① 由页面路径【环境管理—环境统计报表—单位环境月报数据生成】进入相应的菜单。

② 选择年度、月份,在“是否属于上市”选择“上市”,然后点击“生成报表数据”,系统自动生成报表数据。企业、单位、填报人由系统根据用户信息自动默认。用户需对生成的报表数据进行逐项核实,如果自动生成的报表数据有问题,可修改环境排放—废水、环境排放—废气、环境排放—固废等数据信息后重新加载,也可以直接在该页面修改。确认报表所有数据准确无误后,点击“保存”按钮,完成上市部分的报表填报,如图 10.23 所示。

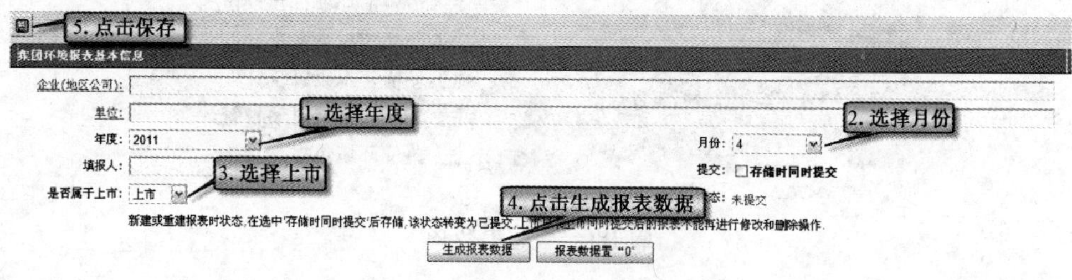

图 10.23 上市报表

③ 更改“是否属于上市”的选项,选择“未上市”。如果本单位的所有数据都属于上市的,则“未上市”部分的报表将是“零报表”,此时点击报表数据置“0”按钮;如果“未上市”部分的报表不是“零报表”,点击“生成报表数据”按钮,经过月度排放计算后的数据会自动加载到该页面,由用户核实后保存,如图 10.24 所示。

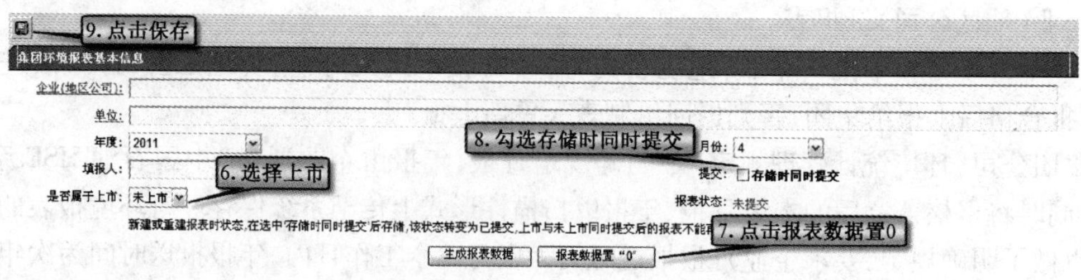

图 10.24 未上市报表

④ 完成上市、未上市报表后,选择“存储时同时提交”,然后点击“保存”按钮即可实现上市、未上市报表的同时提交。

(2)修改单位环境月报。

【应用举例】

某单位需要修改环境月报。

① 由页面路径进入相应的菜单。

② 选择年度、月份,会自动显示报表数据,只需根据实际情况修改报表数据。如果单位环境月报已经上报,那么不可以修改数据,若需要调整数据,可以联系企业月报制表人退回后再进行修改。

10.6.2 单位环境月报审批

【页面路径】

环境管理—环境统计报表—单位环境月报审批

(1)单位环境月报审批(单位报表审批人)。

【应用举例】

某单位报表审批人审批本单位环境月报。

① 由页面路径【环境管理—环境统计报表—单位环境月报审批】进入相应的菜单。

② 依据查询条件找到状态为“已提交”的报表,如图 10.25 所示。

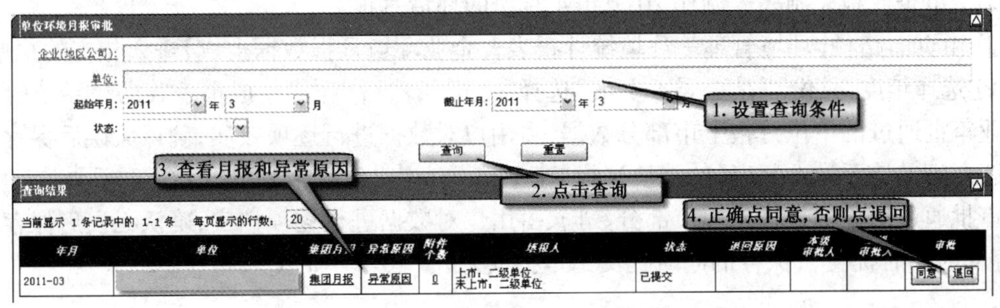

图 10.25 单位环境月报审批(单位报表审批人)页面

③ 点击“集团月报”,查看报表数据。

④ 如果报表数据不合格,则点击“退回”,并在“退回原因”处填写原因;如果报表数据合格,则点击“同意”,最后点击“确定”完成审批。

(2)单位环境报表审批(企业(地区公司)报表制作人)。

【应用举例】

某企业报表制作人审批本企业单位环境月报。

① 由页面路径【环境管理—环境统计报表—单位环境月报审批】进入相应的菜单。

② 设置查询条件找到下属单位状态为“本级审批”的报表。

③ 点击“集团月报”,查看报表内容。

④ 如果报表数据不合格,则点击“退回”,并在“退回原因”处填写原因;如果报表数据合格,则点击“同意”,最后点击“确定”完成企业(地区公司)审批。由企业(地区公司)审批人确认后的报表才能参与数据汇总,并且单位无法修改数据,如图 10.26 所示。

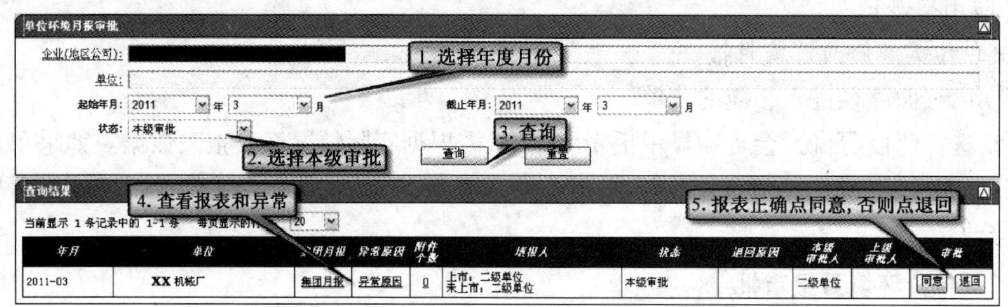

图 10.26　单位环境月报审批(企业(地区公司)报表制作人)页面

10.6.3　企业环境月报数据生成

【页面路径】

环境管理—环境统计报表—企业环境月报数据生成

(1)新建企业(地区公司)环境月报。

【应用举例】

某上市企业报表制表人制作 2011 年 4 月份的环境月报。

① 由页面路径【环境管理—环境统计报表—企业环境月报数据生成】进入相应的菜单。

② 选择年度、月份,“是否属于上市”选择“上市”,然后点击“生成报表数据”,系统自动汇总企业审批通过的单位月报上市部分数据,由用户对数据进行逐项核实,确认无误后保存。

③ 更改“是否属于上市”的选项选择“未上市”,点击“生成报表数据”按钮,系统自动汇总企业审批通过的单位月报未上市部分数据,由用户对数据进行逐项核实,确认无误后保存。选中“存储时同时提交”,保存的同时提交给审批人,如图 10.27 所示。

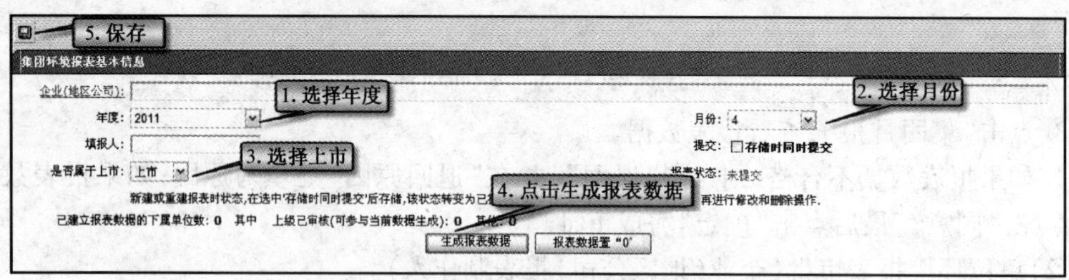

图 10.27　企业上市月报生成页面

(2)修改企业(地区公司)月报数据。

① 由页面路径进入相应的菜单。

② 选择年度、月份,“是否属于上市”选项处进行选择,会自动显示报表数据。如果报表未被提交,则可以修改数据,修改后保存即可。如果报表已经上报,则不可以修改数据;若需要调整数据,则可以联系相关审批人退回后再进行修改。

说明:在上报报表时,若一些重要指标(如废水、废气排放总量,COD 排放量等)数值同比和环比超出 10% 以上,会弹出消息“ × × 同比/环比排放量变化超过 10%,请给出原因说明!”。在弹出页面中填写原因后,点击“确认”按钮后可以提交保存;如果不填写原因,则无法保存。如遇到报表无法提交,可能是该窗口被阻止,请取消拦截窗口。

10.6.4 企业环境月报审批

【页面路径】

环境管理—环境统计报表—企业环境月报审批

企业(地区公司)月报审批的具体步骤如下:

【应用举例】

某企业报表审批人审批企业2011年3月份的环境报表。

(1)由页面路径【环境管理—环境统计报表—企业环境月报审批】进入相应的菜单。

(2)依据查询条件找到本企业已经提交的报表。

(3)点击“集团月报”,查看报表,确认数据。如果报表数据不合格,则点击“退回”,并在“退回原因”处填写原因;如果报表数据合格,则点击“同意”,最后点击“确定”完成审批,如图10.28所示。

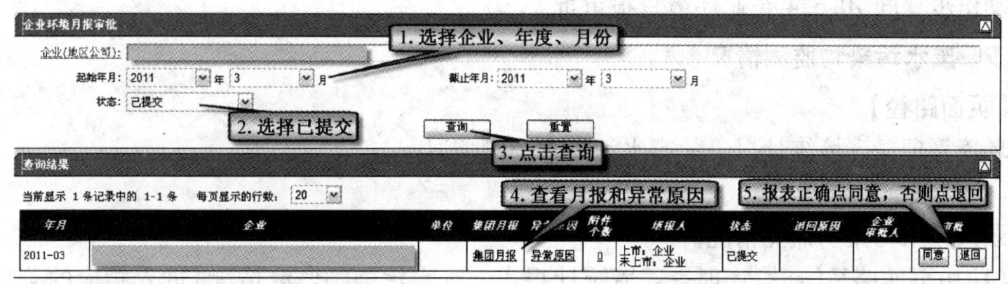

图10.28 企业(地区公司)环境月报审批查询页面

10.6.5 单位环境年报数据生成

【页面路径】

环境管理—环境统计报表—单位环境年报数据生成

【应用举例】

某单位报表制表人制作本单位2011年年报。

(1)由页面路径【环境管理—环境统计报表—单位环境年报数据生成】进入相应的菜单。

(2)选择年度,点击“生成报表数据”,系统自动生成报表数据。填报人是依据用户权限自动进行默认的。

(3)对生成报表的数据进行逐项核实,如果自动生成的报表数据有问题,可以直接在该数据生成页面修改。此外,需要手工补齐部分信息或字段数据(如企业基本信息、医院污染排放及处理利用情况等)。确认报表所有的字段数据准确无误后选择“存储时同时提交”,然后点击“保存”按钮即可实现环境年报提交,如图10.29所示。

10.6.6 单位环境年报审批

操作步骤同10.6.2单位环境月报审批。

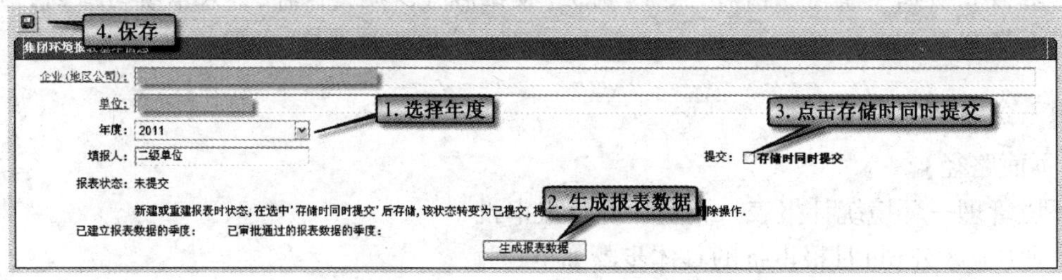

图 10.29　环境年报生成页面

10.6.7　企业环境年报数据生成

操作步骤同 10.6.5 单位环境年报数据生成。

说明:需要企业(地区公司)领导审批后才可以使用“附件上传”按钮。

10.6.8　企业环境年报审批

操作步骤同 10.6.4 企业环境月报审批。

10.6.9　废水污染物监测情况

【页面路径】

环境管理—环境统计报表—废水污染物监测情况

【应用举例】

录入废水污染物监测情况。

(1)由页面路径【环境管理—环境统计报表—废水污染物监测情况】进入相应的菜单,点击“新建”按钮,如图 10.30 所示。

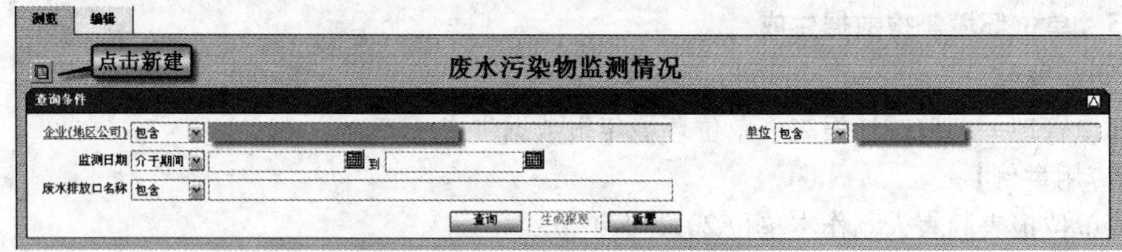

图 10.30　废水污染物监测新建页面

(2)填写废水排放口名称、污染物详细信息和填报日期。

(3)点击“保存”按钮,如图 10.31 所示。

10.6.10　废气污染物监测情况

【页面路径】

环境管理—环境统计报表—废气污染物监测情况

【应用举例】

录入废气污染物监测情况。

(1)由页面路径【环境管理—环境统计报表—废气污染物监测情况】进入相应的菜单,点

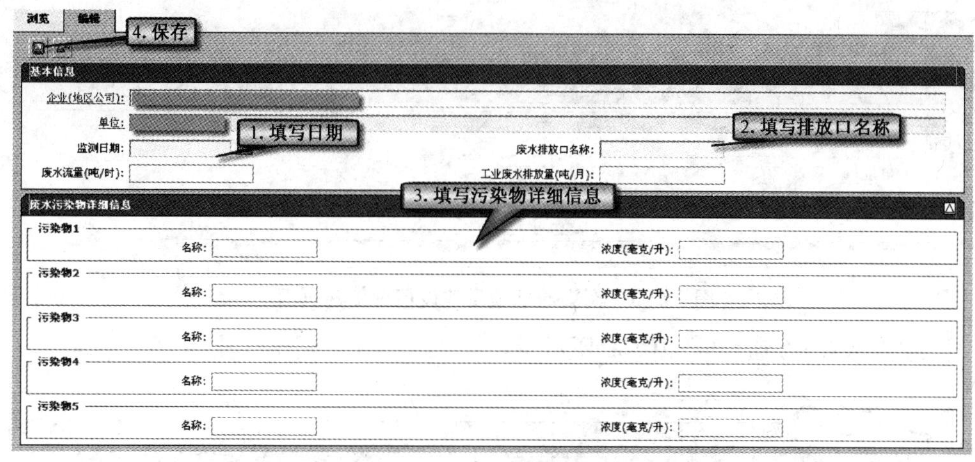

图 10.31 废水污染物监测情况页面

击“新建”按钮。

（2）填写废气排放口名称、污染物详细信息和填报日期。

（3）点击“保存”按钮，如图 10.32 所示。

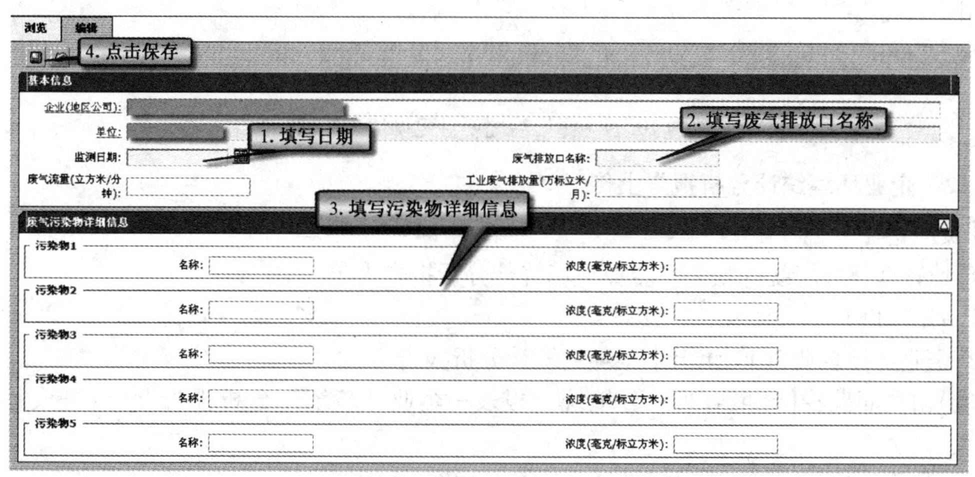

图 10.32 “废气污染物监测情况”页面

10.6.11 污染治理项目建设情况

【页面路径】

环境管理—环境统计报表—污染治理项目建设情况

【应用举例】

录入污染治理项目建设情况。

（1）由页面路径【环境管理—环境统计报表—污染治理项目建设情况】进入相应的菜单，点击“新建”按钮，如图 10.33 所示。

（2）填写污染治理项目、项目类型，选择年度，填写其他信息。

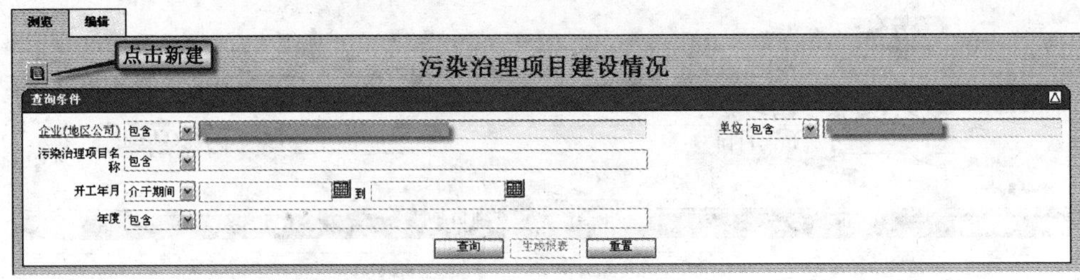

图 10.33　污染治理项目建设情况新建页面

(3)点击“保存”按钮,如图 10.34 所示。

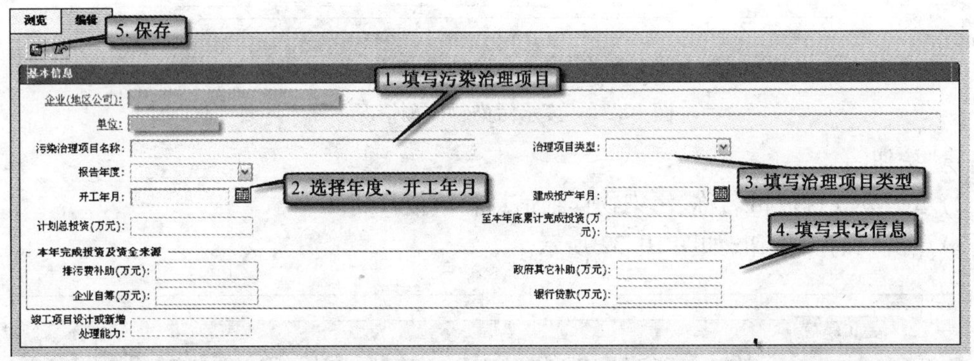

图 10.34　污染治理项目建设情况页面

10.6.12　企业环境统计分析报告上传

【页面路径】

环境管理—环境统计报表—企业环境统计分析报告上传

【应用举例】

某企业上传企业 2011 年上半年环境统计分析报告。

(1)由页面路径【环境管理—环境统计报表—企业环境统计分析报告上传】进入相应的菜单。

(2)选择年度、报告类型,点击“保存”按钮,如图 10.35 所示。

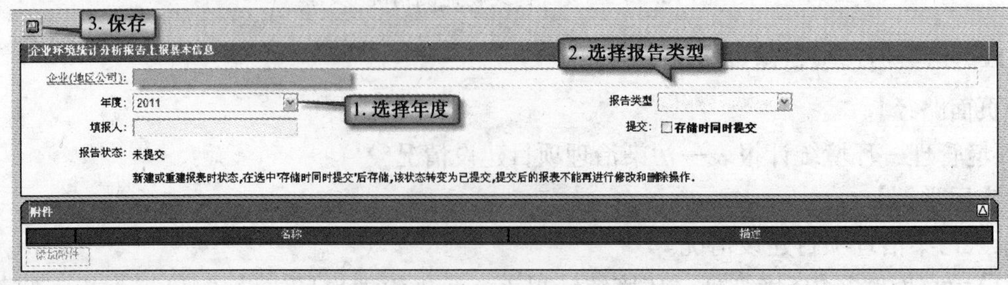

图 10.35　企业环境统计分析报告基本信息

(3)点击“添加附件”按钮,上传分析报告。

(4)勾选“储存时同时提交”,点击“保存”按钮,完成分析报告的上传,如图10.36所示。

图10.36 企业环境统计分析报告上传页面

10.6.13 企业环境统计分析报告审批

操作步骤同10.6.2单位环境月报审批。

10.6.14 单位/企业环境季报查询

由页面路径【环境管理—环境统计报表—单位/企业环境季报查询】进入相应菜单后,根据查询条件查询相应季报。单位和企业环境季报不需要填报,系统根据月报自动汇总生成。

10.6.15 关键字段解释

关键字段解释具体见表10.1。

表10.1 关键字

一、废气排放情况			
1. 燃料消耗情况			
1)直接消耗量:			
煤(万吨):	可根据基础数据自动生成		
油(万吨):	锅炉燃料油+车船用柴油+车船用汽油+其他(不能直接手工更改)		
其中锅炉燃料油(万吨):	可根据基础数据自动生成	其中车船用柴油(万吨):	可根据基础数据自动生成
其中车船用汽油(万吨):	可根据基础数据自动生成	其中其他(万吨):	手工填写
气(万标立方米):	可根据基础数据自动生成		
2)间接消耗量:			
电(万度):	可根据基础数据自动生成	蒸汽(吨):	手工填写
2. 废气排放总量			
废气排放总量(万标立方米):	生产工艺过程中废气排放量+燃料燃烧过程中废气排放量(不能直接手工更改)	废气排放达标量(万标立方米):	有控废气排放达标量+工业用燃料燃烧过程中废气排放达标量+生活用燃料燃烧过程中废气排放达标量(不能直接手工更改)

续表

其中工业废气排放量(万标立方米):	生产工艺过程中废气排放量+工业用燃料燃烧过程中废气排放量(不能直接手工更改)	其中工业废气排放达标量(万标立方米):	有控废气排放达标量+工业用燃料燃烧过程中废气排放达标量(不能直接手工更改)
1)生产工艺过程中废气排放量(万标立方米):	可根据月度排放计算自动生成		
其中有控废气排放量(万标立方米):	手工填写	其中有控废气排放达标量(万标立方米):	手工填写
2)燃料燃烧过程中废气排放量(万标立方米):	工业用燃料燃烧过程中废气排放量+生活用燃料燃烧过程中废气排放量(不能直接手工更改)		
其中工业用燃料燃烧过程中废气排放量(万标立方米):	可根据月度排放计算自动生成	其中工业用燃料燃烧过程中废气排放达标量(万标立方米):	可根据月度排放计算自动生成
其中生活用燃料燃烧过程中废气排放量(万标立方米):	可根据月度排放计算自动生成	其中生活用燃料燃烧过程中废气排放达标量(万标立方米):	可根据月度排放计算自动生成
3. 废气中污染物排放量			
二氧化硫(吨):	工业废气中二氧化硫+生活废气中二氧化硫(不能直接手工更改)		
工业废气中二氧化硫(吨):	燃料燃烧过程废气中二氧化硫+生产工艺过程废气中二氧化硫(不能直接手工更改)		
其中:燃料燃烧过程废气中二氧化硫(吨):	可根据月度排放计算自动生成	生产工艺过程废气中二氧化硫(吨):	可根据月度排放计算自动生成
生活废气中二氧化硫(吨):	可根据月度排放计算自动生成	非甲烷总烃(吨):	可根据月度排放计算自动生成
一氧化碳(吨):	可根据月度排放计算自动生成	烟尘(吨):	可根据月度排放计算自动生成
工业粉尘(吨):	可根据月度排放计算自动生成	氮氧化物(吨):	可根据月度排放计算自动生成
硫化氢(吨):	可根据月度排放计算自动生成		

续表

4. 温室气体排放量			
二氧化碳(吨):	直接排放量+间接排放量(不能直接手工更改)		
其中直接排放量(吨):	可根据月度排放计算自动生成	其中间接排放量(吨):	可根据月度排放计算自动生成
甲烷(吨):	可根据月度排放计算自动生成	氧化亚氮(吨):	可根据月度排放计算自动生成
氢氟碳化物(HFCs)(吨):	可根据月度排放计算自动生成	全氟化碳(PFCs)(吨):	可根据月度排放计算自动生成
六氟化硫(SF6)(吨):	可根据月度排放计算自动生成		
5. VOC 气体排放情况			
VOC 气体排放量(吨):	可根据月度排放计算自动生成		
二、废水排放情况			
废水排放总量(万吨):	工业废水排放量+生活污水排放量+医疗废水排放量(不能直接手工更改)	废水排放达标量(万吨):	工业废水排放达标量+生活污水排放达标量+医疗废水排放达标量(不能直接手工更改)
1. 工业废水排放情况			
1)工业用水总量(万吨):	新鲜用水量+重复用水量(不能直接手工更改)		
其中新鲜用水量(万吨):	可根据基础数据自动生成	其中重复用水量(万吨):	手工填写
2)工业废水产生量(万吨):	可根据基础数据自动生成	3)需要处理的工业废水量(万吨):	可根据基础数据自动生成
4)工业废水处理量(万吨):	可根据基础数据自动生成	5)工业废水处理率(%):	工业废水处理量/需要处理的工业废水量(不能直接手工更改)
6)工业废水回用量(万吨):	可根据基础数据自动生成		
7)工业废水排放量(万吨):	钻井废水+井下作业废水+油(气)生产废水+炼油化工废水+其他工业废水(不能直接手工更改)	其中钻井废水(万吨):	可根据基础数据自动生成
其中井下作业废水(万吨):	可根据基础数据自动生成	其中油(气)生产废水(万吨):	可根据基础数据自动生成

续表

其中炼油化工废水(万吨)：	可根据基础数据自动生成	其中其他工业废水(万吨)：	可根据基础数据自动生成
9)工业废水排放达标量(万吨)：	可根据月度排放计算自动生成	10)工业废水排放达标率(%)：	工业废水排放达标量/工业废水排放量(不能直接手工更改)
11)工业废水中污染物排放量：		化学需氧量(吨)：	可根据月度排放计算自动生成
石油类(吨)：	可根据月度排放计算自动生成	氨氮(吨)：	可根据月度排放计算自动生成
硫化物(吨)：	可根据月度排放计算自动生成	挥发酚(吨)：	可根据月度排放计算自动生成
悬浮物(吨)：	可根据月度排放计算自动生成	氰化物(吨)：	可根据月度排放计算自动生成
2. 生活污水排放情况			
1)生活污水排放量(万吨)：	可根据基础数据自动生成	2)生活污水排放达标量(万吨)：	可根据基础数据自动生成
3)生活污水排放达标率(%)：	生活污水排放达标量/生活污水排放量(不能直接手工更改)		
4)生活污水中污染物排放量：		氨氮排放量(吨)：	可根据月度排放计算自动生成
化学需氧量排放量(吨)：	可根据月度排放计算自动生成	悬浮物排放量(吨)：	可根据月度排放计算自动生成
3. 医疗污水排放情况			
医疗废水排放量(万吨)：	可根据月度排放计算自动生成	医疗废水排放达标量(万吨)：	可根据月度排放计算自动生成
三、固体废物排放情况			
1. 工业固体废物产生量			
工业固体废物产生量(吨)：	一般固体废物产生量+钻井废物产生量+危险废物产生量(不能直接手工更改)		
1)一般固体废物产生量(吨)：	粉煤灰+炉渣+其他(不能直接手工更改)	粉煤灰(吨)：	可根据基础数据自动生成
炉渣(吨)：	可根据基础数据自动生成	其他(吨)：	可根据基础数据自动生成
2)钻井废物产生量(吨)：	钻井废弃泥浆+钻井岩屑+其他(不能直接手工更改)	钻井废弃泥浆(吨)：	可根据基础数据自动生成
钻井岩屑(吨)：	可根据基础数据自动生成	其他(吨)：	可根据基础数据自动生成

续表

3)危险废物产生量(吨):	医疗废物+石油开采和炼制产生的油泥和油脚+废弃钻井液处理产生的污泥+精炼石油产品制造产生的废矿物油+精(蒸)馏残渣+天然气净化过程中产生的含汞废物+石油炼制过程产生的废酸和酸泥+石油炼制过程产生的碱渣+其他(不能直接手工更改)		
医疗废物(吨):	可根据基础数据自动生成	石油开采和炼制产生的油泥和油脚(吨):	可根据基础数据自动生成
废弃钻井液处理产生的污泥(吨):	可根据基础数据自动生成	精炼石油产品制造产生的废矿物油(吨):	可根据基础数据自动生成
精(蒸)馏残渣(吨):	可根据基础数据自动生成	天然气净化过程中产生的含汞废物(吨):	可根据基础数据自动生成
石油炼制过程产生的废酸和酸泥(吨):	可根据基础数据自动生成	石油炼制过程产生的碱渣(吨):	可根据基础数据自动生成
其他(吨):	可根据基础数据自动生成		
2. 工业固体废物综合利用量(吨):	可根据基础数据自动生成	其中:危险废物综合利用量(吨):	可根据基础数据自动生成
3. 工业固体废物贮存量(吨):	可根据基础数据自动生成	其中:危险废物贮存量(吨):	可根据基础数据自动生成
4. 工业固体废物处置量(吨):	可根据基础数据自动生成	其中:危险废物处置量(吨):	可根据基础数据自动生成
5. 工业固体废物倾倒丢弃量(吨):	可根据基础数据自动生成	其中:危险废物倾倒丢弃量(吨):	可根据基础数据自动生成
四、污染事故			
1. 环境污染和破坏事故次数:	特大事故+重大事故+较大事故+一般事故(不能直接手工更改)		
特大事故:	可根据事故数据自动生成	重大事故:	可根据事故数据自动生成
较大事故:	可根据事故数据自动生成	一般事故:	可根据事故数据自动生成
2. 油品或化学品泄漏次数:	油品泄漏次数+化学品泄漏次数(不能直接手工更改)		

续表

油品泄漏次数:	可根据事故数据自动生成	化学品泄漏次数:	可根据事故数据自动生成
3. 进入土壤或水体中油品量(吨):	可根据事故数据自动生成	其中:不能回收的泄漏量(吨):	可根据事故数据自动生成
4. 进入土壤或水体中化学品量(吨):	可根据事故数据自动生成	其中:不能回收的泄漏量(吨):	可根据事故数据自动生成
五、其他			
1. 环境赔偿(万元):	排污费+罚款+赔偿费(不能手工更改)	排污费(万元):	手工填写
罚款(万元):	手工填写	赔偿费(万元):	手工填写
2. 环保设施运行费用(万元):	手工填写		

11 环境日常业务管理

环境日常事务管理，主要包括对环保设施、环境因素、污染源、放射源与射线装置、环境隐患、建设项目环保三同时和清洁生产等的管理。系统以 HSE 目标管理(环境)为总纲，以环境日常业务为主线，对日常零散的管理业务信息进行集中管理；通过及时跟踪日常管理业务中检查发现的问题，及时治理和消除隐患；同时系统能提供快速、便捷的台账汇总、统计与查询功能，使日常环境业务管理更系统、更规范，数据更完整，信息传递更及时。环境日常业务管理流程如图 11.1 所示。

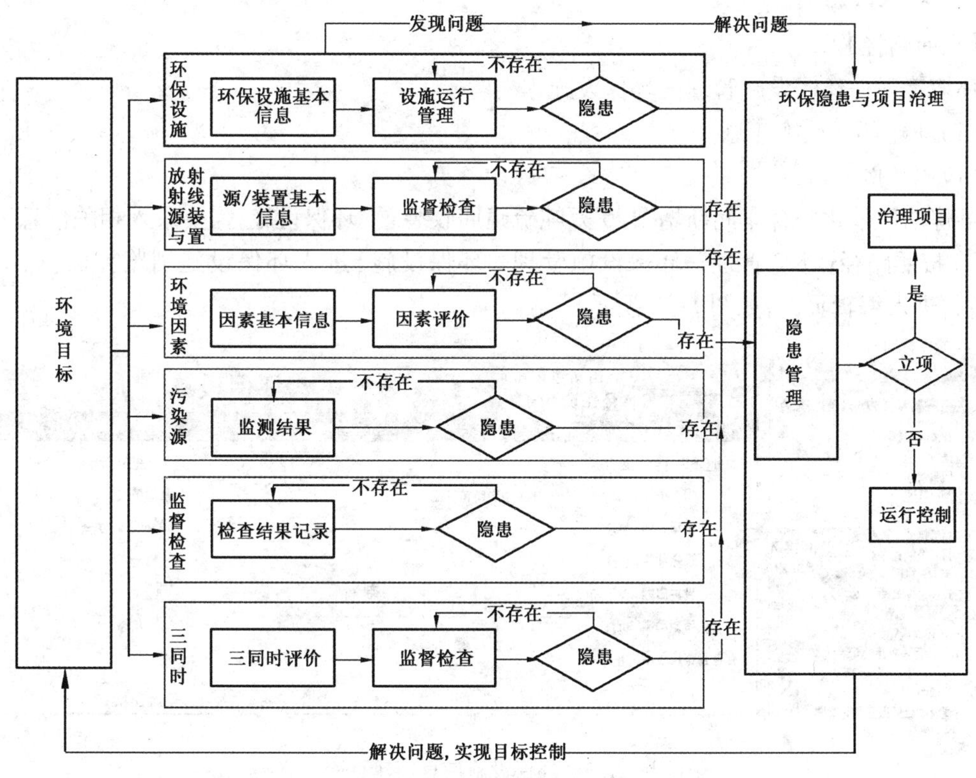

图 11.1 环境日常业务管理流程

11.1 环保设施管理

本模块的功能是记录本单位环保设施的基本信息，关键设备、设施运行情况，“三废”关联信息等，并可以针对环保设施汇总信息、运行情况进行查询，并以 Excel 形式保存台账信息。环保设施管理流程如图 11.2 所示。

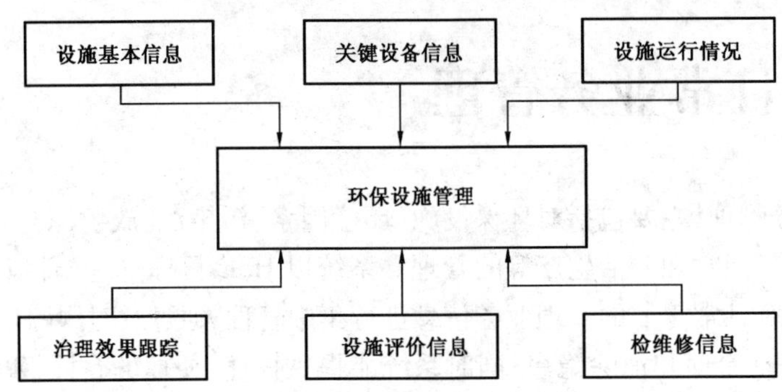

图 11.2　环保设施管理流程

11.1.1　环保设施

【页面路径】

环境管理—环保设施管理—环保设施

(1)新建环保设施信息。

【应用举例】

某炼油厂催化联合车间新增“1.5 万吨硫磺回收装置”环保设施,需要录入相关信息。

① 按照路径【环境管理—环保设施管理—环保设施】进入环保设施浏览界面,点击“新建”按钮进入编辑页面,如图 11.3 所示。

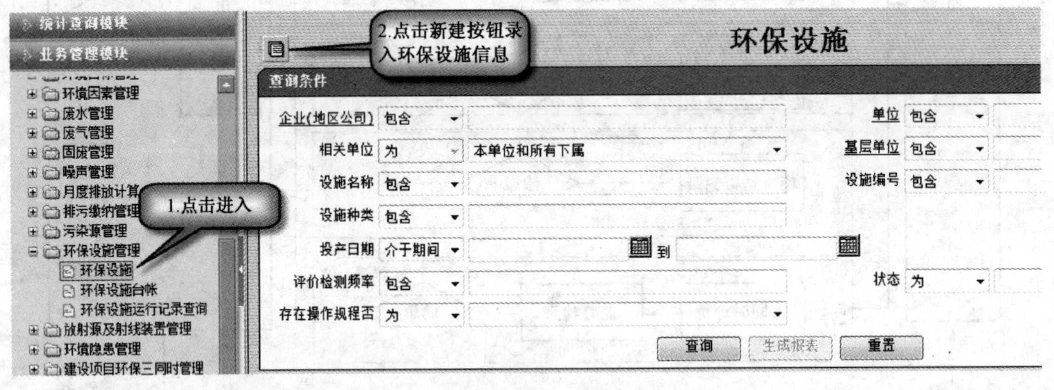

图 11.3　环保设施信息新建页面

② 系统根据登录用户默认环保设施所在的组织机构信息,输入环保设施的名称、设施种类、设施子类、制造商、型号、投产日期等信息,如图 11.4 所示。

③ 点击页面左上角的“保存”按钮,新建任务完成。

说明:保存后,设施编号自动生成,页面刷新,其他信息行记录被激活,可依次填写“设施更新信息”、“关键设备”、“评价与检测”、“设施运行管理”、“检维修信息”、“三废相关信息”、“工艺描述”和“操作规程”。“设施更新信息”中“状态”填写完成后,在基本信息“状态”处自动关联。

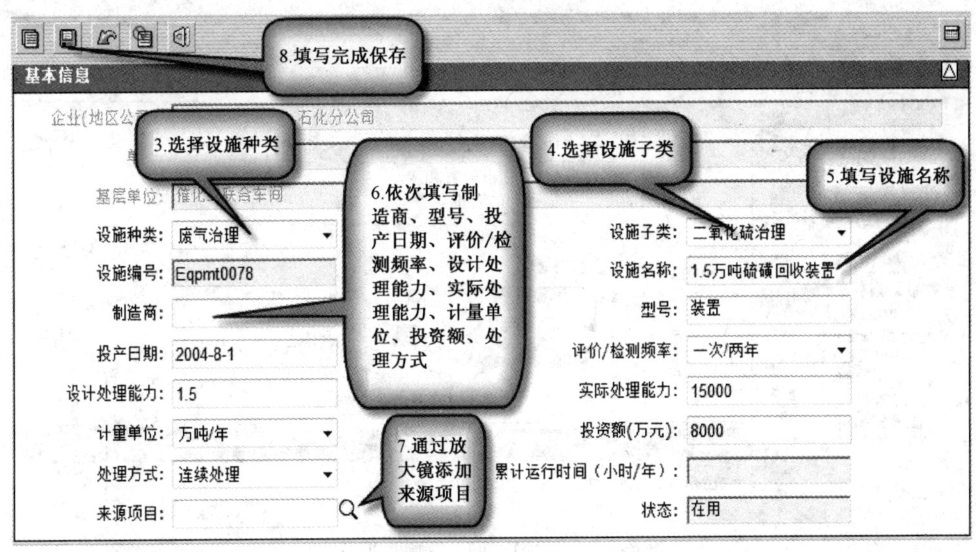

图 11.4　录入环保设施信息

对废气治理需要填写"设施子类",如果设施是针对多种废气污染物治理的,建议选一个主要的治理子类。另外通过关联三废信息,可以方便查询与治理设施相关的三废信息。"监督检查信息"不能在该菜单下直接录入,是通过【综合管理—监督检查记录】录入信息后,直接关联到该页面。

(2)修改环保设施信息。

① 由页面路径进入相应的菜单。

② 点击"查询"按钮,在查询结果中点击需要修改的环保设施,进入编辑页面。

③ 修改相关信息并保存。

(3)删除环保设施信息。

① 由页面路径进入相应的菜单。

② 点击"查询"按钮,在查询结果中点击需要删除的环保设施,进入编辑页面。

③ 删除"设施更新信息"、"关键设备"、"评价与检测"、"设施运行管理"、"检维修信息"、"三废相关信息"、"工艺描述"和"操作规程"行记录,并保存。

④ 点击页面"删除"按钮,在弹出窗口中予以确认,即可完成删除任务。

11.1.2　环保设施台账

【页面路径】

环境管理—环保设施管理—环保设施台账

【应用举例】

查询"化纤废渣场"环保设施的台账信息,并生成报表。

按照路径【环境管理—环保设施管理—环保设施台账】进入浏览界面,设置相应的查询条件,查询后可生成报表,如图 11.5 所示。

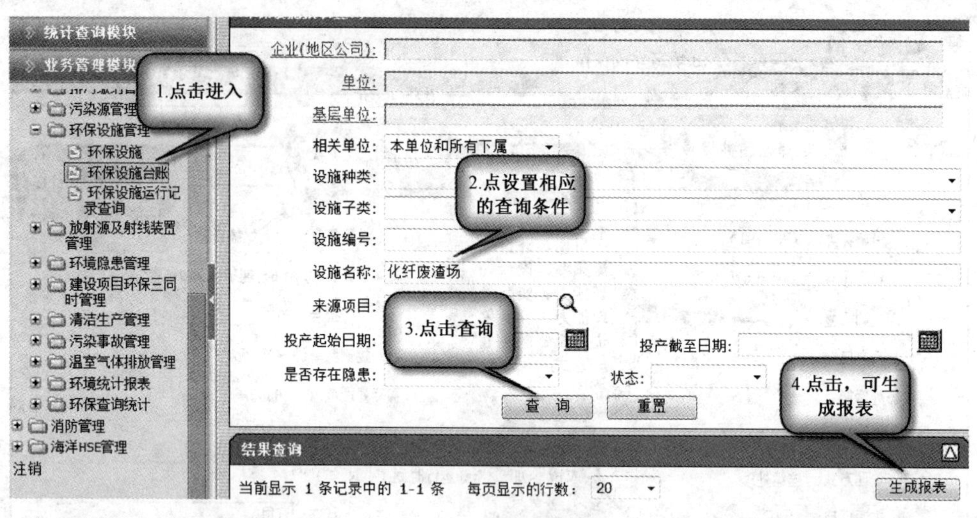

图 11.5 环保设施台账页面

11.1.3 环保设施运行记录查询

【页面路径】

环境管理—环保设施管理—环保设施运行记录查询

【应用举例】

查询“火炬区 T－1”环保设施的运行记录信息，并生成报表。

按路径【环境管理—环保设施管理—环保设施运行记录查询】进入浏览界面，设置相应的查询条件，查询后可生成报表，如图 11.6 所示。

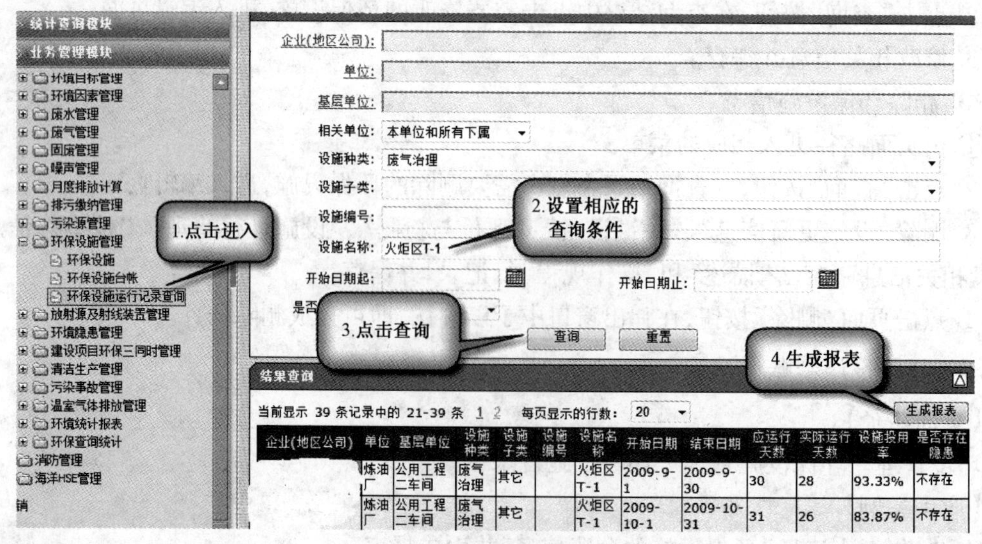

图 11.6 环保设施运行记录查询页面

11.2　环境因素管理

该模块的功能是对环境因素的识别与评价进行管理。用户对环境因素进行识别后，再开展对环境因素的评价。在系统中采用分级管理的方式，并实现部分流程化管理。

基层单位：功能是维护本级别环境因素识别信息，录入本级别环境因素评价结果，查看上级对本单位评价结果的再评价，生成环境因素台账。

二级单位：功能是维护本级别环境因素识别信息，录入本级别环境因素评价结果，对基层单位评价结果进行再评价，查看上级对本单位评价结果的再评价，生成环境因素台账。

企业（地区公司）：功能是维护本级别环境因素识别信息，录入本级别环境因素评价结果，对二级单位评价结果进行再评价，生成环境因素台账。

环境因素管理流程如图 11.7 所示。

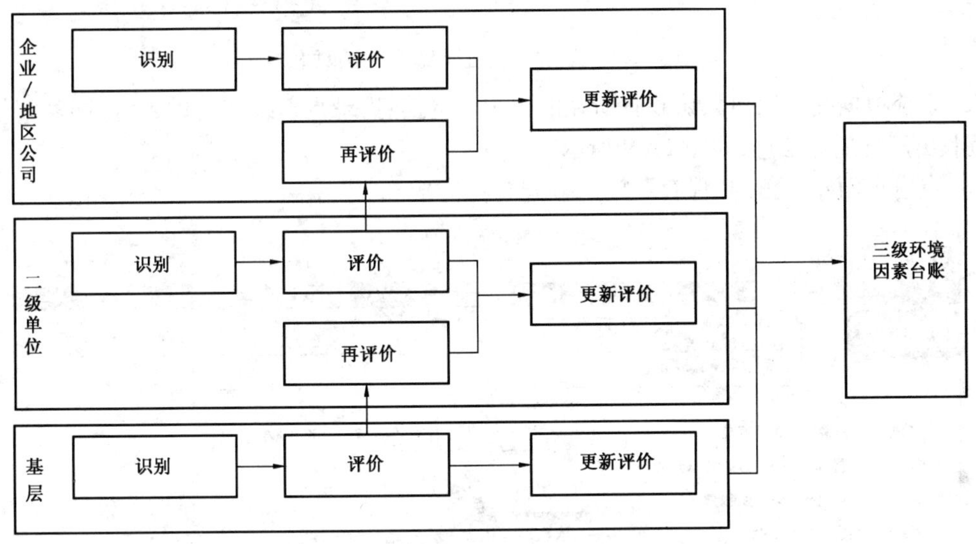

图 11.7　环境因素管理流程

具体操作方法同“危害因素管理”，详见“危害因素管理”部分。

11.3　放射源及射线装置管理

本模块的管理内容包括“放射源及射线装置管理”、“放射源及射线装置许可证”、“放射性废物记录”，提供从放射源或射线装置的购买、存储、出入库使用记录到报废以及安全控制措施等全面、完整的信息管理功能，并且可以记录单位取得放射源与射线装置的许可证信息以及单位产生的放射性废物种类和数量信息。

11.3.1　放射源及射线装置管理

【页面路径】

环境管理—放射源及射线装置管理—放射源及射线装置管理

(1)新建放射源及射线装置信息。

【应用举例】

某油田消防医院新增“GE－PSS800”射线装置,需要对相关信息进行系统录入。

① 按照路径【环境管理—放射源及射线装置管理—放射源及射线装置管理】进入浏览界面,点击“新建”按钮进入编辑页面,如图 11.8 所示。

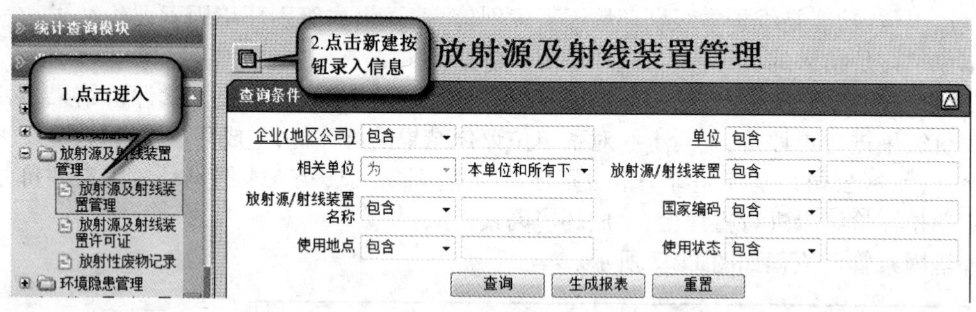

图 11.8 放射源及射线装置新建页面

② 系统根据登录用户默认装置所在的组织机构信息,录入射线装置的名称、国家编号、危害类别、出厂日期等信息,如图 11.9 所示。

③ 点击页面左上角的“保存”按钮,新建任务完成。

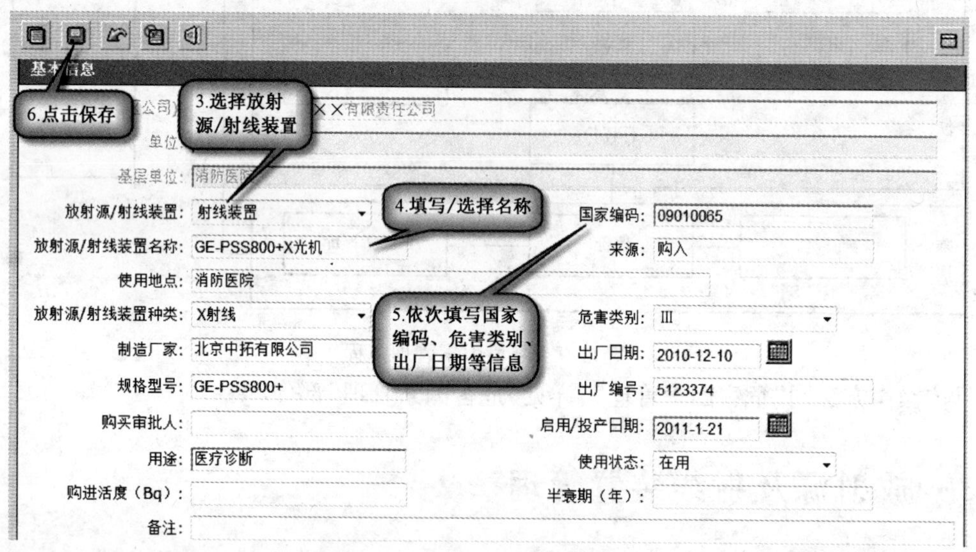

图 11.9 录入射线装置信息

说明:如果第 3. 步选择为“放射源”,在第 4. 步对“名称”可以通过下拉框选择;如果第 3. 步选择为“射线装置”,在第 4. 步对“名称”直接录入。基本信息添加完毕,填写“放射源/射线装置使用与报废”、“出入库使用记录”、“安全控制措施”等行信息。其中“安全控制措施”的选择与应急预案相关联,如果找不到与放射源相关的应急预案,需要在“应急管理”中添加。“监督检查信息”不能在该菜单下直接录入,是通过【综合管理—监督检查记录】录入信息后,直接关联到该页面。

(2)删除放射源及射线装置信息。

① 由页面路径进入相应的菜单。

② 选择需要删除的放射源信息。

③ 删除“放射源/射线装置使用与报废”、“出入库使用记录”、“安全控制措施”等行记录并保存。

④ 点击页面“删除”按钮,在弹出窗口中确认,即可完成删除任务。

说明:此处建议不要使用删除操作,如果放射源或者射线装置已报废,将其状态设置为“报废”即可。如果强制删除,需要保证“放射源/射线装置使用与报废”、“出入库使用记录”、“安全控制措施”等行记录已经被删除并保存。执行删除后,历史使用记录等信息也会消失。

11.3.2　放射源及射线装置许可证

【页面路径】

环境管理—放射源及射线装置管理—放射源及射线装置许可证

(1)新建放射源及射线装置许可证信息。

【应用举例】

某油田新增射线装置许可证,需要在系统中录入相关信息。

① 按照路径【环境管理—放射源及射线装置管理—放射源及射线装置许可证】进入许可证浏览界面,点击“新建”按钮进入编辑页面,如图 11.10 所示。

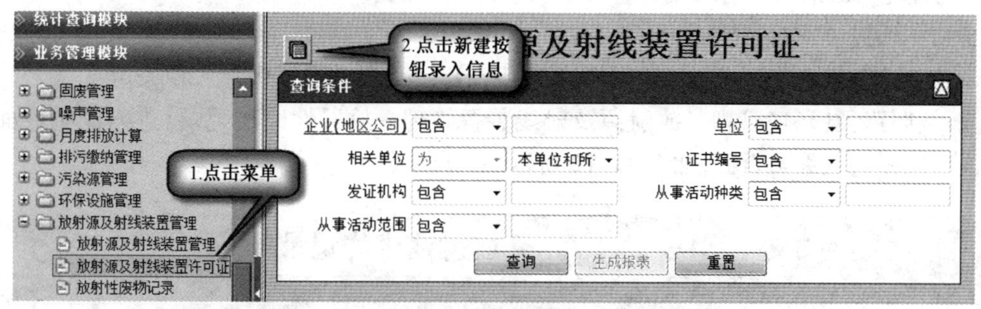

图 11.10　放射源及射线装置许可证新建页面

② 系统根据登录用户默认许可证所在的组织机构信息,输入证书编号、发证机构、单位地址、法定代表人、发证日期等信息,如图 11.11 所示。

③ 点击页面左上角的“保存”按钮,新建任务完成。

(2)修改放射源及射线装置许可证信息。

① 由页面路径进入相应的菜单。

② 选择要修改的放射源或射线装置许可证记录,修改相关信息。

③ 完成对相关信息的维护,点击页面“保存”按钮。

(3)删除放射源及射线装置许可证信息。

① 由页面路径进入相应的菜单。

② 选择要删除的放射源或射线装置许可证记录。

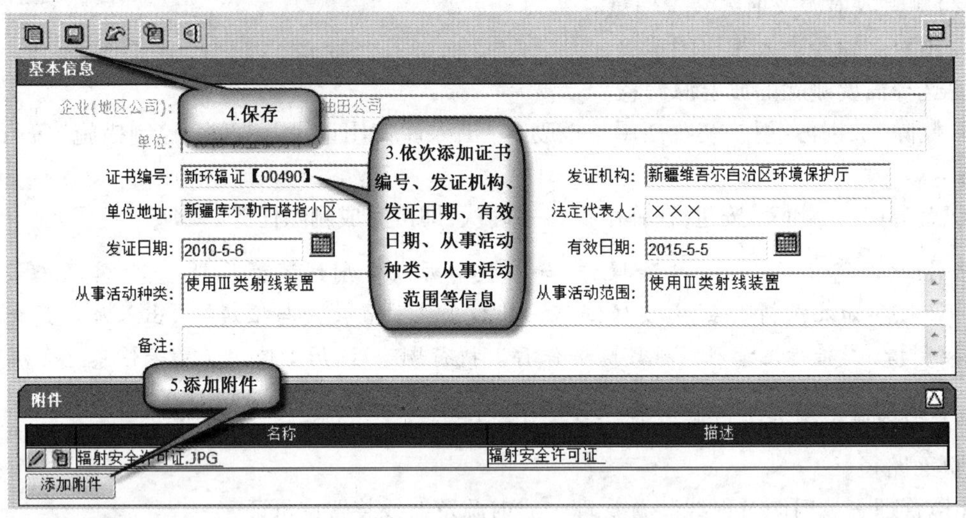

图 11.11 录入许可证信息

③ 点击页面“删除”按钮。

11.3.3 放射性废物记录

【页面路径】

环境管理—放射源及射线装置管理—放射性废物记录

【应用举例】

某炼油厂联合芳烃车间新增放射性废物 Cs - 137,需要在系统中录入相关信息。

(1)按照路径【环境管理—放射源及射线装置管理—放射性废物记录】进入浏览界面,点击“新建”按钮进入编辑页面,如图 11.12 所示。

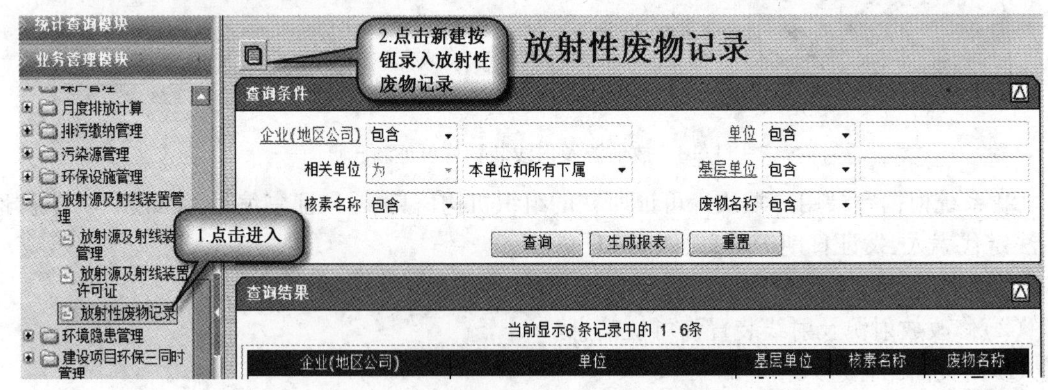

图 11.12 放射线废物记录新建页面

(2)系统根据登录用户默认放射性废物所在的组织机构信息,输入废物名称、当月日期、物理状态等信息,如图 11.13 所示。

(3)点击页面左上角的“保存”按钮,新建任务完成。

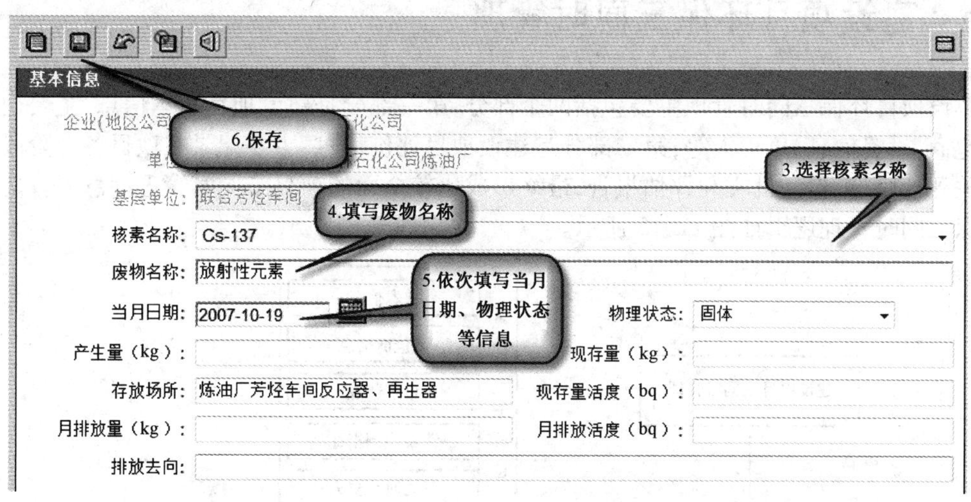

图 11.13　录入放射性废物信息

说明："放射性废物"中"核素名称"是下拉选择，数据来源是该单位名下存在的放射源记录，如果该单位还没有放射源记录，则无法进行选择。

11.4　环境隐患管理

环境隐患管理主要包括隐患登记报告、隐患调查评估、隐患立项申请、隐患治理项目信息、隐患治理验证、隐患管理查询六部分内容，包括 6 个子菜单，如图 11.14 所示。

隐患登记报告：用于记录隐患的基本信息，包括隐患的来源、隐患内容与部位及报告人等。

隐患调查评估：用于记录隐患调查评估的信息，包括隐患的影响范围、影响程度等。

隐患立项申请：用于记录隐患立项申请的信息，包括隐患整改方式、建议治理方案等。

隐患治理项目信息：用于记录隐患治理项目的信息，包括项目治理的隐患信息、项目投资验收等。

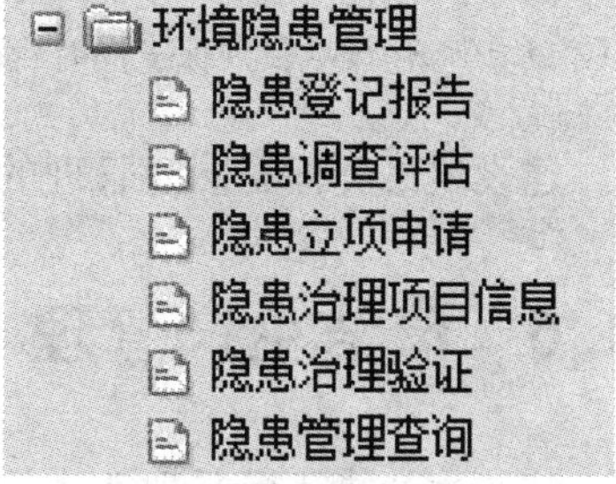

图 11.14　环境隐患管理内容

隐患治理验证：用于记录隐患治理完成后对治理效果验证的信息。

隐患管理查询：用于查询隐患基本情况和治理情况等，可生成隐患基本信息和隐患治理项目信息表。

环境隐患管理的具体操作方法同"事故隐患管理"，详见"事故隐患管理"部分。

11.5 建设项目环保三同时管理

建设项目环保三同时管理主要包括两个部分,第一部分是建设项目基本信息,主要记录项目承包商、投资信息、负责人等;第二部分是建设项目评价信息,主要记录在项目各个阶段进行的相关评价信息,包括批文和评估报告,最终形成比较全面的项目三同时管理信息库。建设项目环保三同时管理逻辑如图 11.15 所示。

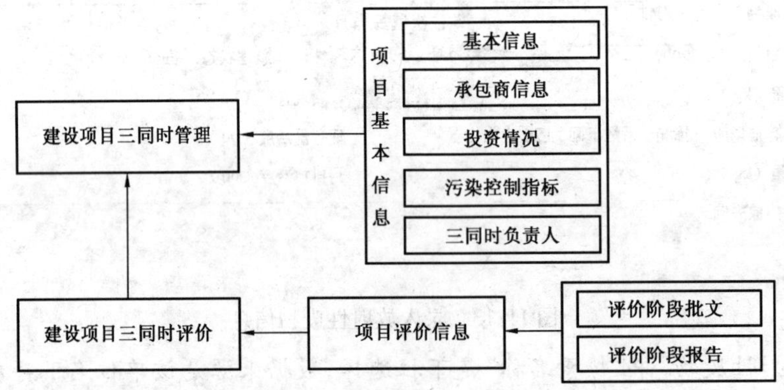

图 11.15　建设项目环保三同时管理逻辑

“建设项目环保三同时管理”包括 3 个菜单,如图 11.16 所示。

建设项目环保三同时管理
建设项目基本信息
建设项目评价
建设项目三同时汇总表

图 11.16　建设项目环保三同时管理内容

建设项目基本信息:用于记录建设项目基本信息,如名称、开工时间、投资信息、三同时负责人及污染控制指标等。

建设项目评价:用于记录三同时阶段评价信息,包括阶段评价报告和批文等。

建设项目三同时汇总表:用于对建设项目三同时项目信息和评价信息的综合查询。

建设项目环保三同时管理的具体操作方法同“安全评价”,详见“安全评价”部分。

11.6 清洁生产管理

清洁生产指不断采取改进设计、使用清洁的能源和原料、采用先进的工艺技术与设备、改善管理、综合利用等措施,从源头削减污染,提高资源利用效率,减少或者避免生产、服务和产品使用过程中污染物的产生和排放,以减轻或者消除对人类健康和环境的危害。为了达到节能减排的目标,清洁生产势在必行。清洁生产管理模块主要用于记录清洁生产审核管理和清洁生产指标管理两项内容。清洁生产审核管理用于记录清洁生产的审核计划、采用的具体方案以及与清洁生产相关的审核报告资料;清洁生产指标管理主要是针对各单位的不同专业情况,记录其年度的清洁生产结果及达标级别。

11.6.1　清洁生产审核管理

【页面路径】

环境管理—清洁生产管理—清洁生产审核管理

(1)新建清洁生产审核信息。

【应用举例】

某单位新增清洁生产审核管理记录。

① 按照路径【环境管理—清洁生产管理—清洁生产审核管理】进入浏览界面,点击“新建”按钮进入编辑页面,如图 11.17 所示。

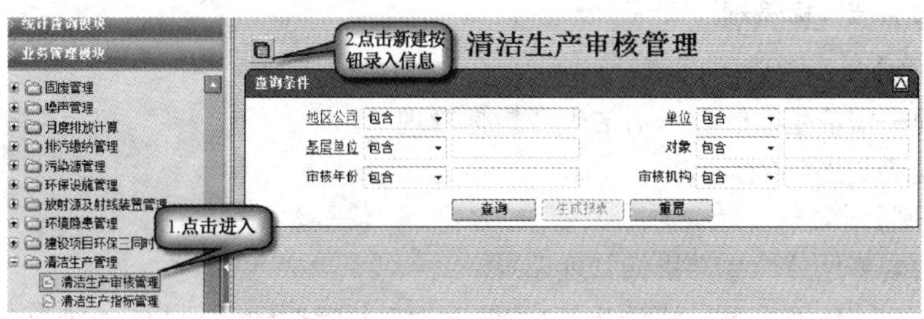

图 11.17　清洁生产审核记录新建页面

② 系统根据登录用户默认所在的组织机构信息,输入对象、审核年份、审核机构等信息,如图 11.18 所示。

③ 点击页面左上角的“保存”按钮,新建任务完成。

图 11.18　录入清洁生产审核管理信息

(2)修改清洁生产审核信息。

① 由页面路径进入相应的菜单。

② 在浏览列表页面选择需要修改的清洁生产审核记录。

③ 修改完清洁生产审核后保存。

(3)删除清洁生产审核信息。

① 由页面路径进入相应的菜单。

② 在浏览列表页面选择需要删除的清洁生产审核记录。

③ 点击页面"删除"按钮。

11.6.2 清洁生产指标管理

【页面路径】

环境管理—清洁生产管理—清洁生产指标管理

(1)新建清洁生产指标。

【应用举例】

某油田需要新增清洁生产指标管理记录。

① 按照路径【环境管理—清洁生产管理—清洁生产指标管理】进入浏览界面,点击"新建"按钮进入编辑页面,如图 11.19 所示。

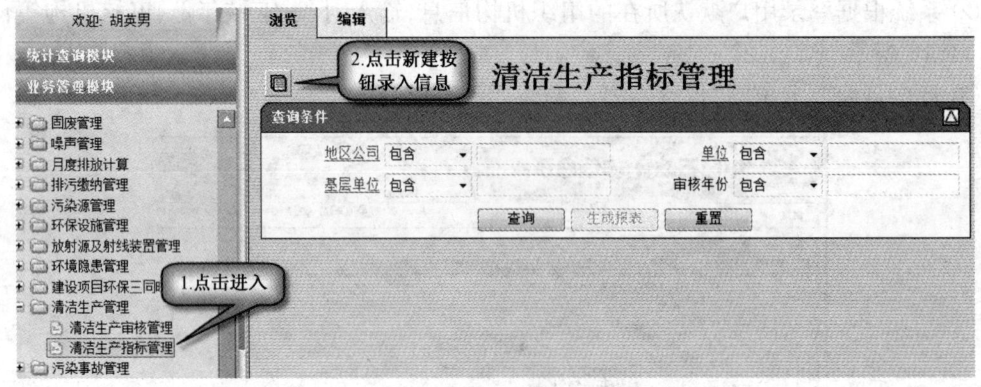

图 11.19 清洁生产指标记录新建页面

② 系统根据登录用户默认所在的组织机构信息,输入指标分类、装置名称、最终级别、年份、结果、级别等信息,如图 11.20 所示。

③ 点击页面左上角的"保存"按钮,新建任务完成。

说明:在"单位属性"中选择该单位适用的"指标分类",针对装置的考核也可以填入"装置名称","最终级别"针对该指标最后的考核结果。如果该单位适用多个指标,"单位属性"处也可多选。在"清洁生产指标信息"区域将根据"指标分类"中所选的指标显示出该指标的要求。

(2)修改清洁生产指标。

① 由页面路径进入相应的菜单。

② 在浏览列表页面选择需要修改的清洁生产指标记录。

图 11.20　录入清洁生产指标管理信息

③ 修改完清洁生产指标后保存。

(3) 删除清洁生产指标。

① 由页面路径进入相应的菜单。

② 在浏览列表页面选择需要删除的清洁生产指标记录。

③ 点击页面“删除”按钮。

12 职业健康管理子系统概述

12.1 职业健康管理业务

职业健康管理着眼于员工的健康，立足于预防、控制和消除职业危害，旨在保护员工的身体健康和生命安全。为了促使用人单位重视职业健康管理，国家先后颁布了《中华人民共和国职业病防治法》、《职业健康监护管理办法》等法律法规，对于职业卫生检测、职业病危害因素防护、职业健康监护（体检）、职业健康卫生管理制度等方面作出了明确的要求。

集团公司全面贯彻国家职业病防治的法律、法规，坚持“预防为主，防治结合”的方针，突出“以人为本、健康至上”的理念，致力于员工职业健康监护和职业病危害作业场所检测工作，改善施工作业条件，预防、控制和消除职业病危害，积极创造有利于员工健康的工作环境和劳动条件。2002 年，集团公司制定了《中国石油天然气集团公司职业病防治管理办法》（中油质安字〔2002〕503 号）（以下简称防治管理办法）作为职业健康管理的纲领性文件，指导职业健康管理工作。防治管理办法中对企业的防护措施、监测与治理、职业健康监护、放射防护和职业卫生培训等方面作出了全面、细致的规定。2004 年印发了《中国石油天然气集团公司职业健康监护管理规范》（质安字〔2004〕78 号）和《中国石油天然气集团公司作业场所职业病危害因素检测规范》（质安字〔2004〕78 号），针对生产作业和工作场所涉及职业健康危害种类多、环境恶劣、流动性和劳动强度大的特点，要求加强员工职业健康监护和作业场所职业病危害因素检测，努力改善施工作业条件，突出职业病预防、控制，同时为员工提供合格的防护用品及防护设施，减少有毒有害物质对人体的危害，逐渐形成了以职业健康体检、职业病危害因素检测、职业卫生防护等为核心的职业健康管理体系，为员工健康提供了良好保障。

12.2 职业健康管理子系统框架

系统中的职业健康管理子系统以中国石油职业健康管理业务的主要内容为设计基础，开发了以职业病危害因素检测管理、职业健康体检管理、设备设施管理、职业卫生档案管理为核心，放射卫生管理、野外作业管理、职业病患者管理等其他职业健康管理业务为辅助的系统功能体系，涵盖了职业健康管理的方方面面，如图 12.1 所示。

12.3 职业健康管理子系统流程

HSE 系统中的职业健康管理子系统以接害人员、接害岗位和检测点为主线，将职业病危害因素检测管理、职业健康体检管理、设备设施管理、职业卫生档案管理等功能模块有机地结合在一起，这几个功能模块之间的关系如图 12.2 所示。

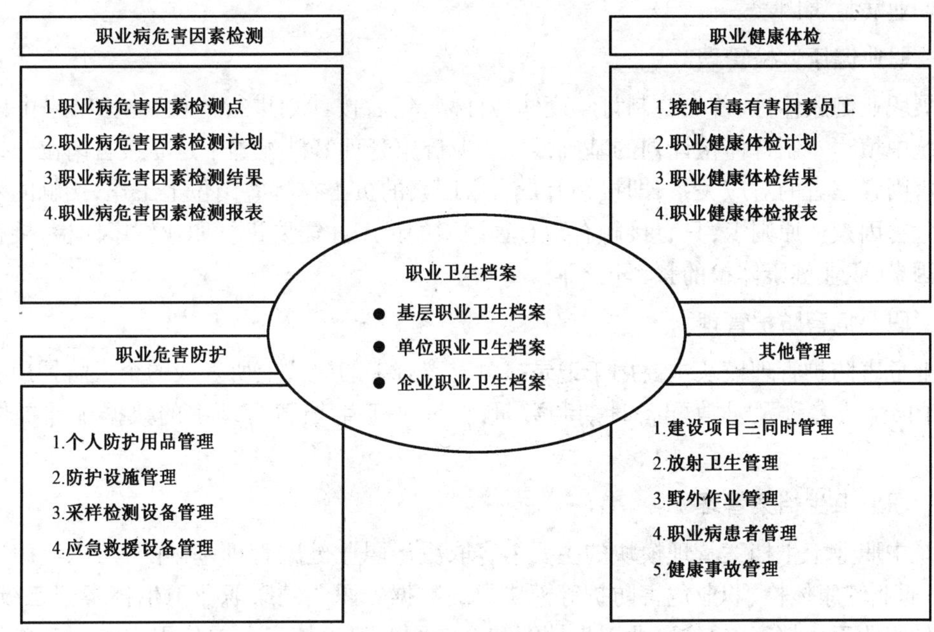

图 12.1　职业健康管理业务概览

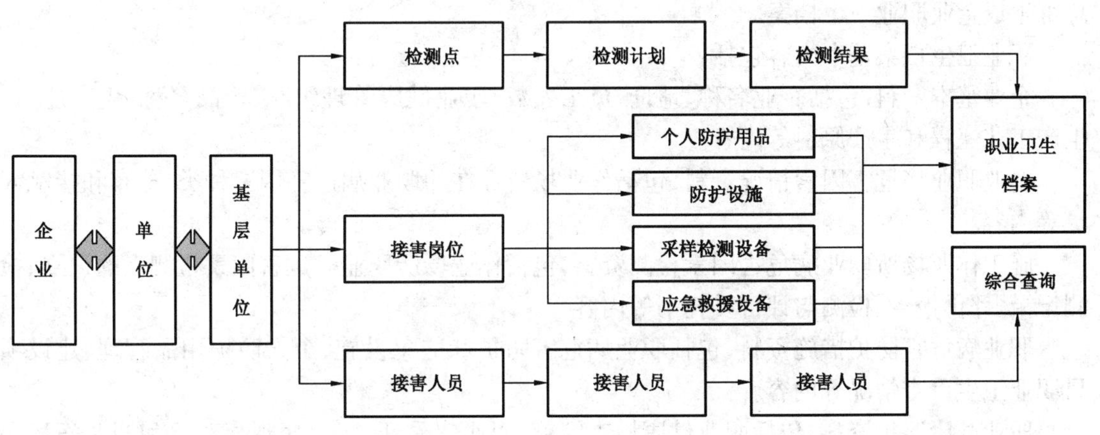

图 12.2　职业健康管理子系统各功能模块之间的关系

12.3.1　职业健康管理基础配置

企业的组织机构、检测点、接害岗位、接害人员等构成了系统中职业健康管理模块的基础配置。这些是职业健康管理子系统的基础数据，也是核心内容，会直接影响到职业病危害因素检测管理、职业健康体检管理等功能的使用。

12.3.2　职业病危害因素检测管理

开展职业病危害因素检测，首先要制订年度检测计划，然后按计划进行检测，检测结果由检测单位在系统中填写。制订检测计划的基础是在职业健康管理基础配置中建立检测点—接害岗位—危害因素三者的对应关系，即在某一检测点，对应哪些接触有毒有害的岗位，需要检测哪些职业病危害因素。

12.3.3 职业健康体检管理

开展职业健康体检，首先要制订年度体检计划，然后按计划进行体检，体检结果由体检医院在系统中填写。制订体检计划的基础是在职业健康管理基础配置中建立接害岗位—接害人员—危害因素三者的对应关系，即接触有毒有害因素的员工在哪些岗位上工作，接触的是哪些职业病危害因素。原则上，只有接触有毒有害因素的员工才需要进行职业健康体检，接触不同的危害因素，职业健康体检的频率也不同。

12.3.4 职业危害防护管理

职业危害防护管理模块主要用于记录接触有毒有害的岗位上所发放的个人防护用品和防护设施的类型、名称及发放配备日期和数量，为职业卫生档案管理中的数据统计提供基础资料。

12.3.5 职业卫生档案管理

系统中职业卫生档案管理模块的主要内容取决于职业健康管理基础配置、职业病危害因素检测、职业健康体检、职业危害防护等模块中的数据。职业健康职业卫生档案分三级管理：基层单位职业卫生档案、单位职业卫生档案和企业职业卫生档案。单位用户在制定单位职业卫生档案时，系统会自动生成基层单位职业卫生档案，单位上报职业卫生档案后，企业用户汇总可生成企业职业卫生档案。

职业卫生档案基本内容包括：

企业基本资料，包括企业名称、地址、员工人数、职业健康管理组织、产品名称、生产能力、生产工艺流程和生产原料等内容。

企业职业病危害因素情况资料，包括作业场所存在的职业病危害因素种类、分布和接触人员等内容。

施工作业场所职业病危害因素检测资料，包括作业场所职业病危害因素检测点的设立、检测记录、评价报告、检测与评价委托书等内容。

职业病危害防护措施资料，包括职业病危害防护和应急设施、个人防护用品管理、建设项目职业卫生审查情况等内容。

职业健康监护资料，包括职业健康检查结果、职业禁忌证、职业病观察对象和职业病病人管理、职业健康监护委托书等内容。

职业健康职业卫生档案是整个职业健康管理模块的综合汇总结果，职业健康管理基础配置、职业危害防护、职业病危害因素检测、职业健康体检的信息都将汇总到职业健康职业卫生档案中。

13 职业健康人员管理

为规范职业健康监护工作，集团（股份）公司制定了《中国石油天然气集团公司职业健康监护管理规范》（质安字〔2004〕78 号）和《中国石油天然气股份有限公司员工健康监护管理暂行规定》（石油质字〔2000〕250 号），将接触危害因素的人员即接害人员作为职业健康监护对象，明确规定要求建立职工职业健康监护档案，包括职业史、既往病史、急慢性职业病史、职业病危害因素接触史等内容。

本模功的主要功能是记录接害人员和有毒有害岗位（即接害岗位）相关信息，是进行职业健康体检管理和职业健康监护档案管理的基础。

13.1 接害人员

系统中主要记录接害人员的基本信息、职业史、家族病史、急性职业病史等信息，所有在职接害人员都需要纳入到系统中。

【页面路径】

职业健康—职业健康基础配置—接害人员

(1)新建接害人员信息。

【应用举例】

某油田采油二矿锅炉岗新增一名接害人员，需要在系统中录入该人员的基本信息。

① 按照路径【基本配置—HSE 人员基本信息】或【安全管理—人员管理—HSE 人员基本信息】进入人员基本信息浏览界面。查询该人是否已被录入“HSE 人员基本信息”模块，若存在，进行步骤②；若不存在，参见 4.1 新建 HSE 人员基本信息部分录入数据。

② 按照路径【职业健康—职业健康基础配置—接害人员】进入接害人员浏览界面，点击“新建”按钮进入编辑页面，如图 13.1 所示。

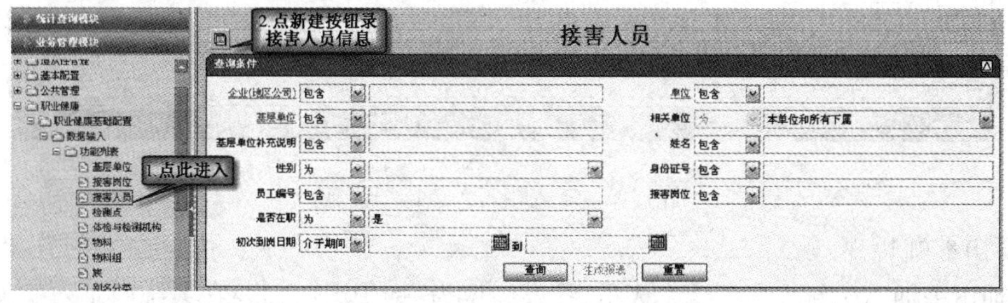

图 13.1　接害人员信息新建页面

③ 点击“放大镜”查询到需录入信息的人员，选中人员姓名，再输入接害岗位、初次到岗日期、职业史、家族病史等信息，如图 13.2、图 13.3 所示。

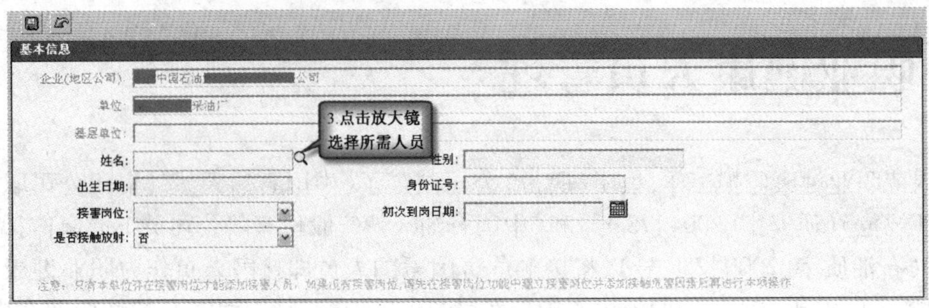

图 13.2　选择对应接害人员

④ 点击页面左上角的“保存”按钮,新建任务完成。

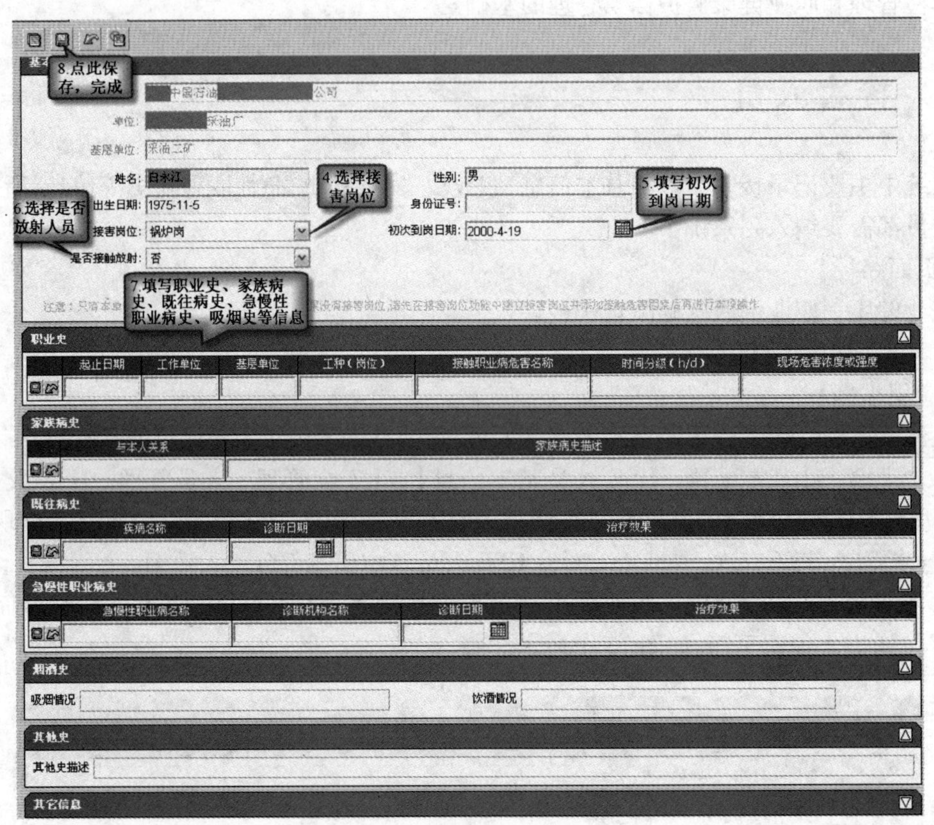

图 13.3　录入接害人员详细信息

【应用举例】

某油田采油二矿新来多个接害人员,接害岗位为“锅炉岗”,需要在系统中录入相关信息。

① 按照路径【职业健康—职业健康基础配置—接害岗位】进入接害岗位浏览界面,点击“查询”按钮,查找到“锅炉岗”,如图 13.4 所示。

② 进入编辑页面后,点击“添加”按钮,在弹出页面查询到相关人员,填写人员的“初次到岗日期”,如图 13.5、图 13.6 所示。

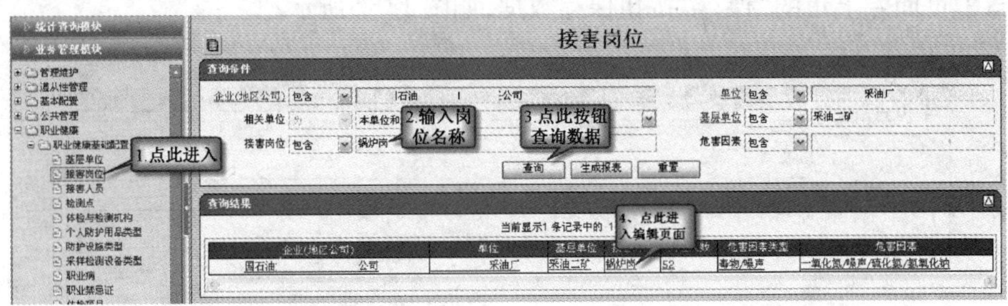

图 13.4 查询有关接害岗位

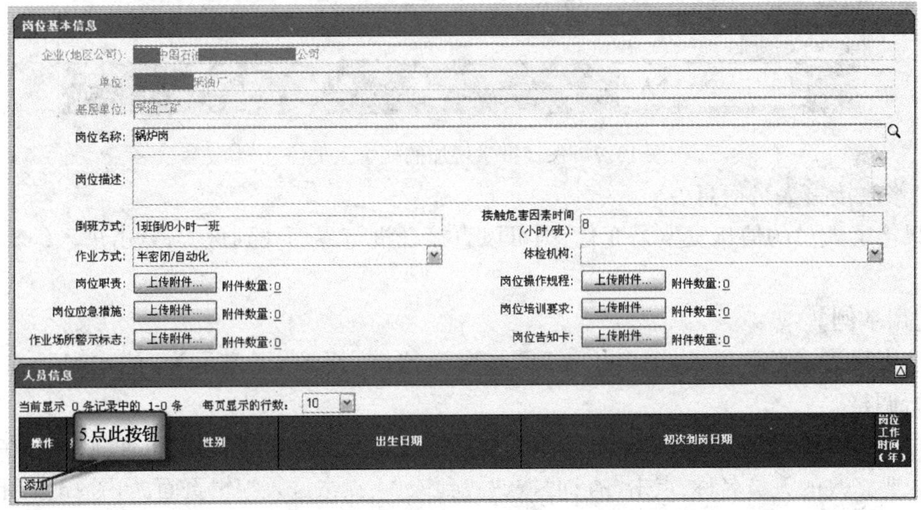

图 13.5 批量增加接害人员信息页面

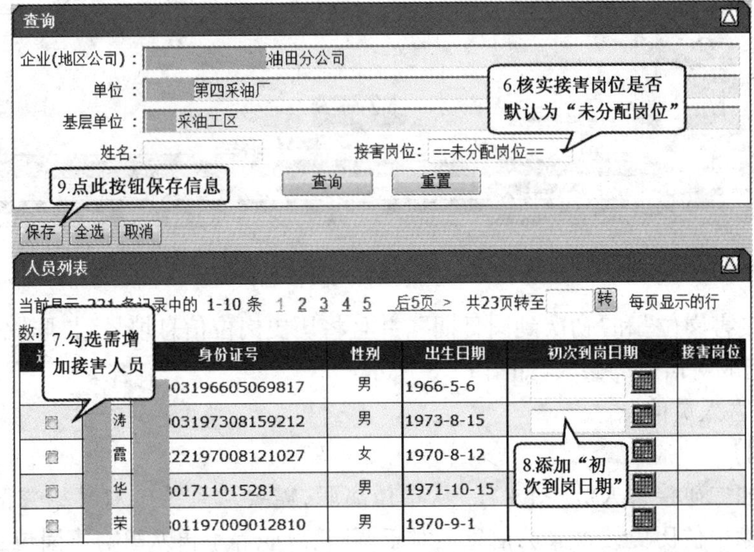

图 13.6 添加接害人员信息页面

③ 点击页面左上角的"保存"按钮保存数据,如图 13.7 所示。

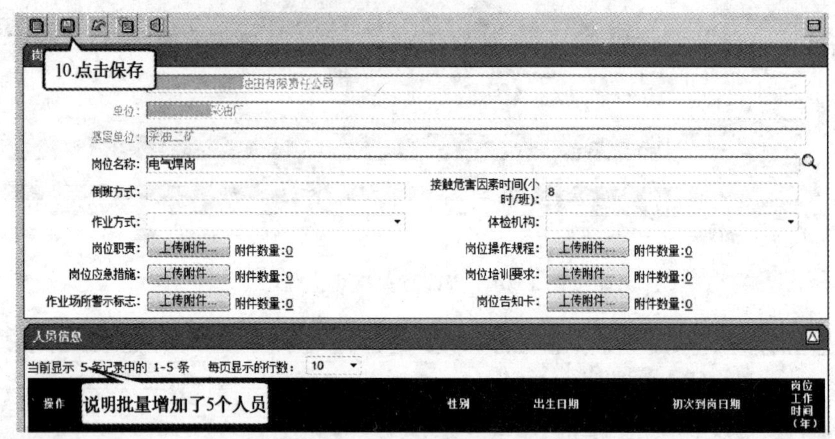

图 13.7 保存批量增加的接害人员信息

(2)修改接害人员信息。

如果接害人员的信息发生了变化,则可以直接在浏览界面找到该人,点击进入编辑页面进行修改。

【应用举例】

某油田采油二矿接害人员"白永江"的接害岗位由"锅炉岗"变更为"注水岗",需要对其信息进行调整。

① 按照路径【职业健康—职业健康基础配置—接害人员】进入接害人员查询页面,在查询条件处输入要修改的人员名称,点击"查询"按钮找到该人,点击进入编辑页面,如图 13.8 所示。

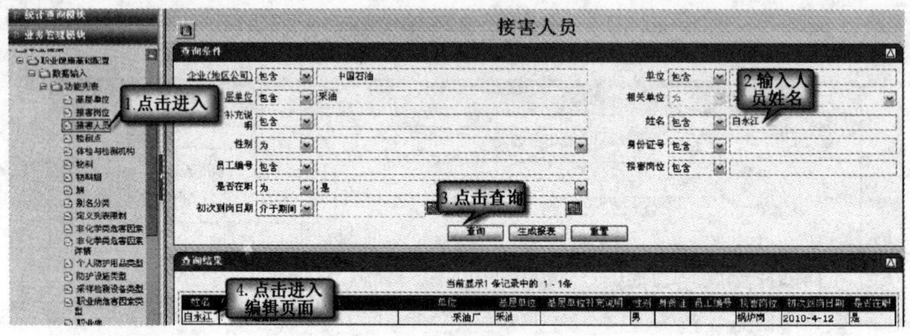

图 13.8 查询接害人员信息页面

② 修改"接害岗位"和"初次到岗日期",并且将历史岗位信息填号到"职业史"栏目,点击"保存"按钮,完成对信息的修改,如图 13.9 所示。

③ 删除接害人员信息。

【应用举例】

某油田采油二矿接害人员"白永江"从单位离职,需要从系统中对其相关信息进行删除。通常不建议删除单位历史接害人员信息。对于调岗、离职等不再从事有害岗位工作的人员,直接在【安全管理—人员管理—HSE 人员基本信息】或【基本配置—HSE 人员基本信息】页面中将人员"是否在职"由"是"调整为"否"即可;若确认要删除,则按照步骤①和②进行操作。

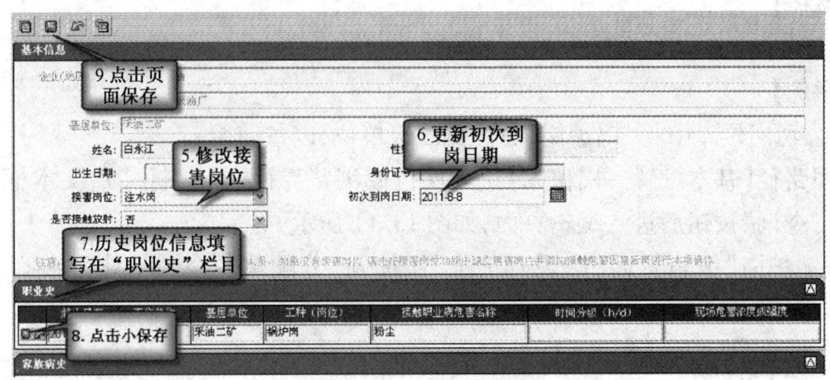

图 13.9　修改接害人员信息页面

① 按照路径【职业健康—职业健康基础配置—接害人员】进入接害人员查询页面，在查询条件处输入要删除的人员名称，点击“查询”按钮找到该人，点击进入编辑页面，如图 13.10 所示。

② 点击删除按钮，进行确认后，完成删除操作。

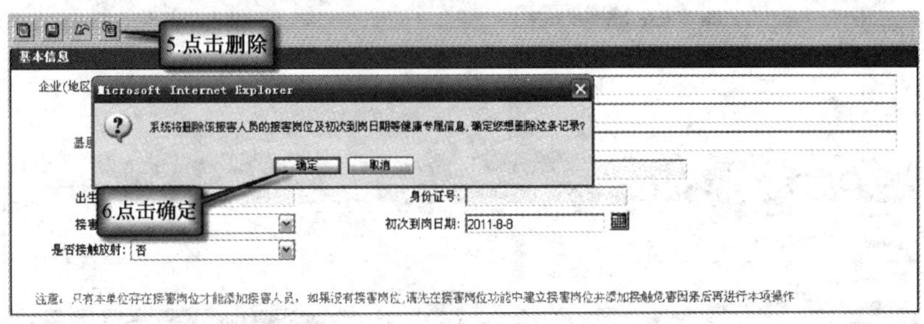

图 13.10　删除接害人员信息

说明：在“接害人员”编辑页面“放大镜”中可选择的人员来自“HSE 人员基本信息”，也就是说只有在【安全管理—人员管理—HSE 人员基本信息】或者【基本配置—HSE 人员基本信息】中录入了相关人员后，在“放大镜”中才可以选择到。

在“接害人员”编辑页面，“接害岗位”下拉框内容来自【职业健康基础配置—接害岗位】。如果该下拉框为空，则需要到【职业健康基础配置—接害岗位】处进行添加，详见 14.2 接害岗位。

13.2　接害岗位

各单位需确定下属各基层单位存在的接害岗位，并掌握各岗位对应危害因素类型、名称等信息。这些信息是判断员工体检周期、体检项目的依据，也是制订年度体检计划的基础。

系统主要记录接害岗位的名称，对应危害因素类型、危害因素名称、是否是主要危害因素以及该岗位有哪些接害人员等信息。

13.2.1　岗位库

岗位库汇集了集团公司几乎所有接害岗位，单位及以上级别的系统用户可以根据实际需要将相关岗位分配到本单位。

【页面路径】

基本配置—岗位库

【应用举例】

在集团公司岗位库中将“锅炉岗”分配到二级单位,以备使用。

(1)按照路径【基本配置—岗位库】进入岗位库浏览界面,在“岗位”后文本框中输入“锅炉岗”,点击“查询”按钮后进入编辑页面,如图 13.11 所示。

(2)在“锅炉岗”编辑页面将“现有单位”添加到“分配单位”中,点击“保存”按钮,如图 13.12 所示。

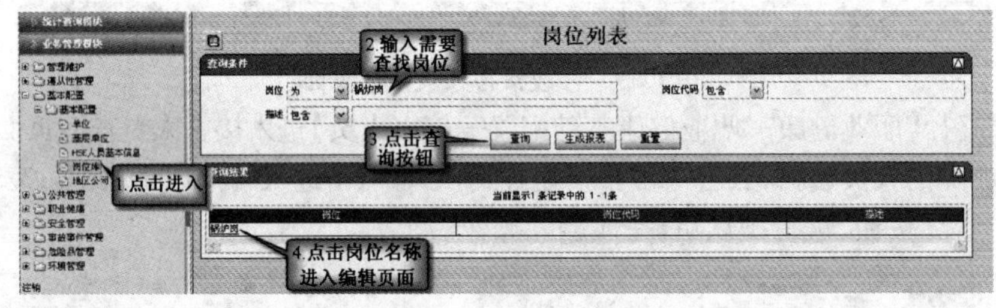

图 13.11　查询所需岗位

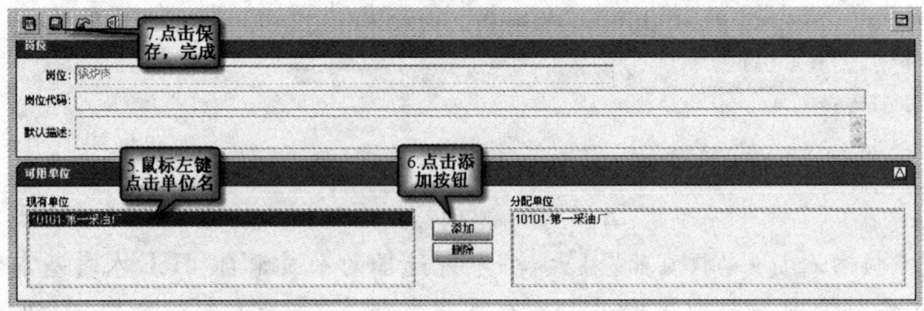

图 13.12　分配岗位库至单位

说明:目前各企业几乎不需要增加新的岗位,若个别情况下需新建数据,请在浏览界面点击“新建”按钮,输入“岗位名称”,后续操作见步骤(2)。

13.2.2　接害岗位

接害岗位页面主要记录接害岗位对应危害因素、作业方式、倒班方式、接触危害因素时间等信息。

【页面路径】

职业健康—职业健康基础配置—接害岗位

(1)新建接害岗位信息。

【应用举例】

某油田采油二矿新增接害岗位“锅炉岗”,需要在系统中录入该岗位的相关信息。

① 按照路径【职业健康—职业健康基础配置—接害岗位】进入接害岗位浏览界面,点击

“新建”按钮进入编辑页面，如图 13.13 所示。

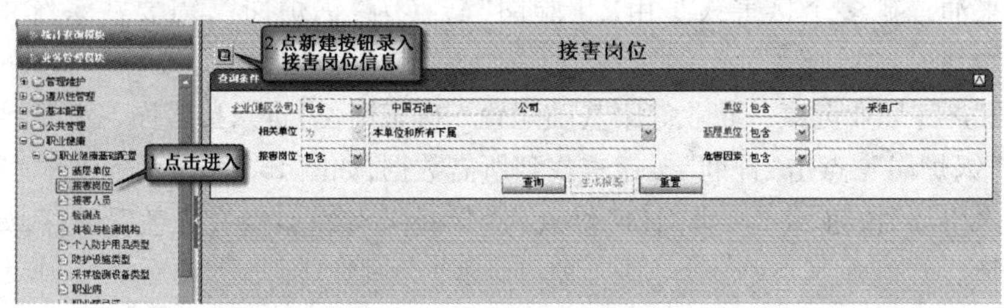

图 13.13　接害岗位新建页面

② 点击“放大镜”查询到接害岗位“锅炉岗”，选中岗位名称，填写岗位描述、倒班方式、接触危害因素时间、作业方式（下拉框选择）等，再输入岗位对应危害因素类型、危害因素名称等信息，点击页面“保存”按钮；岗位职责、岗位操作规程、岗位应急措施、岗位培训要求、作业场所警示标志、岗位告知卡旁边的“上传附件”按钮变为可用状态，根据实际情况将相关文档添加到系统中，完成接害岗位基本信息的录入，如图 13.14 所示。

图 13.14　录入接害岗位相关信息

③ 点击页面左上角的“保存”按钮，新建任务完成。

（2）多个接害人员批量换岗信息录入。

【应用举例】

某油田采油二矿多个接害人员由“化验岗”转换为“锅炉岗”，需要在系统中录入相关信息。

① 按照路径【职业健康—职业健康基础配置—接害岗位】进入接害岗位浏览界面，在岗位名称后输入“锅炉岗”，点击“查询”按钮查找到所需数据，如图 13.15 所示。

② 点击“添加”按钮，将“接害岗位”修改为“化验岗”，添加相关信息后保存，如图 13.16、图 13.17 所示。

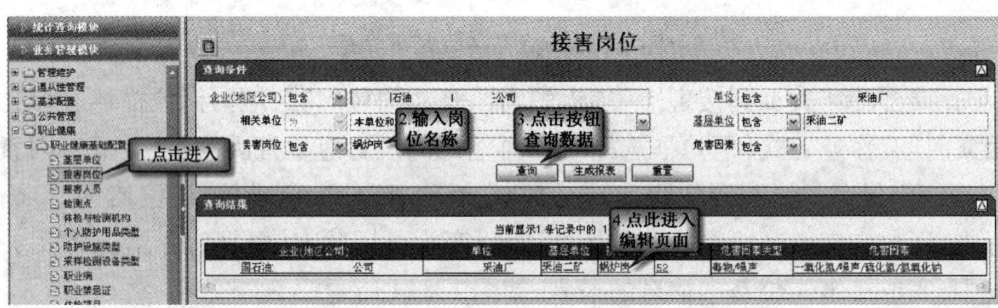

图 13.15　查询相关接害岗位

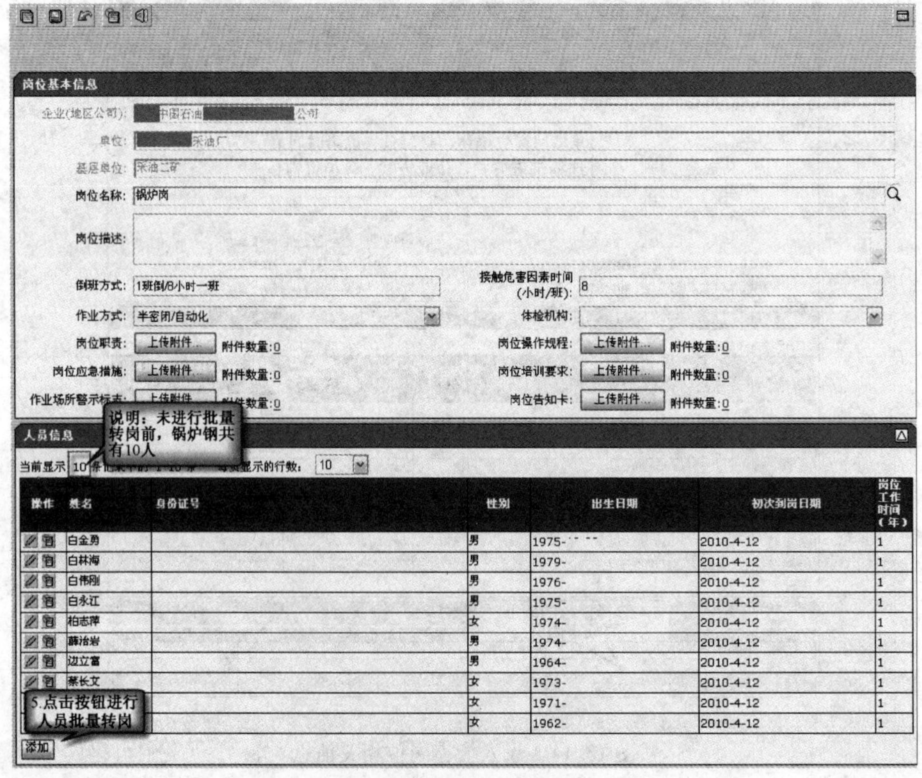

图 13.16　批量转岗前进入接害岗位页面

图 13.17　批量转岗操作页面

③ 点击页面左上角的“保存”按钮保存数据,如图 13.18 所示。

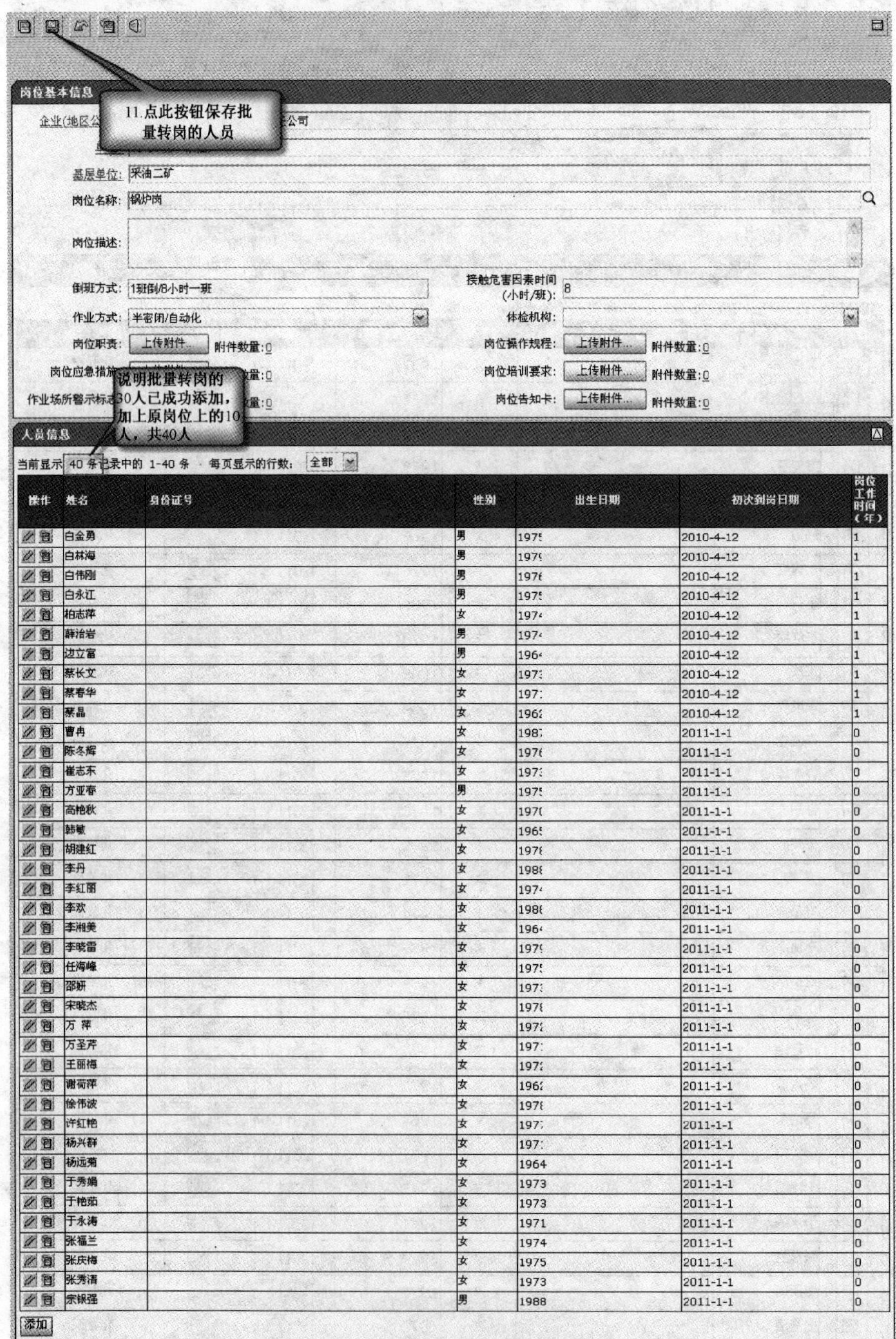

操作	姓名	身份证号	性别	出生日期	初次到岗日期	岗位工作时间(年)
	白金勇		男	1975	2010-4-12	1
	白林海		男	1979	2010-4-12	1
	白伟刚		男	1976	2010-4-12	1
	白永江		男	1975	2010-4-12	1
	柏志萍		女	1974	2010-4-12	1
	薜治岩		男	1974	2010-4-12	1
	边立富		男	1964	2010-4-12	1
	蔡长文		女	1973	2010-4-12	1
	蔡春华		女	1971	2010-4-12	1
	蔡晶		女	1962	2010-4-12	1
	曹冉		女	1987	2011-1-1	0
	陈冬辉		女	1976	2011-1-1	0
	崔志东		女	1973	2011-1-1	0
	方亚春		男	1975	2011-1-1	0
	高艳秋		女	1970	2011-1-1	0
	韩敏		女	1965	2011-1-1	0
	胡建红		女	1978	2011-1-1	0
	李丹		女	1988	2011-1-1	0
	李红丽		女	1974	2011-1-1	0
	李欢		女	1988	2011-1-1	0
	李湘美		女	1964	2011-1-1	0
	李晓雷		女	1979	2011-1-1	0
	任海峰		女	1975	2011-1-1	0
	邵妍		女	1973	2011-1-1	0
	宋晓杰		女	1978	2011-1-1	0
	万 萍		女	1972	2011-1-1	0
	万圣芹		女	1971	2011-1-1	0
	王丽梅		女	1972	2011-1-1	0
	谢荷萍		女	1962	2011-1-1	0
	徐伟波		女	1978	2011-1-1	0
	许红艳		女	1977	2011-1-1	0
	杨兴群		女	1971	2011-1-1	0
	杨远菊		女	1964	2011-1-1	0
	于秀娟		女	1973	2011-1-1	0
	于艳茹		女	1973	2011-1-1	0
	于永涛		女	1971	2011-1-1	0
	张福兰		女	1974	2011-1-1	0
	张庆梅		女	1975	2011-1-1	0
	张秀清		女	1973	2011-1-1	0
	宗银强		男	1988	2011-1-1	0

图 13.18 保存批量转岗人员信息

说明:接害岗位信息修改和删除操作同 13.1 接害人员。删除接害岗位信息时一定要慎重,因为删除接害岗位后其下所有的接害人员信息均将被删除。

14 职业危害防护

根据《中华人民共和国安全生产法》、《中华人民共和国职业病防治法》的相关规定,用人单位必须采用有效的职业病防护设施,并为从业人员提供个人使用的职业病防护用品,并监督、教育从业人员按照使用规则佩戴、使用。为加强和规范劳动防护用品的监督管理,保障从业人员的安全与健康,国家安全生产监督管理总局制定了《劳动防护用品监督管理规定》(国家安全生产监督管理总局令第 1 号),对于劳动防护用品的采购、验收、保管、发放、使用、报废等都作出了明确的要求。

在系统中的职业危害防护模块中,根据各单位劳动防护用品的管理流程,设计开发了由二级单位确定本单位防护用品和设施的名称,基层单位进行本基层单位防护用品和防护设施数量配备的系统流程,对各单位个人防护用品、防护设施、采样检测设备和应急救援设备的配备情况进行记录,便于用户更加准确地了解本单位的职业危害防护情况。

14.1 职业危害防护设备设施类型

职业危害防护设备设施类型包括"个人防护用品类型"、"防护设施类型"和"采样检测设备类型"三部分,其中"个人防护用品类型"通常由二级单位以上用户根据本单位的实际配备情况确定,而"防护设施类型"和"采样检测设备类型"是由 HSE 系统技术支持中心根据《职业病防护设施与职业病防护用品管理办法》(未正式发布)、《建设项目职业病危害预评价技术导则》(GBZ/T 196—2007)和集团公司内部约定俗成的分类确定,用户可以直接查看。

14.1.1 个人防护用品类型

【页面路径】

职业健康基础配置—个人防护用品类型

【应用举例】

某单位新增一批用于头部防护的个人防护用品,需要在系统中录入"头部防护"个人防护用品类型。

(1)按照页面路径【职业健康基础配置—个人防护用品类型】进入个人防护用品类型管理页面,点击页面左上角的"新建"按钮,进入编辑页面,如图 14.1 所示。

图 14.1 个人防护用品类型新建页面

(2)录入新的个人防护用品类型名称“头部防护”,点击“保存”按钮即可,如图 14. 2 所示。

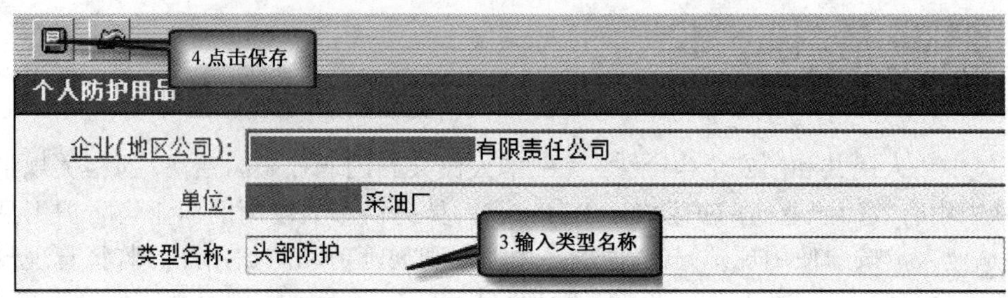

图 14. 2　录入新的个人防护用品类型名称

说明:同一单位下同一种个人防护用品类型名称不能重复录入,新建时先查询系统中是否已经有所需要的类型名称,确认没有后再进行录入。

在删除个人防护用品类型名称时,需要删除对应的个人防护用品名称和配备信息,否则无法删除个人防护用品类型名称。

14. 1. 2　防护设施类型

【页面路径】

健康基础配置—防护设施类型

由 HSE 系统技术支持中心统一录入,用户无编辑权限。

14. 1. 3　采样检测设备类型

【页面路径】

健康基础配置—采样检测设备类型

由 HSE 系统技术支持中心统一录入,用户无编辑权限。

14. 2　个人防护用品管理

系统中的个人防护用品范畴不同于劳动防护用品(通常称劳保用品),特指由生产经营单位为从业人员配备的,使其在劳动过程中免遭或者减轻职业危害的个人防护装备。与防护设施相比,个人防护用品具有可移动性和不可分享性。

14. 2. 1　个人防护用品

该模块用于二级单位用户定义本单位配备的个人防护用品名称。

【页面路径】

职业危害防护—个人防护用品

(1)新建个人防护用品信息。

【应用举例】

某单位有“防尘口罩”、“防射线防护服”、“护目镜”、“防噪声耳塞”等个人防护用品,需要在系统中录入相关信息。

① 按照路径【职业危害防护—个人防护用品】进入个人防护用品管理页面。

② 点击页面左上角的“新建”按钮，进入个人防护用品编辑页面。

③ 选择个人防护用品类型，如防尘（“个人防护用品类型”为下拉框选项，内容在健康基础配置—个人防护用品类型中配置），然后录入个人防护用品名称“防尘口罩”，点击个人防护用品名称前的小保存按钮 。

④ 重复步骤(3)，将其余几项防护用品名称全部录入到系统中。

⑤ 逐条添加完毕后，再点击页面左上角的大保存按钮 。

(2)修改或删除个人防护用品信息。

① 按照路径【职业危害防护—个人防护用品】进入个人防护用品管理页面。

② 在浏览查询页面找到要修改或删除的个人防护用品名称，点击该用品名称进入编辑页面。点击要修改的个人防护用品名称前面的编辑按钮 ，修改相应的数据，点击页面大保存按钮；如要删除该个人防护用品名称，点击该名称前面的删除按钮 ，然后再点击页面左上角的“保存”按钮即可。

14.2.2 个人防护用品配备

【页面路径】

职业危害防护—个人防护用品配备

【应用举例】

某石化公司润滑油厂糠醛精制车间为班长岗新配备一批滤毒罐，更换周期是 36 个月，现需要将数据录入到系统中。

(1)按照路径【职业危害防护—个人防护用品配备】进入个人防护用品配备管理页面，点击页面左上角的“新建”按钮，进入编辑页面，如图 14.3 所示。

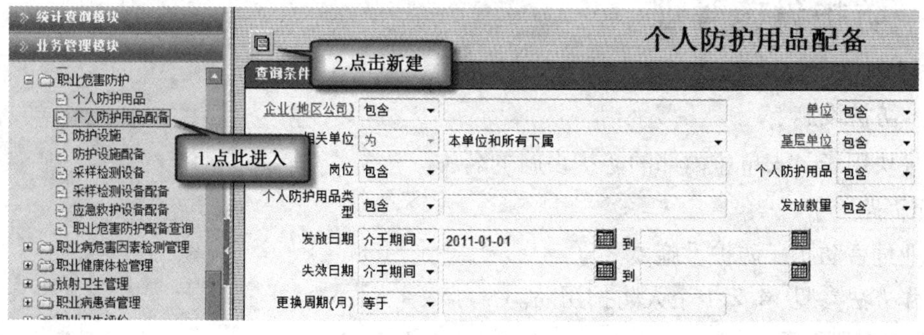

图 14.3 个人防护用品配备新建页面

(2)根据实际配备情况选择相应的类型、个人防护用品名称，填写发放数量和发放日期等相关信息，其中发放日期和发放数量指的是当前发放的日期和当前发放的数量，如图 14.4 所示。

(3)逐条添加该个人防护用品所针对的危害因素，最后点击页面“保存”按钮。

(4)如果配备的个人防护用品信息与以往某次的配备信息类似，点击页面复制按钮 ，根据需要修改相关信息，再点击页面“保存”按钮，实现对类似信息的复制。

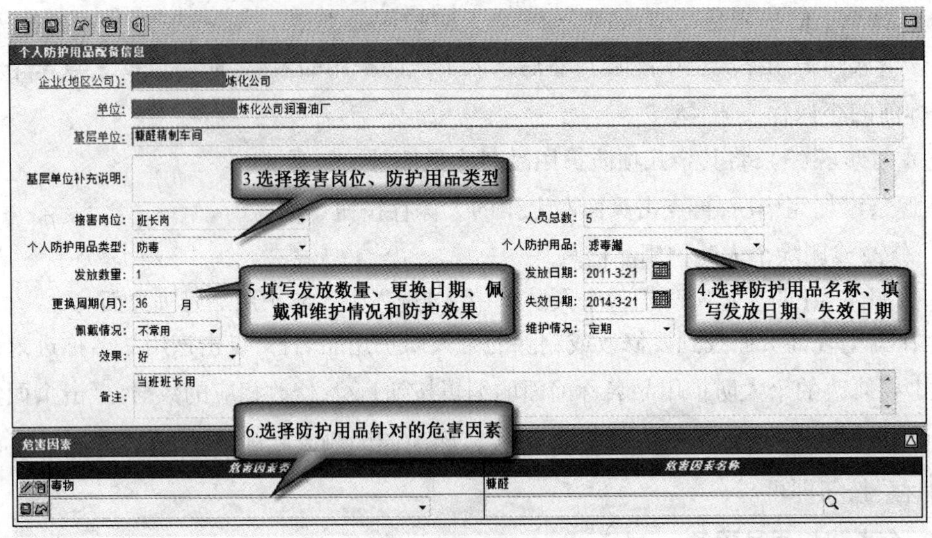

图 14.4　录入个人防护用品信息

说明:“接害岗位”下拉框内容来自【职业健康基础配置—接害岗位】,个人防护用品类型和“个人防护用品”下拉框内容分别来自【职业健康基础配置—个人防护用品类型】和【职业危害防护—个人防护用品】,如下拉框内容为空,需要到相应模块进行添加。

“危害因素类型”和“危害因素名称”下拉框内容来自【职业健康基础配置—接害岗位】。

14.3　防护设施管理

14.3.1　防护设施

该模块用于录入单位内部的防护设施的名称。

【页面路径】

职业危害防护—防护设施

操作方法参见 14.2.1 个人防护用品。

【关键字段解释】

防护设施:以消除或降低工作场所的职业病危害因素浓度或强度,减少职业病危害因素对劳动者健康的损害或影响,达到保护劳动者目的的装置(GBZ/T 196—2007)。

14.3.2　防护设施配备

【页面路径】

职业危害防护—防护设施配备

操作方法参见 14.2.2 个人防护用品配备。

14.4 采样检测设备管理

系统中的采样检测设备主要指为了及时发现工作场所内存在的职业病危害因素隐患，企业配备的对工作场所的粉尘浓度、可燃气体浓度、噪声强度等职业危害因素进行检测的相关仪器，如可燃气体报警仪、硫化氢气体检测仪等。在对检测结果全面分析的基础上，对工作场所危害因素的种类、危害程度、防护措施及效果进行评价，确定危害类别，为工作场所分类管理和危害因素隐患治理提供依据。

14.4.1 采样检测设备

【页面路径】

职业危害防护—采样检测设备

操作方法参见 14.2.1 个人防护用品。

14.4.2 采样检测设备配备

【页面路径】

职业危害防护—采样检测设备配备

操作方法参见 14.2.2 个人防护用品配备。

15 职业病危害因素检测

依据《中华人民共和国职业病防治法》和《中国石油天然气集团公司职业病防治法管理办法》(中油质安字〔2002〕503 号),集团公司制定了《中国石油天然气集团公司作业场所职业病危害因素检测规范》(质安字〔2004〕78 号),对于作业场所职业病危害因素检测场所的识别与建立、检测方法以及检测周期作出了明确的要求。

系统中的职业病危害因素检测模块可以实现检测点的建立、检测计划的制订以及检测结果的录入,最终形成检测档案等一系列过程,使职业病危害因素检测管理更加系统化、规范化,而且在年终上报职业卫生档案时,系统会自动调用职业病危害因素检测模块的数据,生成相关报表,省去了人工统计环节。

15.1 检测点

各单位根据《中国石油天然气集团公司作业场所职业病危害因素检测规范》(质安字〔2004〕78 号)中规定的作业场所划分和检测点设立标准设立职业病危害因素检测点,并将检测点的信息录入到系统中。

本功能主要用于记录本单位的检测点信息及检测点对应的接害岗位信息和职业病危害因素信息。在制订检测计划时,所有启用的检测点都将被纳入到检测范围当中。

【页面路径】

职业健康—职业健康基础配置—检测点

(1)新建检测点信息。

【应用举例】

某炼油厂常减压车间新增“常二冷油泵房”检测点,需要在系统中录入该检测点信息。

① 按照路径【职业健康—职业健康基础配置—检测点】进入检测点浏览界面,点击“新建”按钮进入新建页面,如图 15.1 所示。

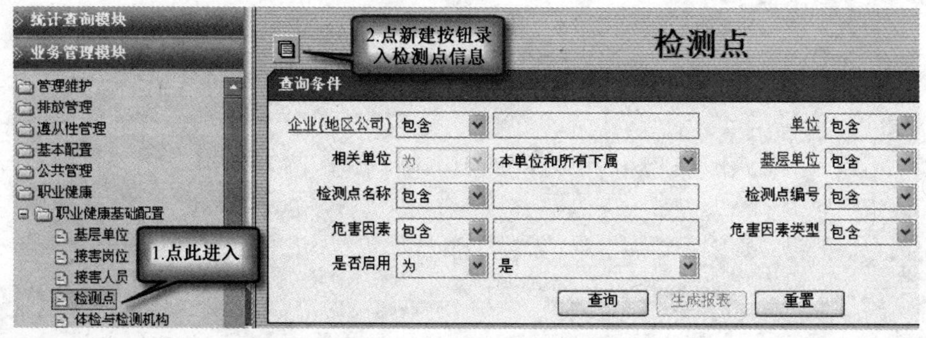

图 15.1　检测点新建页面

② 系统根据登录用户默认检测点所在的组织机构信息,输入检测点的名称、描述、编号,添加检测点对应的岗位、职业病危害因素等信息,如图 15.2 所示。

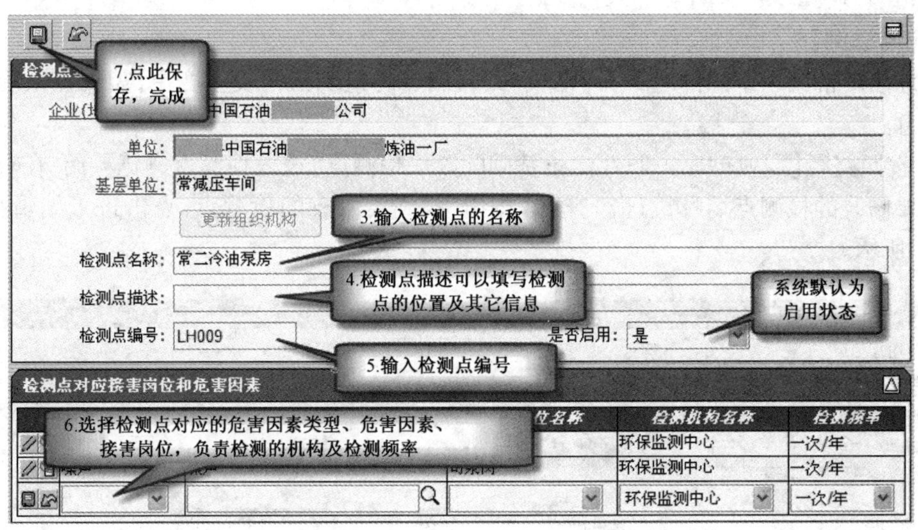

图 15.2　检测点信息录入页面

③ 点击页面左上角的"保存"按钮,新建任务完成,如图 15.3 所示。

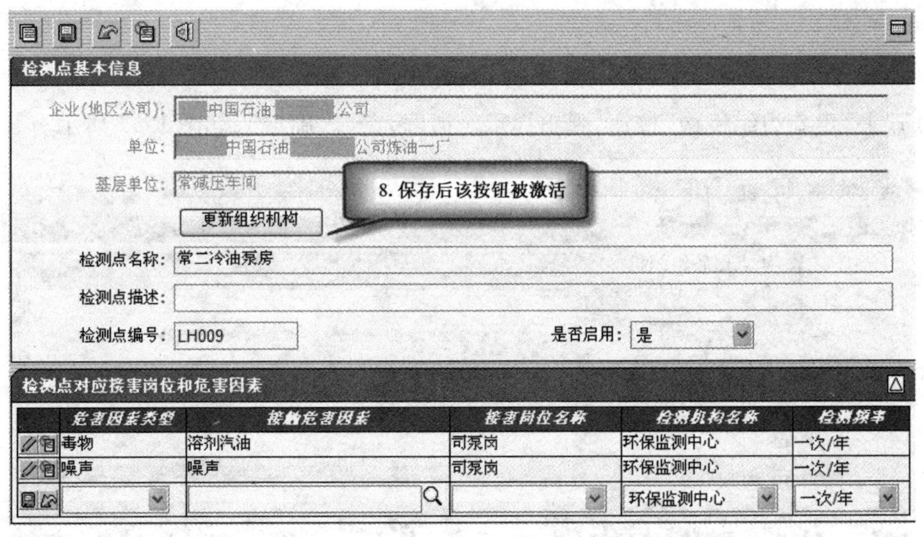

图 15.3　新建检测点任务完成

说明:检测点对应接害岗位和危害因素由系统根据该单位下已经录入的接害岗位自动判别,如果下拉框为空,则说明该单位下还未设置相应的接害岗位,可以到【职业健康—职业健康基础配置—接害岗位】进行设置。检测机构名称来源于【职业健康基础配置—第三方管理】中类型为"检测机构"和"两者兼有"的机构信息。

(2)修改检测点信息。

如果检测点的信息发生变化,可以直接在浏览界面找到该检测点,点击进入编辑页面进行修改。

【应用举例】

某炼油厂常减压车间的"常二冷油泵房"检测点的组织机构发生变更,需要在系统中修改相关信息。

① 按照路径【职业健康—职业健康基础配置—检测点】进入检测点浏览界面,在查询条件处输入要修改的检测点名称,点击"查询"按钮,找到要修改的检测点,点击进入编辑页面,如图 15. 4 所示。

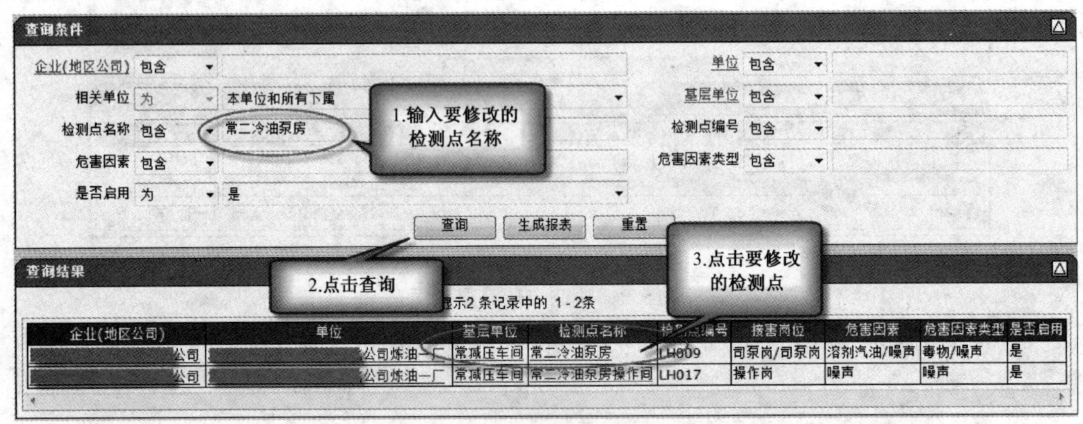

图 15. 4　查询检测点信息

② 点击"更新组织机构"按钮,弹出提示对话框,点击"确定",如图 15. 5 所示。

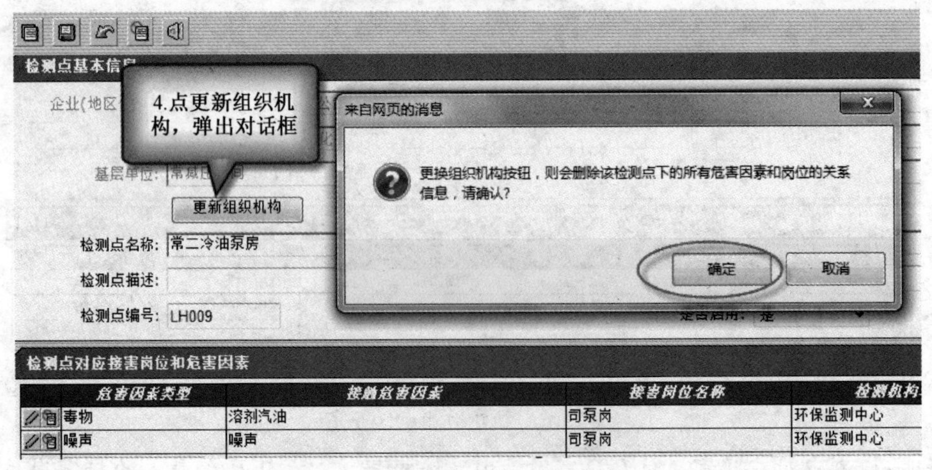

图 15. 5　"更新组织机构"修改对话框

③ 在弹出页面选择新的组织机构,点击"保存"按钮,如图 15. 6 所示。

④ 点击页面"保存"按钮,修改完成。

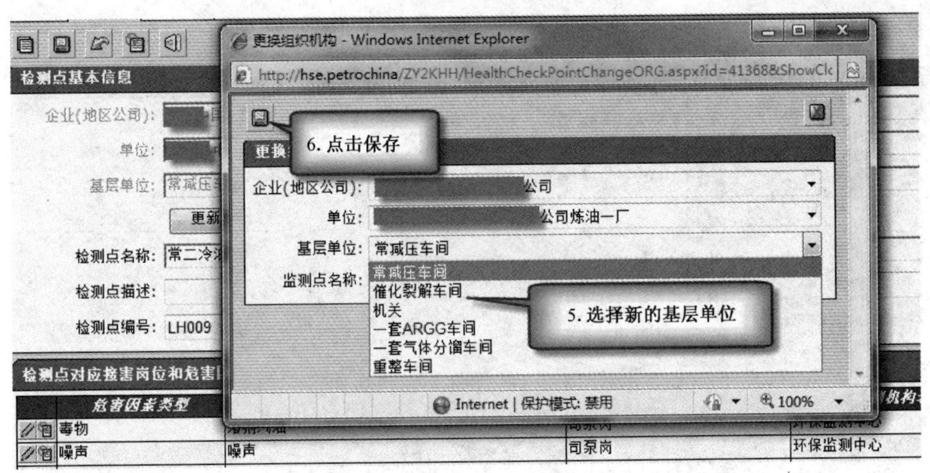

图 15.6 “更新组织机构”修改完成页面

(3)删除检测点信息。

检测点作为历史资料通常不建议删除，对于已经废置不用的检测点，将该检测点的“是否启用”选项改成“否”即可，如果确要删除，可执行以下操作：找到所要删除检测点的检测信息（职业病危害因素检测—检测计划；职业病危害因素检测—检测结果）和职业卫生档案中的信息并删除，确认系统当中没有该检测点的相关信息。也可以在检测点管理查询页面找到要删除的检测点，点击该条记录，进入编辑页面，点击 删除，该检测点的相关信息就在系统中被彻底删除。

15.2 检测计划

每年年初，各单位会根据识别出来的检测点制订本年度职业病危害因素检测计划，用来指导全年的职业病危害因素检测工作。

【页面路径】

职业健康—职业病危害因素检测管理—检测计划

(1)新建检测计划。

【应用举例】

某炼油厂制订 2011 年职业病危害因素检测计划。

① 按照路径【职业健康—职业病危害因素检测管理—检测计划】进入检测点浏览界面，点击“新建”按钮，如图 15.7 所示。

② 系统会根据用户的信息自动识别检测计划所属的单位信息，年度默认为当前年度，制表日期默认为当天，负责人默认为登录用户。选择检测计划的年度，点击“保存”按钮，导入检测计划、导入检测结果和导入当前基础配置三个按钮被激活，如图 15.8 所示。

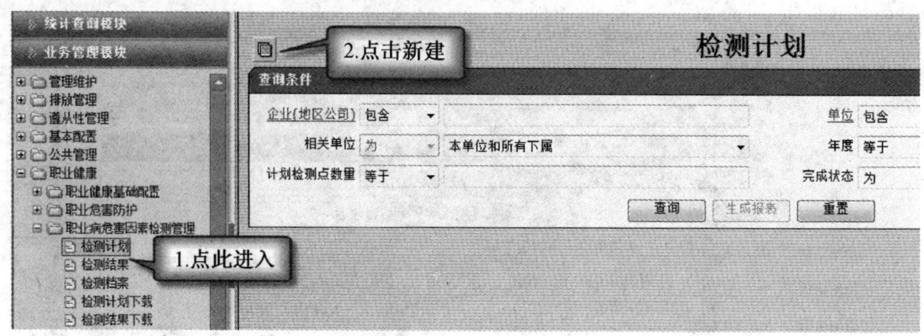

图 15.7　检测计划新建页面

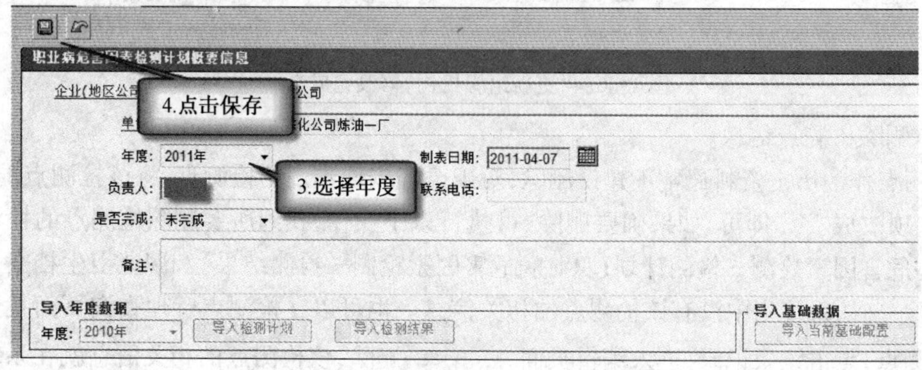

图 15.8　保存检测计划概要信息

③ 如果要制订的检测计划与已经存在的某一年度的检测计划(或检测结果)类似,那么可以点击 导入检测计划 或 导入检测结果 ,在导入的检测计划(或检测结果)的基础上进行修改。如有新增的检测点,可以通过"增加检测计划明细"将新增的检测点纳入检测计划中;如果系统中不存在以往的检测计划(或检测结果)或本年度检测点信息变化比较大,则使用 导入当前基础配置 ,将职业健康基础配置中该单位下所有在用的检测点导入到当前的检测计划当中,如图 15.9、图 15.10 所示。

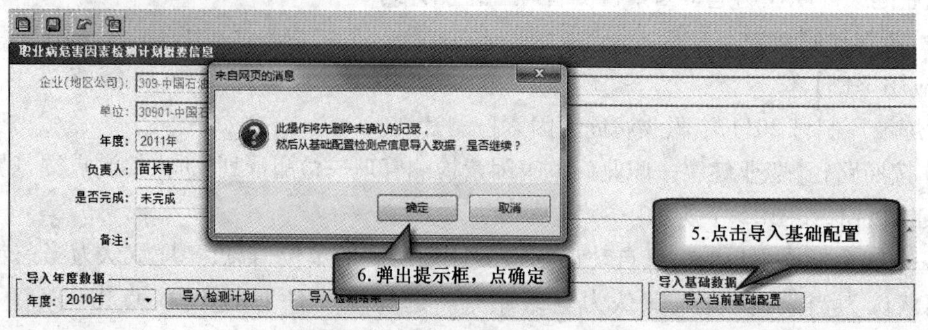

图 15.9　导入当前基础配置页面

图 15.10　成功导入数据

④ 根据单位、基层单位、岗位、检测项目等条件查询要进行检测的检测点，在“确认状态”处选中检测点，确认该检测点已纳入当前检测计划。对于选中的检测点，可以按照检测周期、检测机构和上次检测时间进行批量设置，如图 15.11 和图 15.12 所示。

检测计划明细

当前显示 82 条记录中的 1-15 条 1 2 3 4 5 后5页 > 共6页转至 转 每页显示的行数：10

操作	确认状态	序号	基层单位	检测点	检测点编号	接害岗位	危害因素类型
	☑	1	常减压车间	常二常压泵房	LH007	司泵岗	毒物
	☑	2	常减压车间	常二常压泵房	LH007	司泵岗	噪声
		3	常减压车间	常二常压泵房操作间	LH015	操作岗	噪声
	☑	4	常[illegible]	常二常压小泵房	LH011	司泵岗	毒物
	☑	5	常[illegible]	常二常压小泵房	LH011	司泵岗	噪声
	☑	6	常[illegible]	常二减顶油泵房	LH012	司泵岗	毒物
	☑	7	[illegible]	常二减顶油泵房	LH012	司泵岗	噪声
	☑	8	常[illegible]	常二减压泵房	LH008	司泵岗	毒物
	☑	9	常减压车间	常二减压泵房	LH008	司泵岗	噪声
		10	常减压车间	常二减压泵房操作间	LH016	操作岗	噪声
	☑	11	常减压车间	常二冷油泵房	LH009	司泵岗	毒物
	☑	12	常减压车间	常二冷油泵房	LH009	司泵岗	噪声
		13	常减压车间	常二冷油泵房操作间	LH017	操作岗	噪声
	☑	14	常减压车间	常二破乳剂泵房	LH013	司泵岗	毒物
	☑	15	常减压车间	常二破乳剂泵房	LH013	司泵岗	噪声

7. 勾选计划检测的检测点

图 15.11　勾选计划检测的检测点

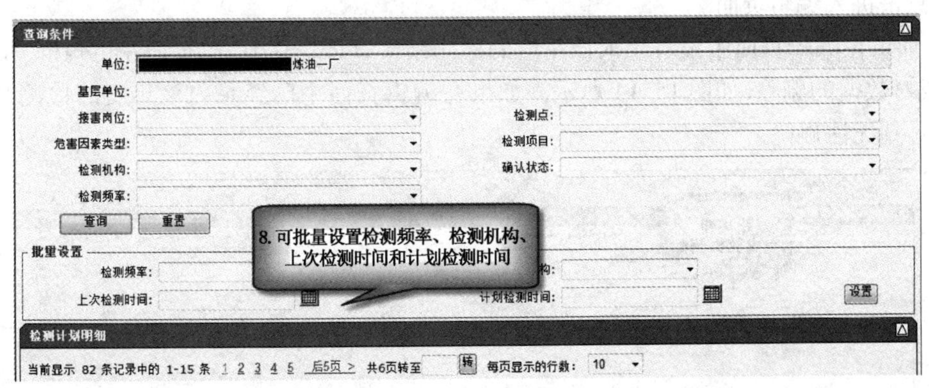

图 15.12　批量设置页面

⑤ 将需要纳入检测计划的所有检测点选中后，将“是否完成”下拉框设为“已完成”，点击“保存”按钮。

(2)修改检测计划。

检测计划制订完成后仍然可以编辑,如果计划检测的检测点或检测时间发生变动,则应进行修改。

【应用举例】

某炼油厂的常二常压泵房操作间在2011年年初未被列入检测计划中,现考虑实际业务情况需要对其进行检测,需要进入系统对检测计划进行修改。

① 按照路径【职业健康—职业病危害因素检测管理—检测计划】进入检测点浏览界面,找到2011年的检测计划,点击进入编辑页面。

② 在检测计划明细中找到"常二常压泵房操作间",在"确认状态"处打勾确认,然后点击页面"保存"按钮即可,如图15.13所示。

图15.13　增加检测计划明细

③ 如果要添加的检测点在列表里没有,可以通过点击"添加检测计划明细"按钮逐条录入。

(3)删除检测计划。

【应用举例】

某炼油厂2011年检测计划因变动太大,需要对其进行删除,重新制订。

① 按照路径【职业健康—职业病危害因素检测管理—检测计划】进入浏览界面,查询相关数据并点击进入编辑页面。

② 如果在编辑页面中没有录入该年度的检测结果,可以直接点击页面左上角的"删除"按钮,完成对数据的删除,如图15.14所示。如果在编辑页面中已经录入该年度的检测结果,则对检测计划无法删除。

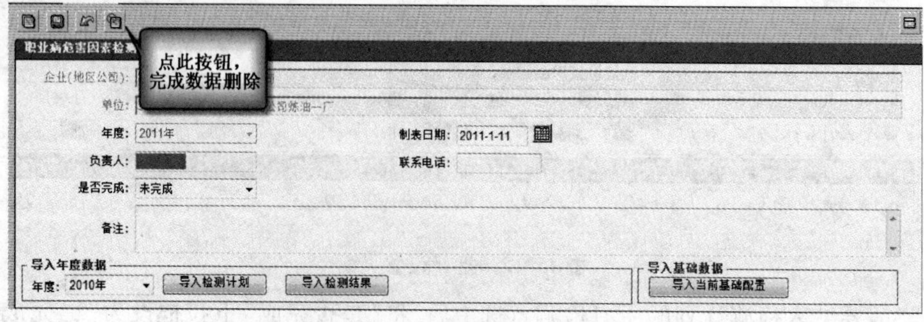

图15.14　删除检测计划页面

15.3　检测结果

根据年初制订的职业病危害因素检测计划，各单位会邀请有资质的专业检测机构对计划中的检测点进行检测并将检测结果录入到系统中。检测结果可以由检测机构录入，也可以由二级单位负责职业健康管理的业务人员录入。

【应用举例】

某炼油厂需要录入 2011 年 2 月的检测结果。

有两种录入方式，即页面录入和批量上传。

15.3.1　页面录入

(1)按照路径【职业健康—职业病危害因素检测管理—检测结果】进入检测点浏览界面，点击“新建”按钮，如图 15.15 所示。

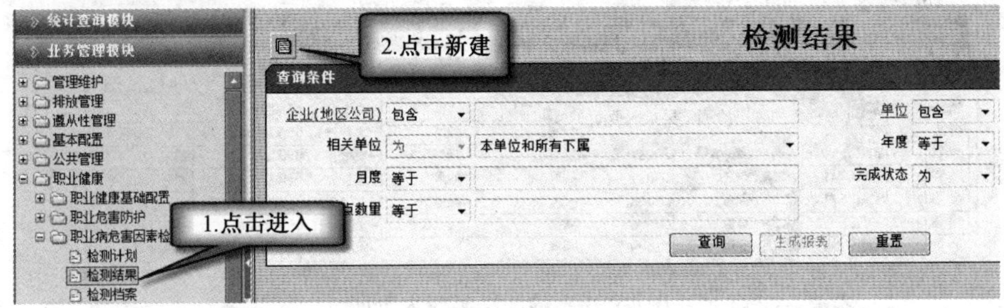

图 15.15　检测结果新建页面

(2)系统会根据用户的信息自动识别检测计划所属的单位信息，年度默认为当前年度，制表日期默认为当天，负责人默认为登录用户，选择实际检测的月度，点击页面左上角的“保存”按钮，如图 15.16 所示。

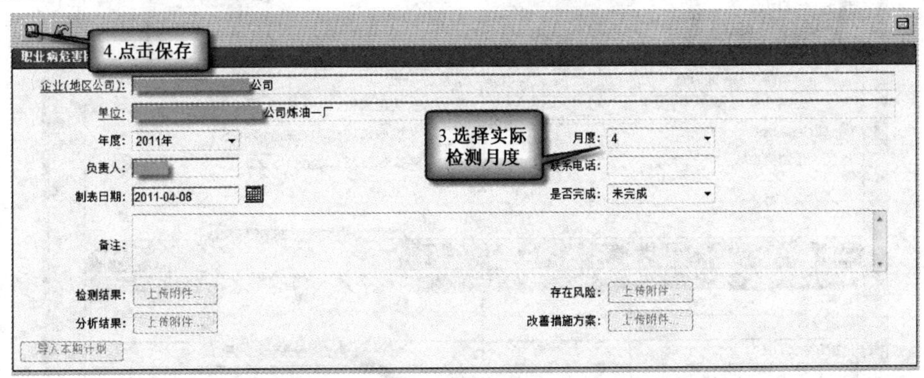

图 15.16　保存基本信息

(3) 导入本期计划 按钮由灰色变为可用状态，点击后系统将检测计划中被选中的检测点信息导入到检测结果明细中，如图 15.17 所示。

(4)点击检测点前面的编辑按钮，弹出检测结果录入页面，录入检测结果，如图 15.18 和图 15.19 所示。

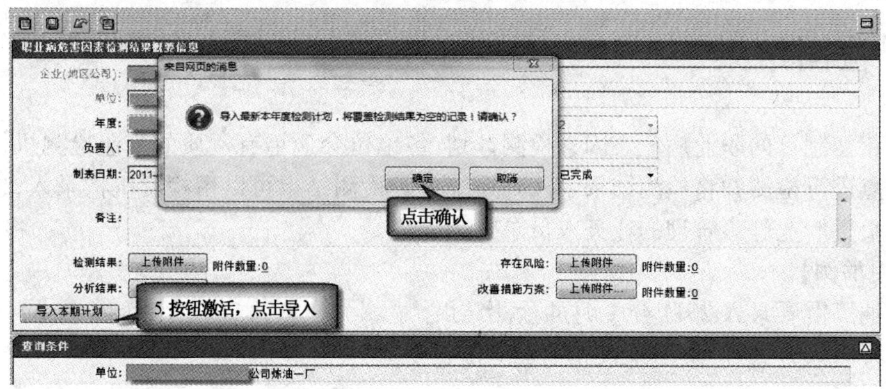

图 15.17　导入检测计划

检测结果明细

当前显示 73 条记录中的 1-10 条 1 2 3 4 5 后5页 > 共8页转至 转 每页显示的行数：10

操作	序号	基层单位	检测点	检测点编号	危害因素类型	检测项目	检测频率	检测机构	是否合格	实际检测日期
	1	常减压车间	常二常压泵房	LH007	噪声	噪声	一次/半年	环保监测中心	合格	2011-2-23
	2	常减压车间	常二常压泵房	LH007	毒物	溶剂汽油	一次/季	环保监测中心	合格	2011-2-15
	3	[illegible]	[illegible]	[illegible]	[illegible]	溶剂汽油	一次/季	环保监测中心	合格	2011-2-15
	4	[illegible]	[illegible]	[illegible]	[illegible]	噪声	一次/半年	环保监测中心	合格	2011-2-23
	5	[illegible]	[illegible]	LH012	[illegible]	溶剂汽油	一次/季	环保监测中心	合格	2011-2-15
	6	常减压车间	常二减顶油泵房	LH012	噪声	噪声	一次/半年	环保监测中心	合格	2011-2-23
	7	常减压车间	常二减压泵房	LH008	噪声	噪声	一次/半年	环保监测中心	合格	2011-2-23
	8	常减压车间	常二减压泵房	LH008	毒物	溶剂汽油	一次/季	环保监测中心	合格	2011-2-15
	9	常减压车间	常二冷油泵房	LH009	噪声	噪声	一次/半年	环保监测中心	合格	2011-2-23

6. 点击弹出检测结果录入页面

图 15.18　检测结果录入页面

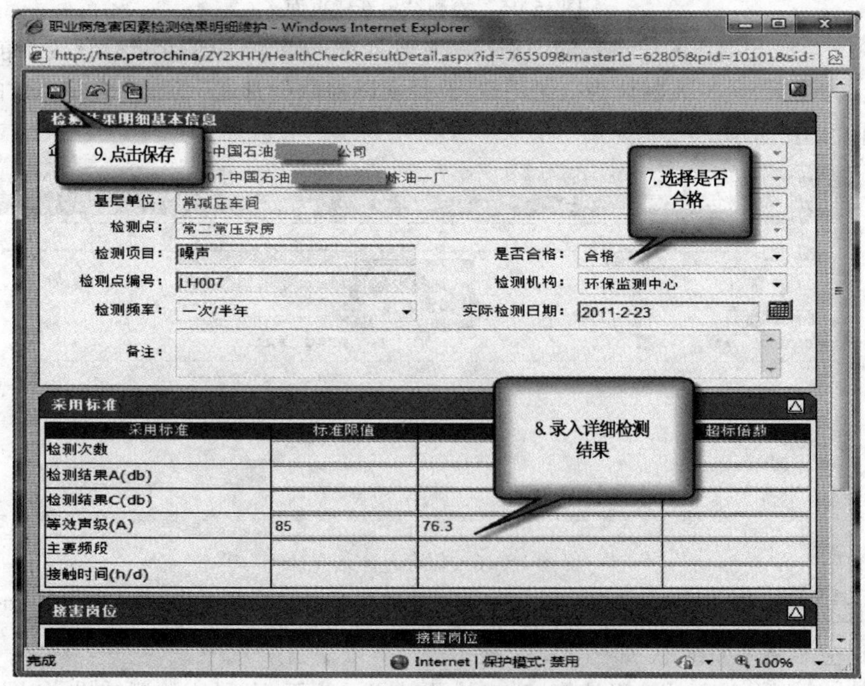

图 15.19　录入检测结果具体信息

(5)重复以上操作,直至将所有检测结果录入完毕,点击页面"保存"按钮。

(6)如果实际检测的检测点未被列入检测计划,需要点击"增加检测结果明细"按钮添加,如图 15.20 所示。如果是新增的检测点,则需要在【职业健康基础配置—检测点】处先添加检测点,详见 15.1 检测点。

检测结果明细

当前显示 73 条记录中的 1-10 条 1 2 3 4 5 后5页 > 共8页转至 转 每页显示的行数: 10

操作	序号	基层单位	检测点	检测点编号	危害因素类型	检测项目	检测频率	检测机构	是否合格	实际检测日期
	1	常减压车间	常二常压泵房	LH007	噪声	噪声	一次/半年	环保监测中心	合格	2011-2-23
	2	常减压车间	常二常压泵房	LH007	毒物	溶剂汽油	一次/季	环保监测中心	合格	2011-2-15
	3	常减压车间	常二常压小泵房	LH011	毒物	溶剂汽油	一次/季	环保监测中心	合格	2011-2-15
	4	常减压车间	常二常压小泵房	LH011	噪声	噪声	一次/半年	环保监测中心	合格	2011-2-23
	5	常减压车间	常二减顶油泵房	LH012	毒物	溶剂汽油	一次/季	环保监测中心	合格	2011-2-15
	6	常减压车间	常二减顶油泵房	LH012	噪声	噪声	一次/半年	环保监测中心	合格	2011-2-23
	7	常减压车间	常二减压泵房	LH008	噪声	噪声	一次/半年	环保监测中心	合格	2011-2-23
	8	常减压车				溶剂汽油	一次/季	环保监测中心	合格	2011-2-15
	9	常减压车				噪声	一次/半年	环保监测中心	合格	2011-2-23
	10	常减压车				溶剂汽油	一次/季	环保监测中心	合格	2011-2-15

如实际检测的检测点未列入检测计划,点此录入该检测点的检测结果

增加检测结果明细

图 15.20　增加检测结果明细页面

15.3.2　批量上传

采用批量上传的方式录入检测结果的前三步与检测结果页面录入的前三步操作方法相同。

(1)点击下载检测结果模板,弹出文件下载提示框,点击"保存"按钮,下载 Excel 表格,如图 15.21 所示。

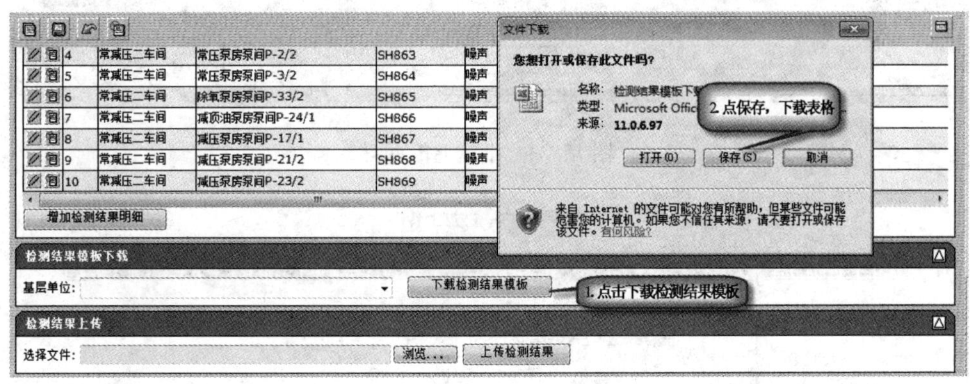

图 15.21　下载检测结果模板

(2)在表格里录入实际检测结果,有底色的为必填项目,不能为空,如图 15.22 所示。

注意表格的形式不能改变,即便是有的检测类型表格为空,也不要删除!否则无法上传!

(3)填写完成后,点击"浏览"按钮,找到要上传的检测结果,点击"打开"按钮,上传,如图 15.23 所示。

(4)页面显示上传进度,上传成功后提示,点击页面"保存"按钮,批量录入完成,如图 15.24 所示。

地区公司	公司						
单位	公司炼油一厂						
年度	2011				月度	2	
基层单位	检测点	检测点编号	检测频率	岗位	检测项目	检测机构	检测日期
常减压车间	常二常压泵房	LH007	一次/季	司泵岗	溶剂汽油	环保监测	2011-02-
常减压车间	常二常压小泵	LH011	一次/季	司泵岗	溶剂汽油	环保监测	2011-02-
常减压车间	常二减顶油泵	LH012	一次/季	司泵岗	溶剂汽油	环保监测	2011-02-
常减压车间	常二减压泵房	LH008	一次/季	司泵岗	溶剂汽油	环保监测	2011-02-
常减压车间	常二冷油泵房	LH009	一次/季	司泵岗	溶剂汽油	环保监测	2011-02-
常减压车间	常二破乳剂泵	LH013	一次/季	司泵岗	溶剂汽油	环保监测	2011-02-
常减压车间	常二汽油泵房	LH010	一次/季	司泵岗	溶剂汽油	环保监测	2011-02-
常减压车间	常二压缩机泵	LH014	一次/季	司泵岗	溶剂汽油	环保监测	2011-02-

毒物检测类型 / 粉尘检测类型 / 噪声检测类型 / 高温检测类型 / 放射检测类型 / 其它检测类型

图 15.22　填写检测结果

图 15.23　批量上传页面

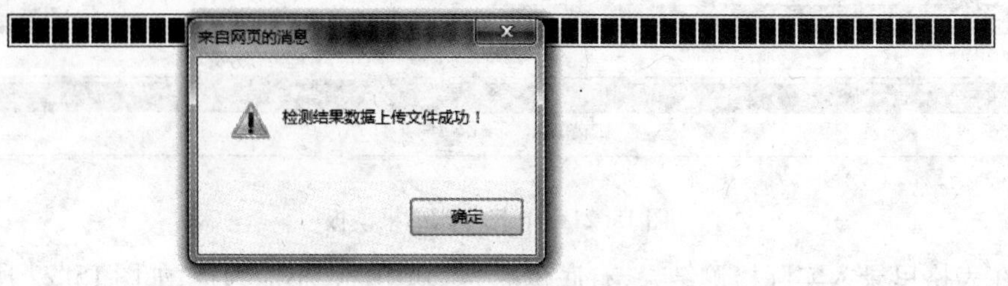

图 15.24　批量上传成功页面

【关键字段解释】

OLE：接触限制(Occupational Exposure Limit)是职业性有害因素的接触限制量值，指劳动者在职业活动过程中长期反复接触对肌体不引起急性或慢性有害健康影响的容许接触水平。

MAC(mg/m^3):最高容许浓度(Maximum Allowable Concentration),为我国规定的车间空气中毒物或粉尘的容许接触限值的上限浓度,即在多次有代表性的采样测定中均不应超过的数值(mg/m^3),也指工人在该浓度下长期进行生产劳动,不致引起急性或慢性职业性危害的浓度。

PC-TWA(mg/m^3):时间加权平均阈限值(Threshold Limit Value - time Weighted Average),每标准8h工作日或40h周中的时间加权平均浓度限值,是几乎所有工人每天反复接触而不致受到有害影响的浓度。在每个工作日内,可有高于此限值的浓度偏差出现,但这一偏差必须能由低于此值的等量偏差所补偿。

PC-STEL(mg/m^3):短时间接触阈限值(Threshold Limit Value - short Time Exposure Limit),每次持续接触不超过15min,每个工作日接触不得超过4次,两次间隔至少60min的时间加权平均浓度限值。

15.4　检测档案

检测档案是对系统中的检测点历次检测结果的记录,每检测一次,系统会相应地在检测档案中为其建立一条检测记录,可以查询某检测点历次检测情况;如果检测不合格,还可以填写后续跟踪检查措施,形成检测点完备的历史档案。

15.5　检测计划和结果下载

通过检测计划和检测结果下载页面,可以将整个企业或某个单位某一年的检测计划和检测结果下载成Excel文件,用于打印或存档。

16 职业健康体检

依据《中华人民共和国职业病防治法》、《职业健康监护管理办法》、《中国石油天然气集团公司职业病防治管理办法》(中油质安字〔2002〕503 号)和《中国石油天然气集团公司职业健康监护管理规范》(质安字〔2004〕78 号)等要求,各企业必须对从事接触职业病危害因素的员工进行职业健康检查(包括上岗前健康检查、在岗期间健康检查、离岗时健康检查和应急健康检查),并要将检查结果如实告知职工。对发现有职业禁忌的员工要及时调离原工作岗位,对确诊为观察对象或职业病患者的员工要进行定期复查或妥善安置。

系统中职业健康体检管理模块可以实现体检计划的制订、体检结果的录入、员工体检档案的建立以及相关报表下载功能,其中员工档案是根据历年体检结果由系统自动生成的。职业健康体检模块信息是形成职业卫生档案的基础,系统可自动调取数据并完成相关统计,省去了人工统计环节。

16.1 体检计划

本模块的功能是制订年度职业健康体检计划,包括需体检人员、体检时间、体检机构、接触危害因素名称及接害时间等信息,用来指导全年的职业健康体检工作。

【页面路径】

职业健康—职业健康体检管理—体检计划

(1)新建体检计划。

【应用举例】

某油田采油厂新增 2011 年职业健康体检计划(体检计划与以往年度差距较大),需要在系统中录入相关信息。

① 按照路径【职业健康—职业健康体检管理—体检计划】进入浏览界面,点击“新建”按钮进入新建页面,如图 16.1 所示。

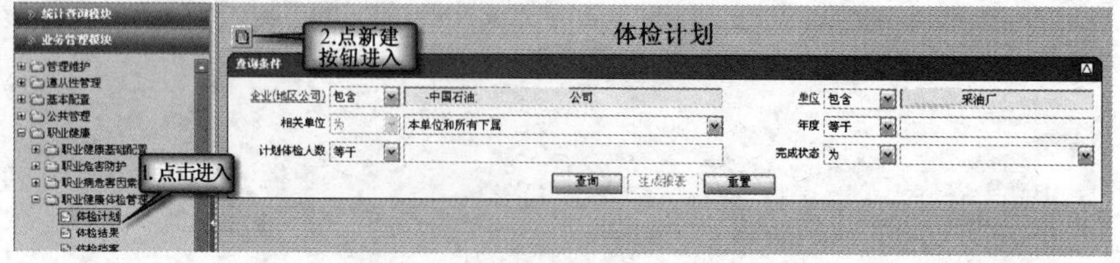

图 16.1 体检计划新建页面

② 点击“保存”按钮,激活“导入体检计划”、“导入体检结果”、“导入当前基础配置”三个链接。点击“导入当前基础配置”按钮,将相关接害人员信息导入,选择需体检人员并完善体检机构、体检时间等信息,如图 16.2 和图 16.3 所示。

③ 点击页面左上角的“保存”按钮,新建任务完成。

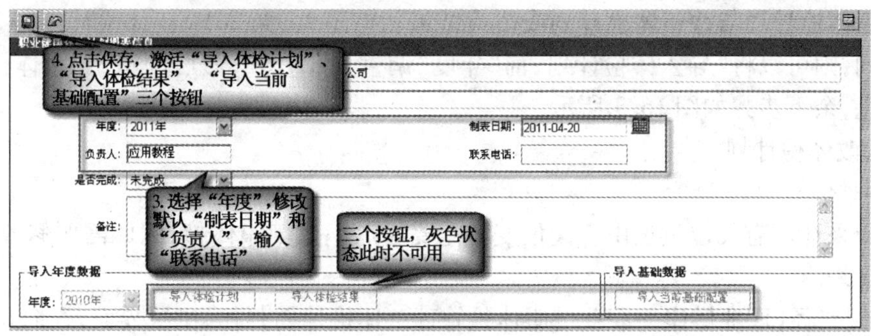

图 16.2　激活“导入体检计划”、“导入体检结果”和“导入当前基础配置”三个链接

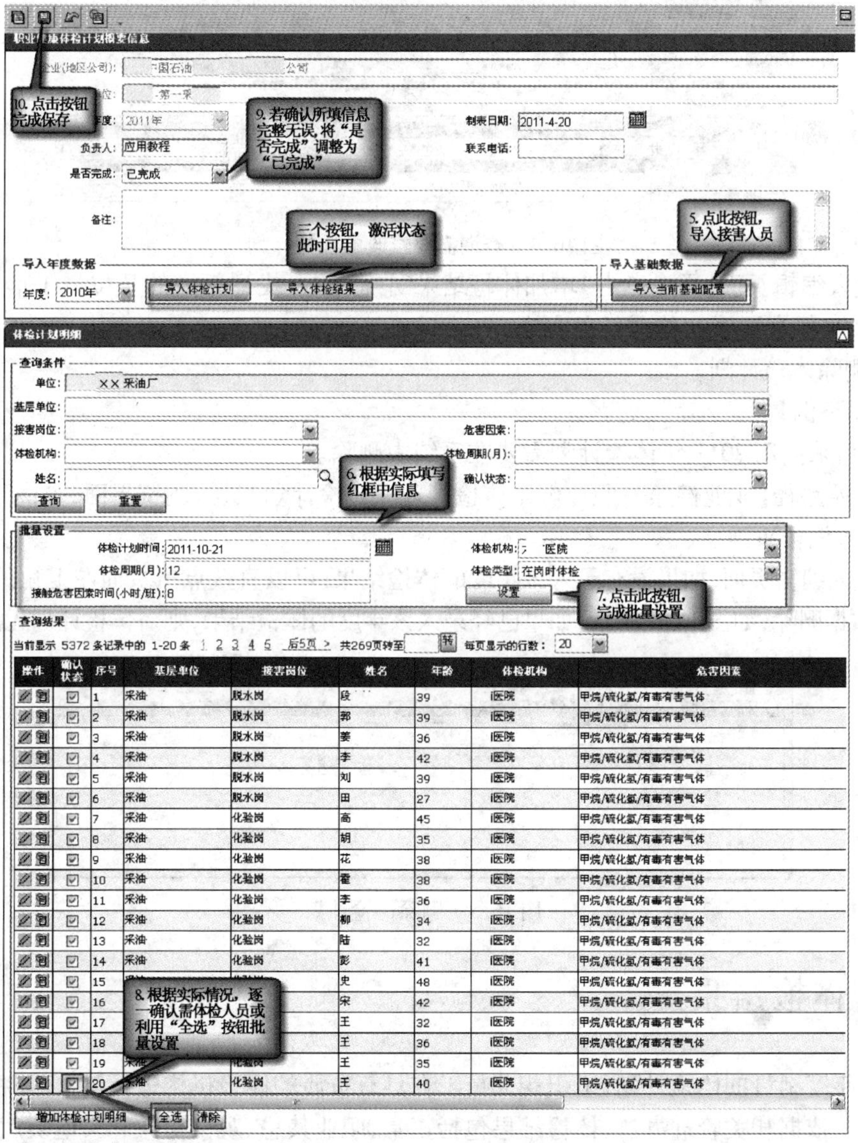

职业健康体检计划概要信息

企业(地区公司):　中国石油　公司

10. 点击按钮完成保存

年度: 2011年　　制表日期: 2011-4-20

9. 若确认所填信息完整无误，将“是否完成”调整为“已完成”

负责人: 应用教程　　联系电话:

是否完成: 已完成

备注:

三个按钮，激活状态此时可用

5. 点此按钮，导入接害人员

导入年度数据　　年度: 2010年　导入体检计划　导入体检结果

导入基础数据　导入当前基础配置

体检计划明细

查询条件

单位: ××采油厂

基层单位:

接害岗位:　　危害因素:

体检机构:　　体检周期(月):

姓名:　　确认状态:

6. 根据实际填写红框中信息

查询　重置

批量设置

体检计划时间: 2011-10-21　　体检机构: 医院

体检周期(月): 12　　体检类型: 在岗时体检

接触危害因素时间(小时/班): 8　　设置

7. 点击此按钮，完成批量设置

查询结果

当前显示 5372 条记录中的 1-20 条 1 2 3 4 5 后5页 > 共269页转至　转　每页显示的行数: 20

操作	确认状态	序号	基层单位	接害岗位	姓名	年龄	体检机构	危害因素
	☑	1	采油	脱水岗	段	39	医院	甲烷/硫化氢/有毒有害气体
	☑	2	采油	脱水岗	郭	39	医院	甲烷/硫化氢/有毒有害气体
	☑	3	采油	脱水岗	姜	36	医院	甲烷/硫化氢/有毒有害气体
	☑	4	采油	脱水岗	李	42	医院	甲烷/硫化氢/有毒有害气体
	☑	5	采油	脱水岗	刘	39	医院	甲烷/硫化氢/有毒有害气体
	☑	6	采油	脱水岗	田	27	医院	甲烷/硫化氢/有毒有害气体
	☑	7	采油	化验岗	高	45	医院	甲烷/硫化氢/有毒有害气体
	☑	8	采油	化验岗	胡	35	医院	甲烷/硫化氢/有毒有害气体
	☑	9	采油	化验岗	花	38	医院	甲烷/硫化氢/有毒有害气体
	☑	10	采油	化验岗	霍	38	医院	甲烷/硫化氢/有毒有害气体
	☑	11	采油	化验岗	李	36	医院	甲烷/硫化氢/有毒有害气体
	☑	12	采油	化验岗	柳	34	医院	甲烷/硫化氢/有毒有害气体
	☑	13	采油	化验岗	陆	32	医院	甲烷/硫化氢/有毒有害气体
	☑	14	采油	化验岗	彭	41	医院	甲烷/硫化氢/有毒有害气体
	☑	15	[illegible]	[illegible]	史	48	医院	甲烷/硫化氢/有毒有害气体
	☑	16	[illegible]	[illegible]	宋	42	医院	甲烷/硫化氢/有毒有害气体
	☑	17	[illegible]	[illegible]	王	32	医院	甲烷/硫化氢/有毒有害气体
	☑	18	[illegible]	[illegible]	王	36	医院	甲烷/硫化氢/有毒有害气体
	☑	19	[illegible]	[illegible]	王	35	医院	甲烷/硫化氢/有毒有害气体
	☑	20	[illegible]	化验岗	王	40	医院	甲烷/硫化氢/有毒有害气体

8. 根据实际情况，逐一确认需体检人员或利用“全选”按钮批量设置

增加体检计划明细　全选　清除

图 16.3　编辑体检人员详细信息

若年度体检计划与往年体检计划或体检结果相差不大,如 2011 年体检计划与 2010 年体检计划相同,则可以将“导入体检计划”前“年度”调整为“2010”,然后利用“导入体检计划”按钮导入信息,余下步骤如图 16.3 所示。

(2)修改体检计划。

【应用举例】

某油田采油厂有几位员工由于岗位变动需要增加职业健康体检,因此需要修改上半年制订的体检计划。

① 按照路径【职业健康—职业健康体检管理—体检计划】进入浏览界面,查询到相关数据并点击进入编辑页面,如图 16.4 所示。

图 16.4　查询需要修改的体检计划

② 进入编辑页面,通过点击“增加体检结果明细”按钮找到新增的几位员工信息,点击页面左上角的“保存”按钮,修改任务完成。

(3)删除体检计划。

【应用举例】

某油田采油厂 2011 年体检计划需要在系统中删除。

① 按照路径【职业健康—职业健康体检管理—体检计划】进入浏览界面,查询到相关数据并点击进入编辑页面。

② 进入编辑页面,如果没有录入该年度的体检结果,可以直接点击页面左上角的“删除”按钮,完成数据删除,如图 16.5 所示;如果已经录入该年度的体检结果,则对体检计划无法删除。

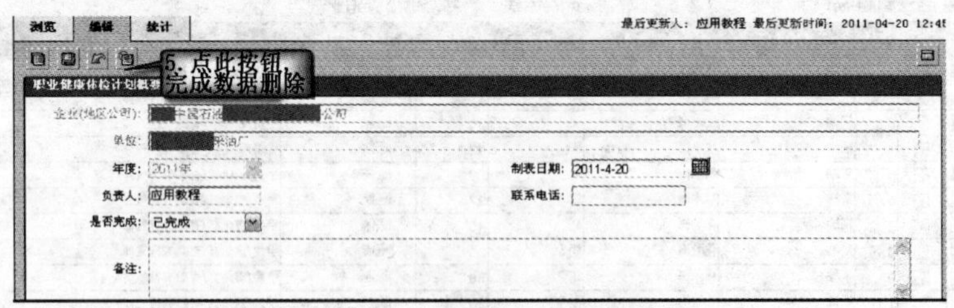

图 16.5　删除体检计划

16.2　体检结果

依据年度制订的体检计划,组织相关员工在具有资质的体检机构进行体检,并将体检结果录入系统。依据相关管理办法,体检结果包括正常、职业禁忌、观察对象和其他疾病四个类型。

体检结果的录入方式包括页面录入和批量导入。

16.2.1 页面录入

【应用举例】

某油田采油厂需要在已经进行批量录入数据后修改个别员工2011年职业健康体检结果。

(1)按照路径【职业健康—职业健康体检管理—体检结果】进入浏览界面,点击"查询"按钮进入编辑页面,如图16.6所示。

图16.6 进入编辑页面

(2)点击行编辑按钮,在弹出页面修改体检结果、体检时间、体检医院等信息,保存后关闭子页面,如图16.7、图16.8所示。

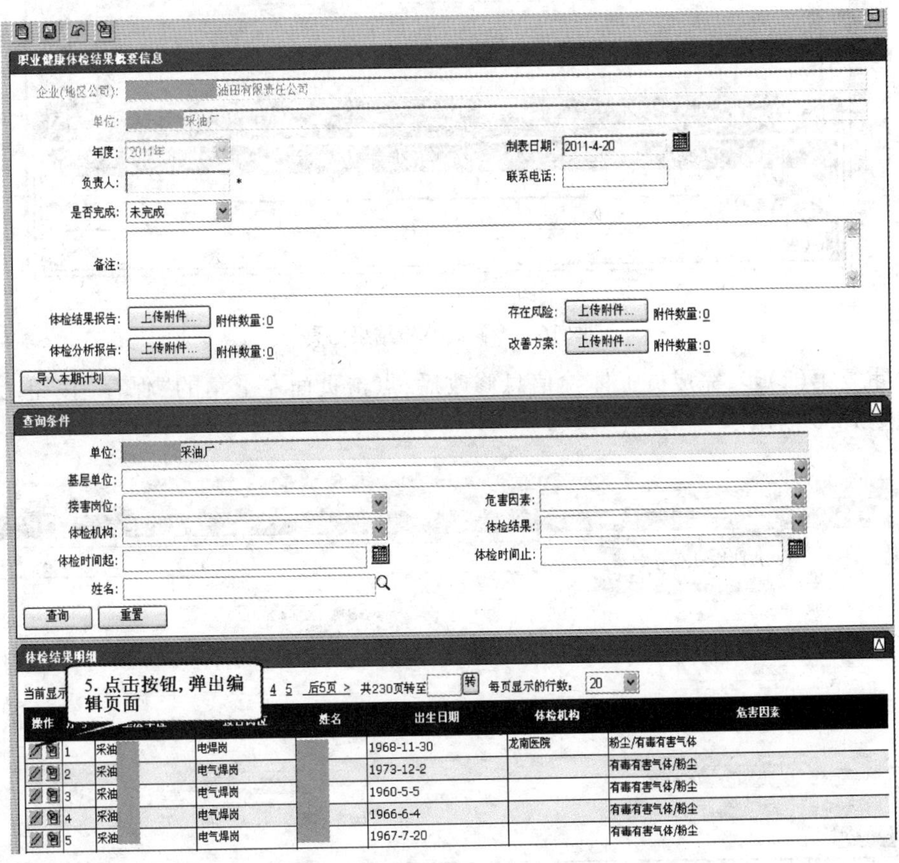

图16.7 进入体检结果信息页面

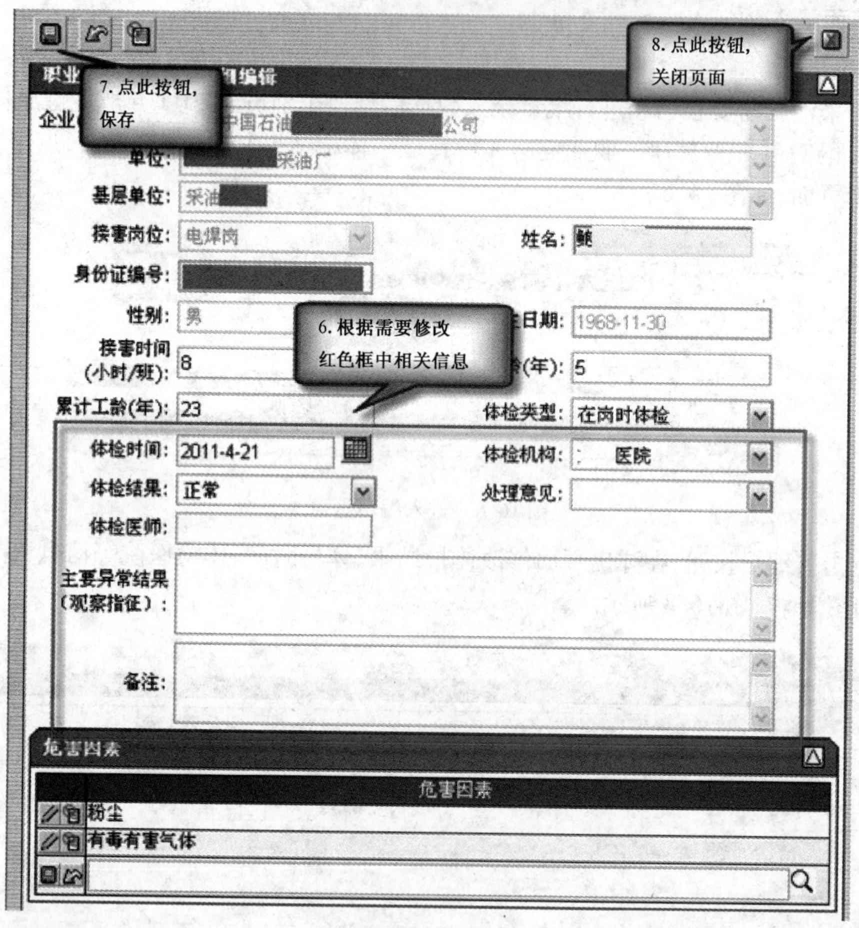

图 16.8　修改体检结果信息

(3)重复第(2)步，完成员工体检信息修改后，点击页面左上角的“保存”按钮，完成数据保存，如图 16.9 所示。

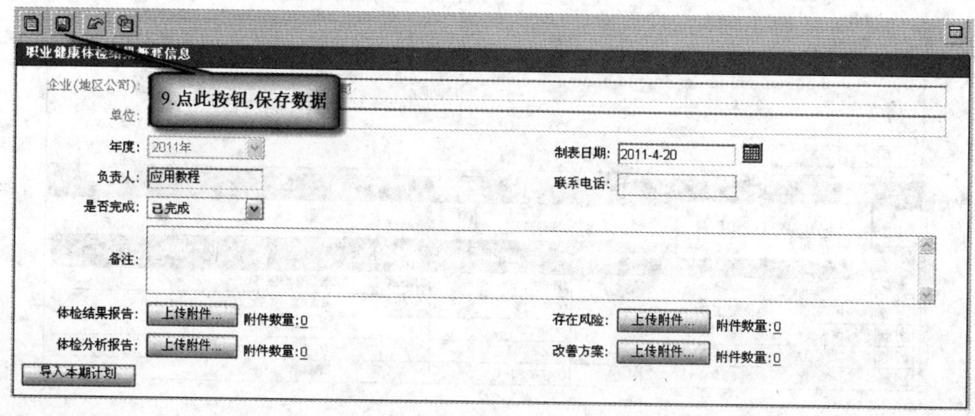

图 16.9　保存数据

某油田采油厂由于体检计划变更，需录入个别未在2011年度体检计划中的员工职业健康体检结果。

(1)按照路径【职业健康—职业健康体检管理—体检结果】进入浏览界面，点击“查询”按钮进入编辑页面，如图16.6所示。

(2)点击“增加体检结果明细”按钮，在弹出页面添加相关人员体检结果、体检时间、体检医院等信息，保存后关闭子页面，如图16.10、图16.11、图16.12和图16.13所示。

(3)重复第(2)步，将需增加的体检结果信息全部录入后，点击页面左上角的“保存”按钮，完成数据保存，如图16.14所示。

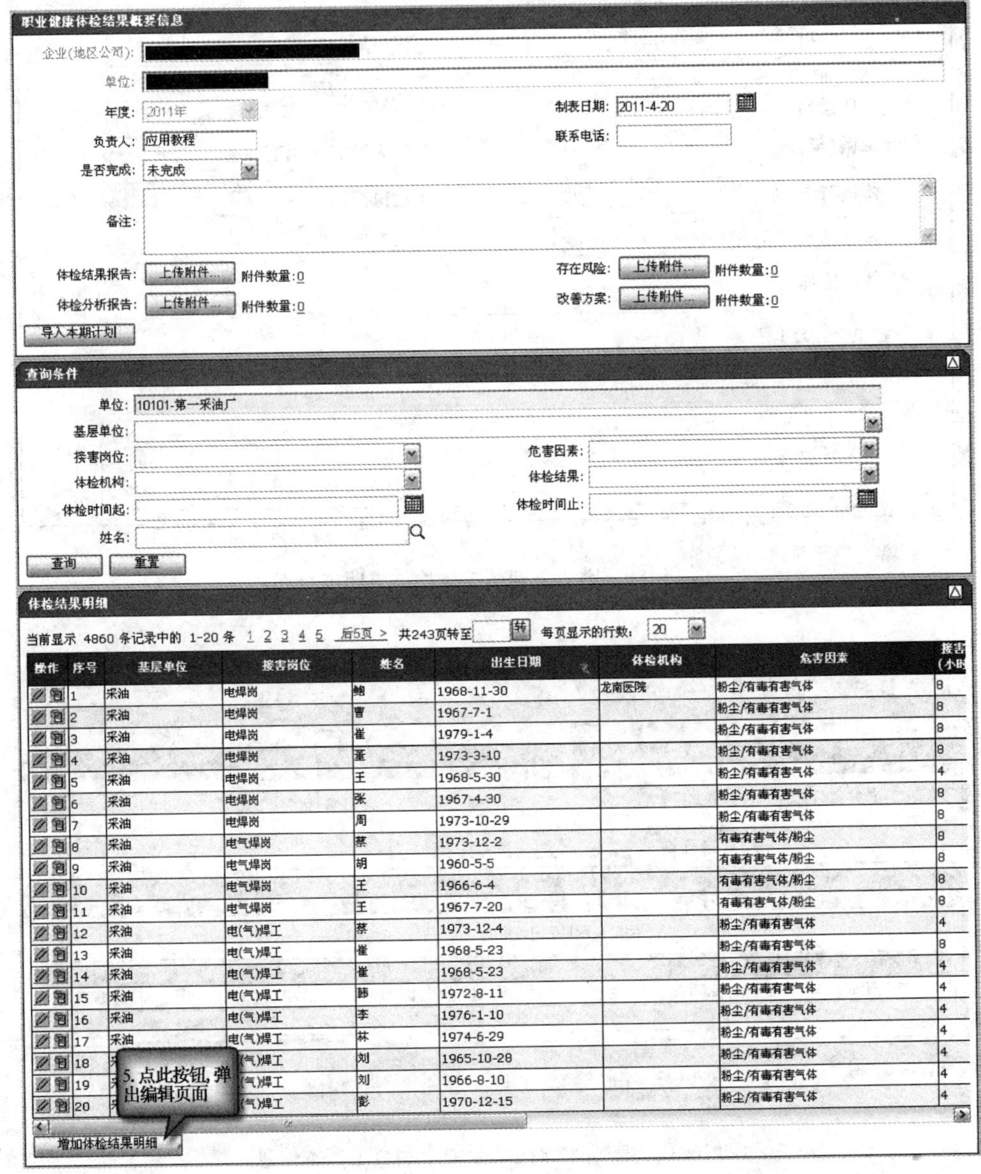

图16.10 进入员工体检结果明细页面

职业健康体检结果明细编辑

企业(地区公司): 公司

6. 选择对应基层单位

8. 点此按钮，查找需添加人员

单位:

基层单位: 采油

接害岗位: 电焊岗

7. 选择对应接害岗位

姓名:

身份证编号:

性别:

出生日期:

接害时间(小时/班):

接触工龄(年):

累计工龄(年):

体检类型: 上岗前体检

体检时间:

体检机构:

体检结果: 正常

处理意见:

体检医师:

主要异常结果(观察指征):

备注:

图 16.11　增加个别员工体检结果明细页面

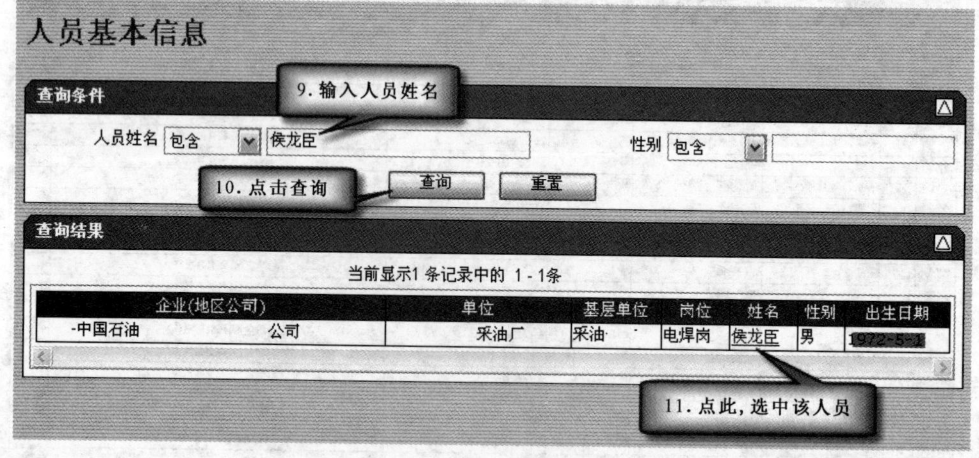

图 16.12　需新增体检结果的个别员工基本信息

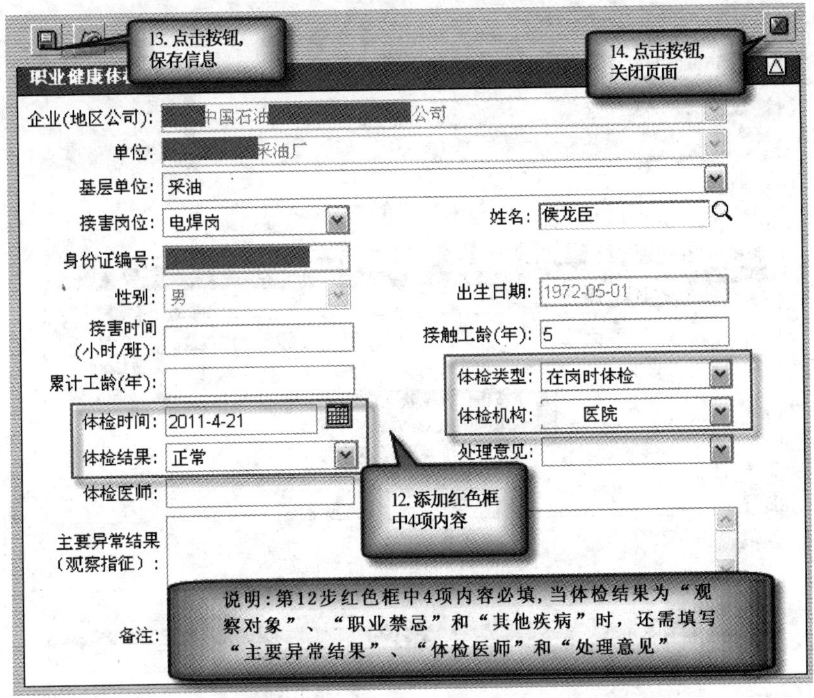

图 16.13　增加个别员工体检结果编辑页面

15. 待需增加人员体检结果全部录入完毕后，点此按钮完成数据保存

图 16.14　保存数据

16.2.2　批量导入

【应用举例】

批量导入某油田采油厂员工 2011 年职业健康体检结果。

（1）按照路径【职业健康—职业健康体检管理—体检结果】进入浏览界面，点击“新建”按钮进入新建页面，如图 16.15 所示。

（2）点击“保存”按钮激活“导入本期计划”等链接，导入 2011 年度职业健康体检计划后，下载并填写体检结果模板，使用批量上传的功能完成结果填报，如图 16.16、图 16.17、图 16.18 和图 16.19 所示。

（3）确认数据，并点击页面左上角的“保存”按钮，完成数据填报，如图 16.20 所示。

图 16.15　体检结果新建页面

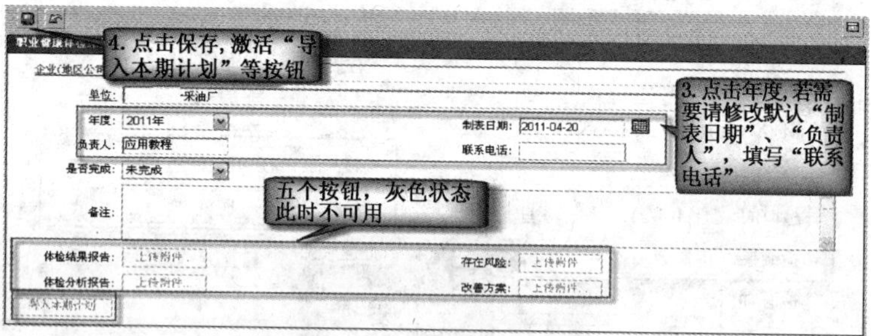

图 16.16　激活相关链接

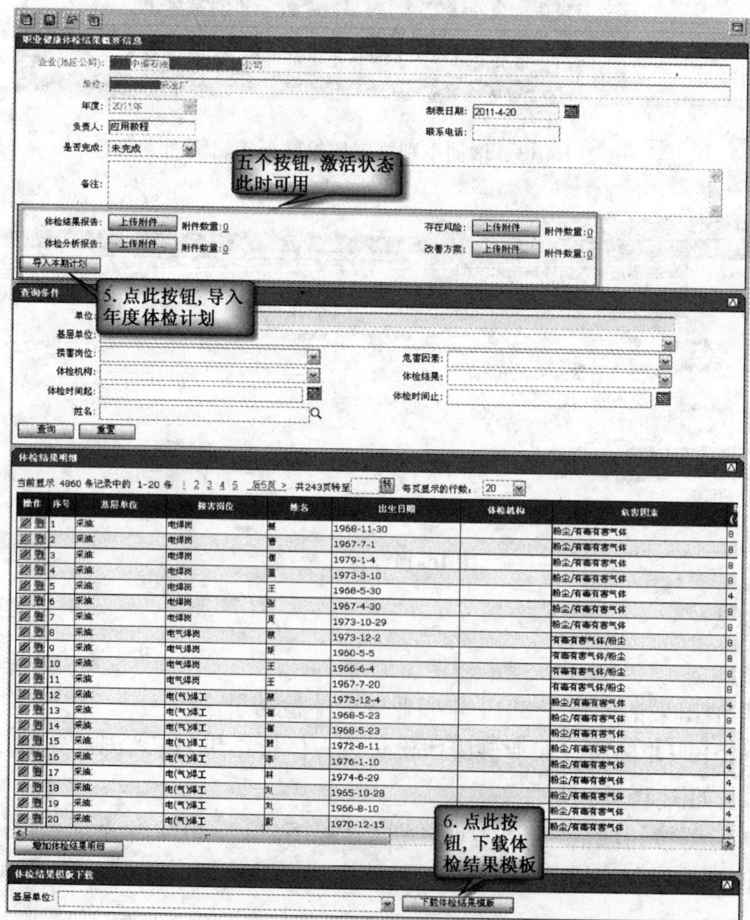

图 16.17　导入体检计划并下载填报模板

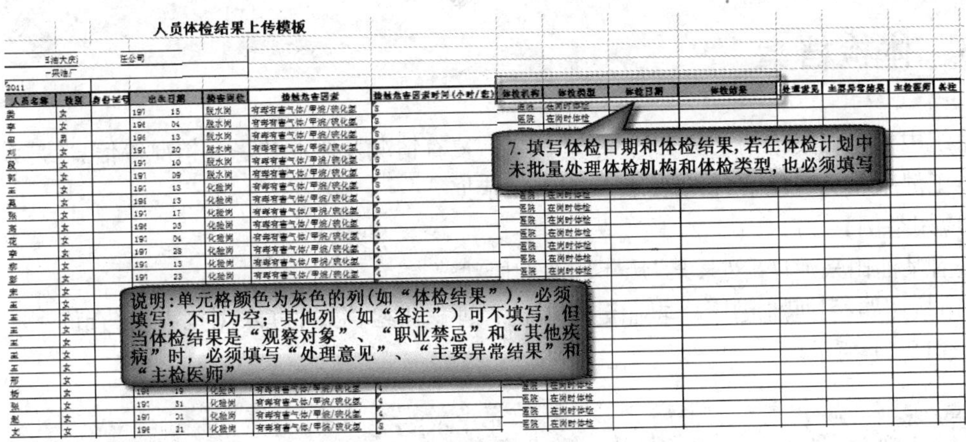

图 16.18　填写人员体检结果上传模板

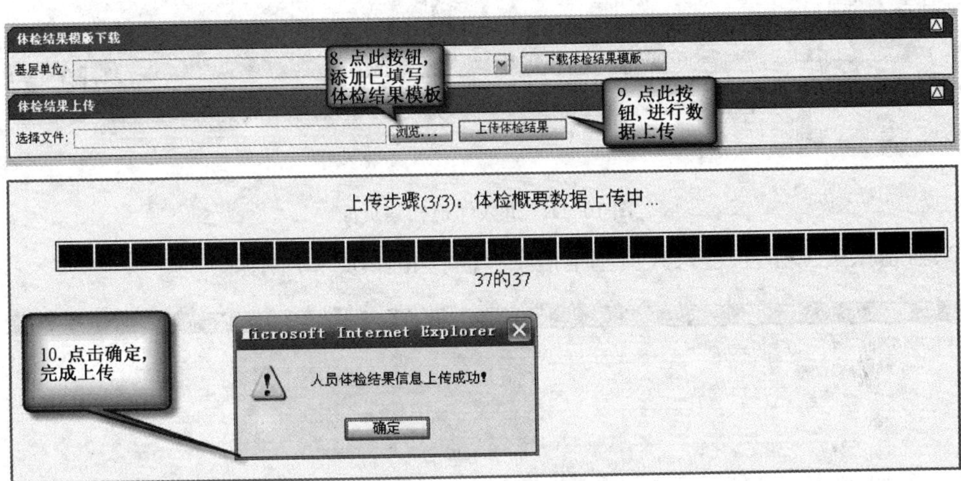

图 16.19　上传体检结果数据

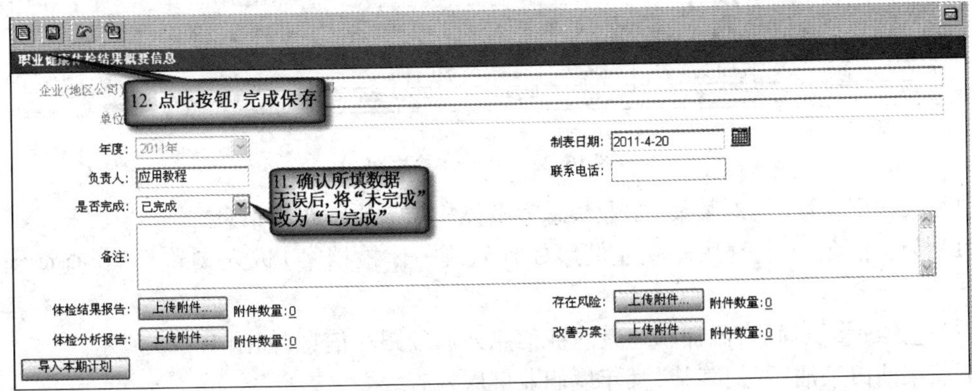

图 16.20　确认数据并保存

16.3 体检档案

系统中体检档案包括了员工历年体检结果、复查情况及职业禁忌症情况等信息，是系统地观察员工健康状况变化、评价员工健康损害的依据。

【应用举例】

查看某油田采油厂“刘某某”历年职业健康状况。

(1)按照路径【职业健康—职业健康体检管理—体检档案】进入浏览界面，查询到相关人员，如图 16.21 所示。

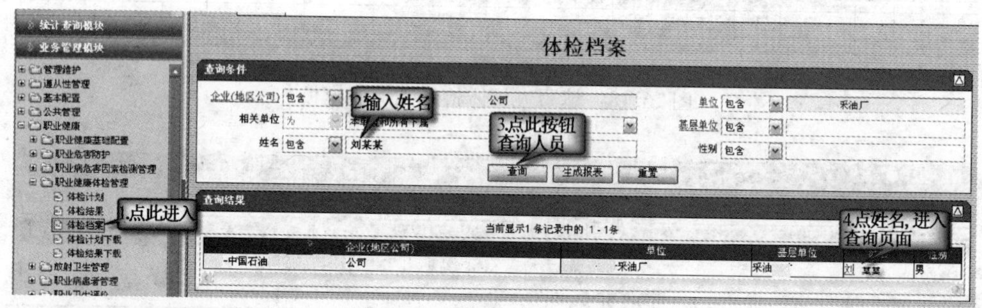

图 16.21　进入体检档案页面

(2)点击该员工姓名，进入人员基本信息页面，如图 16.22 所示。

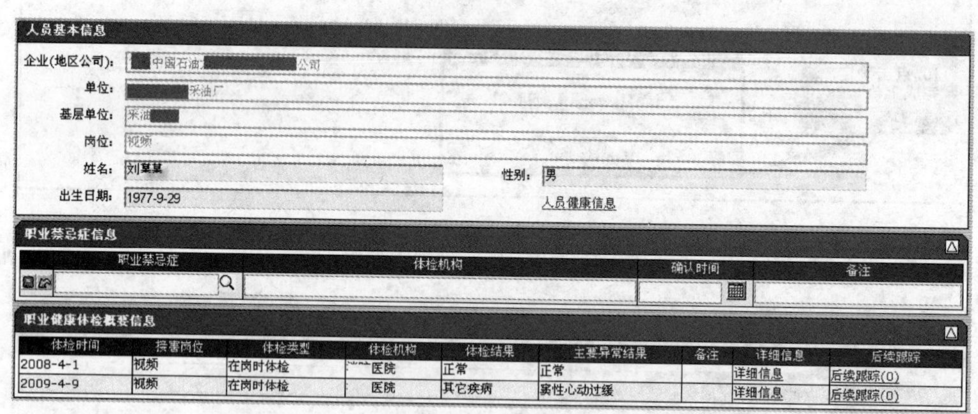

图 16.22　查看体检档案

填写某油田采油厂“刘某某”职业禁忌症及体检结果后续跟踪信息。

(1)按照路径【职业健康—职业健康体检管理—体检档案】进入浏览界面，查询到相关人员。

(2)进入编辑页面后，添加职业禁忌症信息或后续跟踪信息，如图 16.23 所示。

下载某油田采油厂“刘某某”某年度职业健康检查表。

(1)按照路径【职业健康—职业健康体检管理—体检档案】进入浏览界面，查询到相关人员，如图 16.24 所示。

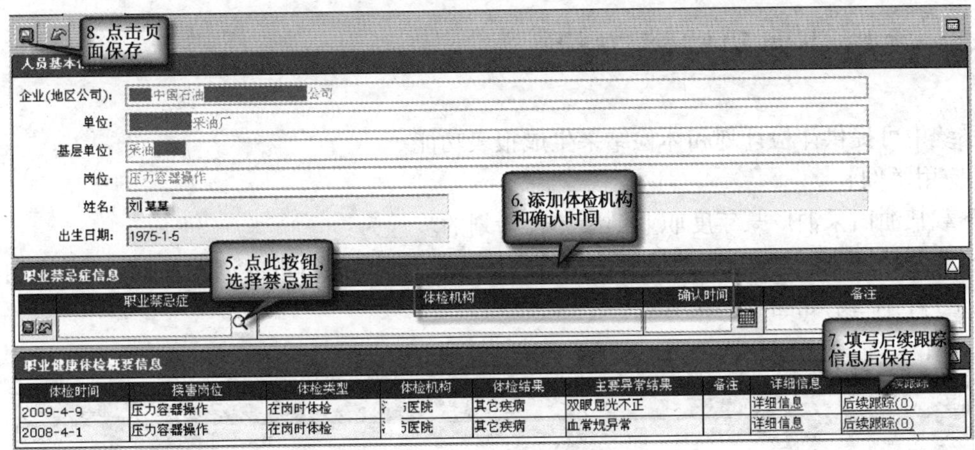

图 16.23　添加职业禁忌症或后续跟踪信息

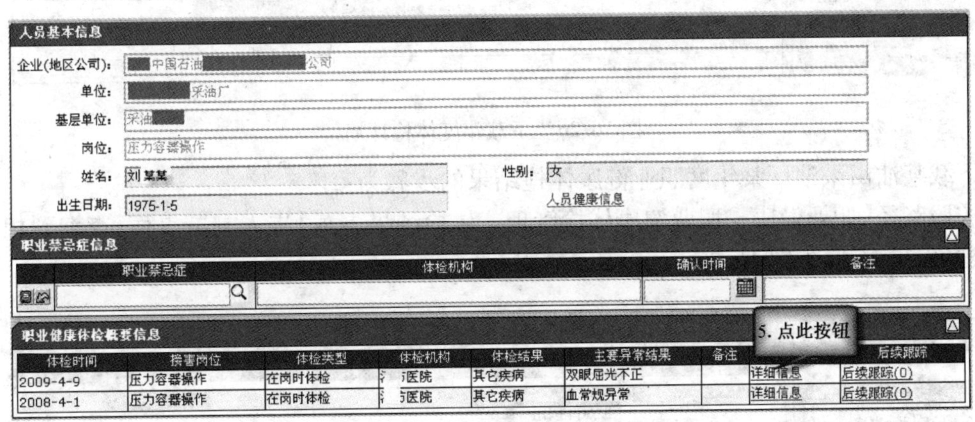

图 16.24　进入职业健康检查表查询页面

(2)进入查询页面后，点击“详细信息”，在弹出页面中点击报表“下载”按钮，完成检查表的下载，如图 16.25 所示。

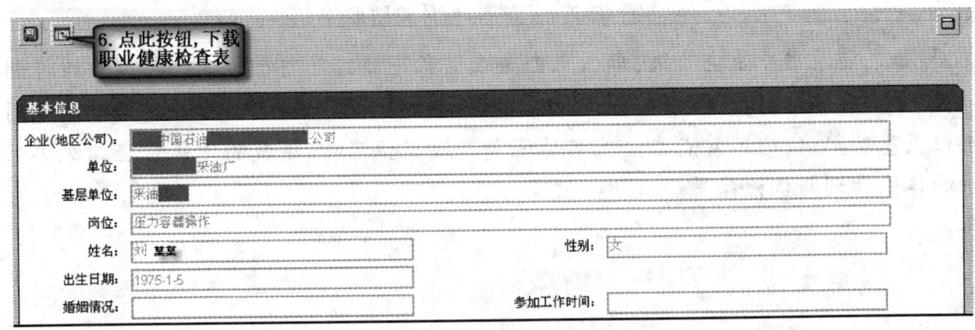

图 16.25　下载职业健康体检表

16.4 体检计划和结果下载

系统中可提供体检计划和体检结果生成报表功能。

【应用举例】

下载某油田采油厂某年度职业健康体检计划的步骤为：

按照路径【职业健康—职业健康体检管理—体检计划下载】进入浏览界面，查询到相关年度，点击进行下载，如图 16.26 所示。

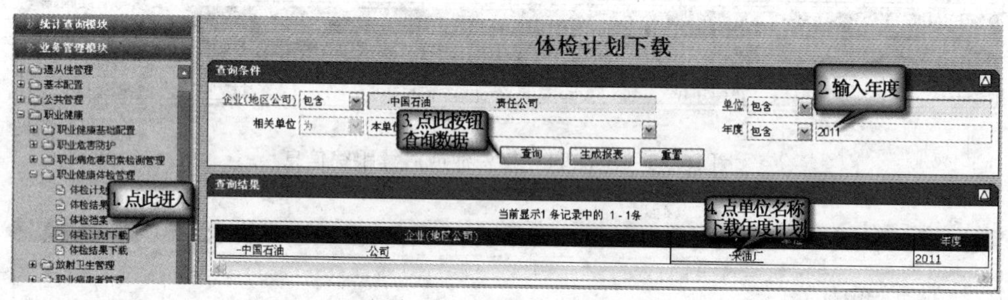

图 16.26 下载年度体检计划

下载某油田采油厂某年度职业健康体检结果的步骤为：

按照路径【职业健康—职业健康体检管理—体检结果下载】进入浏览界面，查询到相关年度，点击进行下载，如图 16.27 所示。

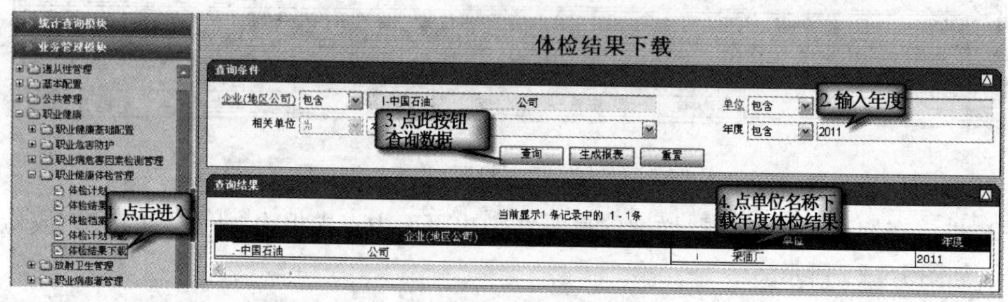

图 16.27 下载年度体检结果

说明：如果登录用户是企业级，那么点击企业名称下载的是整个企业的年度体检计划和体检结果，点击二级单位名称下载的是本二级单位的年度体检计划和体检结果；如果登录用户是二级单位或基层单位，则不管点击企业名称还是二级单位名称，下载的均是对应二级单位或基层单位的体检计划与体检结果。

17 职业卫生档案

《中国石油天然气集团公司职业卫生档案管理规范》(质安字〔2005〕56 号)对企业的职业卫生档案管理责任、档案的组成等都作了明确的要求。该规范第四条规定企业应依法建立健全职业卫生档案,做好职业卫生档案及资料的收集与归档。职业卫生档案由企业职业健康管理部门负责建立和管理。第五条规定职业卫生档案主要由职业卫生管理档案、员工职业健康监护档案和职业健康工作资料等内容组成。第六条规定企业职业卫生档案主要由局(公司、总厂)和二级单位(分厂)两级构成。基层单位应建立相应的职业健康工作资料,具体内容由局统一确定。员工职业健康监护档案原则上由二级单位负责建立与保管,鉴于企业的实际情况,也可由局级单位建立与保管。

系统依据该规范设置了基层职业卫生档案、单位职业卫生档案及企业职业卫生档案三级档案上报系统。档案内容依据规范的第五条确定,数据来源于信息系统职业健康管理中的基础数据和业务数据,如检测场所、检测结果、体检计划等。档案上报实行两级上报机制,单位向企业上报单位职业卫生档案,同时为基层单位建立起基层单位职业卫生档案,企业汇总各单位职业卫生档案数据生成企业级职业卫生档案,设计依据来源于规范第六条。

结合多年来的实践经验,按照集团公司统一的报表格式,系统中的职业卫生档案模块设计并实现了两级填报、三级管理的创新模式。只需要二级单位和企业两级管理人员进行简单操作和上报,即可完成整份职业卫生档案的编制和上报,基层单位的相关报表完全由系统自动汇总基础数据生成,省去了以往人工统计各种数据环节,也保证了数据的准确性。各企业可以根据自己的实际情况,授权给基层单位职业健康相关管理人员进行查阅。

17.1 基层单位职业卫生档案

基层单位是职业健康管理体系中最基层的组织单元,掌握着各项职业健康管理工作的第一手资料,是系统中各项职业健康业务数据的主要来源,因此,保证基层单位基础数据录入的准确性是保证职业卫生档案准确性的前提条件。

基层单位职业卫生档案不需要基层单位用户进行操作,是由二级单位在编制二级单位职业卫生档案的同时由 HSE 系统自动生成的,基层单位用户可以查询本单位的职业卫生档案,全面了解职业健康的管理情况。

查询基层单位职业卫生档案的具体步骤如下:

【应用举例】查询某企业炼油一厂常减压车间 2010 年职业卫生档案。

(1)按照路径【职业健康—职业卫生档案—基层单位职业卫生档案】进入基层单位职业卫生档案管理页面,点击“查询”按钮找到要填写的“年度”,点击车间名称进入编辑页面,如图 17.1 所示。

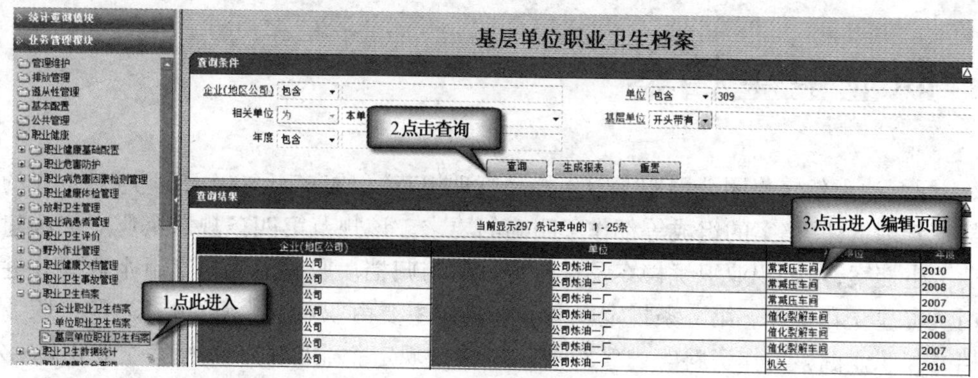

图 17.1　基层单位职业卫生档案管理页面

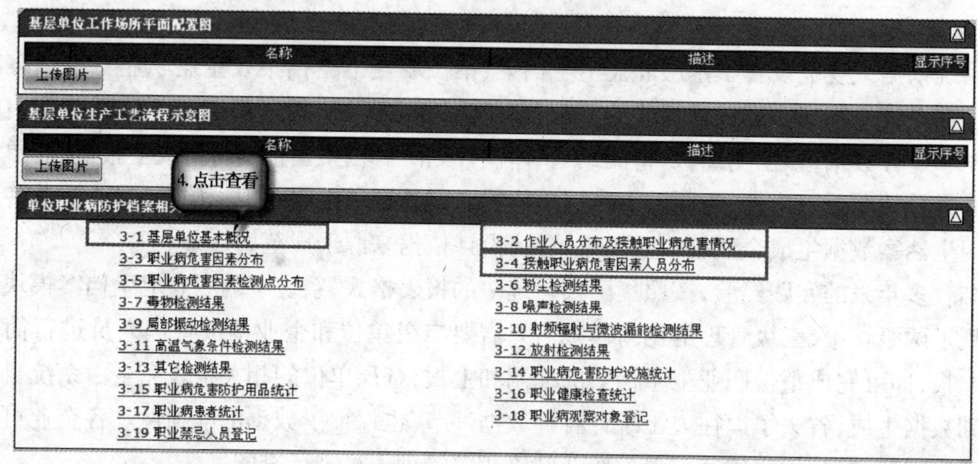

图 17.2　基层职业卫生档案报表

(2)基层职业卫生档案总共包括 19 张表,其中 16 张表是不需要用户手工操作而由 HSE 系统自动生成的,用户只要查询即可,其余 3 张表(图 17.2 加黑框部分)允许用户进行修改。点击“3 －1 基层单位基本概况”按钮,出现如图 17.3 所示页面。

(3)对“3 －1 基层单位基本概况”允许用户修改,首次登录可以填写以下信息:投产时间、改扩建时间、年生产能力、生产基本概况、专(兼)职管理人员姓名及联系电话等,还可以通过“加载数据”按钮重新汇总本单位员工人数和接触危害因素员工人数。填写一次后系统会自动获取上一年度的以上几个字段信息。

(4)对“3 －2 作业人员分布及接触职业病危害情况”允许用户修改,也可以重新加载数据。

(5)对“3 －4 接触职业病危害因素人员分布”允许用户修改,也可以重新加载数据。

(6)对其他报表系统不允许用户修改,由系统自动创建和维护。二级单位创建或修改单位职业卫生档案时,系统会自动修改下属对应的基层单位的职业卫生档案数据(3 －1、3 －2 和 3 －4 除外)。

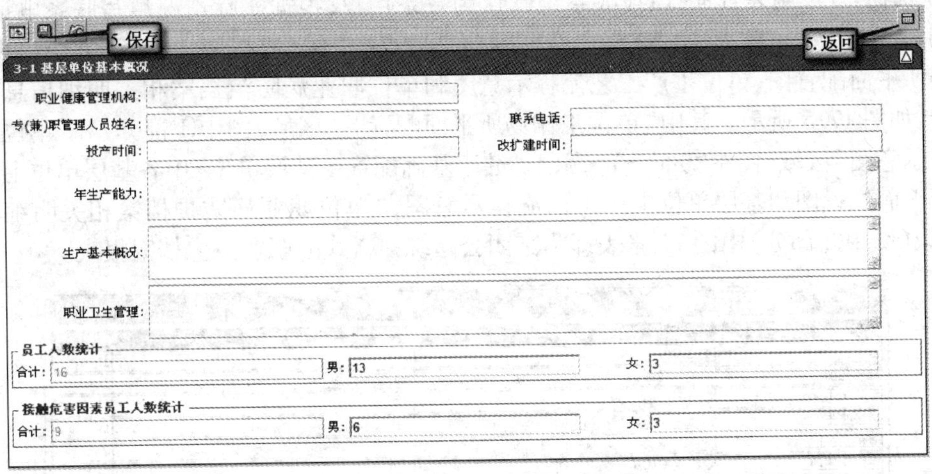

图 17.3　基层单位基本概况

说明：由于基层职业卫生档案是二级单位用户建立单位职业卫生档案时自动生成的，如果二级单位用户还没有建立单位职业卫生档案，则基层用户无法在系统中查看或填写基层职业卫生档案。

17.2　单位职业卫生档案

单位职业卫生档案由二级单位用户进行操作，系统汇总基层单位用户录入的各种职业健康管理基础业务数据，同时生成各基层单位职业卫生档案。二级单位用户填写完单位职业卫生档案后上报给企业，由企业汇总生成企业职业卫生档案。

(1)新建单位职业卫生档案。

【应用举例】某单位建立 2010 年职业卫生档案。

① 按照路径【职业健康—职业卫生档案—单位职业卫生档案】进入单位职业卫生档案管理页面，点击左上角的“新建”按钮，进入编辑页面，如图 17.4 所示。

图 17.4　单位职业卫生档案新建页面

② 选择年度、制表日期，填报人系统默认为登录用户，根据实际情况填写联系电话、法定代表、分管负责人、审核人、主管部分、地址等信息后点击“保存”按钮，页面下方会出现：单位工作场所平面配置图、单位生产工艺流程示意图和单位职业病防治档案相关明细信息维护三个区域，如图 17. 5 所示。其中“单位工作场所平面配置图”区域（图中①部分）和“单位生产工艺流程示意图”区域（图中②部分）来源于“健康基础配置 > 基层单位”中各基层单位上传的工作场所平面配置图和基层单位生产工艺流程示意图；“单位职业病防护档案相关明细信息维护”区域（图中③部分）中的 21 张表即为集团公司统一格式的职业卫生档案报表。

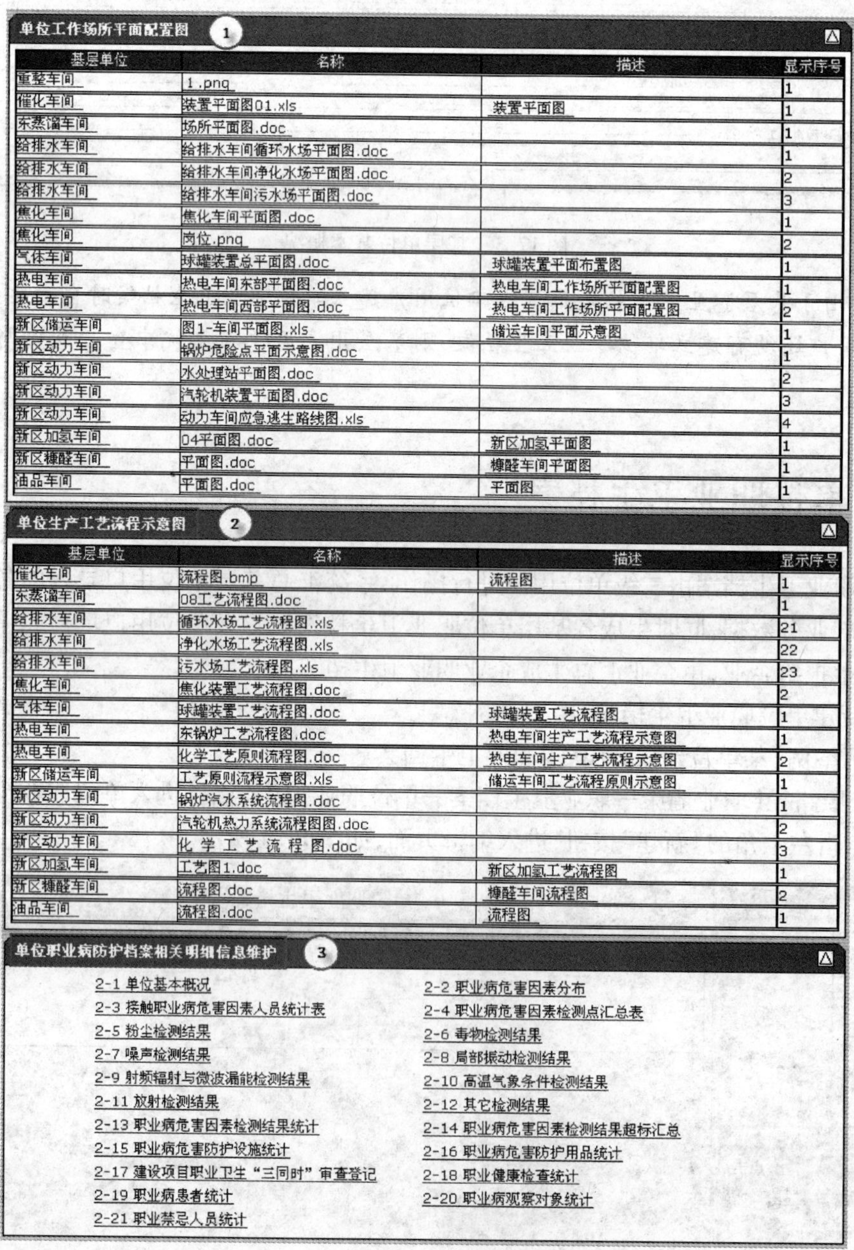

单位工作场所平面配置图 ①

基层单位	名称	描述	显示序号
重整车间	1.png		1
催化车间	装置平面图01.xls	装置平面图	1
东蒸馏车间	场所平面图.doc		1
给排水车间	给排水车间循环水场平面图.doc		1
给排水车间	给排水车间净化水场平面图.doc		2
给排水车间	给排水车间污水场平面图.doc		3
焦化车间	焦化车间平面图.doc		1
焦化车间	岗位.png		2
气体车间	球罐装置总平面图.doc	球罐装置平面布置图	1
热电车间	热电车间东部平面图.doc	热电车间工作场所平面配置图	1
热电车间	热电车间西部平面图.doc	热电车间工作场所平面配置图	2
新区储运车间	图1-车间平面图.xls	储运车间平面示意图	1
新区动力车间	锅炉危险点平面示意图.doc		1
新区动力车间	水处理站平面图.doc		2
新区动力车间	汽轮机装置平面图.doc		3
新区动力车间	动力车间应急逃生路线图.xls		4
新区加氢车间	04平面图.doc	新区加氢平面图	1
新区糠醛车间	平面图.doc	糠醛车间平面图	1
油品车间	平面图.doc	平面图	1

单位生产工艺流程示意图 ②

基层单位	名称	描述	显示序号
催化车间	流程图.bmp	流程图	1
东蒸馏车间	08工艺流程图.doc		1
给排水车间	循环水场工艺流程图.xls		21
给排水车间	净化水场工艺流程图.xls		22
给排水车间	污水场工艺流程图.xls		23
焦化车间	焦化装置工艺流程图.doc		2
气体车间	球罐装置工艺流程图.doc	球罐装置工艺流程图	1
热电车间	东锅炉工艺流程图.doc	热电车间生产工艺流程示意图	1
热电车间	化学工艺原则流程图.doc	热电车间生产工艺流程示意图	2
新区储运车间	工艺原则流程示意图.xls	储运车间工艺流程原则示意图	1
新区动力车间	锅炉汽水系统流程图.doc		1
新区动力车间	汽轮机热力系统流程图图.doc		2
新区动力车间	化 学 工 艺 流 程 图.doc		3
新区加氢车间	工艺图1.doc	新区加氢工艺流程图	1
新区糠醛车间	流程图.doc	糠醛车间流程图	2
油品车间	流程图.doc	流程图	1

单位职业病防护档案相关明细信息维护 ③

2-1 单位基本概况
2-2 职业病危害因素分布
2-3 接触职业病危害因素人员统计表
2-4 职业病危害因素检测点汇总表
2-5 粉尘检测结果
2-6 毒物检测结果
2-7 噪声检测结果
2-8 局部振动检测结果
2-9 射频辐射与微波漏能检测结果
2-10 高温气象条件检测结果
2-11 放射检测结果
2-12 其它检测结果
2-13 职业病危害因素检测结果统计
2-14 职业病危害因素检测结果超标汇总
2-15 职业病危害防护设施统计
2-16 职业病危害防护用品统计
2-17 建设项目职业卫生“三同时”审查登记
2-18 职业健康检查统计
2-19 职业病患者统计
2-20 职业病观察对象统计
2-21 职业禁忌人员统计

图 17. 5　单位职业卫生档案报表

"2－1 单位基本概况"中的文字描述部分由用户根据单位实际情况进行填写并保存；2－5至2－12是由系统直接取自检测结果数据，不允许用户进行修改和编辑，如需修改，则只能修改相应检测结果后重新加载数据；对其余的报表可以根据实际情况进行修改。

③ 点击页面左上角的"加载数据"按钮，系统会将各级用户录入的相关职业健康业务基础数据，如职业健康人员、接害岗位、职业病危害因素检测等模块中的数据加载到相关的报表中，如图17.6所示。

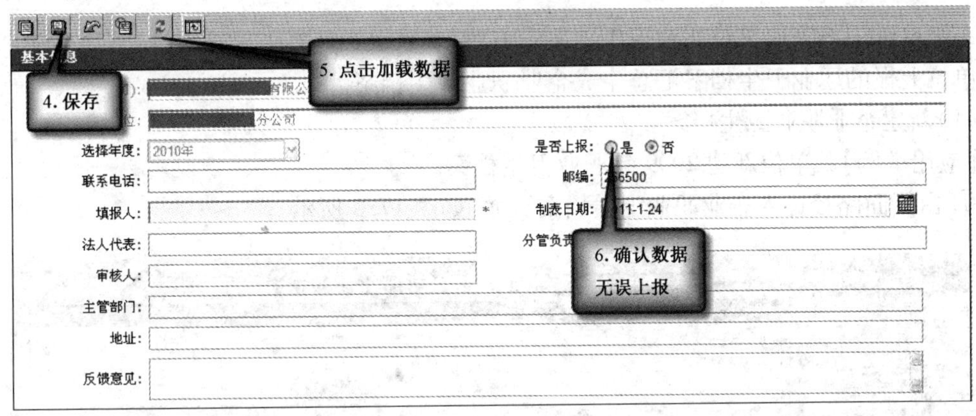

图17.6 单位加载数据页面

④ 对21张表都确认无误后，系统页面的上方有一个"是否上报"的选择，如果用户选择"是"，系统将把当前职业卫生档案上报给所属的企业，对单位职业卫生档案将不能再修改，只能查询。如果需要修改，可以联系企业职业健康负责人执行退回操作。

(2) 修改单位职业卫生档案。

【应用举例】修改某单位2009年职业卫生档案。对单位职业卫生档案在未上报时可以直接修改，如果已经上报给企业，修改时需要先联系企业级用户将档案退回，再进行修改。

① 按照路径【职业健康—职业卫生档案—企业职业卫生档案】进入浏览界面，点击要退回年度的企业职业卫生档案，在单位上报部分找到要退回的单位名称，点击弹出"上报单位处理"页面，在"是否退回"处选择退回，填写退回原因，点击"确定"按钮，如图17.7所示。

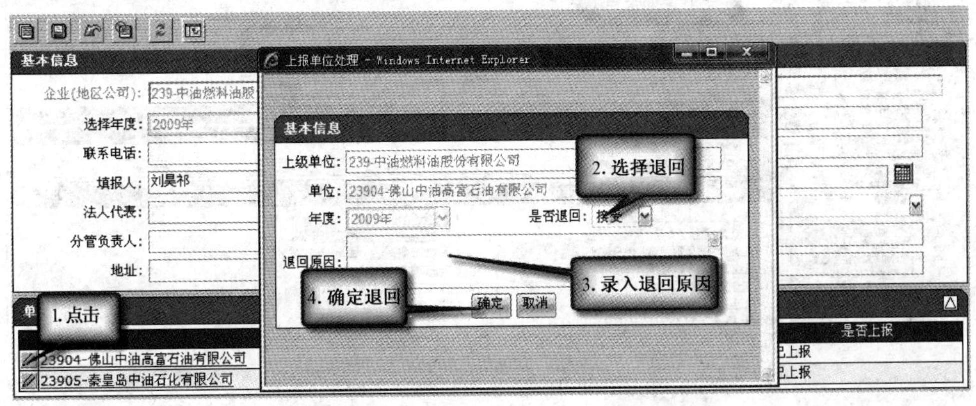

图17.7 修改单位职业卫生档案页面

② 单位用户按照路径【职业卫生档案—单位职业卫生档案】进入单位职业卫生档案页面。

③ 找到需要修改的单位职业卫生档案记录，点击进入编辑页面，修改相应数据，保存即可。

17.3 企业职业卫生档案

二级单位用户完成单位职业卫生档案录入后，从系统中选择上报给所属企业，企业用户根据各单位上报的职业卫生档案汇总生成企业职业卫生档案。

(1)新建企业职业卫生档案。

【应用举例】某单位新建 2009 年职业卫生档案。

① 由页面路径进入企业职业卫生档案页面，如图 17.8 所示。

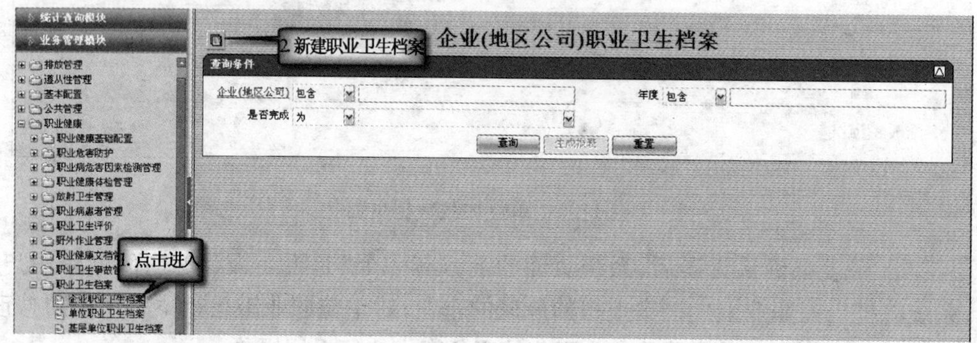

图 17.8 企业职业卫生档案新建页面

② 先选择年度、制表日期，点击“保存”按钮。如果不按此操作，用户不能看见企业职业卫生档案的 13 张报表。对企业职业卫生档案是一年做一次，相同企业在相同年度只能有一份档案。

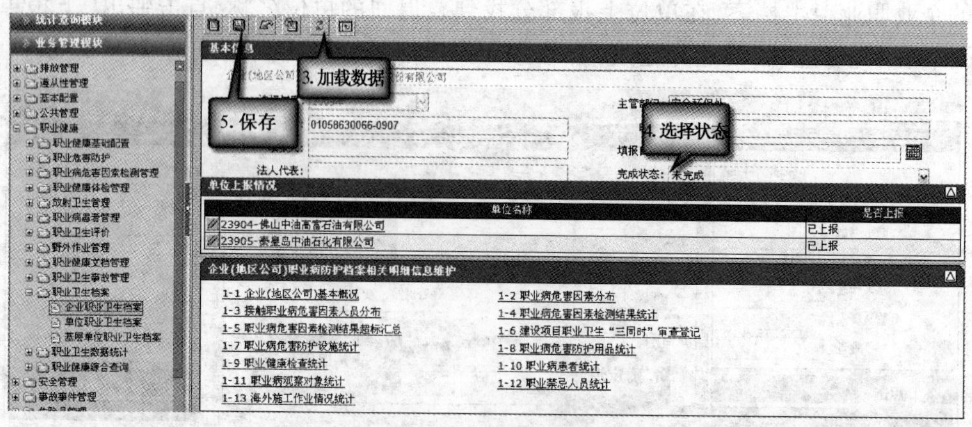

图 17.9 企业加载数据页面

③点击“加载数据”按钮，点击“保存”按钮，如图 17.9 所示。

说明:对没有上报职业卫生档案的单位的数据系统不进行汇总和加载,为保证企业职业卫生档案数据的完整性,一定要确保所有单位的职业卫生档案均上报。

(2)修改企业职业卫生档案。

【应用举例】修改本单位2009年职业卫生档案。

① 由页面路径进入企业职业卫生档案页面。

② 找到要修改的职业卫生档案记录,点击该条记录进入编辑页面,修改相应数据,保存即可。

18　职业健康其他业务

18.1　建设项目“三同时”

《中华人民共和国劳动法》第六章第五十三条明确要求:“劳动安全卫生设施必须符合国家规定的标准。新建、改建、扩建工程的劳动安全卫生设施必须与主体工程同时设计、同时施工、同时投入生产和使用”。

《中华人民共和国安全生产法》第二十四条规定:“生产经营单位新建、改建、扩建工程项目(以下统称建设项目)的安全设施,必须与主体工程同时设计、同时施工、同时投入生产和使用。安全设施投资应当纳入建设项目概算”。

《中华人民共和国职业病防治法》第十六条规定:“建设项目的职业病防护设施所需费用应当纳入建设项目工程预算,并与主体工程同时设计、同时施工、同时投入生产和使用”。

国家相关法令规定,为了预防、控制和消除建设项目可能产生的职业病危害,对建设项目的备案、审核、审查和竣工验收实行分级管理。对可能产生职业病危害的建设项目分为职业病危害轻微、职业病危害一般和职业病危害严重三类。

系统对建设项目三同时的基本信息和评价信息进行管理。建设项目三同时的基本信息包括项目的名称、性质、编号、建设地点、开工日期、完工日期、承包方信息、投资情况、投资明细、三同时管理人员等。建设项目三同时的评价信息包括对职业健康、安全、环境三路的执行情况评价、阶段评价报告以及批文等。系统新建、修改等操作请参见“公共管理”中“三同时项目”模块。

18.2　野外作业管理

目前国家还没有专门针对野外作业的法律法规和相关规定,但是油田企业、管道企业、勘探开发企业中大部分作业在野外进行,位置偏远,劳动繁重,条件差尤其是自然环境条件差,经常会受到一些自然灾害的侵扰,对于从事野外作业的员工健康构成很大威胁。为了保证员工职业健康,及时、准确地了解野外作业情况,高速、有效地处理野外突发事件,有必要对野外作业所在地的地方病、作业过程中的生产环境、生活环境和自然条件特征进行详细记录。

(1)新建野外作业信息

用于记录野外作业的生存情况、健康状况、医疗配备等信息,目的是更好地保障野外施工人员的健康。

【应用举例】某石化公司储运厂储运站需要进行野外作业,要在系统中录入相关数据。

① 由页面路径【职业健康—野外作业管理—野外作业管理】进入野外作业管理页面,如图18.1 所示。

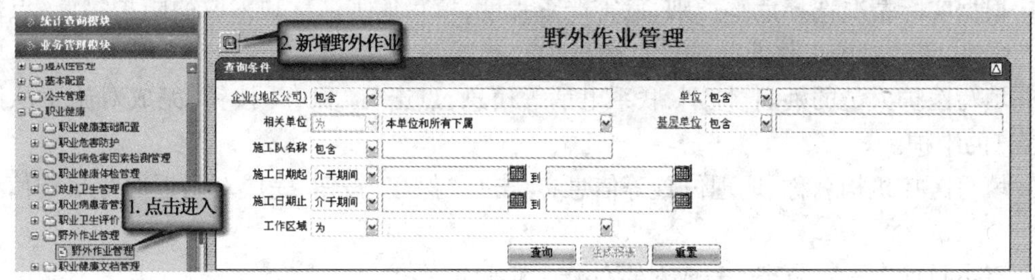

图 18.1 野外作业管理页面

② 点击页面左上角的“新建”按钮,进入野外作业管理编辑页面,如图 18.2 所示。

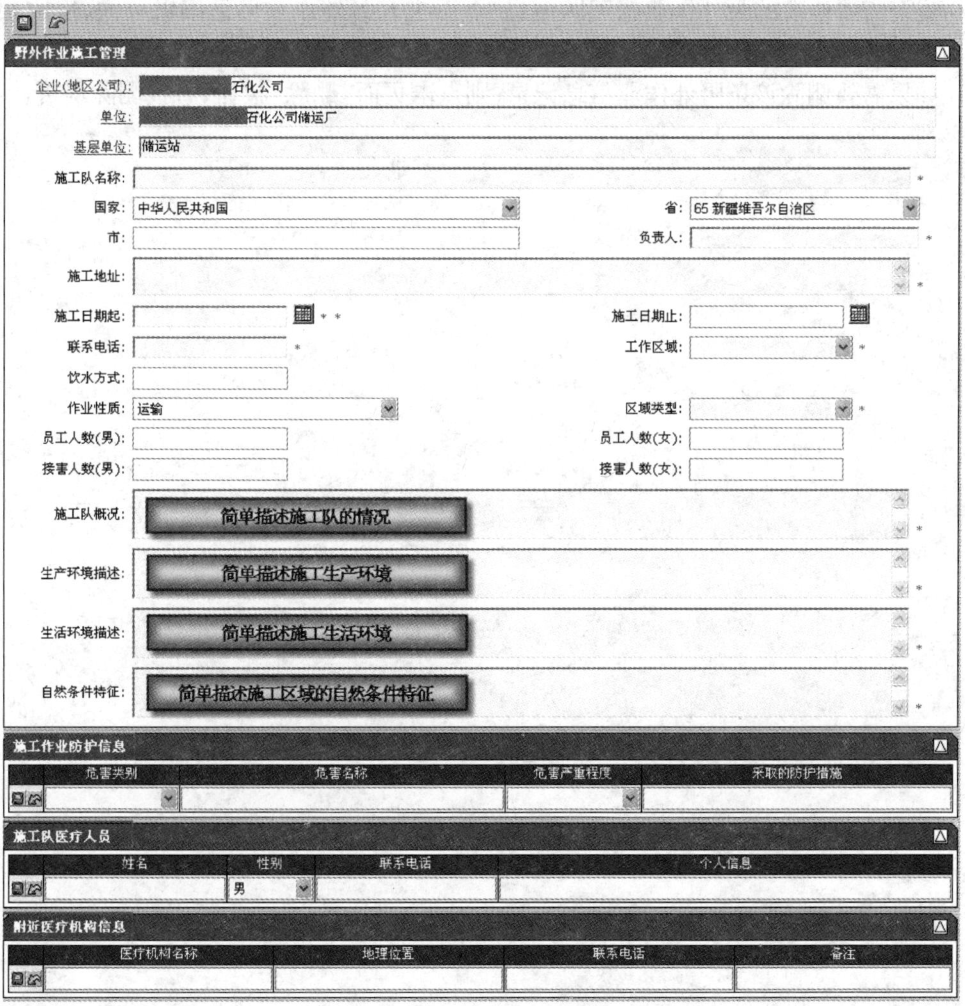

野外作业施工管理
企业(地区公司): 石化公司
单位: 石化公司储运厂
基层单位: 储运站
施工队名称: *
国家: 中华人民共和国
省: 65 新疆维吾尔自治区
市:
负责人: *
施工地址: *
施工日期起: * *
施工日期止:
联系电话: *
工作区域: *
饮水方式:
作业性质: 运输
区域类型: *
员工人数(男):
员工人数(女):
接害人数(男):
接害人数(女):
施工队概况: 简单描述施工队的情况 *
生产环境描述: 简单描述施工生产环境 *
生活环境描述: 简单描述施工生活环境 *
自然条件特征: 简单描述施工区域的自然条件特征 *

施工作业防护信息

危害类别	危害名称	危害严重程度	采取的防护措施

施工队医疗人员

姓名	性别	联系电话	个人信息
	男		

附近医疗机构信息

医疗机构名称	地理位置	联系电话	备注

图 18.2 野外作业管理编辑页面

③ 根据实际情况录入施工队的名称,作业所在的国家、省、市,施工的地址、施工的起、止日期,联系电话(可填施工队负责人的联系电话),工作区域(国内、国外)作业性质和区域类型(区域内、区域外)。

④ 根据实际情况选择危害类别、危害严重程度，填写危害名称和采取的防护措施，点击行“保存”按钮，完成对施工作业防护信息的维护。

⑤ 填写医护人员的姓名、性别、联系电话等信息，点击行“保存”按钮，完成对施工队医疗人员信息的维护。

⑥ 填写医疗机构名称、地理位置等信息，点击行“保存”按钮，完成对附近医疗机构信息的维护。

⑦ 点击页面“保存”按钮，完成对野外作业信息的维护。

（2）修改或删除野外作业信息。

① 按页面路径进入野外作业管理页面。

② 查询需要修改的野外作业施工队信息，点击进入野外作业信息编辑页面，修改相关信息后，点击页面“保存”按钮即可。

③ 如果需要删除该条野外作业信息记录，则点击页面“删除”按钮，直接删除即可。

19 批量上传工具

19.1 功能概述

为节省数据录入时间，简化系统操作，提高用户的工作效率，系统支持中心开发了批量上传功能。该功能支持离线操作，主要用于向系统内批量导入新增数据，或者批量修改系统内已有的历史数据。

目前，该功能共包含30个上传模板，涉及系统内的16个模块，详见表19.1。

表19.1 批量上传功能概况

序号	模块	子模块	模板个数
1	综合管理	应急演练	2
2		企业HSE教育培训记录	2
3		监督检查表	1
4		监督检查记录	1
5		集团HSE教育培训记录	1
6		集团HSE体系审核	2
7	安全管理	危害因素基本信息	1
8		HSE人员基本信息	2
9		特种作业人员	3
10		驾驶员管理	1
11		承包方和(或)供应商管理	5
12		安全消防设备管理	1
13		在役装置评价	5
14	职业健康	个人防护用品配备	1
15		防护设施配备	1
16	环境管理	环境因素基本信息	1
合计			30

19.2 操作方法

19.2.1 通用操作方法

批量上传通用操作流程如图19.1所示。

其中，"查询"为可选项。如果需要批量修改系统内的数据，则建议使用"查询"；如果是批量导入新增的数据，可以跳过此步，也可以根据实际情况使用"查询"。

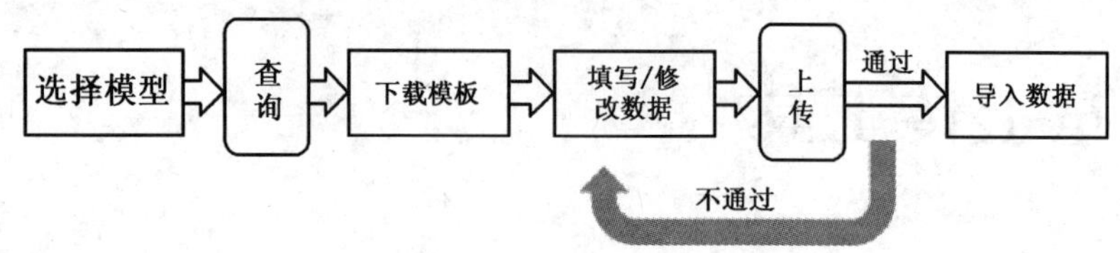

图 19.1　批量上传通用操作流程

上传模板是用于将多条业务数据批量导入系统的数据组织规范，其文件是扩展名为 .xls 格式的 Excel 表格文件，对其扩展名和格式都不允许修改。上传模板一般包括 4 张工作表，如图 19.2 所示。

数据上传模板填写说明

序号	工作表名称	内容	说明	
1	填写实例	数据信息的填写实例	实例中的数据信息均不是真实数据，仅供参考。	
2	危害因素基本信息	填写新增的危害因素信息，或修改非唯一	数据分组	A组“基本信息”为主表信息，B组“危害影响”为子表信息，当同一条子表信息（B组信息）时，A组信息需要复制，且不允许为空。
			唯一性约束	唯一性约束是指由一个或多个列组合而成的约束条件，通过组合条记录。例如我们在邮寄信件中书写通信地址，需要“省”、“市”道”、“门牌号”等信息来确定收件人一样。 1、A组唯一性约束＝“企业（地区公司）”＋“二级单位”＋“基层素名称”＋“作业场所/岗位”＋“作业活动”＋“设备/工具”＋“触 2、B组唯一性约束＝“危害影响” 3、对于A组信息，不同记录的唯一性约束内容不允许重复，对于B组的B组信息不允许重复
			注意事项	1、通过该模板只能新增“危害影响”信息，不能修改系统中原有的“息； 2、请勿修改下载数据中的唯一性字段信息； 3、“危害因素大类”和“危害因素中类”相互关联，用户需先选择中类； 4、“企业（地区公司）”、“二级单位”、“基层单位”应与系统 5、如对以上部分有疑问请致电HSE运维组。
3	危害因素分类参照表	“危害因素基本信息”中“危害因素大类”、“危害因素中类”的选值参照表	“危害基本信息”中“危害因素大类”、“危害因素中类”的内容必须存在于该参照表否则所填写数据无效。	

上传模板填写说明　填写实例　危害因素基本信息　危害因素分类参照表

表1.上传模板填写说明
表2.填写实例
表3.危害因素基本信息
表4.危害因素分类参照表

图 19.2　上传模板工作表

填写说明：记录模板的上传内容、数据分组、唯一性约束、注意事项等说明解释性内容，供用户参考。

填写实例：记录数据的正确和错误填写方式，供用户参考。

上传模板：记录需要上传的数据，对所有要新增或修改的数据都在该工作表内填写。该工作表一般以上传的具体内容命名。

在填写上传模板时应注意以下事项：

(1)组织机构名称必须与系统内一致，包括编号也必须填写。例如，大庆油田应写为“101－中国石油大庆油田有限责任公司”，不能写为“大庆油田”。对于组织机构的级别，用户需根据填写数据的实际情况确定。需注意的是，企业(地区公司)用户可以填写企业、二级单位、基层单位三个级别的数据，二级单位用户可以填写二级单位、基层单位两个级别的数据，基层单位用户只能填写基层单位级别的数据。

(2)为避免数据重复，上传模板中增加了唯一性约束字段，在上传模板里用有灰色底纹的方框标注(图 19.3)。对于两条或多条数据，只要唯一性约束字段一致，不管其他字段是否一致，系统都将认为是同一条数据，即重复数据；

(3)根据数据的性质将上传模板分为若干组，例如 A 组、B 组、C 组等。

A 组是主表信息，相当于系统内的基本信息。每条记录只有一个 A 组信息。

危害因素基本信息上传模板

基本信息（A组）														危害影响（B组）
企业（地区公司）	二级单位	基层单位	危害因素名称	作业场所/岗位	作业活动	设备/工具	危害因素大类	危害因素中类	时态-过去	时态-现在	状态-紧急	下级共享	触发原因	危害影响
与系统一致	与系统一致	与系统一致	必填项文本格式	必填项文本格式	必填项文本格式	选[illegible]项文[illegible]式			必填	必填	必填	必填	可[illegible]项[illegible]格式	必填项下拉框格式
[illegible]油田公司	[illegible]第一采油厂	第二采油作业区	保险丝选用不当	计量站	值班室		物理性危险和有害因素	电危害	否	否	否	否	保险丝选用不当	触电
[illegible]油田公司	[illegible]第一采油厂	第二采油作业区	插座损坏	计量站	值班室		物理性危险和有害因素	电危害	否	否	否	否	插座损坏	触电
[illegible]油田公司	[illegible]第一采油厂	第二采油作业区	电路老化	计量站	库房		物理性危险和有害因素	电危害	否	否	否	否	电路老化	触电

框线内字段均为唯一性约束字段

图 19.3 上传模板唯一性约束字段

B 组是子表信息。大部分模板的 B 组信息相当于系统内的行记录，一条记录可以有多个 B 组信息；个别模板，如驾驶员信息数据上传模板，其 B 组信息是驾驶员基本信息，每条记录只能有一个。

C 组也是子表信息，相当于系统内的行记录，一条记录可以有多个 C 组信息。

当一条记录存在多条 B 组或 C 组信息时，B 组、C 组信息分行填写，A 组信息需要根据 B 组、C 组的行数进行复制，不能为空，而且必须紧邻，中间不能有其他记录。

参照表：记录上传模板里某字段的取值范围，供用户参考。

另外，只有经验证通过的数据才能成功导入系统，验证内容包括：

上传文件格式是否正确（. xls）；

必填字段是否填写完整；

下载项内容是否与系统一致；

数据格式是否符合模板要求（包括文本格式、数值格式、日期格式等）；

数据是否重复，即用唯一约束字段判断；

数据是否属于用户操作权限范围，即不能修改其他单位的数据；

数据排列方式是否正确（多子表信息的主表信息需紧邻填写等）；

系统内是否已经存在与模板里的数据相同并且在系统内已经重复的数据。

说明：各模块的批量上传操作步骤基本相同，本书将在以下章节中详细介绍 HSE 人员基本信息和特种作业人员两个模块的操作步骤，对其他模块在此不再详细介绍。

19.2.2 HSE 人员基本信息

HSE 人员基本信息模块有 2 个上传模板，分别是 HSE 人员基本信息变更上传模板和新增人员上传模板。

HSE 人员基本信息变更上传模板：用于修改系统中已经存在的人员相关信息，不能批量导入新的人员信息。

新增人员上传模板:用于导入系统中不存在的人员信息,即新增的人员信息,不能修改系统中已存在人员的信息。

(1) 批量导入新增人员信息。

【应用举例】

某单位新招聘一批员工,需要将这批员工的基本信息批量导入系统中。

① 由页面路径【安全管理—人员管理—HSE 人员基本信息】进入 HSE 人员基本信息浏览界面,点击“上传”页签,进入上传页面。

② 选择查询对象“新增人员上传模板”。

③ 点击“下载模板”按钮,如图 19.4 所示。

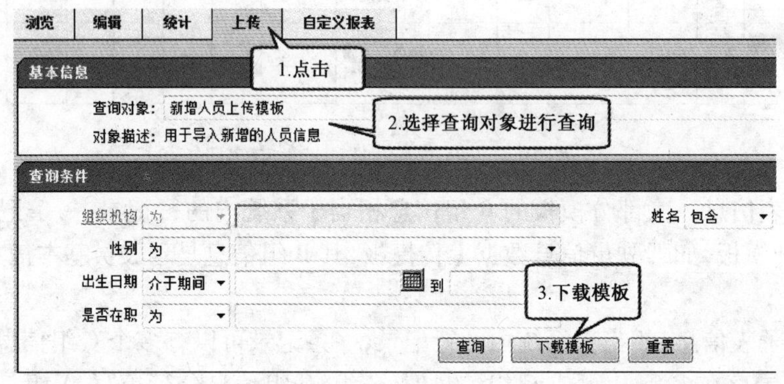

图 19.4 模板选择页面

④ 打开下载的 Excel 表,点击“新增人员信息”工作表。该表为一个空表格,可以直接按照表格内容填写新增人员信息即可,如图 19.5 所示。

1	2	3	5	6	7	8	9	10	11	12	13	14	15	16	17
				人员基本信息							安全人员专有属性				
企业(地区	二级单位	基层单位	姓名	性别	出生日期	是否在职	身份证号	民族	员工编号	社保号码	是否安全专属	安全专家	安全监督	安全管理	安全员
与系统一致			必填项文本格式	必填项下拉框格式	必填项日期格式	必填项下拉框格式	选填项文本格式	选填项下拉框格式	选填项文本格式	选填项文本格式	选填项下拉框格式	“是否安全专属人员”为“是”,至少选择四种类别的一种			

直接在数据表中录入新增的人员信息即可

图 19.5 上传模板新增人员信息工作表

说明:企业(地区公司)、二级单位、基层单位、姓名、性别、出生日期、是否在职等 7 个字段为必填项。当人员为安全专属人员时,“是否安全专属人员”应该选择为“是”,并且至少选择“安全专家”、“安全监督”、“安全管理”、“安全员”四种类别的一种。环境专属人员和健康专属人员要求与此相同。当人员为安全专属人员时,参加工作时间、职称级别、学历为必填项。

⑤ 数据填写完成后保存 Excel 表并上传,如图 19.6 所示。

⑥ 查看反馈信息。

若反馈信息最后一行提示“第×行至第×行数据成功导入!”,如图 19.7 所示,说明数据上传成功。

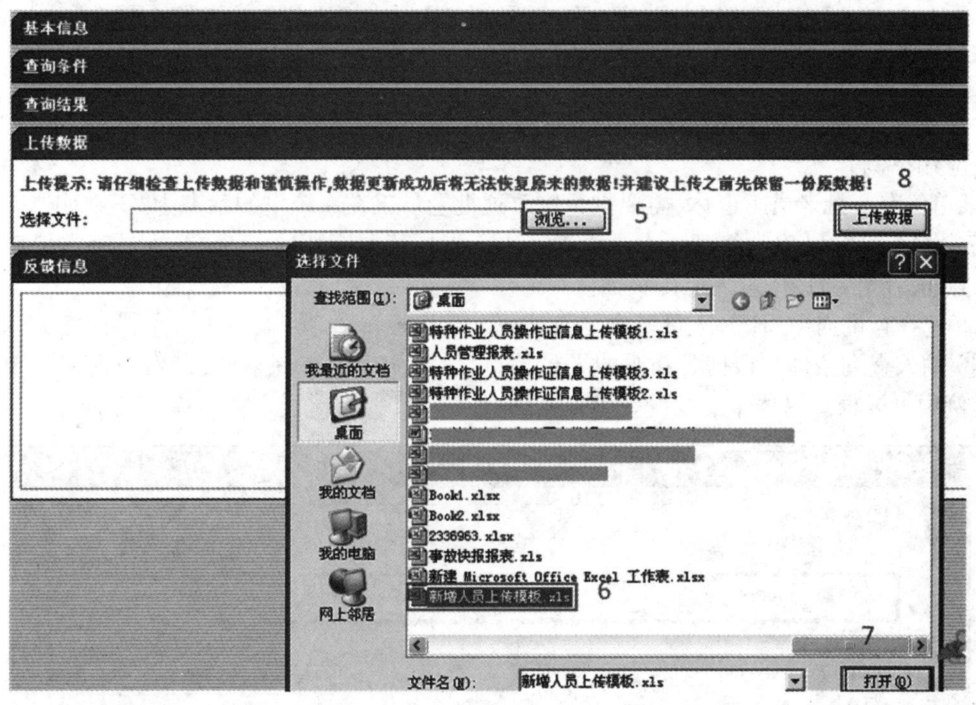

图 19.6　上传页面

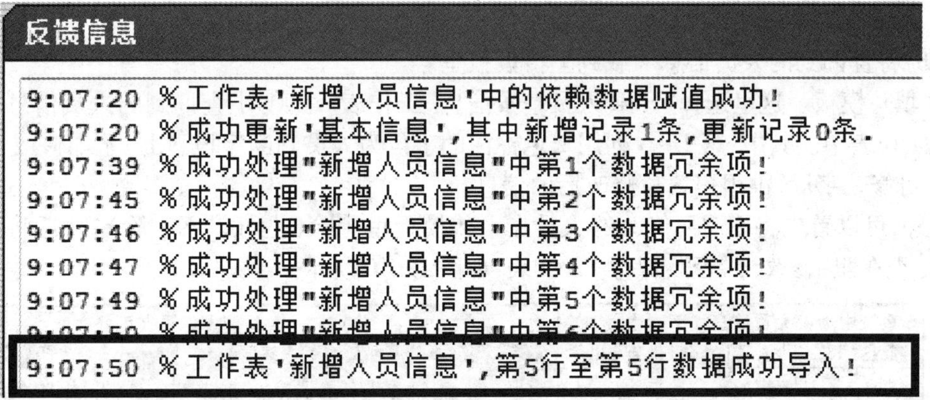

图 19.7　新增 HSE 基本人员信息导入成功提示

若反馈信息最后一行提示“数据导入失败!”,如图 19.8 所示,说明数据未能成功上传,需要向上查看数据出错的具体位置和原因。

(2)批量修改系统中已有人员的相关信息。

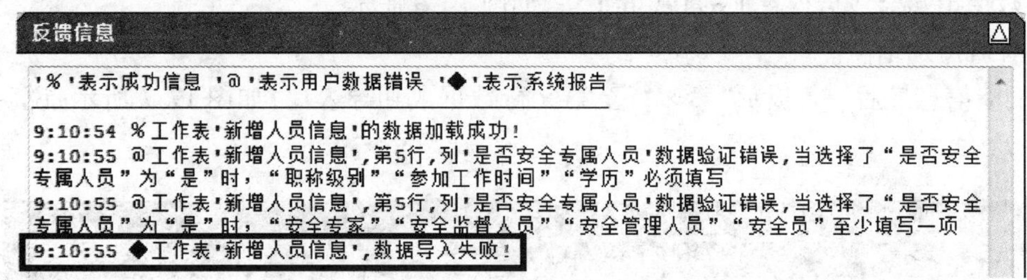

反馈信息
'%'表示成功信息 '@'表示用户数据错误 '◆'表示系统报告
9:10:54 %工作表'新增人员信息'的数据加载成功！
9:10:55 @工作表'新增人员信息',第5行,列'是否安全专属人员'数据验证错误,当选择了“是否安全专属人员”为“是”时，“职称级别”“参加工作时间”“学历”必须填写
9:10:55 @工作表'新增人员信息',第5行,列'是否安全专属人员'数据验证错误,当选择了“是否安全专属人员”为“是”时，“安全专家”“安全监督人员”“安全管理人员”“安全员”至少填写一项
9:10:55 ◆工作表'新增人员信息',数据导入失败！

图 19.8　新增 HSE 基本人员信息导入失败提示

【应用举例】

某单位有一批老员工退休,需要批量修改这批老员工在系统里的状态为“不在职”。

① 由页面路径【安全管理—人员管理—HSE 人员基本信息】进入 HSE 人员基本信息浏览界面,点击“上传”页签,进入上传页面。

② 选择查询对象“HSE 人员基本信息变更上传模板”。

③ 输入查询条件。根据要修改的人员信息,设定相应的查询条件,以缩小查询范围。例如,此例中可以根据退休年龄段设置出生日期,如图 19.9 所示。

图 19.9　设置查询条件

④ 点击“查询”按钮,待查询结果显示后,点击“下载模板”按钮,这样可以在下载上传模板的同时将查询到的人员信息下载到上传模板里。

⑤ 填写模板。这里选择“HSE 人员基本信息”工作表。第③步查询到的人员信息全部显示在该工作表中。其中,第 1 ~ 6 列用灰色标注的字段为人员判断字段,用户不能修改;第 7 ~ 53 列为可修改字段,供用户填写修改后的信息。

另外,可以首先将不需要修改的人员在上传模板里删除(也可以不删除),然后将退休人员的“是否在职”修改为“否”,保存 Excel 表,如图 19.10 所示。

系统中现有人员信息（不能修改）						人员基本信息（可修改）							
企业	二级	基层	姓名	性别	出生	企业	二级单	基层单位	基层	姓名	性别	出生	是否
请勿修改						请勿修改	应与系统保持一致		选填	必填	必填	必填	必填
306-中国	30689	液化气	某某	男	1950-	306-中国	30689E	液化气配送		某某	男	1950-	否

不能修改　可修改

图 19.10　填写模板

⑥ 上传模板。点击“浏览”，找到您要上传的数据模板，点击“上传数据”。

若反馈信息最后一行提示“第×行至第×行数据成功导入!”，如图 19.11 所示，说明数据上传成功。

反馈信息

15:55:20 %工作表'HSE人员基本信息'中的依赖数据赋值成功！
15:55:20 %成功更新'基本信息'，其中新增记录0条，更新记录1条.
15:55:43 %成功处理"HSE人员基本信息"中第1个数据冗余项！
15:55:44 %成功处理"HSE人员基本信息"中第2个数据冗余项！
15:55:45 %成功处理"HSE人员基本信息"中第3个数据冗余项！
15:55:47 %成功处理"HSE人员基本信息"中第4个数据冗余项！
15:55:48 %成功处理"HSE人员基本信息"中第5个数据冗余项！
15:55:49 %成功处理"HSE人员基本信息"中第6个数据冗余项！
15:55:49 %工作表'HSE人员基本信息'，第5行至第5行数据成功导入！

图 19.11　批量修改系统中已有人员信息后导入成功提示

若反馈信息最后一行提示“数据导入失败!”，如图 19.12 所示，说明数据未能成功上传，需要向上查看数据出错的具体位置和原因。

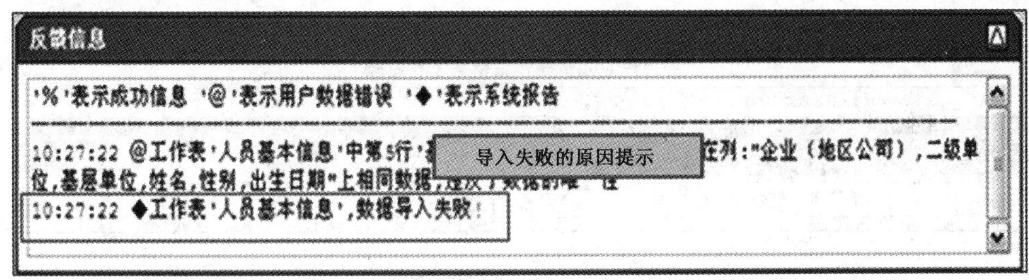

图 19.12　批量修改系统中已有人员信息后导入失败提示

19.2.3　特种作业人员

在特种作业人员模块中有 3 个上传模板，分别是特种作业人员操作证信息上传模板和特种作业人员审核信息上传模板和特种作业人员检查考核信息上传模板。

特种作业人员操作证信息上传模板：可以把人员批量设置为特种作业人员（即批量新增特种作业人员）并录入其操作证书信息，也可以批量修改已有特种作业人员的操作证信息。

特种作业人员审核信息上传模板：可以批量新增特种作业人员已有操作证的审核信息。

特种作业人员检查考核信息上传模板：可以批量新增已有特种作业人员的考核信息。

（1）批量导入新增特种作业人员及其操作证信息。

【应用举例】

某单位有一批员工新取得了特种作业操作证书，需要将这批员工批量设置为特种作业人员，并且录入其操作证信息。

① 由页面路径【安全管理—人员管理—特种作业人员】进入特种作业人员浏览界面，点击“上传”页签，进入上传页面。

② 选择查询对象“特种作业人员操作证信息上传模板”。

③ 查询。根据要新增特种作业人员的信息，设定相应的查询条件，以缩小查询范围。例如，此例中因为这批员工之前不是特种作业人员，所以可以将“是否特种作业人员”设置为“否”。点击“查询”按钮，系统将查询所选组织机构下“HSE 人员基本信息”模块里的所有非特种作业人员。待查询结果显示后，点击“下载模板”按钮。这样可以在下载上传模板的同时将查询到的人员信息下载到上传模板里，如图 19.13 所示。

图 19.13　设置查询条件进行查询

④ 填写模板。这里选择“特种作业人员操作证信息”工作表，第③步查询到的人员信息全部显示在该工作表中。可以看到“HSE 人员基本信息”模块里的所有非特种作业人员都显示在该工作表中。首先将不属于此次新增特种作业人员名单里的员工信息在上传模板里删除，只保留新增特种作业人员信息（也可以不删除），然后逐行填写操作证信息，填写完毕后保存 Excel 表，如图 19.14 所示。

特种作业人员操作证信息上传模板

特种作业人员基本信息（A组）							操作证信息（B组）							
[illegible]	[illegible]	[illegible]	姓名	性别	出生日期	员工编号	操作证类型	[illegible]	操作证号	[illegible]	[illegible]	发证机关	[illegible]	是否失效
必填项 应与“HSE人员基本信息”模块填写内容一致							必填项 下拉框格式	选填项 文本格式	必填项 文本格式	必填项 日期格式	必填项 日期格式	必填项 文本格式	选填项 文本格式	必填项 下拉框格
101-大庆油田	[illegible]	[illegible]	[illegible]	[illegible]	[illegible]66-06-06		焊接与热切割作业	电焊	CA101	[illegible]	[illegible]	国家安监局	2年	否
101-大庆油田	[illegible]	[illegible]	[illegible]	[illegible]	[illegible]66-06-06		锅炉作业	安装维修	CA302	[illegible]	[illegible]	国家安监局	2年	否
101-大庆油田	[illegible]	[illegible]	[illegible]	[illegible]	[illegible]66-06-06		制冷与空调作业	安装维修	CA33	[illegible]	[illegible]	国家安监局	1年	否
101-大庆油田	10101-采油一厂	采油一矿	李四	女	1987-01-01		高处作业	安装维修	CA34	2009-01-01	2012-01-01	国家安监局	2年	否

A组信息不能修改

填写B组信息

图 19.14　填写模板页面

⑤ 上传模板。点击“浏览”按钮，找到您要上传的数据模板，点击“上传数据”按钮。

⑥ 查看反馈信息。

若反馈信息最后一行提示“第×行至第×行数据成功导入!”，如图 19.15 所示，说明数据上传成功。

若反馈信息最后一行提示“数据导入失败!”，说明数据未能成功上传，需要向上查看数据出错的具体位置和原因，如图 19.16 所示，并针对错误原因到上传模板中修改，然后重新上传。

（2）批量修改系统中已有特种作业人员的操作证信息。

某单位有一批从事电工作业的特种作业人员的操作证书已失效，需要将这批员工的操作证书批量设置为“失效”。

① 由页面路径【安全管理—人员管理—特种作业人员】进入特种作业人员浏览界面，点击“上传”页签，进入上传页面。

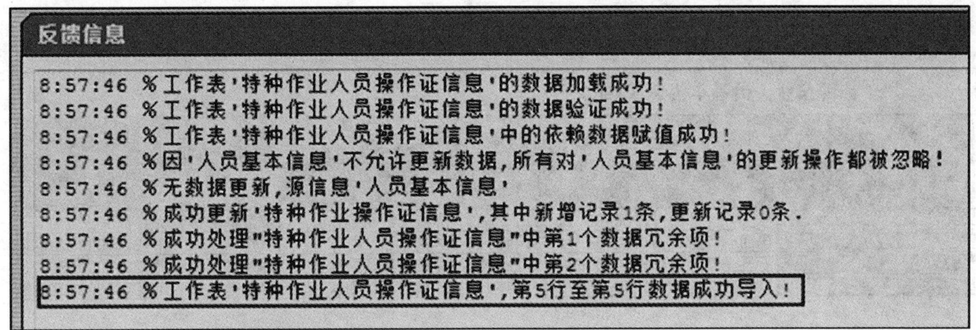

反馈信息
8:57:46 %工作表'特种作业人员操作证信息'的数据加载成功!
8:57:46 %工作表'特种作业人员操作证信息'的数据验证成功!
8:57:46 %工作表'特种作业人员操作证信息'中的依赖数据赋值成功!
8:57:46 %因'人员基本信息'不允许更新数据,所有对'人员基本信息'的更新操作都被忽略!
8:57:46 %无数据更新,源信息'人员基本信息'
8:57:46 %成功更新'特种作业操作证信息',其中新增记录1条,更新记录0条.
8:57:46 %成功处理"特种作业人员操作证信息"中第1个数据冗余项!
8:57:46 %成功处理"特种作业人员操作证信息"中第2个数据冗余项!
8:57:46 %工作表'特种作业人员操作证信息',第5行至第5行数据成功导入!

图 19.15 批量导入特种作业人员信息的导入成功提示

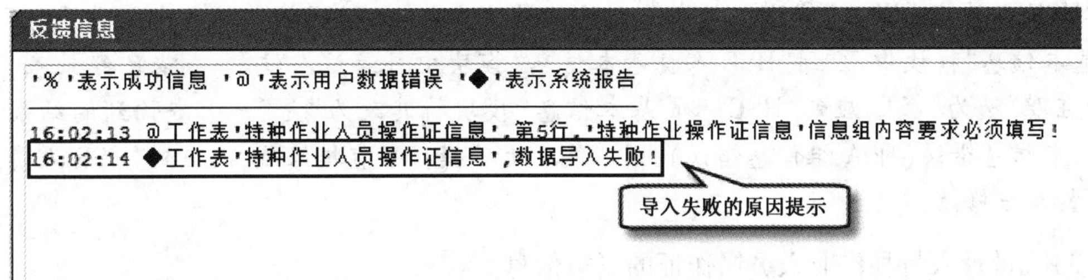

图 19.16 批量导入特种作业人员信息的导入失败提示

② 选择查询对象“特种作业人员操作证信息上传模板”。

③查询。根据实际情况,设定查询条件“操作证类型”为“电工作业”。点击“查询”按钮,系统将查询所选组织机构下的所有电工作业信息。待查询结果显示后,点击“下载模板”按钮,这样可以在下载上传模板的同时将查询到的特种作业人员信息下载到上传模板里,如图 19.17 所示。

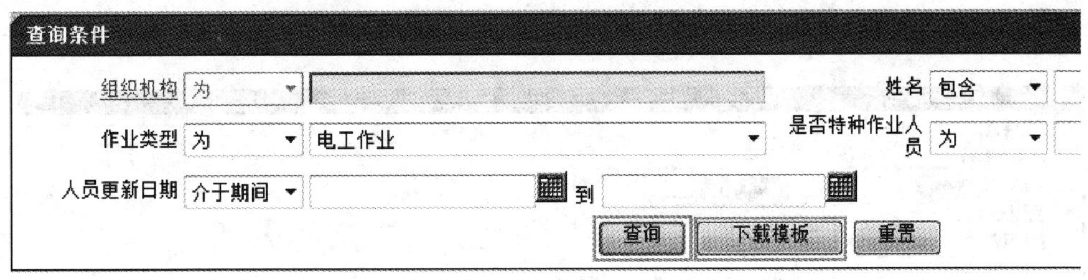

图 19.17 设置查询条件查询“电工作业”信息

④填写模板。选择“特种作业人员操作证信息”工作表,第③步查询到的电工作业人员信息全部显示在该工作表中。首先对不属于失效的信息在上传模板里整行删除,只保留失效的特种作业操作证人员及其相关信息(也可以不删除),然后逐行将“是否失效”设置为“是”,修改完毕后保存 Excel 表,如图 19.18 所示。

然后参照“批量导入新增特种作业人员及其操作证信息”的第⑤步到第⑥步上传和查看反馈信息。

特种作业人员及操作证新增模板

特种作业人员基本信息（A组）							操作		
企业（地区公司）	二级单位	基层单位	姓名	性别	出生日期	员工编号	作业种类	作业项目	证书编号
必填项 应与“HSE人员基本信息”模块填写内容一致							必填项 下拉框格式	选填项 文本格式	必填项 文本格式
			张三	男	1966-08-14	01446517	焊接与热切割作业	焊条电弧焊和炭	2111020000434
			李四	男	1970-06-21	01445143	焊接与热切割作业	气焊	2111020000443
			王五	男	1979-01-13	01445159	焊接与热切割作业	焊条电弧焊和炭	2111020000313
			吴六	男	1979-05-29	01445294	焊接与热切割作业	焊条电弧焊和炭	2101020000314

图 19.18　填写特种作业即电工作业操作证信息模板

说明:“特种作业人员操作证信息”工作表中的 A 组信息“特种作业人员基本信息”全部来源于“HSE 人员基本信息”模块。若查询到的结果缺少某人,说明该人信息尚未被录入“HSE 人员基本信息”模块中,应到“HSE 人员基本信息”模块中补录该人信息;或者已经录入,但是“是否在职”选为“否”,应到“HSE 人员基本信息”模块将其改为“是”。若查询到的结果中某人的基本信息错误(即 A 组信息错误),则不能在上传模板里直接修改,而应到“HSE 人员基本信息”模块里修改。

(3)批量录入特种作业人员操作证的复审信息。

某单位对一批从事电工作业人员的特种作业操作证书于 2010 年 12 月 30 日进行了复审(上次复审时间为 2009 年 12 月 30 日),需要将此次复审信息批量导入系统。

① 由页面路径进入特种作业人员浏览界面,点击“上传”页签,进入上传页面。

② 选择查询对象“特种作业人员审核信息上传模板”。

③ 查询。根据实际情况,设定查询条件“审核日期”为“2009 - 12 - 30”。点击“查询”按钮,系统将查询所选组织机构下的所有上次复审时间为 2009 年 12 月 30 日的操作证信息。待查询结果显示后,点击“下载模板”按钮,这样可以在下载上传模板的同时将查询到的特种作业人员及其操作证复审信息下载到上传模板里,如图 19.19 所示。

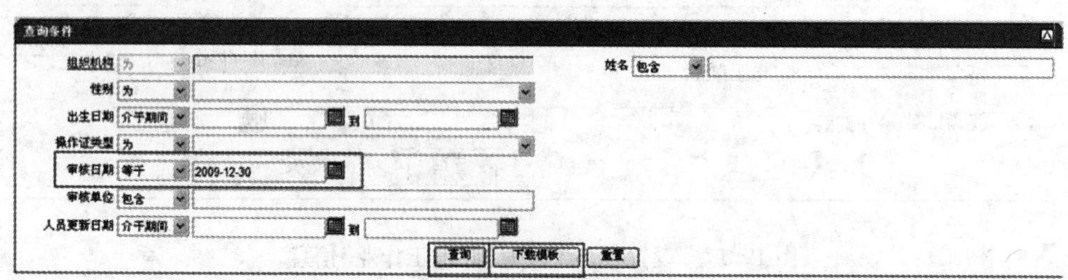

图 19.19　查询上次复审时间为 2009 年 12 月 30 日的操作证信息

④ 填写模板。选择“特种作业人员审核信息”工作表,第③步查询到的信息全部显示在该工作表中。首先对不在此次审核范围的信息在上传模板里整行删除,只保留审核范围内的特种作业操作证人员及其信息(也可以不删除)。

可以看到系统将操作证的所有复审记录全部下载,如然后逐行修改“审核日期”为“2010 -

12－30”,“下次审核日期”为实际的下次复审日期(如 2012－12－30),并修改“审核单位”、“审核结果”为此次的信息。修改完毕后保存 Excel 表,如图 19.20 所示。

特种作业人员审核信息上传模板												
基本信息(A组)							审核记录(B组)					
企业(地区公司)	二级单位	基层单位	姓名	性别	出生日期	员工编号	作业种类	作业项目	审核日期	下次审核日期	审核单位	审核结果
必填项 应与“HSE人员基本信息”模块填写内容一致							作业人员的操作证信息填写		必填项 日期格式	必填项 日期格式	必填项 文本格式	必填项 文本格式
			安安	男	1967-03-17	0210110	电工作业	高低压维修	2009-01-04	2011-01-04	安监局	合格
			张三	男	不能修改	0210121	电工作	不能修改 维修	2009-01-05	可以修改	安监局	合格
			李四	男		0210132	电工作	维修	2009-07-01		安监局	合格
			李一	男	1958-09-02	0210141	电工作业	高低压维修	2009-01-04	2011-01-04	安监局	合格

图 19.20　填写特种作业人员审核信息模板

说明:如果对某个操作证在系统里已经录入了多次复审信息,那么在模板里将显示多行。此时建议保留其中的任何一行即可。如果对某个操作证在系统里从未录入其复审信息,那么模板里的“审核日期”、“下次审核日期”、“审核单位”、“审核结果”四个单元格为空,直接在空单元格内录入本次复审信息即可。“特种作业人员审核信息”工作表中的 A 组信息“特种作业人员基本信息”全部来源于“HSE 人员基本信息”模块,B 组信息中的“操作证类型”、“准操项目”全部来源于特种作业人员模块。若相关信息有误,应到相应的模块中进行修改,不能直接在上传模板里修改。

然后参照“批量导入新增特种作业人员及其操作证信息”的第⑤步到第⑥步上传和查看反馈信息。

(4)批量录入特种作业人员的检查考核信息。

操作步骤参照“批量录入特种作业人员操作证的复审信息”进行。

19.2.4　其他模块

(1)　综合管理模块。

综合管理涉及系统内 6 个模块,共 9 个上传模板,各模板的功能详见表 19.2。

表 19.2　综合管理模块上传模板功能

模块名称	模板名称	模板功能	注意事项
应急演练	计划内应急演练上传模板	用于在系统内已有演练记录信息、评估信息的基础上批量导入演练启动的应急预案,也可以批量修改系统内存在的演练记录信息、评估信息	必须先在系统内录入演练记录信息、评估信息,不能通过模板新增该部分内容
	计划外应急演练上传模板	用于批量导入计划外应急演练的记录信息、评估信息、演练启动的应急预案,或者批量修改系统内已存在演练相关信息	在批量修改系统内已存在的信息时,请勿修改唯一性约束字段
企业 HSE 教育培训记录	计划内－企外－培训人员上传模板	用于批量导入参加某次计划内培训的企外人员的基本信息及其培训结果	必须先在系统内录入培训记录的基本信息,且不能通过模板新增或修改该部分内容
	计划外－企外－培训人员上传模板	用于批量导入参加某次计划外培训的企外人员的基本信息及其培训结果	

续表

模块名称	模板名称	模板功能	注意事项
监督检查表	监督检查表上传模板	用于批量导入监督检查表的基本信息、检查组成员,检查项目信息,或者批量修改系统内已存在的监督检查表的检查范围、检查组成员信息	在批量修改系统内已存在的监督检查表时,请勿修改唯一性约束字段
监督检查记录	监督检查记录上传模板	用于批量导入监督检查记录的基本信息、检查组成员,总结报告、检查项目及结果,或者批量修改系统内已存在的监督检查记录的检查范围、检查组成员、总结报告和检查结果	在批量修改系统内已存在的监督检查记录时,请勿修改唯一性约束字段。
集团 HSE 教育培训记录	集团培训人员上传模板	用于批量导入参加集团培训的人员信息与相关信息,包括培训记录信息和参训人员基本信息	必须先在系统内录入培训记录的基本信息,且不能通过模板新增或修改该部分内容
集团 HSE 体系审核	体系审核不符合项上传模板	用于批量导入集团 HSE 体系审核中发现的不符合项目的相关信息	必须先在系统内录入审核的基本信息
	体系审核问题清单上传模板	用于批量导入集团 HSE 体系审核中发现问题的相关信息	

(2)安全管理模块。

安全管理涉及系统内 7 个模块,共 18 个上传模板,各模板的功能详见表 19.3。

表 19.3　安全管理模块上传模板功能

模块名称	模板名称	模板功能	注意事项
危害因素基本信息	危害因素基本信息数据上传模板	用于批量上传新识别的危害因素信息,包括危害因素的基本信息和危害影响	不能修改系统中已存在因素的危害影响,只能新增
HSE 人员基本信息	新增上传模板	用于批量导入新增人员的相关信息	不能修改系统中已存在人员的信息
	HSE 人员基本信息变更上传模板	用于批量修改系统内已录入人员的相关信息	不能批量导入新增人员信息
特种作业人员	特种作业人员操作证信息上传模板	用于批量导入新增特种作业人员及其操作证信息,也可以批量修改已有特种作业人员的操作证信息	人员信息必须存在于系统内的“HSE 人员基本信息”模块中
	特种作业人员检查考核信息上传模板	用于批量导入特种作业人员检查考核信息	人员必须是特种作业人员
	特种作业人员审核信息上传模板	用于批量导入特种作业人员操作证的复审信息	人员必须是特种作业人员
驾驶员管理	驾驶员信息数据上传模板	用于批量导入驾驶员、驾驶员的证照信息及考核信息	人员信息必须存在于系统内的“HSE 人员基本信息”模块中

续表

模块名称	模板名称	模板功能	注意事项
承包方和(或)供应商管理	第三方管理—安全合同上传模板	用于批量导入第三方的基本信息、与第三方签署的安全合同信息	不能通过模板修改第三方名称
	第三方管理—人员综合信息上传模板	用于批量导入第三方的基本信息、人员资质相关信息	
	第三方管理—相关人员信息上传模板	用于批量导入第三方的基本信息、人员相关信息	
	第三方管理—业绩表现上传模板	用于批量导入第三方的基本信息、业绩表现信息	
	第三方管理—资质信息上传模板	用于批量导入第三方的基本信息、资质信息	
安全消防设备管理	安全消防设备信息上传模板	用于批量导入消防设备的检维修信息。该模板信息包括基本信息、安技设备信息和检维修信息。其中,对基本信息(即生产单元信息)、安技设备信息必须先在系统内录入	必须先在系统内录入“生产单元”信息、“安技设备”信息,不能通过模板新增或修改该部分内容
在役装置评价	在役装置—更新信息上传模板	用于批量导入在役装置的更新信息	必须先在系统内录入在役装置的基本信息
	在役装置—关键设备检维修信息上传模板	用于批量导入在役装置的关键设备信息及关键设备的检维修信息	
	在役装置—检维修信息上传模板	用于批量导入在役装置的检维修信息	
	在役装置—评价检测信息上传模板	用于批量导入在役装置的评价检测信息	
	在役装置—运行管理信息上传模板	用于批量导入在役装置的运行管理信息	

(3)职业健康管理模块。

职业健康管理涉及系统内 2 个模块,共 2 个上传模板,各模板的功能详见表 19.4。

表 19.4 职业健康管理模块上传模板功能

模块名称	模板名称	模板功能	注意事项
个人防护用品配备	个人防护用品配备信息上传模板	用于批量导入个人防护用品的发放情况	上传模板里的“接害岗位”的组织机构级别应与接害岗位参照表里的内容一致
防护设施配备	防护设施配备信息上传模板	用于批量导入防护设施的发放情况	

(4)环境管理模块。

环境管理涉及系统内 1 个模块,共 1 个上传模板,模板的功能详见表 19.5。

表 19.5　环境管理模块上传模板功能

模块名称	模板名称	模块功能	注意事项
环境因素基本信息	环境因素基本信息数据上传模板	用于批量导入新识别的环境因素信息,包括环境因素的基本信息和环境影响	不能修改系统中已存在因素的环境影响,只能新增